»Eine Kindheit im oberbayerischen Dorf, gelenkt von einem ›saturnischen‹ Vater und einer nüchternen Mutter, erste mystische und philosophische Erfahrungen, die Seminarzeit im Zeichen geistiger Frühreife, pädagogische Erfahrungen in abgelegenen Siedlungen, die von den Idealen der deutschen ›Schulreformer‹ zehren und sich den Ansprüchen des Nationalsozialismus an Schule und Erziehung verweigern, die Ehe mit ›Ariel‹ – dem Komponisten Horst Günther Schnell, der jung in Rußland fällt –, Bombardements in Braunschweig und Rostock, Rückkehr nach Bayern, das Leben im Waldhaus, die Verhaftung und Überführung nach dem Gefängnis Traunstein, ein Neubeginn nach der Stunde Null mit fünfunddreißig Jahren; das sind Stationen in Luise Rinsers fesselnden Lebenserinnerungen.« (Neue Züricher Zeitung)

Luise Rinser wurde 1911 in Pitzling/Oberbayern geboren. Sie studierte Psychologie und Pädagogik und war von 1935 bis 1939 als Lehrerin tätig. 1940 erschien ihr erster Roman ›Die gläsernen Ringe‹ (Bd. 393). In den folgenden Jahren durfte sie ihren Beruf nicht mehr ausüben. 1944 wurde sie wegen Wehrkraftzersetzung verhaftet. Die Erlebnisse dieser Zeit schildert sie in ihrem ›Gefängnistagebuch‹ (Bd. 1327) und in ihrer Biographie ›Den Wolf umarmen‹. Im Herbst 1994 erschien die Fortsetzung ihrer Biographie unter dem Titel ›Saturn auf der Sonne‹.
Luise Rinser lebt heute als freie Schriftstellerin in Rocco di Papa bei Rom. 1979 erhielt sie die Roswitha-Gedenkmedaille der Stadt Bad Gandersheim, 1987 den Heinrich-Mann-Preis der Akademie der Künste der DDR, 1988 den Elisabeth-Langgässer-Literaturpreis.

Am Ende des Bandes finden Sie die lieferbaren Titel von Luise Rinser angezeigt.

Luise Rinser

Den Wolf umarmen

Fischer Taschenbuch Verlag

169.–171. Tausend: April 1997

Ungekürzte Ausgabe
Veröffentlicht im Fischer Taschenbuch Verlag GmbH,
Frankfurt am Main, Dezember 1984

Mit freundlicher Genehmigung des
S. Fischer Verlages GmbH, Frankfurt am Main
© S. Fischer Verlag GmbH, Frankfurt am Main 1981
Druck und Bindung: Clausen & Bosse, Leck
Printed in Germany
ISBN 3-596-25866-9

Gedruckt auf chlor- und säurefreiem Papier

Den Wolf umarmen

1. September 1979. Auf den Tag genau vor vierzig Jahren nimmt eine junge Frau, im vierten Monat schwanger, den Weidenkorb voll nasser Wäsche, steigt die steile Betontreppe zum Dach hinauf, setzt den Korb auf den Steinboden und hängt Stück für Stück über die Leine: Servietten, Handtücher, Blusen und die Frackhemden ihres Mannes, der Dritter Kapellmeister ist am Staatstheater Braunschweig. Frackhemden nimmt ihre Wäscherei nicht mehr an, das Personal fehlt, und wer sollte sich die Mühe machen in diesen Zeiten, Fältchen auf Fältchen zu legen beim Bügeln? Das muß die junge Frau selber tun. Außerdem hat sie wenig Geld. Als das letzte Wäschestück aufgehängt ist, steigt sie auf eine Kiste, öffnet die Dachluke für die blasse Septembersonne und den Luftzug und schaut durch die Luke hinaus. Sie sieht, was sie seit vier Monaten jeden Freitag um diese Stunde sieht, wenn sie Wäsche aufhängt, immer am Freitag, das ist ihr Tag, da darf sie den Dachboden benutzen, sechs Familien teilen sich darein, sechs Parteien wohnen im kaum trockenen Neubau am Rande dieser Stadt im Norden, wohin sie verschlagen wurde aus dem Süden, in eine Gegend, die ihr fremd ist und in der sie nie heimisch werden wird. Sie, die aus den sanften Weiten der oberbayerischen Wiesenhügel kommt und aus der überquellenden Blumenfülle der bayerischen Bauerngärten, sie sieht jetzt da unten nichts als Schrebergärtchen, blumenlos, auf Kriegswirtschaft umgestellt schon vor dem Krieg: Weißkohl, Grünkohl, Kartoffeln: Nützliches, Notwendiges. Man verbrennt dürres Kartoffelkraut, blauer, süßer Rauch steigt auf, Herbstgeruch, heimatlich, auch in Oberbayern verbrennen sie jetzt dürres Kartoffelkraut, und die Kinder legen frisch ausgegrabene Kartoffeln in die heiße Asche. Daheim. Weit

weg. Lang her. Unerreichbar jetzt. Und jenseits der rührend armseligen herbstlich vergilbten Schrebergärtchen ein großes Haus, eine Schule vielleicht oder eine Kaserne, mit einem hohen dunklen Giebel. So einen Giebel hat Kloster Wessobrunn, die eigentliche Kinderheimat. Dort verbrennen die Nonnen, Missionsbenediktinerinnen, dürres Kartoffelkraut, und der dünne blaue Rauch steigt auf zu den hohen Fenstern des Jagdsaales, an deren einem das Kind steht, das zu Gast ist hier beim Großonkel, dem Ortspfarrer und Nonnenseelsorger und Dekan und Geistlichen Rat Hörtensteiner, der den Ostflügel des alten berühmten Klosters bewohnt, in dem es auch unbewohnte Räume gibt, große Säle und einen langen langen Gang mit klickenden grüngrauen Pflastersteinen und einer gewölbten Decke mit verblaßten Fresken, als Medaillons gefaßt in dicke Kränze aus Gips-Stukkatur, von den berühmten Wessobrunner Stukkateuren des 18. Jahrhunderts geschaffen, und die Bilder sind beschriftet mit sonderbaren Sprüchen, die das Kind immer wieder liest, mit weit zurückgebeugtem Kopf.

»Der Schatten allein schon tödlich kann seyn«. Das stand bei einem Baum, unter dem sich Schlangen ringeln, und seyn war mit y geschrieben, das hat man später korrigiert und damit ein Stück Magie verschenkt.

Ein anderes Bild: ein Drache schaut in ein Wasser: »Durch eigne Gestalt der Geist entfallt«.

Ein anderes: eine Eidechse (es war ein Feuersalamander, hört das Kind später) in Flammen, und dabei steht: »Kein Feuer und Glut mir Schaden tut«. Das war die gleiche aufregende Geschichte wie die von den Jünglingen im Feuerofen aus der Bibel. Das Kind hätte gern ausprobiert, ob so etwas möglich war: mitten im Feuer sitzen und nicht verbrennen.

Je geheimnisvoller, desto schöner: eine Hand hält einen

Zirkel und mißt die Erde aus. Eine Inschrift, deren zugehöriges Bild dem Kind entschwand: »Aus allen keins, es gibt nur eins«.

Alchymie und Theologie vereint waren da am Werk gewesen und gruben Spuren im Geist des Kindes, und auch das »Wessobrunner Gebet«, eines der ältesten Literaturzeugnisse nordischer Kultur, war nicht nur in gotischer Schrift in einen Granitstein eingegraben, der unter der Dorflinde steht, sondern auch in dem Kind, das es später im Deutschunterricht zum höchsten Erstaunen der Lehrerin aufsagen konnte, in Althochdeutsch: »Das gefrug ih mit firahim firiuzzo meista / dat ero ni waas no ufhimil / noh Paum no Perg ni waas... enti do waas der eino almahtico got...«

Der Stein, von dem herunter das Kind das Gebet auswendig gelernt hatte, ist um 1900 errichtet worden. Der Großonkel hat dem Kind das Faksimile des Originals gezeigt, das in der Münchner Staatsbibliothek liegt. »Als da nichts war, nicht Erde noch (Auf-) Himmel, nicht Baum noch Berg...« Man *sah* dieses *Nicht*-Dasein, in dem doch *etwas* war: Gott. Groß und allein war *Er* da. Die Vorstellung machte dem Kind kalt und heiß in einem. *Leer* war zugleich *voll.* »*Nichts*« war zugleich »*alles*«. Auf solchem Wissensgrund begann das Kind zu leben.

Die junge Frau in Braunschweig schaut über die dürre vergilbte armselige Nützlichkeit der Schrebergärtchen hin, und jetzt sieht sie, was man nur bei klarem Wetter sieht: eine blaue Bergkuppe: den Harz. Das schnürt ihr vollends das Herz ein: der Harz, der Brocken, der Hexentanzplatz, nordisch finstere Welt, fremd, fremd.

Die junge Frau will nicht den Harz sehen, sie will heim zu *ihren* Bergen, zur Zugspitze, zum leuchtenden Dreieck der beschneiten Alpspitze, zum ausgewaschenen grauen Karwendel, zu den sanften Grasbergen der Allgäuer, zur Mädelegabel und zum Hohen Licht. Dort hat sie klettern gelernt, das Gehen zu zweien und dreien am Seil, das Kaminklettern, das freie Abseilen, das Gratwandern, das Begehen von steilen Grashängen mit Steigeisen, das Abfahren auf langen Geröllhalden mit den Absätzen der Nagelschuhe fest im rutschenden Gestein. Und nach geglückter gefährlicher Tour abends das Beisammensein mit den Bergkameraden in der Hütte, um die der Wind faucht. Und die schöne Müdigkeit, und der Stolz, gelobt zu werden als schwindelfreie Kletterin und gute Kameradin ... Nie mehr wird sie klettern, sie wird dicker und dicker werden und nie mehr leichtfüßig und nur für sich selber verantwortlich schwierige Touren machen, zentnerschwer wird das Leben als Mutter und Ehefrau an ihr hängen, und ungeschützt wird sie hier im fremden Norden leben müssen. Ihr ist, als könne sie den Krieg hier nicht überstehen. Sie will heim.

Es *ist* Krieg. Seit diesem Morgen ist Krieg. Er hat sie nicht überrascht, sie und ihr Mann haben ihn lange kommen sehen, sie waren immer politisch wach und längst im Widerstand gegen den Diktator, sie sind schon verdächtig am Theater und im Haus, in dem es einen Spitzel gibt, den Hauswart, der an den Wohnungstüren horcht, vor allem, wenn Besuche da sind, Peter Suhrkamp zum Beispiel oder ausländische Musiker. Sie alle haben das Unheil kommen sehen. Und doch: als es kam, als die Deutschen einmarschierten in Polen an diesem Septembermorgen, da weigerten sie sich, es zu glauben. Für ein paar Stunden noch versuchte man sich totzustellen. Aber diese Stimme im Radio, diese heiser bellende, sich überschlagende Stimme ...

Die junge Frau steigt von der Kiste herunter und geht in ihre Wohnung im zweiten Stock, Sackring 54, in diese ärmliche Vorstadt-Neubauwohnung, in der es immer noch nach nassem Kalk riecht und auch nach dem Schleiflack und dem Leim der ganz neuen Schlafzimmermöbel, die zu bekommen ein Glücksfall war in dieser Zeit, in der alles schon knapp war, Möbel und Butter und Kleider und freie Luft zum Atmen.

Was tut die junge Frau jetzt? Sie tut etwas Unerwartetes, sie selber ganz und gar Überraschendes: sie setzt sich, noch in der feuchten Schürze und mit kalten Händen, die an den Fingerkuppen rot und gerillt sind vom Wäschewaschen, an ihren Schreibtisch und beginnt unverzüglich zu schreiben, wie gejagt, sie schreibt und schreibt, als gehe es um ihr Leben, und in der Tat, es geht um ihr Leben, sie muß sich retten, der tollwütige Hund ist hinter ihr her, er hechelt und hat Hitlers Augen und Hitlers Stimme, und er hat Polen den Krieg erklärt und der Welt und dem Leben. Sie muß sich retten, des Kindes wegen, und es gibt nur eine Art, sich zu retten: sie muß schreiben. Was schreibt sie?

»Ich war ein Kind von fünf Jahren und wohnte in einer kleinen stillen Stadt, und meine Kindheit war noch stiller als diese Stadt. Eines Tages begann ein grauer Strom zu fluten durch die Straße, auf die ich blicken konnte, und die Mutter sagte: sieh unsere Soldaten, wie tapfer sie marschieren. Der graue Soldatenstrom hielt viele Stunden und viele Tage an. Die Stadt war plötzlich laut von Stampfen, von Gerassel und rauhem Gesang. Auch den Nächten war die Ruhe geraubt ... Das Kind, das allein in seinem Zimmer lag und schlafen sollte, spürte das Fieber und das Ungewisse in der Luft. Es ängstigte sich vor dem, was es nicht kannte und was die Erwachsenen den *Krieg* nannten.«

Das ist der Anfang zu dem, was dann ihr erstes Buch wurde: »Die gläsernen Ringe«, das Buch, das sie, die bisher Unbekannte, mit einem Schlag bekannt machte und das ihr viele Freunde einbrachte auch im Ausland, wie viele und treue, das merkte sie erst nach dem Krieg. Es war ein schmales Buch. Hermann Hesse schrieb darüber: »Ich habe wieder einmal mit wahrer Freude ein reines edles Deutsch gelesen und mich auch sehr über den Ausklang des Buches und sein Bekenntnis zum Geistigen gefreut...«

Wie lautet dieser Ausklang, den die junge Autorin 1939 schrieb? »Da erkannte ich zum ersten Male, daß nicht das wirre dunkle Leiden der Kreatur, sondern das scharfe klare Gesetz des Geistes mein Leben leiten würde.« (»Werde«, müßte es heißen, das hat selbst der strenge Verleger-Schulmeister Suhrkamp übersehen.)

An diesem ersten September 1939 schreibt die junge Frau ein ganzes Kapitel in einem Zug und Schwung. Dann geht sie in die Küche und bereitet das Mittagessen. Ihr Mann wird einen ausländischen Pianisten mitbringen. Am Abend zeigt sie ihrem Mann, was sie geschrieben hat. Er umarmt sie, er sagt: Ja, das ist es, was Peter Suhrkamp von dir erwartet, das ist gut, schreib weiter.

Was war es, was Peter Suhrkamp erwartet oder vielmehr verlangt hat von der jungen Autorin?

Es hat eine lange Vorgeschichte. Sie beginnt in der frühen Kindheit der Autorin. Der Vater hat notiert, daß die Kleine, die er Mädi nannte, mit einem Jahr plötzlich sagte: Pipale Papale Popale, und mit eineinhalb Jahren dichtete: Auweh auweh 's Katzele hat Bauweh. Ihre ersten Beiträge zur Literatur, ein frühes Versprechen. Im Lauf der ersten zwanzig Jahre schrieb sie einige Gedichte, ein Dramenfragment, einen dreibändigen Familienroman und eine Erzählung mit dem Titel »Auf dem Dach der Welt«. Ihre Hauptwerke schrieb sie nicht auf: sie dachte sich Theaterstücke aus und sprach in ihrem Dachzimmerchen die Dialoge, und sie spielte Stegreifstücke mit ihren Schulkameraden der Volksschule, Bauernstücke, Dialektstücke, gespickt mit den saftigsten Wörtern, die sie von den Bauernkindern gehört hatte. Sie gab das Handlungsgerüst, führte Regie und spielte meist die weibliche Hauptrolle, die, dessen erinnere ich mich jetzt (wo so vieles Vergessene wieder auftaucht) meist Bauernmägde waren, die unterdrückt wurden, sie durften den jungen Bauern nicht heiraten, den sie liebten und der sie liebte, sie war nur eine Magd, der junge Bauer mußte eine Reiche heiraten, die Magd ertränkte sich oder zog, den Hof verfluchend, von dannen. Ich höre heute noch einen meiner Schreie: »Und i heirat'n dengerscht!« Dengerscht ist ein altes Dialektwort, das heute kaum mehr gebraucht wird, es gefiel mir sehr, es heißt ›dennoch‹. In unserm Chiemseedorf wurde viel Theater gespielt, es gab eine Bauernbühne, die Kulissen waren mit den Möbeln der Bauernstube und den beschneiten Alpen bemalt, und es wurde immer auch getanzt, »Schuhplattler«, wir größern Kinder lernten das auch, und wir tanzten in den Schulpausen im Vorraum zu den Aborten, da war ein Holzboden, das gab einen herrlich-höllischen Lärm, aber mein Vater, der strenge Schulleiter, duldete ihn.

Und zu Weihnachten spielten wir Schulkinder ein Krippenspiel, öffentlich, im Wirtshaussaal, und einmal war ich ein Engel, ich trug das lange Haar offen und hatte ein rosa Gazegewand an mit langen weiten Ärmeln, die Feuer fingen, als ich einer Kerze zu nahe kam, ich brannte sofort lichterloh, alle schrien, mein Vater warf einen Teppich über mich und erstickte die Flammen. Der brennende Engel. Er trug nicht die kleinste Verbrennung davon. Der Feuersalamander, die Jünglinge im Feuerofen.

Alles, was die spätere Autorin in der Jugend aufgeschrieben hat, vernichtete sie. Vermutlich ists nicht schade darum. Aber jene Geschichte »Auf dem Dach der Welt« hätte sie gerne noch; sie handelte von einer Gruppe junger Menschen, die, der Gesellschaft ihrer Zeit (1930) müde, sich aufmachen, um in Asien, im Himalaja, in Tibet, eine Kommune oder Kommunität zu gründen und ein Leben der Sammlung, der Armut, der Reinheit zu führen. Das schrieb sie lange vor der Indienmode. Sie wußte nicht, daß Hermann Hesse schon in

Indien gewesen war (in Ceylon, in Tibet nicht), um ein
»anderes Leben« kennenzulernen. Wie kam sie dazu, derlei
zu schreiben? Es ist ganz sicher, daß sie damals kein Wort
darüber gelesen hatte. Es war ihr ureigener Einfall, ihre ur-
eigene Sehnsucht nach dem Ausbruch, nach dem Aufstieg.

Das Dramenrestchen der Fünfzehnjährigen ist aufschlußreich: ein Mädchen wandert im Gebirge, und auf dem steilen
Höhenweg begegnen ihr Gestalten, die versuchen, sie vom
Aufstieg abzubringen: sie bieten ihr Reichtum an und Ruhm
und behagliches Leben, und sie schrecken sie durch »Nebel
des Zweifels«, durch »den Hagel der Enttäuschungen«,
durch die »Stürme der Leidenschaft«. Von welchen Zwei-
feln, Leidenschaften und Enttäuschungen wußte die Fünfzehnjährige? Alles nur Vorwegnahmen, Möglichkeiten.

Auch der Gedanke des Aufstiegs war eine Vorwegnahme,
ein Vorwissen ihres geistigen Wegs. Der Aufstieg, der
eigene und jener der Menschheit, blieb das Grundthema
ihres Lebens und darum ihrer Arbeit. Auch in ihren frühen
Gedichten taucht es auf. Unter einigem Unzulänglichen
findet sich ein Gedicht, 1934 entstanden, das später, 1939,
in der »Neuen Rundschau« gedruckt wurde. »Die Stimme«
spricht zu dem Mädchen (damit endet das Gedicht):

Verwehrt ist der Pferch dir
Und das gewohnte
Süße Tal der Nahrung.
Sieh dort
Das Verworfene des unfruchtbaren
Des unaufhörlichen Gebirgs.
Erstarrt dein Blut?
Dort weide
Denn dort
Bin
Ich.

Sie schrieb das, von einem langen Abendgang heimkehrend, in stiller Ekstase nieder. Was war ihr begegnet? Erst viel später wird sie verstehen, was oder wen sie mit diesem *Ich* meinte. Sie schrieb übrigens in ihren frühen Jahren, mit zwanzig, einundzwanzig, auch Aufsätze für eine pädagogische Fachzeitschrift und für die Zeitung der Bayrischen Junglehrer, Aufsätze, die sie später mit Verblüffung las und die sie in ihrer Meinung bestärkten, daß man mit zwanzig bereits »alles weiß« und daß das Gewebe des Lebens in diesen Jahren vorgezeichnet wird.

Aber jetzt soll nicht von ihrer intellektuellen Arbeit die Rede sein. Von ihr wußte Peter Suhrkamp nichts, und was er wollte, war Dichtung. Wie kam er zu der Meinung, daß er eine neue Dichterin entdeckt habe, wie er schrieb?

Die junge Autorin, die sich noch lange nicht als solche verstand, beschloß 1938, mit siebenundzwanzig Jahren also, endlich »schreiben zu lernen«. Sie war Lehrerin in Lochhausen bei München, an derselben Schule, an der sie einen Bekannten aus ihrer Kinderzeit als Kollegen wiederfand: Karl Pflanz. Sie hatte ihn kennengelernt als jungen Kollegen ihres Vaters. Er war damals in Polling, jenem Ort, an dem Thomas Mann die Familie Schweigestill aus dem »Doktor Faustus« angesiedelt hatte. Sie hieß in Wirklichkeit Schweighart, es gab sie, eine Frau Schweighart, sie kam oft ins Elternhaus der späteren Autorin. Der Lehrer Pflanz, als Sonderling verschrien und schier gefürchtet seiner scharfen Intelligenz wegen, drückte der Fünfzehnjährigen eine dünne rostrote Broschüre in die Hand: »Das mußt lesen, das is' ein ganz ein Großer, des wern die Literaturdeppen schon noch amal merken.« Es war Kafkas »Verwandlung«. Niemand las damals Kafka. Diesem Karl Pflanz, Schusterssohn aus Landsberg, habe ich ein Denkmal gesetzt in meinem kleinen Buch »Septembertag«. Er ist der Träumer, der schwermütige Kellnerinnen liebt, böhmische vor allem. Ein Poet, der nicht dichtete. Eine poetische Figur. Seine Wohnung war ein Antiquariat und eine Bilder-Galerie: er hatte sehr früh begonnen, Radierungen von Beckmann und Kokoschka zu sammeln; an den Wänden hingen große Ölbilder von dem zu Unrecht nie bekannt gewordenen Münchner Maler Schrimpf, der Landschaften und Menschen malte: stille, weiträumige, reine Bilder. Setzen konnte man sich bei Karl Pflanz kaum: überall waren Bücher gestapelt, moderne, aber auch alte, wertvolle Erstausgaben.

Diesen Karl Pflanz bat die zum Schreibenlernen entschlossene Kollegin in Lochhausen um einen Rat. Er gab ihr ein Buch, es war »Das abenteuerliche Herz« von Ernst Jünger. »Das da können Sie mal lesen«, sagte er (sie nun nicht mehr duzend), »aber da müßte ein Totenkopf drauf sein. Vorsicht, Gift! Aber lesen Sie es, schreiben kann er, aber ein Falschmünzer ist er, ein gefährlicher. Sie werdens schon merken.«

Ich hatte schon Jahre zuvor Jünger gelesen. Ein Bekannter, der früh vom Krieg, von Hitler, von Jünger fasziniert war, SA-Mann wurde und dann im Krieg für seinen Führer fiel, hatte mir »In Stahlgewittern« gegeben und »Der Kampf als inneres Erlebnis«, und ich hatte mich bemüht, derlei zu verstehen. Mich schauderte. Als ich Jahrzehnte später Erich Fromms Unterscheidung zwischen biophilen und nekrophilen Menschen und Völkern las, fiel mir augenblicklich Ernst Jünger ein. Er ist der Typ des Nekrophilen: Fasziniert vom Tod, vom Töten, vom Krieg, von der Macht, Lebendiges zu vernichten.

Ich besitze heute noch Jünger-Bücher von damals, die sonderbarerweise Umzüge und Bombardierungen überlebt haben, von einem Dämon beschützt. Ich sehe, daß ich sie, besonders »Blätter und Steine« (Erstausgabe Hanseatische Verlags-Anstalt 1934), mit vielen Randbemerkungen versehen habe. Die »Hundert Aphorismen« haben meinen

Zorn erregt. Sie sind entlarvend. Nummer 30: »Der Eros der flüchtigen Begegnung ist kein geringerer, sondern ein anderer.« Nummer 41 habe ich nicht angestrichen, weil ich damals nicht verstand, was da Ungeheuerliches steht: »Das Fleisch von Leuten, die dem reinen Kultus der Gesundheit ergeben sind, ruft kannibalische Gelüste hervor.« In Erich Fromms Analyse und Darstellung der Nekrophilie steht, daß Nekrophile sehr oft davon träumen, Menschenfleisch zu essen. Der letzte Abschnitt in »Blätter und Steine« lautet so: »Praktisch ergibt sich aus dieser Feststellung für den einzelnen die Notwendigkeit, sich trotzdem an der Rüstung zu beteiligen, sei es, daß er in ihr die Vorbereitung zum Untergange erblickt, sei es, daß er auf jenen Hügeln, auf denen die Kreuze verwittern und die Paläste verfallen sind, jene Unruhe zu erkennen glaubt, die der Errichtung neuer Feldherrnzeichen vorauszugehen pflegt.«

Aphorismus Nummer zwölf: »Wo das Bewußtsein die Brautfackel hält, wird künstliches Leben erzeugt.« In Nummer 75 spricht Jünger sich selbst das Urteil: »Ein Kennzeichen höchsten Stils ist die geschliffene Dunkelheit. Man gleitet über die Rätsel der Tiefe dahin wie auf Schlittschuhen über einen gefrorenen See.« Ich ließ mich, entgegen meiner Kritik, hinreißen von diesem überaus künstlichen Stil. Ich wollte das, was ich meinte sagen zu müssen, in einem Stil schreiben, der sich an Jüngers Stil geschult hatte. Ich wollte an ihm lernen und ihn dann vergessen.

In seinem Buch »Das abenteuerliche Herz« fand ich die Beschreibung einer Tigerlilie. Eines Tages fuhr ich nach München und kaufte in der Blumenhandlung am Lenbachplatz (die im Krieg bombardiert wurde) eine Lilie, eine weiße, keine Jüngersche Feuerlilie. Ich sah dort auf dem Boden liegend eine geknickte und auch sonst ein wenig lädierte Lilie. Die Verkäuferin schenkte sie mir, und ich fuhr mit zwei Lilien nach Hause. Sofort begann ich in der

Jünger-Manier mit der exakten Beschreibung der Lilie. Aber was wurde mir unter der Hand daraus?

Ich hatte nicht mit der kreativen Kraft meiner Erinnerungen gerechnet und nicht mit dem Einbruch dunkler Mächte aus der Tiefe meines Unbewußten. Während ich, streng bestrebt, meine Lilie darstellend zu erfassen, indem ich sie ansah, beroch, befühlte, geschah etwas mit mir: ich, die nie eine Blume zerstört hatte, die vielmehr jede weggeworfene aufhob und sie, auch wenn sie schon verwelkt war, hoffnungsvoll ins Wasser stellte, was tat ich jetzt? Ich riß Blatt um Blatt ab, ich »brannte darauf, die Lilie zu zerstören«.

So schrieb die junge Autorin 1939. Sie schrieb so, als handle es sich dabei um etwas Fernliegendes aus der Kindheit. Aber nicht in der Kindheit hat sie die Lilie zerstört, sondern als Achtundzwanzigjährige, als sie beabsichtigte, eine exakte Beschreibung einer Lilie zu liefern, weiter nichts. Wie kam es dazu? Was steckte dahinter, darunter? Doch eine Erinnerung aus der Kindheit? Hat sie einmal etwas Ähnliches erlebt, das sie nun verarbeitet?

Dies ist der kleine Realitätskern: in unserm Heimatdorf trugen die Schulkinder bei der Fronleichnamsprozession Blumensträuße. Aber in Wessobrunn taten sie das nicht. Meine Mutter bestand darauf, ich müsse auch hier einen Strauß tragen. Sie schnitt die Blüten eines Alpenveilchenstocks ab, und die mußte ich, zum Sträußchen gebunden, tragen. Große Qual, anders sein, anderes tun zu müssen als andre. Aber habe ich jenen Strauß wirklich zerstört? Ich weiß es nicht. Ich glaube es nicht. Aber ich *wollte* ihn zerstören, das ist sicher. Die nicht-gewagte Zerstörung holte die Achtundzwanzigjährige nach.

Warum aber machte sie aus den harmlosen Alpenveilchen eine pompöse Lilie? Warum mußte es eine Lilie sein, die nun zerstört wurde? Ein gescheiter Kritiker sagte mir einmal, er halte die Geschichte von dieser Lilie für die perfekte Darstellung einer Defloration. Er irrt: es ist die Geschichte eines perfekten Muttermordes. Wer hatte mich zu meiner Qual gezwungen, anders zu sein als alle anderen? Wer bestimmte da über mich und mein Schicksal? Meine Mutter. Sicher hatte ich sie gebeten, davon abzusehen, mir den Strauß aufzunötigen, und sicher hatte sie nicht auf mich gehört, und sicher schimpfte sie mich aus, und sicher erwiderte ich aufsässig, und sicher mußte ich mich fügen. So war es immer und immer. Mußte ich nicht wünschen, von diesem Zwang befreit zu sein? Und war dieser Wunsch nicht ein Todeswunsch? Wer von uns hat sich nicht den Tod eines Unterdrückers gewünscht und diesen Wunsch ganz tief ins Unbewußte gedrängt? Ich hatte ihn verdrängt. Mit achtundzwanzig brach er auf aus dem Abgrund. Ich wußte es nicht, aber ich tat das Richtige, das Befreiende: ich tötete die Lilie, ich mordete die Mutter-Abhängigkeit in mir.

Aber warum die Lilie statt der Alpenveilchen? Nur aus ästhetisch-formalen Gründen? Warum keine Rose oder Iris? Warum gerade eine weiße Lilie?

Heißen diese weißen Lilien nicht auch Josephslilien? Und hieß mein Vater nicht Joseph? Und ist die Lilie nicht das Symbol der Jungfräulichkeit? Dies alles fällt der Autorin erst jetzt ein, 1979. Versteht sie jetzt endlich ihre eigene Liliengeschichte?

Die Mutter wollte, daß ich nie heirate. Warum? Wollte sie, daß ich meine unversehrte Jungfräulichkeit durchs Leben trage? Wieso, wozu aber? Mißgönnte sie mir das, was sie selbst offenbar besaß: die erotische Liebe eines Mannes? Ihre Ehe war ganz gewiß rundherum erfüllt, und wenn sie ihrem Mann, als er gestorben war, rote Rosen aufs Sterbebett streute, so war das keine Theatergeste.

Oder meinte sie, ich, die studieren durfte, sie nicht, müsse damit zufrieden sein und nicht auch noch Ehe und Umarmung haben? Sie war immer gegen mein Studium gewesen.

Wäre es nach ihr gegangen, ich hätte den »Kolonialwaren-
laden« meiner Firmpatin Karolina Drexler in Thannhausen
übernehmen müssen (dies einer der winzigen Realitätsker-
ne in »Mitte des Lebens«, wo Nina so einen Laden führen
muß, aus anderen Gründen freilich). Aber warum drängt
sich mir der Name »Josephslilie« so hartnäckig auf? Mein
Vater, Joseph, liebte mich. Er versuchte meine Heirat mit
bösen Mitteln zu hintertreiben, davon später ein trübes
Kapitel. War es der Vater, der auf meiner Jungfräulichkeit
bestand und, wie der Zwerg Fafner auf dem Rheingold, auf
ihr hockte? Handelte die Mutter in seinem stillschweigen-
den strengen Auftrag? War meine Lilienzerstörung vielleicht kein Muttermord, sondern der Vatermord? Der
Elternmord etwa? Und geschah dieser Mord nicht ganz
kurze Zeit vor meiner Heirat?
Aber war ich dann frei?
Ich lese nach in meinem ersten Buch »Die gläsernen Ringe«
in der Erzählung »Die Lilie«: »...Ich fühlte, wie nach und
nach jeder Widerstand der Pflanze schwand, bis ich nur
mehr Fetzen von etwas ehemals Lebendigem hielt. Plötzlich
rührte sich das Totgeglaubte in meinen Händen... Das
Zerknüllte richtete sich auf zu einem letzten anklagenden
Widerstand... An einer Wegbiegung ließ ich es fallen...
Ich kam zu mir... Ich begriff nicht mehr, was ich getan
hatte.«
Der perfekte Elternmord ist mir nicht gelungen. Mein
Leben lang bedrückte mich ihre Existenz. Nun sind sie beide
tot, und ich denke in großem Mitleid an sie: auch ihnen
gelang es nie, ihr unbequemes, ihr ehestörendes einziges
Kind zu verstoßen.
»Die Lilie« wurde der Grundstock meines ersten Buches.
Als ich diese Geschichte geschrieben hatte damals als junge
Lehrerin in Lochhausen, kam mein Verlobter. Ich hatte
meine Geschichte auf dem Schreibtisch liegengelassen, als

ich ins Nebenzimmer ging, um auf dem Spirituskocher ein sonntägliches Mahl zu bereiten, vermutlich Spiegeleier mit Schinken. Als ich wieder ins Arbeitszimmer kam, stand mein Verlobter auf und sagte bestürzt: »Das hast du geschrieben? Aber das ist ja Dichtung! Ich wußte nicht... Das muß gedruckt werden, das schickst du an die ›Neue Rundschau‹, an den S. Fischer-Verlag!«

Ich lachte ihn aus. S. Fischer, der Verlag von Thomas Mann, Hesse, Hauptmann! Und ich dazu! Nein, das ist Unsinn.

Er bestand darauf, daß ich die Geschichte sofort nach dem Essen auf der alten, von Onkel Georg ererbten Adler-Schreibmaschine abtippte. Er diktierte. Dann zwang er mich, einen Brief an Peter Suhrkamp zu verfassen. Er half dabei. Und dann trugen wir den großen Umschlag zum Briefkasten an der Bäckerei hinterm Lochhauser Bahnhof. Ich konnte später diesen Briefkasten nicht ohne flüchtige Rührung anschauen. Vor einigen Jahren wurde er entfernt. In meiner Erinnerung wird er ewig dort hängen.

So, sagte ich, und jetzt hören wir nie wieder etwas davon. Ich war erleichtert. Ich entging einem Abenteuer. So dachte ich. Nach einer Woche kamen zwei Briefe aus Berlin. Einer war von Karl Korn, dem Chef der »Neuen Rundschau«. Er schrieb, er wolle die »schöne Geschichte« in einer der nächsten Nummern abdrucken. Der andre war von Peter Suhrkamp, der mich aufforderte, alles zu schicken, was ich geschrieben habe, ich sei ganz offenbar eine Dichterin und eine »Entdeckung«.

Sprang ich an die Decke vor Freude? Ich nahm die Sache zur Kenntnis, als hätte sie gar nicht anders sein können oder als sei sie nicht »wirklich«. Meine Freuden im Leben waren nie himmelhoch, aber die Leiden, die waren abgrundtief, so ist das eben. In meinem Horoskop, von Meistern und von Dilettanten gemacht, steht einmütig vermerkt der bestimmende Einfluß des Planeten Saturn: der Vater, der Unterdrücker, der Freudentöter, aber auch der Kraftspender, der große Helfer, der Antreiber beim Aufstieg.

Nach dem Lesen der Berliner Briefe tat ich das Nächstliegende: ich beantwortete sie. Ich schrieb an Peter Suhrkamp, daß ich weiter nichts besäße, was gedruckt werden könnte, ich habe alles verbrannt, und ich habe nicht die Absicht, Schriftstellerin zu werden. An Karl Korn schickte ich dann das noch aufgefundene Gedicht von 1935. Er druckte es. Mein Schicksal, Schriftstellerin zu sein, war entschieden. Die Schlinge um meinen Hals, ich wußte es noch nicht.

Ich fühlte deutlicher andre Schlingen, andre Fallstricke: im Winter 38 auf 39 kam der Schulrat zur »Visitation« in meine Klasse. Ich machte die Sache gut, die Kinder waren lebhaft bei der Arbeit, die Atmosphäre war heiter. Der Schulrat lobte mich. Dann sagte er wohlwollend: Sie sind doch natürlich in der Partei? (Es gab nur eine: die Hitlers.) Ich sagte: Nein, Herr Schulrat. Aber, sagte er, dann sind Sie wohl in der Hitlerjugend? Nein, Herr Schulrat. Na, dann doch wenigstens in der NS-Frauenschaft? Nein, Herr Schulrat. Er schaute mich nachdenklich an. Eine so gute Lehrerin und nicht politisch aktiv? Nun, sagte er, ich komme in einigen Monaten wieder, dann sind Sie sicher in einer der genannten Formationen. Ich nahm die Sache noch nicht ernst. Auch Karl Pflanz war nicht »formiert«, auch er war Nazigegner. Er riet mir abzuwarten. Der Schulrat, Rottner hieß er, kam wieder. Das gleiche Verhör, dann die scharfe Warnung: wenn nicht sofort, dann.

Mittlerweile hatte mein Verlobter Aussicht, als Solorepetitor und Dritter Kapellmeister nach Braunschweig zu kommen. Es war noch nicht sicher, als der Schulrat zum dritten Mal kam und mich verhörte. Er sagte böse: Nun, Sie werden die Folgen tragen, man hat über Sie auch sonst einiges gehört. Ich sagte fest: Herr Schulrat, das ist alles jetzt unwichtig, ich heirate, ich scheide freiwillig aus dem Staatsdienst aus. Ich war ihm ums Haar zuvorgekommen. Aber die Stelle in Braunschweig war keineswegs sicher. Ich lief sozusagen ins Blaue davon. Ich wußte jetzt zudem, daß ich auf einer der Schwarzen Listen stand und daß auch die Heirat kein Schutz war, zumal der künftige Ehemann ebenfalls Nazigegner war.

Nun: fürs erste ging alles gut, wir konnten heiraten, wir zogen nach Braunschweig. Und Peter Suhrkamp kam, um mich zu überreden, ein Buch zu schreiben, das so schön wäre wie die Liliengeschichte. Ich sagte: Nein, Herr Suhrkamp, ich will nicht schreiben, ich will Ehefrau sein und Kinder bekommen.

Er sagte, mich duzend: Du wirst dieses Buch schreiben, du wirst viele Bücher schreiben, du wirst bis an dein Lebensende schreiben. Nein, Herr Suhrkamp...

Am 1. September 39 begann ich zu schreiben. Ich schrieb, um mich zu retten, nicht um Schriftstellerin zu werden. Ich erwartete unser erstes Kind. Ich mußte mich um den Haushalt kümmern und um Lebensmittel Schlange stehen. Aber ich schrieb weiter. Ich schickte das Geschriebene an Peter Suhrkamp. Er lobte es sehr, aber er fand, das gebe noch kein Buch, ich müsse noch einige Kapitel dazu schreiben. Ich schrieb sie, auf Bestellung. Dann war das Buch fertig.

Während sie es druckten und banden, stapfte ich auf Befehl des Arztes, der meine Schwangerschaft mit Sorge besah (ich war viel zu schmal, und das Kind wuchs und wuchs in meinem Leib, als wären es Zwillinge) täglich zwei Stunden im Schnee herum. Der Winter war bitterkalt, minus 35 Grad, so daß sogar der Mittellandkanal einfror. Wir hatten kaum Brennstoff, und an den Abenden saß ich (während mein Mann im Theater war) vor der einzigen Wärmequelle, dem offenen Gasbackofen.

Am 27. Februar 1940 kam mein erstes Kind, Christoph, zur Welt. Es war eine sehr schwere Geburt. Unvergeßlich der Morgen: ein Glücksaugenblick in meinem Leben. Nach zwei Tagen und Nächten war das Kind geboren. Der Arzt hob es hoch, eine Schwester rollte den Verdunkelungsvorhang auf und öffnete das Fenster, die Sonne brach herein, die Uhr zeigte punkt acht, die Vögel im Park sangen, das nackte Körperchen glänzte im Licht, und der Arzt sagte: Da haben wir noch mal Glück gehabt, junge Frau. Dann bekam ich die Narkose, denn ich mußte genäht werden. Als ich zu mir kam, saß mein Mann neben mir. Er legte mir etwas aufs Bett: einen Strauß gelber und lila Tulpen und ein Notenheft. Heimlich, ganz heimlich hatte er in den neun Monaten etwas komponiert. Und was? Er, der Wuppertaler Protestant, hatte eine a capella-Messe geschrieben »In honorem beatissimae virginis Mariae«.

Wieso das? Ich weiß es bis heute nicht. Aber als mein Christoph zehn Jahre später sagte, vielmehr mir schrieb, ein wenig ängstlich, wie ichs aufnähme, daß er Priester werden wolle, da erschrak ich nachträglich. War es ein Zeichen gewesen?

Christoph wurde nicht Priester, er studierte Theologie und suchte dann seinen eigenen geistigen Weg, geleitet von seinem Sternzeichen der Fische, das für so viele zum Zeichen *des* Fisches wird.

Wenige Wochen nach meiner Heimkehr aus der Klinik kam mein Mann nach Hause. Er rief: Du, dein Buch ist ausgestellt in der Buchhandlung am Steinweg!

Warum der Verlag es mir noch nicht geschickt hatte, weiß ich nicht. Ich erfuhr von seinem Erscheinen erst durch die Nachricht meines Mannes. Freute ich mich? Ich nahm die Sache zur Kenntnis. Dann kam das erste Exemplar vom Verlag: »Die gläsernen Ringe« von Luise Rinser-Schnell. Das war ich. »Schnell« war der Name meines Mannes.

Dann ging das Leben weiter. Das Buch wurde ein Erfolg, ein wie großer und besonderer, das begriff ich erst nach dem Krieg. Mein Vater hat die Kritiken alle verwahrt. Ich fand sie nach seinem Tod im Nachlaß. Nie mehr habe ich so einhellig gute, ja überschwengliche Kritiken bekommen. Nun: das Buch war und ist recht gut, das schon, aber dieses hymnische Echo war auch ein Politikum: mitten in der von Hitler befohlenen »Blut- und Boden-Literatur«, den Kriegsbüchern, den langweiligen Bauernromanen, erschien da etwas so gründlich anderes, etwas so unverkennbar Un-nationalsozialistisches, daß man aufatmete, im Ausland und auch im Lande selbst. Ein schönes Zeugnis für die deutsche Intelligenz, die deutsche Literaturkritik jener finsteren Jahre: sie wagte offen ein Buch zu loben, das zwar nicht geradezu gegen den Faschismus sprach, aber den Ungeist überaus deutlich beiseite schob und sich, wie Hermann Hesse schrieb, »zum Geist bekannte«.

Das Buch ging sehr gut, schon wenige Monate nach dem Erscheinen wurde die zweite Auflage vorbereitet. Sie erschien. Zehntausend Exemplare in kurzer Zeit, und das für einen Erstling. Ich verdiente auch Geld, das war gut für unseren Haushalt. Wir mußten sehr sparen.

1948 erzählte mir Peter Suhrkamp von meinem ersten Besuch im Berliner Verlag. Es muß im Spätsommer 39 gewesen sein. Er hatte mich eingeladen, um mich dem Verlag vorzustellen und den Vertrag zu machen. Er sagte, man habe meine Schwangerschaft noch nicht gesehen, ich sei ein Mädchen gewesen und sehr scheu, und ich sei errötet, als er mich vorstellte mit den Worten: Hier ist unsre Dichterin. Anwesend waren Karl Korn, der Lyriker und Lektor Oskar Loerke, der Grafiker E. R. Weiß, der den schönen Umschlag für mein Buch entwarf und der mich dann zu seiner Frau nach Hause nahm: der Bildhauerin Renée Sintenis. Und nach der Vorstellung habe er, Peter

Suhrkamp, zu mir gesagt: So, und jetzt machen wir den Vertrag. Ich habe, wieder errötend, gesagt: Aber Herr Suhrkamp, das brauchts doch nicht zwischen uns.

Zwischen ihm und mir hätte es wirklich keines schriftlichen Vertrags bedurft. Der friesische Bauernsohn und das oberbayerische Bauernmädchen hätten ihre Geschäfte mit einem Handschlag besiegeln können.

Als mein Buch erschienen war und ein Erfolg wurde, schrieb ich an Ernst Jünger. Ich sagte ihm, daß er, ohne es zu wissen, in mir eine Quelle freigelegt habe, er sei der Pate meines ersten Buches. Er schrieb mir wieder, es entstand ein sonderbarer Briefwechsel. Ich habe noch das Päckchen seiner Briefe, geschrieben meist mit der Hand in einer Schrift, die mich an Insektenbeine erinnerte.

In der Tat beschäftigte er sich mit Insektenkunde. Seine Briefe, meist auf bläulichem oder auch gelblichem Papier, kamen aus dem besetzten Paris und aus russischen Unterständen. Sie sind inhaltslos. Einmal schickte er mir aus Paris ein Fläschchen Parfum, »Quelque Fleur«, es war das seine, von dem er, wie er schrieb, »in russischen Gräben jeweils einige Tropfen opferte«. Das war eben sein Stil. Sehr stilgerecht für ihn war auch unser erstes und vorletztes Treffen in Hannover am 13. November 1940. Er wohnte damals in Kirchhorst in der Nähe von Hannover, und ich in Braunschweig. Ich hatte ihn mir groß und offiziersmäßig vorgestellt: er war klein und eher zart, wie mit einem scharfen Silbergriffel gezeichnet. Wir gingen in eine Bar. Er fragte, was ich nehme, er trinke »Half-and-Half«. Das klang imponierend mondän. Was es war, ahnte ich nicht, ich ließ es dann auch ungetrunken. Was redeten wir? Ich weiß es nicht. Vermutlich habe ich ihn gelangweilt. Oder auch nicht. Vielleicht war er neugierig auf diese noch naive junge Frau. Er lud mich dann ein, ihn in seinem Hause in Kirchhorst zu besuchen. An diesen Besuch habe ich keine

Erinnerung. Seine Frau lernte ich nur von weitem kennen.

An jenem 13. November 1940 in Hannover geschah etwas, das ein Zeichen war: die Stadt war schon bombardiert, und als wir auf der Straße gingen (es war ein Sturmtag), schoß plötzlich von einem Ruinendach etwas herunter, zwischen unseren Köpfen durch: ein schwerer Dachziegel. Er zersplitterte zu unseren Füßen. Eine Warnung, ein Trennungsschwert. Der Nekrophile, der die Gefahr anzog. Es wurde ihm nicht erlaubt, mich in sein Schicksal einzubeziehen. Trotz meines Besuches in Kirchhorst wurde rein gar nichts aus dieser Beziehung. Aber sie war dennoch nicht zu Ende, und ich wurde immer aufs neue mit den Jüngerschen Ideen konfrontiert: er schickte mir seine Bücher, darunter die französische Übersetzung seines Kriegstagebuchs »Gärten und Straßen«, das mich entsetzte, vor allem in dem Bericht über den Verlauf seines Geburtstages Ende März 1940, den er in einem Bunker am Rhein verbrachte und an dem es eine Schießerei gab, weil zwei Neuangekommene das andre Rheinufer fotografierten, was von den Franzosen dort als Affront verstanden und mit Schüssen beantwortet wurde. Jünger ließ wiederschießen. Die Eiseskälte seines Berichts, welche die geheime Lust an diesem todgewürzten Fest kaum verdeckt, verrät den Nekrophilen. Und dann kommt auch noch der Bericht vom Tag darauf, an dem ihn ein Brief der Comtesse G. . . . (Punkte von Jünger) erreichte, in dem steht: »La guerre n'est pas belle, mais nous (les femmes) aimons les hommes qui la font, tandis que les pacifistes sont affreux.«

Aber ich habe weit vorgegriffen. Wir haben die junge Autorin verlassen an ihrem Schreibtisch in Braunschweig, an dem sie schrieb: »Ich war ein Kind von fünf Jahren und wohnte in einer kleinen stillen Stadt...«

Stimmt das? Ich wohnte nicht in einer kleinen stillen Stadt,

sondern auf dem Dorf, in Etting bei Weilheim in Oberbayern, und ich war nicht fünf Jahre alt, sondern genau drei
Jahre und drei Monate, als der Krieg anfing, und ich erlebte
den Kriegsbeginn ganz anders. Warum schrieb die junge
Autorin nicht die simple Wahrheit? Aber was ist Wahrheit
in der Literatur?

Mein erstes Buch wird für reine Autobiographie gehalten.
Irrtum. Es gibt kleine Kristallisationskernchen aus der
erlebten Wirklichkeit, das ist alles. Nur der Schauplatz, der
ist pure und simple geographische Wirklichkeit: das Kloster
Wessobrunn, von mir Sanct Georgen genannt. Was sonst
an Realitätssplitterchen und Keimchen sich eingeschlichen
hat, das wird sich noch zeigen.

Aber wenn das Buch nicht eine Autobiographie ist, was ist
es dann, und warum erscheint es allen Lesern als Autobiographie?

Was begab sich mit der jungen Autorin, als sie dieses ihr
erstes Buch schrieb?

Sie begann den Weg nach Innen, den Abstieg ins eigene
Wesen. Sie war sich dessen nicht bewußt, sie schrieb
träumend, wiewohl nicht ohne Kunstverstand, der war
eben da, angeboren.

Sie baute in ihrem Innern eine Welt auf, die es vorher nicht
gab, ihr Baustoff waren Gerüche aus dem Klostergarten,
Fragmente alter Deckenfresken und Stukkaturen, das reine
Wasser aus den »Heiligen Quellen« hinter dem Kloster.
Erinnerungsspuren: Augen, Gesten, Worte, losgelöst von
ihren Trägern, Kartoffelfeuerrauch und abendliche Nebel
über den Wiesen und zwischen den Nußbäumen, gestürzte
Säulen und uralte Traurigkeiten.

Sie ahnte nicht, daß sie jenes Reich betreten hatte, in dem
die Archetypen hausen, die ewig Gegenwärtigen: der
Zigeunerknabe, die Walddämonin, die Jungfrau Viktoria,
der singende russische Bettler. Ewig gegenwärtig auch das

Gegen- oder vielmehr Nebeneinander der schön in Stein gefaßten, reinen, klaren »Heiligen Quellen« hinterm Kloster und der Wildnis am andern Ende des Klostergartens, da, wo Schierling und Orchidee am Sumpfrand wachsen in Klingsors Zauberreich.

War dies wirklich mein Problem, ein existentielles Entweder-Oder? War ich an Leib und Seele gequält vom Widerspruch der Welten? War es nicht vielmehr immer ein pures Erkenntnisproblem für mich? Für mein Denken war es dennoch sicher ein Problem, daß die herrliche und schreckliche Fülle des Seienden nicht unter einen Nenner zu bringen war, wie mir schien. Ich fühlte, daß es ein Ordnungsprinzip gebe, aber ich konnte es nicht benennen. Nie meinte ich mit Ordnung die mühsame bürgerliche Ordnung, die nur mit Gesetzen und mit Polizei- und Kirchengewalt aufrechterhalten wurde. Der Begriff der Moral war mir stets fremd und sehr verdächtig. Ich ahnte von jeher, daß er zur Sterilität führt und in den Bereich der Nekrophilie gehört, die das schöpferische Chaos nicht gelten lassen will und kann. Als ich das Wort des großen Augustinus las »Liebe und tu, was du willst« begriff ich, daß dies mein Ordnungswort war: Liebe.

Etwas später lernte ich das Werk des Schweizer Musikwissenschaftlers und Philosophen Hans Kayser kennen. Er sagte, daß musikalische Formen denselben Gesetzen folgen wie sich-aufbauende Kristalle und wie die Sternenbahnen. Das Keplersche Wort von der »Harmonie der Welt« war mir eine Epiphanie. An diese Harmonie glaube ich, und darum glaube ich an den Sinn des menschlichen Lebens und jeden einzelnen Lebens. Mein Glaube ist nicht unangefochten: Auschwitz und Vietnam und Kambodscha sind schwer einzuordnen. In dunklen Zeiten hilft mir dann weder das Christentum noch der Buddhismus, da hilft mir nur die alte chinesische Philosophie: der Taoismus. Er lehrt mich den

Bogen spannen zwischen den Widersprüchen, die sich als fruchtbare, notwendige Polaritäten erweisen. Tag ist nicht Tag, wenn nicht Nacht ist, Leben ist nicht, wenn es nicht den Tod gibt, das Gute ist nicht das Gute, wenn es nicht das andre gibt, das wir das Böse nennen. Alles ist Bewegung und Wandlung. Gott, das ist die allesbewegende Kraft, er ist der Wandel, er wandelt sich mit uns, wir wandeln uns mit ihm. Die Lehre der mittelalterlichen Mystiker, die sich mir mit dem Taoismus verband. Das ist kein Diskussionsthema, das ist eine große Erfahrung.

Aber wie war das mit dem Kriegsbeginn in der Wirklichkeit des kleinen Mädchens?

Genaueste Erinnerung: ich ging auf einem schmalen Feldweg nahe beim Dorf, viel Gelbes und Rotes war um mich, vermutlich reife Kornfelder und Mohnblüte. Da kam ein Radfahrer, der mich beinahe umwarf, und er schrie: Geh heim, du, Krieg ist!

Was ist das: Krieg?

Ich lief heim. Alle Leute liefen, alles war laut und rot. Die Kirchenglocken läuteten Sturm wie bei einem Brand. Niemand kümmerte sich um mich. Ich fürchtete mich. Ich war aus etwas hinausgeworfen, in etwas hineingeworfen, nichts war mehr, wie es gewesen war, und ich begriff nichts.

Die zweite Erinnerung (ich ließ sie mir später mehrmals von meiner Mutter bestätigen): ich liege in meinem Gitterbett, es ist dunkel, aber die Tür zum Nebenzimmer ist einen Spalt weit offen, und dann öffnet sie sich weiter, und jemand kommt zu mir, setzt sich neben mein Bett, legt die Arme auf den Gitterrand und den Kopf auf die Hände und bleibt lange so. Ich weiß, wer es ist: unser Freund, der meine auch und dies sehr, der kinderlose Freiherr Friedrich von der Tann, aus altem bayerischem Offiziersadel. Das Gut Linden bei Weilheim gehörte ihm. Dorthin waren wir jede Woche donnerstags eingeladen, dort aßen wir, und dort sang der junge Baron Lieder, und mein Vater begleitete ihn auf dem Klavier. Ihr beider Lieblingslied war: »Näher mein Gott zu dir«, das Lied, das die Passagiere auf der untergehenden »Titanic« sangen, bis die Wasser über dem Schiff zusammenschlugen. Ich hörte viel später einmal unversehens die Melodie, und ich erschrak: sie rührte etwas in mir an, und das tat weh. Der Baron sagte und tat nichts an jenem Abend an meinem Gitterbett. Und ich wagte mich nicht zu rühren, ich stellte mich schlafend. Als er schließlich aufgestanden und weggegangen war, weinte ich, und ich *wußte* (kein Irrtum, keine spätere Interpretation), daß ich den Freund nie nie wiedersehen würde.

Ich sah ihn tags darauf kurz noch einmal: er stand auf seinem »Landauer«, demselben, mit dem wir jeden Donnerstag von seinem Kutscher oder ihm selbst abgeholt worden waren. Er sagte laut und feierlich etwas zu den Bauern, die Hurra schrien, ich hielt ein Blumensträußchen in der Hand, das sollte ich ihm überreichen und etwas dazu sagen, aber ich konnte nicht, weil ich weinen mußte, ich zerknüllte Blumen und Taschentuch, und schon zogen die Pferde an, der Wagen verschwand um die Friedhofsecke, und der Freund war fort für immer. Er fiel als einer der ersten Offiziere in Frankreich. Er war dreiunddreißig Jahre alt. Sein Sterbebildchen mit seinem Foto besitze ich noch. Ich glaube, er war meine allererste Liebe. Trennung und Tod waren vorgezeichnet für meine späteren Lieben.

Warum hat die junge Autorin nicht mit dieser Szene ihr erstes Buch begonnen? Vielleicht ging es ihr darum, so rasch wie möglich den Schauplatz ihrer Kindheit einzuführen: Kloster Wessobrunn, und dorthin konnte sie den jungen Baron offenbar nicht verpflanzen. Am Anfang ihres Buches taucht der Großonkel Felix auf. Gab es den wirklich?

Es gab ihn, aber: so war er nicht, wie sie ihn beschrieb. So hätte er sein sollen. Weil er ganz und gar nicht so war, darum verwandelte sie ihn nach ihrem Wunsch.

Der Großonkel war eigentlich kein Großonkel, sondern ein sehr entfernter Verwandter. Er stammte aus dem schwäbischen Dorf Fischach, das fast ausschließlich von einer jüdischen Gemeinde bewohnt war. Wieso, das weiß ich nicht. Aber daß der Großonkel Jude war, ist ziemlich sicher, natürlich aus längst christlich konvertierter Familie. Wenn mein Vater zornig auf ihn war, nannte er ihn »der alte Jude«. Aber mein Vater war durchaus kein Antisemit. Meist nannte er ihn »der alte Hörtensteiner« oder nur »der Alte«. Die andern, nämlich meine Mutter und die Tante Fanny, ihre Schwester, nannten ihn »der Herr«.

Das war so üblich: der geistliche Herr war der Herr schlechthin. Mein Onkel also hieß nicht der Herr Pfarrer oder der Herr Dekan oder der Geistliche Rat (dies waren seine Titel), sondern: der Herr. Für mich war er der Onkel Franz. Im Buch nannte ich ihn Onkel Felix. Felix: der Glückliche. Ich frage mich, ob ich, ihn im Buch verklärend verwandelnd, nicht sein wahres Wesen aufgefunden hatte, das ihm seine klerikale Verbildung, sein Herr-sein-Müssen, verschüttet hatte. Der Onkel Felix ist schwermütig, still und fein. Der Onkel Franz war betriebsam, unruhig, reiste ungewöhnlich viel, war höchst intelligent und fühlte sich damit allen anderen überlegen, das war er auch in vieler Hinsicht, er war welterfahren, aber herrschsüchtig und unfromm. Seine Messe las er in unziemlicher Eile, und sein tägliches Pflichtgebet, das Brevier, las er im Hin- und Herlaufen, seine gescheiten, ruhelosen Augen schweiften umher, und er redete dazwischen mit mir oder mit andern. Seine Gedanken waren weit weg.

Er hatte viele Freunde, keine Theologen meist, sondern Kunsthistoriker, auch aus dem Ausland. Zu seinen engsten Freunden gehörte der Baron Cramer-Klett, dem durch Erbe

eine Reihe von bayerischen Kirchengütern zugefallen waren, die bei der Säkularisation um 1800 von seinen Ahnen
erworben worden waren. So wenigstens erzählte man es
mir. Der Baron aber war fromm, er war Konvertit, jedenfalls mochte er das unrecht erworbene Gut nicht behalten,
er gab es nach und nach der Kirche zurück, so auch Kloster
Wessobrunn. Böse Zungen sagen, er habe es nicht zurück-
geschenkt, sondern wiederverkauft, billig, und nur, weil er
die Güter nicht instand halten konnte. Wie auch immer: er
war ein enger Freund von Onkel Franz.

Im Buch lasse ich den Onkel Felix bei meiner Ankunft
während des Abendläutens sich bekreuzen und beten. Das
hätte der Onkel Franz nie getan. Wenn man ihm seinen
eigenen Wesenskern bloßgelegt hätte, so wäre man vermutlich auf einen müden Atheisten gestoßen, den man in
die Rolle des Geistlichen gedrängt hatte und der nun
versuchte, daneben auch noch sein eigenes Leben zu leben
und so sich zu retten. Seine vielen weiten Reisen mußten
ihn entschädigen für alle andern Entbehrungen. Mein
Vater nannte ihn auch »der ewige Jude«.

Die beiden Männer konnten sich nicht ausstehen, aber ihre
Schicksale waren unlösbar verflochten bis zum Tod. Es war
etwas zwischen ihnen, das nie ausgeräumt und nie verziehen wurde. Ich begann erst spät zu verstehen, worum es da
ging. Früher dachte ich, es seien politische Differenzen: der
Onkel war natürlich »Zentrum«, mein Vater eher sozia-
listisch und grundsätzlich antiklerikal damals, denn die
Lehrer in jener Zeit litten darunter, daß ihre Schulauf-
sichts-Behörde allesamt Kleriker waren, die von Pädagogik
und Didaktik nichts verstanden und nur die Moral und
Disziplin von Lehrern und Schülern überwachten. Von den
Lehrern vor allem. Ein schlimmes Überwachungs- und
Unterdrückungsprinzip. Vater und Großonkel stritten oft.
Aber das war nicht der Grund ihrer zähen Feindschaft. Der

war ganz menschlicher Natur. Als der Onkel Franz junger Pfarrer in der Nähe von Landsberg war, wurde mein Vater, noch viel jünger als er, Lehrer in einem Nachbardorf. Der Onkel Franz hatte in seinem Pfarrhof eine ebenfalls junge Haushälterin: seine Nenn-Nichte, irgendwie verwandt, meine Tante Fanny, die noch nicht meine Tante war und die eigentlich meine Mutter hätte werden sollen. Wie glücklich wäre meine Kindheit gewesen, wenn sie es geworden wäre. Die beiden, mein Vater und meine Tante Fanny, waren verliebt. Insgeheim. Der Onkel durfte es nicht wissen. Eine Pfarrhaushälterin darf keine Liebschaften haben. Sie gehört für alle Zeiten ihrem Herrn, dem Herrn Pfarrer. Meist kam dieses Verhältnis so zustande, daß eine junge Verwandte das »Primizbräutchen« des eben geweihten Pfarrers wird: sie, ganz in Weiß wie eine Braut, trägt während der ersten Messe des Neugeweihten ein Kissen mit einer Brautkrone. Das Symbol für die Kirche, der sich der Priester hochzeitlich verbindet für immer. Aber es war wohl auch die Frau schlechthin, die hier als jungfräuliche Braut geopfert wurde. Es gibt ein Foto meiner Tante als Primizbraut: sie sieht entzückend aus mit ihren schwarzen Augen und dunklen Locken. Und der Onkel Franz, auch auf einem Foto aus jener Zeit, ist ein schöner stattlicher Mann.

Wie lebten zwei junge schöne Menschen Jahr um Jahr in nächster Nähe? Waren die Tabus so stark, daß sie nie zusammenbrachen? Ich weiß es nicht. Aber, aufgewachsen im klerikalen Milieu, weiß ich, wie viele geheime oder auch ruchbare Liebschaften es zwischen Pfarrern und Haushälterinnen gab. Freilich gab es ein Kirchengesetz, demzufolge die Haushälterin, wenn sie nicht sehr nahe Blutsverwandtschaft ohnehin tabu machte, nicht unter Vierzig sein durfte. »Das kanonische Alter« hieß das. Vermutlich dachte man, das sei die Grenze weniger der Versuchbarkeit als der

Möglichkeit einer Empfängnis, was beides nicht stimmt. Mein Onkel hatte später als Dekan in der Diözese mit solchen Fällen zu tun, und ich hörte vieles, was nicht für meine Ohren bestimmt war. Als junger Pfarrer bewachte mein Onkel Franz sein Bräutchen, das ist sicher. Dennoch gelang es meinem Vater, diese hübsche Pfarrerbraut zu treffen und sie verliebt zu machen. Eine Heirat hätte der Herr nicht verhindern können. Jedoch: da tauchte meine Mutter auf, etwas jünger, nicht so hübsch wie ihre Schwester, aber sehr vital, und riß den blondgelockten jungen Lehrer an sich. Dem Onkel paßte auch das nicht. Warum nicht? Ich weiß es nicht. Er behielt sein Bräutchen, und meine Mutter wurde eben meine Mutter, nicht meine Tante.

Aus jenen Tagen stammt die Bindung zwischen den vieren. Sie war schicksalhaft. Nie kamen sie voneinander los. Sie bauten später sogar zusammen ein Haus in Rosenheim, Bäckerweg 2, ein recht häßliches Haus, und da lebten sie miteinander Jahr um Jahr und litten aneinander. Mein Onkel hatte die Hauptsumme fürs Haus bezahlt. Der Preis, den meine Eltern zahlen mußten dafür, daß sie Mitbesitzer und Erben wurden, war die Pflicht ihrer ständigen Anwesenheit. Sie wohnten im ersten Stock, aber dort hatte auch der Onkel sein Schlafzimmer, weil ihm seine eigenen Räume im Erdgeschoß nicht genügten. Ich fand das unpassend. Es war mehr als das. Nie konnten meine Eltern ganz für sich sein. Sie mußten auf Pfiff oder Klopfzeichen alles liegen und stehen lassen und »zum Alten« eilen, um ihm Gesellschaft zu leisten. Meist war er dann noch beim Essen, er aß sehr lange und mit konzentriertem, ingrimmigen Vergnügen. Vermutlich ein Ersatz für andere Genüsse. Zum Schluß pickte er mit dem befeuchteten Zeigefinger die Krümel von der Tischplatte auf. Mein Vater wandte sich ab. Nach dem Essen mußte Karten gespielt werden: Schafkopf hieß das Spiel. Ein Spiel zu viert, bei dem immer zwei Partner zusammenspielten. Der Onkel war ein schlechter Verlierer. Wenn er verlor, wurde er wütend und gab dem jeweiligen Partner die Alleinschuld. Meine Mutter sagte: Laßt ihn doch gewinnen!

Mein Vater sah nicht ein, weshalb der Alte seinen Willen haben sollte. Es gab oft Streit. Aber es ging nicht um die Karten, es ging nicht um zehn oder zwanzig Pfennige Verlust, es ging um alte Bitterkeiten, um Lebensverzichte: den des Zölibatärs auf Eros und Sexus, welche sein Bräutchen ihm verweigern mußte; den meines Vaters auf eben diese Fanny, die er statt in seinen Armen in der Macht des »Alten« sah; den meiner Mutter auf den Alleinbesitz des Herzens ihres Mannes; den der Tante auf Ehe und Liebe und eigenes Leben und das Kind, das ich war, und das sie so gern mit meinem Vater gehabt hätte.

So lebten sie dahin, Tag um Tag, Jahr um Jahr, die Männer wurden beide bucklig, der Alte ging zuletzt wie in der Mitte abgeknickt, der andre, mein Vater, hatte einen runden hohen Rücken, und dann starb einer nach dem andern, zuerst die Tante Fanny, von meinen Eltern treu gepflegt im Hause, obwohl sie recht mürrisch und auch boshaft wurde, dann der Alte, der ewige Jude, der auf einer seiner Reisen nach Italien erkrankte und als Sterbender in eine Münchner Klinik gebracht wurde, aber nicht sterben wollte und sich ans Bett klammerte und schrie: Ich will nicht sterben, ich will nicht! Und der damit die frommen Nonnen skandalisierte, deren Oberin, auch eine Verwandte, rief: Ja, schämen Sie sich nicht, sich so unwürdig aufzuführen, Sie als Priester! Ja glauben Sie denn nicht ans Jenseits? Er glaubte daran, und eben deshalb wollte er dort nicht ankommen. Er starb schließlich doch und wurde in seinen Heimatort gebracht.

Dann starb mein Vater, daheim im Haus, ohne eigentlich

krank gewesen zu sein, er starb zum Sterben entschlossen, klaglos, sehr ernst, in großer Würde, nachdem er sich plötzlich gegen Morgen des 1. Oktober 1951 von seiner Frau verabschiedet hatte: Ich danke dir, du bist mir immer eine gute Frau gewesen. Dann sagte er kein Wort mehr. Die Mutter glaubte nicht an sein Sterben. Aber er starb. Als ich ihn drei Stunden später sah, fand ich ein ergreifend schönes Totenantlitz, und das Bett bestreut mit roten Rosen, die Mutter aber außer Hauses, die nötigen Gänge machend. So blieb ich lange allein mit meinem toten Vater.

Von den vieren übrig geblieben war meine Mutter. Sie war die Alleinerbin des Hauses und die Siegerin. Sie überlebte alle andern um zwanzig Jahre. Die Bühne war leer. Das Haus habe ich verkauft. Wenn ich bisweilen meine Rosenheimer Verwandten besuche, fahre ich an dem häßlichen ockerbraunen Würfel Ecke Ellmaierstraße–Bäckerweg vorbei und höre meine Mutter sagen: Was ich in diesem Haus gelitten habe... Ich hielt es nur deinetwegen aus, damit du einmal ein eigenes Haus hättest.

Ich hatte längst ein eigenes »eigenes Haus«, fern vom Schauplatz dieser Leiden, in Italien.

Jedes Jahr komme ich auf den Friedhof in Rosenheim. Da liegen sie beisammen im selben Grab: zuunterst die Tante Fanny, zuoberst meine Mutter, dazwischen, als müßte es so sein, mein Vater. 1943 wurde auf diesem Grabhügel ein zweites Holzkreuz aufgerichtet, darauf stand: »Horst Günther Schnell, gefallen im Februar 1943 in Staraja Russa.« Mein erster Mann. Nichts stand da von »gefallen auf dem Felde der Ehre« oder »gefallen für seinen Führer« oder »für Groß-Deutschland«. Die nackte Inschrift hatten meine Eltern gewählt. Die Tafel verwitterte und wurde entfernt. Der angezeigte Tote liegt in russischer Erde.

Ist über den Onkel Franz das letzte Wort schon gesagt? War

er nicht doch auch Onkel Felix? Mich liebte er. Wenn er auf dem Sofa lag, sagte er: Komm her, Mädi, Chinesenküsse! Wir rieben unsre Nasen aneinander. Mein Vater mißbilligte das. Mir gefiel es. Die Tante schüttelte den Kopf. Meine Mutter sagte nichts.

Niemand wußte, daß der Onkel meine Spiele mitspielte: eines Tages taufte er meine Puppe. Ich mochte keine Puppen, aber sie dienten mir zu allerlei anderen Zwecken. Mein Onkel steckte die violette Stola in die Tasche, dazu Weihwasser und Salz und ein Fläschchen Öl, und wir schlichen in den Magdalenensaal, und dort, in einer Ecke geborgen, taufte er meine Puppe auf den Namen Margarethe. Wehe, wenn die Tante davon erfahren hätte! Sie hätte es für ein Sakrileg gehalten.

Die junge Autorin erzählt in ihrem Buch, der Onkel Felix habe seinen Schäferhund christlich begraben. Stimmt das mit der Wirklichkeit überein? Es stimmt. Nur: der Hund war kein Schäferhund, sondern ein wilder Salz- und Pfefferschnauz, der den Radfahrern, denen er auflauerte am Wessobrunner Berg, die Hosen zerriß. Aber begraben wurde er christlich: der Onkel hatte die schwarze Stola um. Die Tante war außer Reichweite, die Eltern waren auch nicht da, wir waren ungestört. Der Onkel sagte alles oder fast alles, was er bei den richtigen Beerdigungen sagen mußte: Lux aeterna luceat ei, domine ... requiem aeternam dona ei ... absolve Domine animam omnium ... Er sprengte Wasser auf die Hundeleiche, dann schaufelten wir das Grab eilig zu und steckten ein Holzkreuz aus zwei Ästen darauf. Wir waren traurig.

Aber sagte der Onkel Franz so schöne Sätze, wie die junge Autorin sie den Onkel Felix sagen läßt?

Nein, das nicht. Vielleicht sagte er: »Armer Nauti« (so hatte ich den Schnauz genannt), oder er sagte allenfalls: »Wein nicht, Mädi, so ist das Leben halt.«

Der Buch-Onkel sagt zu dem über den Hundetod weinenden Kind: »Ein jedes Ding, das von uns geht, löst uns um ein weniges mehr von der Erde ab.«

Das konnte der Onkel Franz nicht gesagt haben. Er hing zäh an allem Irdischen, sein harter Tod bewies es.

Die achtundzwanzigjährige Autorin schreibt das in ihrem Buch, als liege die Erfahrung von vielen Jahrzehnten auf ihr. Es gibt Erkenntnisse, mit denen man angetreten ist zu diesem Erdenleben.

Was läßt sie den Onkel Felix sagen?

»Tränen sind gut, Kind. Aber sieh, es ist etwas anderes, wenn ich weine und das Geliebte weinend hingebe. Verstehst du das?« Sie schreibt weiter: »Ich verstand es ahnungsweise, es prägte sich mir tief ein, aber ich wollte es nicht wirklich verstehen.«

Das schreibt die Achtundzwanzigjährige, ohne zu ahnen, was für ein Motto, ein Mantra sogar, sie sich selber mitgibt. Der Satz vom weinend Hingegebenen wurde ihr einige Jahrzehnte später zitiert, als es ernst wurde mit dem Hergeben des Geliebten. Es war gut, daß sie viele Exerzitien des Hergebens bereits geleistet hatte. Sonst wäre sie am großen Verzicht gestorben. Doch das ist ein Vorgriff auf ganz andre Zeiten und Lebenslagen.

Der Onkel Felix, so wie er im Buch auftritt, ist die Erfindung der Autorin. Sie hatte kein Modell für ihn in der äußeren Wirklichkeit. Er war sie selbst wie fast alle Figuren in diesem ihrem Buch. Sie blickte in sich, und fand dort Gestalten, Worte, Gegebenheiten.

Es hat in der äußeren Wirklichkeit der Autorin einen Onkel Georg gegeben, Bruder ihres Vaters, der ihr als Modell für eine schöne Priesterfigur hätte dienen können. Aber er war ihr nicht poetisch genug, er gab ihr keine Träume, sie fürchtete ihn, ohne zu wissen warum. Er war ein einfacher Landpfarrer. Das einzige Interessante an ihm war, daß er als

Student einige Jahre Hauslehrer in Bulgarien gewesen war. Das gab ihm etwas Legendäres in jenen Tagen, so etwa als sei er Fremdenlegionär gewesen. Ich war nicht gern in seiner Nähe, aber ich mußte jedes Jahr eine Woche zusammen mit meinen Eltern bei ihm verbringen. Er wohnte in dem Dorf Kirchanschöring an der Salzach, in eben dem Dorf, in dem ich viel später Unterschlupf fand als »Evakuierte«, als »Bombengeschädigte«, und wo ich 1944 verhaftet wurde.

Der Onkel Georg war fast zwei Meter groß, das war ganz ungewöhnlich für damals. Er war ungefüge, wortkarg, eher grob. Es gab nie gutes Essen bei ihm, seit er seine Schwester, meine Tante Marie, fortgejagt hatte, weil sie sich in einen Kommunisten und Torfstecher verliebt hatte. Seither gab es bei ihm eine Bauernmagd, plattfüßig, gutmütig und töricht, unfähig, einen Tisch zu decken, das Haus schön zu machen, zu kochen. Der Onkel wußte das wohl, er hätte es anders haben können, aber er wollte es gerade so. Er war ein Asket. Jeden Morgen stand er um vier Uhr auf, ging winters wie sommers an den Bach hinunter, badete, betete in der Kirche zwei Stunden, zelebrierte die Messe, trank seinen Malzkaffee und aß trockenes Brot dazu, wenn er nicht fastete, ging in die Schule und hielt Religionsunterricht, besuchte nachmittags seine Kranken und Alten, und abends war er wieder in der Kirche. Was für ein Leben. Es kamen viele Bettler zu ihm. Er gab allen. Nach seinem Tod fand mein Vater, sein Bruder, im Nachlaß sonderbare Briefe von wildfremden Leuten, die ihm für seine Hilfe dankten, Briefe aus ganz Deutschland. In einem stand, der Unterzeichnete habe mit Hilfe des Geldes meines Onkels ein neues Leben begonnen, und er sei nun, nach Jahren, imstande, die hundert Mark zurückzuzahlen. Hundert Mark, das war für damals eine Riesensumme. Er hatte sie einem wandernden »Handwerksburschen« geliehen in blindem Vertrauen.

Hätte er das Geld nicht zurückbekommen, es hätte ihn nicht bekümmert, er lieh nicht aus, er verschenkte von vornherein. Er schenkte alles her, was er nicht unbedingt brauchte.

Als er starb, fanden sich sonderbare Leute an seinem Grabe ein: Kriegsinvaliden, Zittergreise, Halbverrückte, Bettler, Armenhäusler, Leute aus der sogenannten besseren Gesellschaft. Allen hatte er geholfen auf die eine oder andre Weise. Später einmal erzählte mir eine Bäuerin aus seinem Dorf, wie er ihre Ehe gerettet habe: sie und ihr Mann glaubten nicht mehr miteinander leben zu können, sie stritten ohne Unterlaß, die Wirtschaft verkam, die Kinder, halberwachsen, liefen davon und verdingten sich bei fremden Bauern, und sie beschlossen die Scheidung, für damals eine auf dem Dorf unerhörte Sache. Um sie zu besprechen, gingen sie nicht zu einem Anwalt, sondern zu ihrem Pfarrer. Der beriet kostenlos. Sie trugen ihm ihren Kummer vor und kamen dabei wieder ins erbitterte Streiten. Der Onkel Georg trat an sein Stehpult und ließ sie schreien und Bücher vom Tisch fegen und eine Vase zerbrechen. Er wandte sich nicht um. Allmählich wurde es ruhiger hinter ihm, und schließlich war es still. Da drehte er sich endlich um und sagte: »So, und jetzt geht heim, jetzt wird alles gut.« Sie gingen heim, und alles wurde gut und blieb so.

Als ich viel später vom »Urschrei« des amerikanischen Psychiaters Janov hörte, fiel mir mein Onkel Georg ein.

Sagte ich, es sei nichts Interessantes an ihm gewesen? Jetzt fällt mir ein, daß er paranormale Gaben hatte: als er junger Kaplan war in der Nähe des Wagingersees, hörte er nachts die Türglocke, stand auf, vermutete einen Boten, der ihn zu einem Schwerkranken rief, fand aber niemand vor und ging wieder zu Bett. Aber die Glocke wurde erneut gezogen. Wieder nichts. Schließlich kleidete er sich an, nahm ahnungsvoll alles, was er für einen »Versehgang« brauchte, und wartete. Einige Minuten später kam ein Bote, ihn abzuholen. Von da an geschah es jedesmal, wenn einer aus seiner Gemeinde im Sterben lag, daß die Glocke gezogen wurde von Unsichtbaren, damit er bereit sei, sofort mit dem dann wirklich eintreffenden Boten zu gehen. Der Fall ist bezeugt. Dem Onkel Georg wäre es, bescheiden und phantasielos, wie er war, nicht in den Sinn gekommen, derlei zu erfinden oder zu erzählen. Andre erzählten. Er nicht. Er sprach überhaupt nie ein Wort über sich selber. Als er starb, fiel das Bild über dem Bett meiner Eltern herunter: die Todesminute stimmte.

Viele Leute haben bezeugt, daß er noch am dritten Tag nach seinem Sterben keine Todesblässe zeigte, sondern lebendig schien. Wäre er Pfarrer in einem italienischen Dorf gewesen, hätten sich längst fromme Seelen gefunden, seinen Seligsprechungsprozeß einzuleiten. So aber bekommt er nur von seiner Nichte einen späten Nachruf: eine Seligpreisung für einen Menschen, der in aller Stille sich hingab und dem sein Ich nichts galt.

In mein erstes Buch hat er keinen Eingang gefunden. Damals verstand ich die harte Poesie dieses Mannes nicht.

Hätte mein erstes Buch nicht geendet mit meinem fünfzehnten Jahr, so hätte ich allerdings den Onkel Georg doch erwähnen müssen: er hatte mir unwillentlich ein Leid angetan. Ich hatte das Abitur als Beste bestanden, das Zeugnis war ungewöhnlich, und meine Eltern konnten wenigstens dieses eine Mal stolz sein auf ihre Tochter.

Sie waren es wohl, aber sie waren an jenem Tag sehr bekümmert. Als ich nach der Schulschlußfeier ihnen sagte, daß ich, ihrem Versprechen gemäß, nun mit meiner Freundin die kleine Reise machen wolle, die der Lohn für das Zeugnis sein sollte, hörte ich, die Reise könne nicht stattfinden. Warum nicht? Weil mein Onkel Georg im Sterben lag.

Was ging mich das in diesem Augenblick an? Warum sollte ich nicht reisen? Hatte man es mir nicht versprochen? Warum mußte ich mit meinen Eltern zu dem Kranken fahren und auf dessen Tod warten? Warum?

Es gab, wie immer, keine Widerrede, nur zähneknirschenden Gehorsam. So fuhr ich denn mit den Eltern zu dem Kranken, der, im Delirium, Tag und Nacht das »Requiem« sang. Er hatte eine laute schöne Stimme, der Totengesang hallte schaurig durch den großen Pfarrhof. Im Koffer lag vergessen mein Abiturzeugnis mit fast lauter Einsen.

Saturn hatte wieder einmal seine schwarzen schweren Schleier über Freude und Erfolg geworfen.

Es war ein ganz unsinniges Vorgehen meiner Eltern: der Onkel starb gar nicht.

Wenn es etwas gäbe, was ich meinen Eltern nicht verzeihen könnte, dann diese räuberische, diese sadistische Form der Unterdrückung. Lebensneid, was sonst. Haben wir, deine Eltern, Kummer, sollst du keine Freude haben, auch nicht diese wohl- und selbstverdiente.

Der Onkel erkrankte später erneut, man stellte einen Gehirntumor fest, an dem er dann starb.

Er hätte wirklich nicht in mein erstes Buch gepaßt. Er hat überhaupt nicht in mein Leben gepaßt. Und doch gehört er dazu, und ich muß mich seiner erinnern als eines grundeinsamen, heiligmäßigen Menschen.

Aber war der Onkel Georg nicht vielleicht doch wichtiger für mein Leben, als ich es wahrhaben wollte? War nicht er es, der Idee und Praxis der Askese in mein Leben einbrachte, nicht durch Worte, sondern durch sein absichtsloses Vorbild? War es gar nicht so, wie die junge Autorin schrieb, daß sie vom Waldmädchen Franziska belehrt wurde über asketische Methoden?

Wer hat mich, das Kind, dazu angeregt, im winters eiskalten Schlafzimmer wieder aus dem eben warmgewordenen

Bett zu steigen, mich auf den nackten Pflasterboden zu knien und dort zu verharren, bis ich vor Frost zitterte? Wozu, warum? Es war inhaltslose Askese: ein Indianer muß derlei können, vielleicht war es das. Erst später bekamen solche Übungen ein religiöses Motiv. Vorher gings ums reine Aushalten. Auch das Anfassen von Brennnesseln gegen den Strich der Brennhaare gehörte dazu, auch das Verschmähen von Wollhandschuhen im Winter, das freiwillige Hungern, der Verzicht auf Süßigkeiten und, sonderbarerweise, das Anhalten des Atems, nachts im Bett, unter der Decke, so lange, bis ich fast erstickte. Das war für mich eine Sterbe-Übung, so dachte ich mir das Sterben, als Ersticken, und das übte ich. Wenn ich dann, schon schwindelig, die Decke wegriß, war der erste Atemzug wie eine Neugeburt. Niemand hatte mich derlei gelehrt. Habe ichs mitgebracht aus einem früheren Leben?

Oder war es eine Vorwegnahme? Übte ich das Ersticken, das uns allen droht, wenn wir allen Sauerstoff in der Atemluft aufgebraucht haben werden?

Ich las eben in der Autobiographie André Gides, daß auch er, puritanisch protestantisch erzogen, aber nie zur Askese angeleitet, als Kind sich derlei Kasteiungen unterzogen hat: er legte sich ins kalte Wasser der Badewanne, er schlief auf dem Fußboden, er stand nachts auf, warf sich ekstatisch auf die Knie und betete. Aber bei ihm hatte die Askese einen anderen Urgrund und eine andere Farbe: ihr war Angst und Bußgesinnung beigemischt, und es ging ihm um die eigene Erlösung von seiner sexuellen Obsession. Mir war beides fremd. Wenn ich auch heute noch auch im Winter jeden Morgen ins kalte Wasser meines Schwimmbeckens springe, so ist das vielleicht ein Erbe von Onkel Georg.

Bei der Vorbereitung auf die Erstkommunion wurden diese Indianer- oder Yoga-Übungen religiös bestimmt. Jemand hatte mir ein Büchlein geschenkt, in dem Geschichten standen von jungen Heiligen, die »sich abtöteten« und alle ihre kindlichen Gelüste überwanden. Ich wollte auch heilig werden. Ich erfand (ich hatte das wohl gelesen) ein Spiel in der Klasse: wir Kommunionkinder mußten unser Gewissen erforschen nach unserm Hauptfehler und dann einen entsprechenden guten Vorsatz auf ein Zettelchen schreiben, das wir, kleingefaltet, jeweils eine Woche in der Tasche tragen mußten zur ständigen Erinnerung. Es gab da das »große Geheimnis« und das »kleine Geheimnis«: wir durften zu niemand davon sprechen. »Groß« und »klein« bezog sich auf die Schwierigkeit der Übung. Mein großes Geheimnis war für eine Weile: Die Unterhöller Marie vom Pausebrot abbeißen lassen. Das klingt nach nichts, aber es war schier nicht zu leisten: diese Marie hatte Läuse, sie war schmutzig, sie roch schlecht, schneuzte sich nie und hatte unter der Nase eine Rotzglocke hängen, die mein Brot berührte, wenn ich es ihr zum Abbeißen hinhielt, und ich mußte es dann weiteressen.

Die große Katharina von Siena hat die eitrigen Wunden einer Kranken geküßt und deren Waschwasser getrunken. Kein Ekel vor etwas Menschlichem. Ein Liebender muß alles lieben am Nächsten, auch dessen Gestank und Rotzglocke... Als ich Jahrzehnte später auf einer indonesischen Lepra-Insel die offenen, süßlich nach Verwesung riechenden Leprawunden verband, war kein Ekel in mir. Und als nach dem Krieg zwei SS-Männer zu mir kamen in ihrer Not, da konnte ich ohne Ekel und ohne Furcht die stark vereiterte Wunde des einen aufschneiden, die sich über dem nicht steril herausgekratzten SS-Blutgruppenzeichen gebildet hatte. Es hat sich gelohnt, daß ich als Kind derlei Übungen gemacht hatte. Es hat sich auch gelohnt, daß ich das Hungern gelernt hatte: als es nicht mehr ein freiwilliges Exerzitium war, sondern von Armut und allgemeiner Kriegsnot auferlegt, im Gefängnis vor allem, da konnte ich es; da konnte ich das in der Bäckerei gestohlene Brot, statt es selbst zu verschlingen in quälendem Hunger, zum größern Teil ins Gefängnis schmuggeln für die andern. Derlei will gelernt sein. Und was das freiwillige Frieren auf dem kalten Pflaster anbelangt, so kam es mir zustatten, daß ichs konnte in jenem Moordorf, in das es mich verschlagen hatte als junge Lehrerin, in jenem Zimmer, in dem am Morgen das Waschwasser zu einem Eisklumpen gefroren war. Ich habe meine kindlichen Übungen mein Leben lang fortgesetzt. Ich habe Verzichte geübt, wie ich Fingerübungen auf der Geige machte. Man muß immer weiter üben. Wenn dann der Augenblick kommt, der einem einen unfreiwilligen Verzicht abverlangt, muß man ihn spielend leisten können, ohne Zähneknirschen und ohne sich als Opfertier zu bemitleiden. Ich habe es darin zu einer gewissen Virtuosität gebracht, die fast sportlicher Art ist und nichts zu tun hat mit sozialer Moral. Sie ist nur die notwendige praktische Grundlage zu dieser Moral, die Technik. Heute freilich hat »Askese« für mich eine andere Bedeutung. Sie gehört zu meiner Art, den Sozialismus zu leben. Was ist Sozialismus anderes als: so lange hungern, bis kein Kind der Welt mehr verhungert, so lange auf Entbehrliches verzichten, bis alle das Unentbehrliche haben, so lange ungetröstet sein, bis alle getröstet sind.

In den »Gläsernen Ringen« schreibt die junge Autorin, sie habe den Gedanken und die Praktiken der Askese vom Waldmädchen Franziska gelernt, von der kindlichen Büßerin und Flagellantin, und daß sie mir gesagt habe, das müsse man tun für Jesus.

So war es nicht, das alles ist erfunden. Meine Frage nach dem Sinn der Askese hat mir unser Pfarrer Strasser in Übersee beantwortet, so einfach und so schlüssig, daß ich bisher keine bessere Antwort fand. Dem Sinne nach war sie so: Jesus hat seinen Aposteln die Füße gewaschen, die waren vom Herumlaufen schmutzig, und vielleicht hat es ihn gegraust vor dem Dreck und dem Fußschweiß, und er ist zu den Zöllnern gegangen, das waren keine feinen Leute, die standen in der Hitze herum und schwitzten und rochen nicht gut, aber der Herr setzte sich zu ihnen, und weißt du, wir riechen auch nicht gut vor dem Herrn, wir sind auch dreckig von Sünden, und es graust ihm nicht vor uns.

Das war einleuchtend, das bewegte mich sehr. Der Herr Pfarrer Strasser war ein Ästhet, er war aus gutem Hause, er war immer sehr proper angezogen und roch gut nach Seife und Kölnisch Wasser, ihm fiel es wohl sehr schwer, mit dem »Volk« zusammen zu sein. Das Beispiel des großen Meisters lehrte ihn die Überwindung solcher Empfindlichkeiten.

Meine Schulkinder besonders in jenem Moordorf rochen auch nicht gut, und sie hatten Läuse, und ihre Hälse und Hände hatten Schmutzkrusten. Ich lernte sie lieben, so wie sie waren. Freilich begann ich alsbald den Kampf gegen Schmutz und Läuse, aber wenn sie nach dem Essen zum Nachmittagsunterricht wieder in die Schule kamen, dann stanken sie nach Sauerkraut und Kartoffeln und schwerem Brot und ihren Abgasen, und dagegen half einfach nichts, das war hinzunehmen, das war liebend zu ertragen.

Diese kleinen Widrigkeiten zu ertragen, fiel mir immer im Leben viel schwerer, als die großen Unglücke hoffnungsvoll zu überleben. Die Unterhöller Marie mit ihrer Rotzglocke von meinem Brot abbeißen zu lassen, das war schwer, das bedurfte einer großen Überwindung. Aber noch schwerer waren die kleinen Lästigkeiten, zum Beispiel das Abstauben von Mutters alter Nähmaschine. Jede Woche kam der Befehl: Abstauben! Ich tat es, aber ich tat es murrend und schlampig. Diese Nähmaschine war ein bösartiges Möbel; es gab unglaublich viel daran abzustauben: die polierte Holzplatte mit dem ebenfalls polierten gewölbten Deckel, und die Seitenteile und das Tretbrett und das Rad, alles aus schwarzgestrichenem Gußeisen, ein Gitterwerk aus verschnörkelten Brezeln mit scharfen, goldbemalten Kanten und Rillen, in denen der Staub sich festsetzte. Was mich erbitterte: dieses häßliche Möbel wurde nie benutzt, es stand so herum in der Wohnung, meine Mutter konnte gar nicht nähen, aber das Möbel verlangte danach, daß ich es abstaubte. Eine harte Aufgabe für mich ungeduldige Person, die Unvernünftiges, Unökonomisches nicht ausstehen konnte. Aber nun, mit dem Zettel des »Geheimnisses« in der Tasche, nun staubte ich mit Hingebung ab, ohne Lob zu erwarten, das gab es ohnehin nie, niemals, für nichts, nicht von der Mutter, nicht vom Vater.

Und mein Onkel Georg, wozu, wofür leistete er seine Askese lebenslang? Vermutlich dachte er nicht darüber nach. Es war eben seine Art, Priester zu sein: so arm zu sein wie die Armen seiner Gemeinde.

Was ist mit der Tante Fanny, im Buch der jungen Autorin nur »die Tante« genannt, als gebe es keine andere? Ist auch sie nur erfunden, erdichtet? Die Tante, das Primizbräutchen, die nun im selben Grab liegt mit ihrem einstigen Liebsten und mit dessen Ehefrau, wie war sie in Wirklichkeit?

Sie war so, wie die junge Autorin sie darstellte: warmherzig, auf stille Art heiter, fromm, geduldig, eine gute Gärtnerin, eine gute Köchin. Aber ihre Handlungen sind erfunden. Sie hätte freilich so handeln können, wie ichs unterstellte. Um sie in ihrem wahren Wesen zu zeigen, mußte ich Situationen erfinden: die Szene mit dem singenden Bettler und die mit dem Altarbrand, von uns Kindern verursacht.

Für den Bettler gibt es einen winzigen Realitätskern: bei meiner schwäbischen Großmutter arbeitete ein russischer Kriegsgefangener vom Ersten Weltkrieg. Er sang mir russische Lieder vor, und ich liebte ihn, auch meine Großmutter liebte ihn, und als er in seine Heimat zurückkehren sollte, sträubte er sich, er wollte bei der guten Frau bleiben. Diese Großmutter habe ich in Tante Fanny, ihre Tochter, hineingedichtet.

Die Tante liebte mich, ich liebte sie, wir verstanden uns. Einmal mußten meine Eltern verreisen, und ich wurde der Obhut der Tante übergeben. Meine Mutter sagte (wie mirs im Ohr klingt!): Also, das sag ich dir, das Kind ist bös, widerspenstig, folgt nicht, du mußt es streng halten, und wenns nicht pariert, hau es!

Die Tante und ich hatten zauberische Tage miteinander. Dann kam meine Mutter zurück. Ihre erste Frage: Was hat das Kind wieder angestellt? Hast dus hoffentlich gestraft? Die Tante sagte erstaunt: Ich weiß gar nicht, was du meinst. Das Kind ist ein Engel. Meine Mutter lachte verächtlich. Ganz gewiß war sie tief eifersüchtig. Ich wurde wieder »bös«: aufsässig und verschlossen. Die Mutter dominierte, die Tante wollte keinen Unfrieden, sie schwieg.

Die Tante roch sehr gut. Sie roch nach etwas, das nichts anderem glich. Später hörte ich, es sei Moschus gewesen. Ihr Schrank roch stark danach. Diesen Schrank liebte ich. Ich drückte mein Gesicht in die Kleider der Tante und fühlte mich getröstet. Das hat die junge Autorin zu schreiben vergessen.

Vermutlich war ich das Wunschkind, das erträumte Kind der Tante, und vermutlich neidete sie es meiner Mutter, daß die das Kind hatte, das eigentlich ihr bestimmt war vom früh Geliebten. Und vermutlich wußte meine Mutter das und verzieh ihr nie, daß sie, die andre, die erste Liebe ihres Mannes war. Vermutlich war ich der unschuldige Gegenstand dunkler Eifersüchte. Mein Vater hielt sich da heraus, wie mir scheint.

Jedesmal, wenn ich nach Wessobrunn komme, gehe ich in

die schöne Kirche und knie für eine Weile in der ersten Bank des hintern Teiles der rechten Seite. Da ist ein blechernes Schild befestigt, auf dem steht heute wie damals: Pfarrhof. Der Platz war reserviert für die Pfarrhaushälterin, also damals für meine Tante. Neben ihr war mein Platz. Jeden Morgen ging ich mit ihr zur Messe. Wenn ich jetzt dort knie, ist es mir vergönnt, für eine Weile den Frieden jener Morgenstunde wiederzufinden. Später machten wir uns nicht mehr viel aus einem Zusammensein. Aber meine Kindheit war schön, weil es die Tante gab.

Und meine Mutter?

Als sie »Die gläsernen Ringe« gelesen hatte, hat sie sich bitter beklagt, daß ich sie so verzeichnet habe. Das sagte sie nicht zu mir, wohlweislich, sondern zu Außenstehenden. In einem Anfall von spätem Zorn schickte ich ihr einmal die Abschrift eines Briefes, in dem eine Lehrersfrau, Hausgenossin von damals, als ich Kind war, mir schrieb, ich habe allen Leuten so leid getan, weil ich so oft geschlagen wurde. In der Tat: ich wurde oft und hart geschlagen: »Tatzen« vom Lehrer-Vater, Ohrfeigen von der Mutter. So war das. Und das Bild meiner Mutter in den »Gläsernen Ringen« ist eher geschönt. Und eben schrieb mir meine alte Tante Marie Sailer, ihr Mann, mein Onkel Alois, habe oft zu meiner Mutter gesagt: Ihr versteht das Kind nicht, es ist anders als wir andern. Aber: wenn diese Frau nicht meine Mutter gewesen wäre, so wäre das für beide ein Segen gewesen. Für sich genommen, war diese Frau eine große Persönlichkeit. Wohin ich komme, sei es zur oberbayrischen Verwandtschaft, in die sie 1910 hineingeheiratet hatte, sei es zur schwäbischen, der sie entstammte: ich höre ihr Lob. Die »Tante Luise« (mich hat man nach ihr genannt, und ich konnte diesen Namen nie leiden, erst als man in Italien ihn Luisa aussprach, begann ich ihn zu akzeptieren), die Tante Luise hat überall Gutes gestiftet.

Als der Onkel Georg seine junge Schwester, die Tante
Marie, aus dem Pfarrhof gejagt hatte, weil sie einen
Torfstecher, einen Kommunisten, Vater zweier unehe-
licher Kinder mit anderen Mädchen, heiraten wollte (sie tat
es unbeirrbar), und als sie ganz arm war, da ging meine
Mutter zu den Eltern dieses mißliebigen Mannes und
überzeugte sie von der Qualität der armen Marie und von
der Notwendigkeit, dem jungen Paar zu helfen. Die Bau-
erneltern taten daraufhin das ganz Unerwartete: sie
schenkten dem Paar ein altes Haus. Dort richtete die Tante
Marie eine kleine Limonadenfabrik ein. Sie arbeitete sich
schier zu Tode, und sie machte aus dem Kommunisten, dem
schönen leidenschaftlichen Burschen, einen braven Bürger.
Aus dem kleinen handbetriebenen Geschäft wurde rasch ein
großes, und die Tante samt Ehemann waren hochgeachtet.
Das hatte meine Mutter erreicht. Auch als meine sonst
sanfte Großmutter Rinser ihre ungeratene, einen Kommunisten liebende Tochter feierlich verfluchte und enterbte
(was gabs schon zu erben ...), da trat ihr meine Mutter mit
aller Festigkeit entgegen und verwies ihr den gottesläster-
lichen Fluch. Die Großmutter ging in sich und wandelte den
Fluch in mütterlichen Segen. Viele Leute hat sie vor der
Verzweiflung gerettet durch ihre Ratschläge. Sie besaß
offenbar das, was man in der älteren Theologie das Charis-
ma des guten Rates nannte. (Nur mir hat sie nie raten und
helfen können und wollen.)
Einmal hat sie einen Priester, der ein Liebesverhältnis hatte
mit einer Rosenheimer Wirtin, so scharf gemaßregelt, daß
der die Sünde bereute und das Verhältnis aufgab. Aber sie
selbst hat nie jemanden verurteilt. Sie sagte höchstens: Ist
halt ein dummer Kerl.
Sie war gescheit, sehr gescheit. Sie hatte einen analytischen
Verstand. Ein Jammer, daß sie nicht studieren konnte. Sie
wäre eine hervorragende Juristin geworden. Sonderbarer-

weise war sie kalt. Sie nahm nur mit dem Verstand Anteil an den Nöten und Wirren andrer. Es ging ihr nie zu Herzen. Dieser Umstand hätte ihr als Juristin oder als Politikerin genützt. Sie setzte sich voll ein, ohne sich zu identifizieren und ohne zu leiden. Was sie tat, war ohne Gefühl, aber höchst vernünftig und darum auch praktisch wirksam. Hätte sie studiert und ein paar Jahrzehnte später gelebt, wäre sie Frauenrechtlerin geworden. Ihr Verhältnis zu ihrem Mann und zu Männern überhaupt war schwer zu durchschauen. Scheinbar war sie eine gehorsame Ehefrau: sie ließ ihren Mann im Glauben, er sei der Überlegene und der Herrschende. Tatsächlich wickelte sie ihn um den Finger. Sie redete viel, mit ihrem Wortschwall überrollte sie alle seine Einwände, so daß er am Schluß glaubte, sie verfechte seine eigene Meinung.

Bisweilen sagte er müde: Ach, red doch nicht so viel.

Er selbst war ein großer Schweiger. Aber er bedurfte ihrer betriebsamen Gegenwart. Er war tief schwermütig, er hatte depressive Zeiten, in denen er finster und verstockt herumsaß. Dann erzählte sie ihm unterhaltsame lustige Geschichten, zerrte ihn auf einen Spaziergang oder lud Leute zum Kaffee ein, die ihn zerstreuen sollten. Sie war ungemein gastfreundlich. Wer über meine Mutter spricht, jetzt noch, Jahre nach ihrem Tod, erzählt zweierlei: von ihrer lebenspraktischen Gescheitheit und ihrem Kaffee, ihrem Zwetschgenkuchen und ihrem Hefezopf.

Sie zog Menschen aller Art an. Ich glaube, sie hatte viele Verehrer, sie sah auch gut aus und war weltgewandt. Als junges Mädchen kam sie, nach ein paar Jahren Mittelschule, »zum Kochenlernen« auf das Schloß Seyfriedsberg zu einer Fürstin Wallerstein. Bald entdeckte die junge Prinzessin das gescheite amüsante Mädchen und wählte es zur Gesellschafterin. Daraus wurde eine Freundschaft. Die Prinzessin nahm meine künftige Mutter mit auf Reisen. Im Winter lebte man im Stadtpalais in der Münchner Briennerstraße oder auch im Wiener Palais. Sie bekam, wie sie mir einmal zu verstehen gab, schöne Heiratsanträge, aber sie wies alle ab. Aus jener fürstlich bewegten Zeit blieb ihr außer den ungewöhnlichen Kochkünsten ein Ballkleid aus weißer Seide, ein Paar weißer, sehr spitzer Ballschuhe, ein großer blauer Schleier, den sie bei Ausfahrten mit der Prinzessin um den Kopf getragen hatte, weißlederne Handschuhe, die bis zum Ellbogen reichten, und ein seidener Sonnenschirm, grau mit großen rosa Rosen. Das alles verwahrte sie, und ich, das junge Mädchen, fand es. Ich verkleidete mich damit, einmal so, einmal so: als Prinzessin, als Zigeunerin, die beiden Rollen, die mir standen. Ich tanzte nackt, nur mit dem Schleier bekleidet, vor dem Spiegel in meinem Zimmer. Ich wollte Tänzerin werden und Schauspielerin.

Eines Tages waren die schönen Requisiten verschwunden. Unauffindbar. Ungegönnt auch dies. Meine Mutter witterte eine Gefahr. Oder auch, sie wollte ihre Vergangenheit für sich haben. Ich verstehe beides. Jetzt. Die Requisiten tauchen viel später auf, in meinem Roman »Der schwarze Esel«. Da trägt sie die schöne Mina Martin. Der grauseidene rosageblümte Sonnenschirm und die langen Handschuhe spielen da eine Rolle.

Die junge Autorin läßt den Onkel Felix zur Mutter sagen, als sie sich bei ihm beschwert über ihr Kind: »Auch ein Kind hat das Recht auf eigenes Leben.«

Das war es: ich durfte kein eigenes Leben haben, ich war an meine Eltern gekettet wie der Galeerensklave mit Kette und Kugel an die Beine der Mitsträflinge. Auch Vater und Mutter waren aneinandergekettet, da gabs auch kein Entrinnen. Vielleicht war die Ehe doch so gut nicht, wie ich meinte. Der Vater war froh, wenn die Mutter für ein paar Tage heim »ins Schwäbische« reiste. Wir blühten auf, das Haus selbst schien entspannt und wärmer als sonst. Vater war lustig, er ließ mich Kind sein, er wurde jünger, wir aßen Vorgekochtes oder kochten selber, spülten ab, räumten auf, alles mitsammen, und am Abend spielten wir Schach, Vater lehrte es mich, er spielte ohne Dame, damit ich auch einmal gewinnen konnte.

Ohne Dame... Indes ich dies harmlos sachlich niederschreibe jetzt, 1979, erschrecke ich: ohne Dame, damit ich auch einmal gewinnen konnte. Die Dame, die, wenn sie im Spiel war, verhinderte, daß ich je gewinnen konnte. Die Mutter, die Hauskönigin, die vielgewandte Beschützerin des Königs, die sich alles erlauben durfte, ja mußte. Der König war von ihr abhängig. Fiel sie, war er verloren oder doch in äußerster Not.

Meine Mutter sagte öfters: Ich bete, daß ich nicht vor ihm sterbe, denn was wäre er ohne mich.

Wenn sie nicht da war, machte er alles allein, und auch wenn sie da war, war er es, der das Frühstück machte, mit seinem Fahrrad in die Stadt fuhr und einkaufte, alle Schreibereien erledigte und ihr rein gar nichts zutraute, was Schriftliches betraf und den Umgang mit Ämtern. In einer Schublade lagen alle Unterlagen für die Formalitäten bereit, die nach seinem Sterben erledigt werden mußten. Es fehlte nur das Sterbedatum.

Die erste Handlung meiner Mutter, eine Woche nach Vaters Tod, war, daß sie aufs Finanzamt ging und eine Art staatlicher Hypothek, die nach dem Krieg allen Wohnhäusern auferlegt wurde, zurückzahlte. Der Finanzbeamte sagte: Das habe ich Ihrem Mann schon lang geraten, er hätte viel Geld für die Zinsen sparen können, aber er wollte nicht, wie gut, daß Sie es jetzt tun.

So spielten Vater und Mutter ihr Spiel miteinander: jeder machte den andern glauben, er könne nicht leben ohne ihn.

Jeder hielt sich für überlegen: Mutter durch ihre schärfere

Gescheitheit und Vitalität, Vater durch seine größere Schulbildung und durch sein Mannsein schlechthin.

Sie waren das perfekte Paar. Sie stritten fast nie. Waren sie verschiedener Meinung, so schwieg er müde verstockt, und sie redete und redete, er hörte nicht zu, er wartete, bis sie aufhörte. Dann war der Streit irgendwie gegenstandslos geworden.

Sie waren allerdings nie verschiedener Meinung in allem, was ihr Kind betraf. Sie hatten nur eines: mich. Warum nicht mehr? Sie liebten sich, sie waren katholisch, sie waren potent, also? Einmal, als ich erwachsen war, fragte ich die Mutter danach. Sie wurde rot und sagte: Ach was, das ist kein Gesprächsstoff.

Es wäre sehr wohl einer gewesen. Was tat jene Generation, die keine Pille besaß und vermutlich auch keinen anderen Schutz gegen die unerwünschte Empfängnis? Einmal fand ich im Speicher in einem alten Karton einen sonderbaren Glasgegenstand, eine aufhängbare Flasche mit einem kleinen Wasserhahn und einem Gummischlauch. Ein »Irrigator«. Damit also machte man Spülungen nach dem Beischlaf. War das erlaubt für ein katholisches Ehepaar? Dieser Irrigator also war schuld, daß ich keine Geschwister hatte. Wieviel schöner wäre meine Kindheit gewesen, hätte sich nicht die ganze Wucht der Erziehung auf mich versammelt! Nur *ein* Kind... Es war keine Geldfrage, meine Eltern waren nicht arm, zwar verdiente mein Vater anfangs als Volksschullehrer wenig, aber Mutter erhielt von ihrer Mutter, der Großgrundbesitzerin, immer wieder Geld und auch Kisten voll Mehl und Rauchfleisch, und später verdiente Vater sehr gut. Sie hätten drei, vier Kinder ernähren können. Es war ihr Paar-Egoismus, der schon an einem einzigen Kind genug hatte. Eigentlich war auch dieses eine unnötig. Aber kinderlos wollte man doch nicht sein, denn: was hätten die Leute denken müssen, die hätten einen ja für impotent gehalten. So blieb ich Einzel-kind.

Einmal, ich war sieben oder acht Jahre alt, stand ich vor einer Kommode am Fenster und spielte ein wenig mit der Puppenküche, die mir mein Rosenheimer Großvater, der Zimmermann, aus einer Kiste gebastelt hatte. Es war dämmerig im Zimmer. Im Hintergrund war ein Sofa. Darauf lagen Vater und Mutter. Zuerst redeten sie, dann lachte die Mutter, dann wurde es still. Ich dachte, sie schliefen. Sie schliefen nicht. Natürlich war das kein Bei-schlaf, aber immerhin eine Umarmung, bei der die Anwe-senheit des Kindes vergessen wurde. Das Kind begriff: da geschah etwas, von dem es ausgeschlossen war. Das Eltern-paar war etwas für sich, ein Ganzes, zu dem das Kind nicht gehörte.

Immer, wenn Vater und Kind zwei Tage allein und glück-lich gewesen waren über die Abwesenheit der Mutter, begann der Vater sie zu vermissen. Warum bleibt sie so lange weg, was tut sie so lang im Schwäbischen? Er war schon nicht mehr für mich da. Er wartete auf sie. Wenn sie dann kam, zeigte er kaum Freude. Müde hörte er sich ihre langen lebhaften Berichte an. Sie konnte wunderbar erzäh-len, sie liebte es, ihre Geschichten auszuschmücken mit allen Einzelheiten, sie war die geborene Erzählerin. Das Talent hat sie mir vererbt. Sie hat es mir später mißgönnt, als ich mir damit einen Namen machte. Sie fand meine Bücher nie lobenswert. Sie ignorierte sie, auch wenn sie sie las. Nun, das Schicksal hat ihre Gene mir so gebündelt übergeben, daß ich Schriftstellerin werden mußte. Eben sagt mir mein Vetter, daß meine Mutter später mit mir und meinen Büchern schier geprahlt hat. Später, ja später, als ichs nicht mehr brauchte.

Als ich mich mit Psychologie befaßte, später, und Freud kennenlernte, fragte ich mich, ob ich zu meinem Vater eine inzestuöse Bindung hatte, und ich entschied, daß es keine war.

Offenbar fehlte meinem Vater doch etwas in dieser Ehe: Wärme. Manchmal sagte er zu meiner Mutter: »Du kalte Sailer«, und das schnappte das Kind auf. Vaters Mutter war die Wärme in Person. Suchte er in seiner Ehefrau die Mutter? Die fand er nicht. Das einzige, was sie nicht geben konnte: naturhaft mütterliche Wärme. Meine Mutter war nicht gefühlsarm, das nicht, aber das Gefühl saß in ihrem Gehirn, es setzte sich ohne Umweg über das Herz in Tat um: sie hätte sich in Stücke zerreißen lassen für ihren Mann. Wenn er seine Depressionen hatte, kochte sie ihm seine Lieblingsspeisen und redete ihm die Schatten weg. Aber mitgelitten hat sie nie. Das konnte sie nicht. Das war meine Sache: ich litt, wenn er litt. Und er litt viel. Nicht nur an seinem Buckel. Er war im Zeichen der Fische geboren: in der dunklen Meerestiefe. Sein Reich war undurchschaubar. Das Himmelslicht drang nur gebrochen bis dort hinunter, wo der Fisch sich zwischen Steinen und Algen verbarg. Ein stummer Fisch. Oft sagte der Vater: »Trappist hätte ich werden sollen.« Ich meine, er hätte es werden können: er war schweigsam, still, fromm, ein Beter, ein Einsamer.

Hat er sein Kind eigentlich geliebt? Meine Mutter sagte: »Ja, und wie!« Sie sagte das voller Vorwurf, immer, wenn ich etwas tat, was sie und ihn schockierte und was ihnen als ein Akt der Undankbarkeit erschien. »Was tust du deinem armen Vater an!« Als ich gegen den Elternwillen heiraten wollte, gab es furchtbare Szenen: »Und dein armer Vater hat dich nächtelang herumgetragen, wie du klein und krank warst und geschrien hast. Und wenn er von der Schule heim kam, war das erste: wo ist mein Trutscherl, mein Mädi, wie gehts ihm? Und du, was tust du? Du bringst deinen armen Vater ins Grab.«

Sonderbare Vorstellung: ein Kind muß den Eltern zeitlebens dankbar sein, und jeder Versuch, sich zu befreien, um erwachsen werden zu können, wird als Undankbarkeit verdammt.

Wofür müssen Kinder ihren Eltern eigentlich dankbar sein? Nicht das Kind ist verantwortlich für sein Dasein. Kann es dafür, daß ein Mann und eine Frau den Beischlaf vollziehen, bei dem sie, meist wenigstens, nichts denken und nur ihre Lust haben? Dafür Dankbarkeit fordern? Oder dafür, daß diese Eltern dann das Gezeugte und Geborene ernähren? Das ist ihre Pflicht, staatlich geregelt. Mir ist es nie in den Sinn gekommen, von meinen Kindern Dankbarkeit zu verlangen. Wofür auch. Vielleicht hätte ich sie um Verzeihung bitten müssen, daß ich sie einer bösen Zeit ausgesetzt habe.

»Wir haben so viele Opfer gebracht für dich«, sagte meine Mutter. Welche, bitte? fragte das ungeratene Kind. Die Mutter hatte einige Mühe, ihre Opfertaten aufzuzählen: Also, wir haben uns Reisen versagt, damit wir dich haben nach München in die Schule schicken können. Zum Beispiel. Oder meinst du, wir hätten uns nicht das Leben leichter machen können?

Das heißt: Wenn ihr nicht diese Last am Bein gehabt hättet, die ich war und bin. Warum habt ihr mich überhaupt gemacht, wenn ihr mich als Last empfindet?

Ich trieb sie in die Enge. Wenn sie nicht weiter wußte, sagte sie: Womit nur haben wir verdient, ein solches Kind zu haben?

Einmal gabs eine Höllenszene: ich war schon zwanzig, ich studierte in München, ich war in den Sommerferien zu Hause und hatte, mit meinen Eltern zusammen, bei einer Kollegenfamilie einen Maler kennengelernt, der anders war als alle Leute, die ich kannte. Er lud mich ein, einmal einen Spaziergang mit ihm zu machen. Ich tat es. Ich sah keinen Anlaß, meinen Eltern etwas davon zu sagen. Es war ein Spaziergang auf der offenen Landstraße am hellen Tag. Der Maler war interessant: er gehörte einer Sekte an, die Mazdaznan hieß und den persischen Licht- und Feuergott Zoroaster für den Gott schlechthin hielt und ein rituelles Leben vorschrieb: kein Fleisch, bestimmte Waschungen und Leibesübungen mit dem Gesicht zur Sonne gewandt. Das gefiel mir, so wie heute den Jugendlichen andre östliche Religionen gefallen.

Ich kam still begeistert nach Hause, ahnungslos, was mich erwartete. Die Mutter stand vor dem Haus.

Seit einer Stunde steh ich da, rief sie.

Warum? fragte ich harmlos.

Warum, warum! Ich habe auf dich gewartet. Seit einer Stunde.

Warum?

Ja, weißt du denn nicht, wie spät es ist!?

Nein.

Hast du denn das Gebetläuten nicht gehört? (Gebetläuten war das Abendläuten, das Avemarie-Läuten, bei dessen Klang die Kinder ins Haus laufen mußten. Dörfliche Sperrstunde.)

Doch, aber...

Und du kommst nicht heim? Weißt du nicht, daß dein Vater herzkrank ist?

Ja, was hat denn das mit dem Gebetläuten zu tun?

Mit dir hats zu tun. Du treibst dich nach dem Gebetläuten auf der Straße herum mit einem fremden Mann.

Was sagst du? Ich treibe mich herum? Und der fremde Mann ist kein fremder Mann, sondern der Freund von euerm Freund. Was willst du eigentlich? Warum diese Szene?

So, dann komm rein und schau deinen armen Vater an!

Ich trat ein. Der arme Vater lag auf dem Sofa, hatte eine

Kompresse auf dem Kopf und eine auf dem Herzen, das Hemd war geöffnet.

Er blickte mir tief traurig und stumm entgegen.

Da! schrie meine Mutter, da siehst du, wie weit du ihn bringst. Wenn er stirbt, ists deine Schuld.

Jetzt wars mir zu viel. Ich rief: Hör auf mit dem Geschwätz, du sentimentale Ziege.

Heraußen wars. Und recht hatte ich. Das Gewitter, das auf dieses Wort hin losbrach, ließ mich wirklich für Vaters Gesundheit bangen. Aber war ich schuld? Ich war mir nicht des geringsten Vergehens bewußt. Ich ging in mein Zimmer. Da ließen sie mich dann doch in Ruhe. Daß ich gewagt hatte, meine Mutter eine sentimentale Ziege zu nennen . . . Ich hätte aber eigentlich sagen müssen: Du Erpresserin du.

Denn das war es: eine furchtbare Erpressung.

Worum gings denn bei der ganzen Szene? Darum, daß eine geschwätzige Nachbarin, bösmeinend oder nicht, meiner Mutter gesagt hatte, sie habe mich mit dem fremden Maler gesehen. Das genügte, um ihre Phantasie zu entzünden und ihre geheimen Ängste zu wecken. Ihre Tochter, Abend, ein fremder Mann, die Sache war klar, da geschah etwas, was nicht geschehen durfte.

Meine Mutter hätte sagen können: Ich, die Mutter, habe die Verantwortung für deine Mädchenehre. Wenn dir etwas passiert von einem Mann, was dann? Dann werde ich von Gott und der Welt zur Rechenschaft gezogen, vor allem von deinem Vater.

Das hätte gut geklungen, und alle braven Bürger hätten Beifall geklatscht.

Wie wars in Wirklichkeit?

Die Geschichte mit der Lilie, der Josephslilie . . .

Ich war über zwanzig, ich lebte sonst allein in München, ich konnte tun, was ich wollte, wenn ich wollte. Ich tat nichts von allem, wovor meine Mutter sich fürchtete. Ich war ein jungfräuliches Mädchen, jungfräulich an Leib und Seele. Das war keine Tugend, keine moralische Qualität, ich war einfach unerweckt. Ich liebte keusch aus der Ferne, wenn auch glühend, sechs Jahre lang meinen Physikprofessor. Es gab keine Jugendliebe sonst. Den ersten Kuß bekam ich unversehens und ungewollt mit neunzehn, und ausgerechnet von Mutters Schützling, einem armen Theologiestudenten, der gleich darauf wegen einer offenen Tbc in ein Schweizer Sanatorium mußte. Der Kuß war mir sehr zuwider, auch wenn ich von der Tbc noch nichts wußte. Diesen Theologen-Tbc-Kuß habe ich so lange nicht verwunden, bis ich ihn in meinen ersten richtigen Roman, »Mitte des Lebens«, einbrachte. Und so ein Kind, so ein Unschuldslamm, wird von der eigenen Mutter verdächtigt. Wessen aber? Das ists: wessen verdächtigt, wessen angeklagt? Wofür verdammt?

Woran konnte mein Vater sterben?

Was für ein verworrenes Knäuel.

Doch ein Inzest-Verhältnis vom Vater zur Tochter? Einseitig. Eifersucht also? Besitzanspruch: meine Tochter, diese junge Frau, gehört einzig mir, jeder andre Mann ist ihrer nicht wert, ist ein Rivale, wird sie unglücklich machen, verführt sie, zieht sie herunter von dem Altar, auf den ich, der Vater, sie gestellt habe, meine Tochter, das Ausnahmekind, das alle Tugenden in sich vereinen soll, ein Mustermensch, mein Werk, mein Stolz, meine geheime Braut, von keinem berührbar, da ich sie nicht berühre, meine Lilie...

Und natürlich auch die gesellschaftliche Ebene, die Unebene: was sagen die Leute dazu, wenn Lehrers eigene Tochter...

Und noch dazu Erinnerungen. Du wirst einmal wie deine Tante Marie, schrie der Vater einmal im Zorn, da war ich noch ein Kind und begriff nicht, was daran Böses war, zu werden wie die fleißige Tante Marie, die Kommunistenehefrau. Und dunkel auch die Erinnerung an Vaters eigene Eltern. Das wußte ich damals nicht, das weiß ich erst seit einem Jahr. Mein Vetter Vitus ließ die alten Familienfotos reproduzieren und schenkte sie mir. Was für ein stattlich schönes Paar, diese unsre Großeltern Rinser! Ja, sagte Vitus, schön waren die, und sie haben sich sehr geliebt, sie hatten zwei voreheliche Kinder, das eine starb bei oder gleich nach der Geburt, das andre später, schon in der Ehe, aber deutlich vorehelich gezeugt. So also war das. Spukte die Erinnerung an diese Familien-Schande in meinem Vater herum? Aber wars denn eine Schande? Gang und gäbe war es auf dem Land damals, daß das Paar ausprobierte, ob es Kinder bekommen konnte, ehe es sich für die Ehe entschied. Ein Bauer brauchte Erben, er brauchte Knechte und Mägde. Zwar war mein Großvater kein Bauer mehr, sondern ein kleinstädtischer Handwerker, aber die alte Sitte der Erprobung behielt er bei. Und im übrigen war er ein starker, leidenschaftlicher Mann, und die Großmutter war ein schönes gesundes munteres Mädchen mit Grübchen im Kinn und in den Wangen. Sie hat sich gewiß gern von dem schönen Burschen verführen lassen. Aber für meinen puritanisch tugendhaften Vater muß das zu wissen peinlich gewesen sein. Derlei durfte in der Familie nicht mehr vorkommen. Jedenfalls wird seine eigene Tochter nicht so sein, die nicht. So saß er denn, Fafner, der Wächter, auf dem Rheingold, bereit, jeden zu töten, der sich an seinem Besitz vergreifen will. Wie ernst es ihm damit war, das bekam ich zu spüren, als ich, vierundzwanzig Jahre alt, sagte, ich werde mich verloben, und heiraten, sobald es geht.

Mein Vater erwartete immer das Schlimmste im Leben, besonders von mir. Es gab ein Verhör:

So, heiraten. Du bist zu jung, du bist unreif, was verstehst du von der Ehe, das ist kein Spiel.

Ich weiß.

So, du weißt. Und was ist denn er? Ist er katholisch?

Nein, evangelisch.

Mein Vater nickte düster. Das hatte er erwartet, das war der Schicksalsschlag, der ihn treffen sollte. Der zweite folgte: Und er ist ein Preuß?

Er ist aus Wuppertal, das ist nicht Preußen.

Mein Vater wehrte müde ab.

Die dritte Frage: Und was ist er von Beruf?

Musikstudent.

Da brach das Unwetter los: protestantisch, ein Preuß', ein armer Musikstudent! Ja, bist du denn verrückt? Was für eine Zukunft soll das sein? Und eine Mischehe, das kommt nicht in Frage. Und wir haben dich studieren lassen, damit du jetzt alles hinwirfst? Kein Wort mehr. Diesen Menschen heiratest du nicht.

Doch heirate ich ihn.

So, sagte er, und holte die Bombe aus der Tasche: Habe ich dir nicht schon einmal gesagt, daß du aus einer erbkranken Familie kommst?

Wieso?

Ich wollte fragen: Ist dein Buckel Folge einer Erbkrankheit? Ich fragte es nicht. Ich wartete auf die Erklärung. Sie kam: Dein Onkel Georg war in der Psychiatrischen, und deine Großtante aus dem Schwäbischen war auch geisteskrank. Du bist also nicht erbgesund, du darfst keine Kinder haben.

Dieses Gespräch erfolgte 1935, im Dritten Reich, in dem es das Erbgesundheitsgesetz gab, dem zufolge einem Paar Heirat und Kinderkriegen schlechtweg verboten werden konnte, wenn in der Familie Erbkrankheiten nachgewiesen wurden. Ohne Erbgesundheitszeugnis vom Erbgesund-heitsamt keine standesamtliche Trauung und also, dem

Konkordat zwischen Staat und Kirche zufolge, auch keine kirchliche. Erbgesunde Mädchen und erbgesunde SS-Männer hingegen durften, ja mußten ohne zivile und ohne kirchliche Trauung Kinder bekommen und sie »dem Führer schenken« und bekamen Geld dafür. Ich habe nach 1945 in Nürnberg dem Prozeß gegen die Nazi-Einrichtung »Lebensborn« beigewohnt.

Wie kam mein Vater, der erklärte Antifaschist, dazu, ein Nazi-Gesetz gegen mich ins Feld zu führen? Glaubte er selbst an diese Geschichte von unsrer Untauglichkeit? Er glaubte sie, weil sie ihm zupaß kam: das richtige Mittel, seine Tochter vor der Ehe abzuschrecken, und nicht nur vor der Ehe, sondern vor jedem Beischlaf, bei dem ein Kind, ein »erbkrankes«, gezeugt werden könnte, und vor der Geschlechter-Liebe überhaupt. Ich, unerfahren und angesteckt vom Erbgesundheits-Mythos, ließ mich erschrecken. Ich darf keine Kinder haben, ich bin nicht vollwertig, ich bin erbkrank, erbkrank, erbkrank . . . Ich beschloß, mich umzubringen. Ich packte meinen Rucksack und erklärte meinen Eltern, ich mache eine kleine Bergwanderung. Ich wollte mich von einem Grat stürzen.

Auf dem Weg zum Bahnhof lief ich meinem Verlobten in den Weg. Weinend fiel ich ihm in die Arme. Er, vernünftiger als ich, sagte, die Sache müsse nachgewiesen werden können. Er selber lege durchaus keinen Wert auf derlei, aber es wäre doch interessant zu wissen, was mein Vater da ausgekocht habe.

Am Erbgesundheitsamt erfuhren wir, daß mein Vater bereits Monate zuvor den Bescheid erhalten habe, daß weder sein Bruder Georg noch Frau Schedel (die Großtante mütterlicherseits) an einer Erbkrankheit gelitten haben. Bei Frau Franziska Schedel habe der Sektionsbefund Altersschwachsinn ergeben. Diese Dokumente besitze ich noch.

Jene Großtante ist nie einer Autopsie unterzogen worden,

wie denn auch, da sie eines natürlichen Todes gestorben war. Und wie stellt man bei einer Sektion Altersschwachsinn fest? Was war wirklich mit ihr? Sie hat, so erfuhr ich später, eines Tages all ihre überflüssige Habe aus dem Fenster geworfen und sie den Armen geschenkt. Wahnsinn? Die Verwandten fürchteten um ihr Erbe (die Frau Gerbermeister Schedel war reich), sie ließen sie entmündigen wegen Altersschwachsinns.

So also war das, und mein Vater wußte es, als er mir erklärte, ich sei erbkrank. Wie konnte er mit so einer Lüge operieren? Hätte ich mich umgebracht an jenem Tag: hätte er den Zusammenhang nicht mit Händen greifen können? Was dann? Aber lieber tot als Sklav, lieber ein totes Kind als ein entehrtes, entehrt durch die Heirat mit einem Protestanten, einem Ketzer... Nein: lieber eine tote Tochter, die ihm, dem Vater, gehörte, als eine, die einem andern Mann zu eigen war.

Übertreibe ich? Leider nein. Ich habe den Briefwechsel zwischen meinem Vater und mir und meinem Verlobten und einigen anderen Leuten zur Hand. Ich lese ihn fassungslos.

Ich werde daraus zitieren.

Warum sage ich Übles über meinen Vater? Toten darf man nichts Böses nachsagen. Ja, schon. Aber hier gehts nicht nur um mich, hier gehts um die beispielhafte Darstellung vieler menschlicher Leiden, die von Vätern ihren Kindern zugefügt werden, von jeher und heute noch.

Aber ehe ich das Böse berichte, will ich ein andres Bild meines Vaters zeigen, damit das Böse in diesem Bild seinen richtigen Platz bekommt.

Welche Rolle spielt der Vater im ersten Buch der jungen Autorin? Ihm gibt sie kein eigenes Kapitel. Er wird nur nebenher erwähnt, ist aber allgegenwärtig. Er taucht plötzlich auf, als habe es ihn vorher nicht gegeben. Auf der ersten

Buchseite heißt es: »Eines Tages war auch der Vater fortgezogen«, nämlich in den Krieg. Das Kind war fünf Jahre alt. Er bleibt lange fort, er ist in Kriegsgefangenschaft in Sibirien. Während seiner Abwesenheit ist die Mutter von Sanct Georgen weg in die Stadt gezogen: ein trister Wechsel, ein Abstieg. Das Stadthaus ist eng, grau, finster, das Gärtchen liegt im Mauerschatten. Das Kind hofft auf Veränderung, es erwartet sie vom Vater. Er wird der Retter sein. Dann kommt er: abgerissen, bärtig, kalt, fremd. »Manchmal blickte er die Mutter an, als verstünde er nichts von allem, was sie sagte... Ich betrachtete ihn scheu. Manchmal sah er um sich wie ein gefangener Wolf... Als er aufstand und aus dem Zimmer ging, dachte ich, nun kehrt er wieder zurück nach Sibirien... Ein brennendes Mitleid mit dem Vater, dem Fremdling, ergriff mich, ich wollte ihm sagen, daß ich ihn verstehe, daß ich mit seinen Augen zu sehen vermöge, aber er ging an mir vorüber und bemerkte mich nicht... Woche um Woche verging. Er tat, was das bürgerliche Leben ihm abverlangte, aber er tat es, als begriffe er Sinn und Zweck nicht mehr. Seine Augen behielten den scheu herumirrenden Wolfsblick. Der eindringliche Geruch der Fremde haftete an ihm. Für uns blieb er ein stiller kühler Gast, ein Schatten. Das Unheimliche an ihm zog mich zwar an, ängstigte mich aber unmäßig.«
Wie kam die junge Autorin zu diesem Vaterbild? War ihr wirklicher Vater aus der sibirischen Gefangenschaft gekommen?
Er war nie Soldat gewesen, und daß ers nicht sein konnte, das gehörte zu seinem Lebensleid, das bewältigte er nie, dafür rächte er sich auf seine Weise.
Es war 1916 oder 17. Der Vater fuhr eines Tages mit dem Rad in die nahe Stadt Weilheim. Er ließ sich »mustern«. Er meldete sich als Kriegs-Freiwilliger. Als er zurückkam, setzte er sich stumm an den Tisch, legte sein Gesicht auf die

Arme und weinte, es war eine Katastrophe. Die Mutter redete auf ihn ein. Er schwieg. Man hatte ihn nicht Soldat werden lassen. Man hinderte ihn daran, fürs Vaterland zu töten und zu sterben.

Aber war er nicht zeitlebens Pazifist?

Es ging nicht ums Soldatwerden. Es ging um seine Männlichkeit. Es ging darum, daß er bucklig war. Man konnte es damals und auch noch jahrelang später kaum sehen, aber der Militärarzt hatte die Krümmung der Wirbelsäule festgestellt. Kriegsuntauglich.

Meine Großmutter behauptete, eine Tante habe ihn als Säugling zu Boden fallen lassen. Sie schämte sich zu sagen, daß er die »englische Krankheit« hatte. Rachitis. Die Krankheit der Kinder aus den mittelenglischen Industriegebieten, die Krankheit der Unterernährten. Sie schämte sich, so arm gewesen zu sein, daß einer ihrer Söhne die Krankheit der Armen bekam.

Nach Vaters Tod erzählte mir meine Mutter, er habe seiner Mutter einmal, ein einziges Mal, einen harten Vorwurf gemacht: Warum habt ihr nichts getan gegen meine Krankheit, warum habt ihr mich zum Krüppel werden lassen?

Meine Großmutter habe tagelang geweint.

Vaters ältere zwei Brüder waren sehr groß, sie hatten die tadellose Figur ihres Vaters. Der Jüngste, mein Vater, hatte das schönste Gesicht. Aber was half ihm das. Kriegsuntauglich. Kein rechter Mann. Ein mangelhafter Mann. Kein Mannsbild. Nicht einmal zum Sterben fürs Vaterland taugte er.

Wollte er sterben? Sah er im Heldentod eine Möglichkeit, sein ihm unwertes Leben auf anständige Weise zu beenden? War in ihm der Selbstmordtrieb? War er ein nekrophiler Mensch? Sicher ist, daß er das Leben nicht liebte und daß ers mir nicht gönnte. Aber ging es nicht doch auch ums Vaterland?

Er war ein »Patriot«, einer, dem »das Vaterland« ein hoher, ein absoluter Wert war, dem der einzelne verpflichtet sei auf Gedeih und Verderb, im Leben und Sterben. Das Vaterland: die zur Gruppe erweiterte Familie. Vaterlandsliebe: der erweiterte und verschärfte Familienegoismus. Der Stolz, ein Deutscher zu sein. Und die Franzosen, die stolz waren, Franzosen zu sein. Und die Engländer, die stolz waren, Engländer zu sein. Und so fort. Jeder Patriot voller Stolz auf sein Vaterland. Jedes Volk *das* auserwählte Volk. Nie konnte ich ohne Widerstreben das Deutschlandlied singen: Deutschland über alles in der Welt. War es denn besser als andre Vaterländer? Waren die deutschen Weine besser als die französischen, die deutschen Frauen treuer als die englischen, die deutschen Lieder schöner als die italienischen?

Im Religionsunterricht lernte man, daß man nicht stolz und überheblich sein dürfe. Im Staatsbürgerkunde-Unterricht lernte man, daß man stolz sein müsse, auf sein Vaterland. Wars keine Überheblichkeit, keine Kollektiv-Sünde, dieses »Deutschland über alles«?

Nie habe ich begriffen, daß das, was dem einzelnen verboten ist, der Gruppe erlaubt, ja befohlen sei. Du sollst nicht töten. Für Mord kommst du erst mal ins Gefängnis, dann in die Hölle. Nun war Krieg: Deine heilige Pflicht ist es zu töten, und zwar so viel, wie du nur kannst, je mehr, desto besser, du bekommst Orden dafür, wirst befördert und kommst in den Himmel.

Es gibt also ein Gesetz, das höher ist als das von Gott erlassene. Der Staat ist also mächtiger als Gott. Denn er bestimmt, was gut und böse ist.

Das dachte ich freilich erst später, aber dunkel fühlte ichs schon als Siebenjährige, als mir eines Tages mein Vater befahl, ich müsse das Kupfergeschirr aus meiner Puppenküche abliefern, das Vaterland brauche es. Wozu? Es macht

Waffen daraus. Mit Waffen aber bringt man Leute um, Franzosen, so wie unser Pfarrer einer war: er stammte aus dem Elsaß, aber aus rein französischer Familie.

Darf man Leute wie unsern Pfarrer umbringen oder seine Brüder und Neffen? Und wenn ich das Kupfergeschirr hergab, damit das Vaterland Waffen daraus macht, um diese Franzosen zu erschießen...?

Man muß, sagte mein Vater.

Warum?

Es sind unsre Feinde, sie töten unsre Soldaten, sie haben unsern Freund, den Baron von der Tann, erschossen, sie haben viele Deutsche erschossen, und wenn wir nicht wiederschießen, kommen sie ins Land und schießen uns alle tot.

Natürlich erinnere ich mich nicht genau des Wortlauts, aber so etwa verlief das Gespräch. Ich gab das Puppengeschirr her. Auch meine Eltern opferten fürs Vaterland: sie gaben ihre Gold- und Silbertaler, Mutters Mitgift. Die Törichten. Und sie zeichneten Kriegsanleihe, um den Massenmord zu finanzieren, und sie verloren dabei ihr ganzes Geld. Gut so.

In jenen Jahren geschah etwas anderes noch, das mich tief beunruhigte: eines Tages kamen fremde Leute in unser Schulhaus, das durch einen Korridor mit unserm Wohnhaus verbunden war. Sonderbare Leute. Schlowacken hießen sie. Slowaken, Slowenen. Sie waren Flüchtlinge, sie waren abgerissen, schmutzig, hungrig. Sie schliefen im Schulzimmer auf dem Fußboden. Geh nicht hin, sagte meine Mutter, sie haben Läuse und Flöhe. Aber sie selber brachte ihnen zu essen.

Mir wurde klar, daß sie aus ihrem Land geflohen waren. Aber wieso? Der Krieg hatte sie vertrieben. Wer war das aber: der Krieg? Die Russen? Jedenfalls ein anderes Volk. Man durfte also ein Volk aus seinem Vaterland vertreiben, wenn ein anderes Volk in dieses Land hineinwollte. Krieg ist also dies: ein Volk vertreibt ein anderes, ein Volk erschießt ein anderes.

Was hatte damit aber das Queckensammeln zu tun? Wir Schulkinder bekamen plötzlich Ferien und mußten dafür auf die Äcker gehen und die zähen weißen Wurzeln einer Unkrautsorte sammeln. Man machte Stoff daraus, Mantel- stoff, Uniformstoff. Aber dazu hatte man vorher keine Queckenwurzeln gebraucht, wieso jetzt?

Der Krieg kostet Geld, hieß es. Das Vaterland ist arm geworden. Man muß alles sammeln, was man noch verwer- ten kann.

Der Krieg macht das Vaterland arm. Er tut dem Volk also etwas Ungutes an. Er tötet nicht nur Feinde, er läßt nicht nur den Baron von der Tann erschießen, er läßt auch noch das eigene Volk hungern und frieren. Wer kann das verstehen?

Es geht nicht um Gewinn, wurde uns gesagt, es geht um die Ehre. Es war unehrenhaft, einen Krieg zu verlieren. Wenn zwei Buben raufen, so ist einer der Sieger. Es ist schmäh- lich, Unterlieger zu sein.

Mein Vater war einer von sechzig Millionen Deutschen. Er mochte den Krieg nicht, aber er wollte nicht, daß sein Vaterland ihn verliere. Es verlor ihn.

Meines Vaters Beteiligung am Krieg bestand in der »Spio- nage-Abwehr«. Das war so: eines Abends, 1916 vielleicht, ging mein Vater mit einem Haufen Bauern fort. Sie führ- ten Heuwägen mit sich und Mistgabeln und Äxte. Eine Szene aus dem 16. Jahrhundert. Sie gingen auf die Straße, die vom Brenner her über Garmisch an unserm Dorf Etting vorbeiführte, die heutige »Olympia-Straße«. Ich fragte meine Mutter, was das bedeute. »Sie müssen Spione fangen.«

Ich las oft in den Orbis-Pictus-Bänden, die ich im Schulschrank gefunden hatte. Da gab es Tiere abgebildet, die Skorpione hießen. Sie waren häßlich anzusehen, und es stand geschrieben, sie seien gefährlich, weil giftig.

Mein Vater war also fortgegangen, um die häßlichen giftigen Tiere zu fangen. Ich hatte Angst um ihn.

Er kehrte zurück ohne Skorpione und ohne Spione. Die Sache erwies sich als eines der vielen wilden Kriegsgerüchte: Spione kämen mit getarnten deutschen Militärautos von Italien her ... Immerhin war mein Vater der Anführer des tapfern Bauernhaufens.

Auch später nahm er teil an etwas Aufständischem. Wir wohnten schon in Übersee am Chiemsee. Es muß also 1918 oder 1919 gewesen sein. Abends kamen Männer zu uns ins Haus, Bauern aus dem Dorf. Sie mußten etwas auswendig lernen und es im Chor sprechen. Der Text ging nicht in ihre Köpfe, und mein Vater verlor die Geduld, wenn sie einfach nicht »im Takt« sprechen lernten. Ich sagte den Text mit, ich konnte ihn längst auswendig:

Wir wollen sein ein einzig Volk von Brüdern In keiner Not uns trennen und Gefahr Wir wollen frei sein wie die Väter waren Eher den Tod als in der Knechtschaft leben.

Der Rütlischwur aus Schillers »Tell«. Und was wurde da geschworen, worum gings, als die Leute schließlich den Text konnten und sich nachts versammelten auf dem Westerbuchberg, auf einer Waldlichtung einen Holzstoß entzündeten, sich mit hölzernen Schwertern ums Feuer stellten und mit rauhen Stimmen brav den »Tell« rezitierten? Wer wollte uns die Freiheit rauben? Wer drängte uns zur Wahl: Freiheit oder Tod?

Der Krieg war doch aus. Gabs noch immer Feinde?

Noch war nur Waffenstillstand, noch gab es keinen Friedensvertrag, also war noch Krieg. Und dazu kam noch das, was sich mir in der Gestalt des Herrn Ebner präsentierte. Dieser Herr Ebner, den ich gut kannte, kam in unser Haus und betrug sich plötzlich frech. Er hatte eine schwarze Lederjacke an und eine rote Armbinde. Wenn ich mich nicht täusche, so trug er am Gürtel einen Revolver. Wahr ist ohne Zweifel, daß er mit einer drohenden Geste auf meinen Vater zutrat. Ich sah das und handelte: ich warf mich dem Herrn Ebner entgegen, sprang ihm wie eine Tigerin an den Hals und schrie: Sie lassen sofort meinen Papa in Ruhe! Der Herr Ebner war so erschrocken, daß er zurückwich und dann ging. So hatte ich die Räterepublik und die ganze Revolution in die Flucht geschlagen, nur um meinen Vater zu retten, ich törichtes Kind.

War der Kommunismus der Feind, gegen den sich die Überseer Bauern unter Führung meines Vaters verschworen? Mag sein. Warum hatten sie weißblaue Fahnen und weißblaue Armbinden? Das waren die Farben Bayerns, das wußte jedes Kind. Ging es also beim Rütlischwur um Bayern, um bayrische Sonderbelange? Wollten die Bayern die allgemeine revolutionäre Unruhe dazu benützen, die heftig gewünschte »Separation« zu betreiben? Gings gegen Preußen, den Erbfeind? »Wir wollen frei sein wie die Väter waren«. Die Saupreußen waren an allem schuld. War der Kaiser und war Bismarck nicht Preußen, und hatten die uns nicht den Krieg eingebrockt und den Schmachfrieden von Versailles? Der Kaiser saß gefangen im Hausarrest in Holland. Einen bayrischen König hatten wir auch nicht mehr. Der dritte Ludwig war gestorben, und getaugt hatte der auch nichts. Was nun, Bayern? Gebt uns einen König, einen Führer! Wir wollen Ordnung! Gehorchen wollen wir, nur nicht den Preußen. Frei sein heißt: bayrisch sein, frei von preußischer Herrschaft. Lieber von einem Bayern unterdrückt als frei unter einem Preußen.

Mein Vater war entschieden Monarchist.

Eines Tages sagte er: Morgen gehen wir nach Schloß Wildenwart, da wirst du die Prinzessinnen sehen.

Ich hatte eine schlaflose Nacht. Prinzessinnen *sehen*!

Wir machten eine kurze Bahnfahrt und eine lange Fußwanderung, dann standen wir vor einem Geflügelhof.

Da, rief mein Vater, da sind sie!

Wer?

Die Prinzessinnen!

Ich sah keine Prinzessinnen, ich sah drei ältliche Frauen in Lederjacken und Lederhüten, es regnete, die Frauen fütterten die Hühner und Gänse.

Wo sind die Prinzessinnen?

Bist du blind? Da doch!

Das sollen Prinzessinnen sein, diese häßlichen Frauen? Wo sind die Goldkrönchen, die Schleier, die Silberschuhe, die Goldgewänder? Ich begann zu weinen. Die Frauen bemerkten uns. Sie wollten das Kind trösten, ohne den Grund der Tränen zu kennen. Sie streckten ihre Finger durch die Maschen des Drahtzaunes. Mein Vater beugte sich darüber, meine Mutter ging in den Hofknicks, den sie bei ihrer Freundin, der Prinzeß Wallerstein, geübt hatte. Ich gab keine Hand. Ich lief weg. Hernach gabs die üblichen Ohrfeigen, erst vom Vater, dann als Echo und als Bestätigung der absoluten ehelichen Einheit auch von der Mutter. Ich war wieder einmal bös gewesen, bös und undankbar. Da geht man mit dem Kind eigens den weiten Weg, um ihm eine Freude zu machen... Unsre Freude sei deine Freude. Worüber du dich zu freuen hast, das entscheiden *wir*.

In jene Zeit nach dem Krieg fiel ein Ereignis, das ich sicher vergessen hätte, wäre nicht seine komische Seite im Gedächtnis geblieben. Wir Schulkinder mußten uns am Bahnhof in Übersee in Reihen aufstellen. Mein Vater war ganz in Schwarz. Etwas Trauriges ging vor sich. Ein Sonderzug kam. Kein andrer Zug durfte fahren auf dieser Strecke an diesem Tag. Der Sonderzug hielt an jeder Station. Im Zug war der tote König, der letzte Wittelsbacher auf dem Bayernthron. Man brachte ihn heim, er war in Österreich gestorben. Bayern war königlos, vaterlos. Erst jetzt glaubte man wirklich, daß es eine Republik war. Ganz wahr wollen es die Bayern bis heute nicht haben. Sie sehnen sich immer noch nach einem König. Aus dem Sonderzug stieg ein Herr und reichte meinem Vater die schwarzbehandschuhte Hand. Hernach erzählte mein Vater tagelang davon und von Prinz Franz, und so aufgeregt war er, daß er immer wieder sagte: Frinz Pranz. Deshalb also blieb mir die Szene im Gedächtnis.

Bayern und mein Vater trauerten ihrem König nach, aber das war nicht der dritte Ludwig, das Bild des zweiten schimmerte durch und wurde immer stärker, und dann blieb nur mehr das des Märchenkönigs, der natürlich nicht wahnsinnig war und nicht homosexuell mit seinen Leibwachen und andern Burschen, sondern nur vom preußischen Bismarck verleumdet und entmachtet. Das Kreuz im Starnbergersee, das muß ewig bleiben: das Zeichen der preußischen Untat, das Zeichen der Unversöhnlichkeit. Das hält die Erinnerung wach daran, daß es wirklich einen bayerischen König gegeben hat, einen König aus dem Märchenbuch.

Nachdem ich die Wittelsbacherinnen gesehen hatte, glaubte ich nicht mehr an Könige und Prinzen. Es gab sie sowenig wie den Osterhasen und den Heiligen Nikolaus und den »Klaubauf«, den schwarzen Begleiter des lichten Heiligen, und auch das Christkind gab es nicht. War meine Welt entmythologisiert? O nein. Ich glaubte in absurder Parallelität weiter an Könige und andre Bilder. Ich wußte, daß sie nichts zu tun hatten mit den hühnerfütternden Frauen und dem toten, überflüssig gewordenen König Ludwig III. Aber ich wußte, daß es eine Welt gab, in der Könige lebten. Erst als ich mich ein Jahrzehnt später mit C. G. Jung zu befassen begann, begriff ich meinen Unglauben und meinen Glauben: es handelt sich ganz einfach um zwei verschiedene Wirklichkeiten. Selbst wenn der letzte Wittelsbacher, der letzte Habsburger, der letzte Battenberg, der letzte kleine Schwedenkönig und der letzte königliche Nachkomme von Araberfürsten gestorben sein wird, gibts immer noch *den* König und *die* Königin, das unsterbliche archetypische Paar. Unsterblich in uns selbst.

Aber bis zu diesem Verständnis der Welt hatte ichs 1918 noch weit. Wir Bayern hatten keinen König mehr, wir hatten die Republik, wir hatten die Räte, wir hatten eine kommunistische Regierung. Daher Herrn Ebners rote Armbinde, und Rot war bös.

Viel später, und keineswegs im Geschichtsunterricht der Schule, lernte ich Namen kennen, die damals eine Rolle spielten: Ernst Toller, Erich Mühsam, Ernst Niekisch, Gustav Landauer. Sie regierten Bayern nur kurz. Den kommunistischen bayerischen Ministerpräsidenten Kurt Eisner erschoß ein bayerischer Graf Arco auf Valley, dafür lobte man ihn. Die SPD (o ja: die SPD!) zusammen mit der »Reichswehr« schlug die linke Revolution rasch nieder. Bayern war wieder einmal gerettet.

Ich lernte die aktuelle Geschichte an Hand von kleinen weißgrauen Zetteln, die mein Vater zum Aufschreiben benutzte. Da stand dann auf der einen Seite: Streichleberwurst, Kaffee, Schweizerkäs, und auf der andern, gedruckt: USPD und darunter viele Namen:

Hans Unterleitner	*Landessekretär*
Wendelin Thomas	*Redakteur*
Ernst Toller	*Schriftsteller*
Ernst Niekisch	*Lehrer*
Max Ulrich	*Vorarbeiter*
Georg Eisenhut	*Mechaniker*
Hedwig Kaempf	

Adolf Schneider   *Buchdrucker*
August Hagemerter   *Steindrucker*
Wilhelm Olschewsky *Kaufmann*
Und USPD hieß: Unabhängige Sozialistische Partei
Deutschlands.

Übriggebliebene Wahlzettel. Zwei davon besitze ich noch,
auf der Rückseite beschrieben mit meinen Gedanken über
Mystik. 1930. Mir prägten sich ein paar Namen ein: Rosa
Luxemburg und Karl Liebknecht. Die wurden erschossen.

Warum? fragte das neugierige kleine Mädchen seinen
Vater. Du gehst hinaus, sagte die Mutter, solche Sachen
gehen dich nichts an.

Zum Vater gewandt: Du mit deinem ewigen Politisieren,
ich kann das nicht leiden, Männergeschwätz und Streit,
sonst ist das nichts. Das Kind schnappte aus dem Männergeschwätz einiges auf: daß der alte Kaiser gefangen saß in
Holland, daß ein Herr Ebert, der seine Stelle, den Kaiser-
thron, so dachte ich mir das, jetzt einnahm, ein Sozi war,
und das war schlecht (sagten sie), er war auch bloß ein
Arbeiter oder Handwerker, jedenfalls ein »Ungebildeter«,
wie konnte so einer regieren.

Und dann passierte etwas Schreckliches: Versailles. Der
Friedensvertrag. Deutschland wurde ganz arm, und es
verlor seine Ehre.

Wieso?

Daß wir arm und immer ärmer wurden, das merkte man: es
gab ganz schlechtes Brot, es gab eine gräßlich rote Marmelade, die wir Kinder »Fingermarmelade« nannten, weil eins
von uns behauptete, einen abgeschnittenen Finger darin
gefunden zu haben, und die rote Farbe komme vom Blut der
Fabrikarbeiterinnen; es gab auch den amerikanischen
Speck, der nach Lebertran stank, weil die Schweine mit
Fischmehl gefüttert worden waren.

Das war alles die Folge des »Schmachfriedens von Versailles«. Auch daß Kinder aus der Rheinpfalz oder vom Saarland zu uns ins Dorf kamen, war eine Folge. Es wurde uns erklärt: das linke Rhein-Ufer wurde geräumt. Und die Kolonien wurden uns auch genommen. Alles war schlecht ausgegangen. Mein Vater war nicht schuld: er war ja nicht Soldat gewesen. Schuld waren die Franzosen und die Engländer und die Russen und überhaupt alle anderen Völker, die das deutsche Volk nicht leiden konnten, weil es so tüchtig war und weil die andern neidisch waren und Angst vor der Übermacht hatten. Derlei hörte ich aus den Gesprächen zwischen meinem Vater und einigen seiner Kollegen und dem Großonkel Hörtensteiner.

»Hört auf zu politisieren«, rief meine Mutter.

Meine unpolitische Mutter: bis zu ihrem Tod mit fast neunzig und auf einem Auge blind, auf dem andern mit der Starbrille, las sie täglich zwei Zeitungen: die »Süddeutsche« und den »Münchner Merkur«.

Mutter, du liest den Merkur?

Ich muß doch vergleichen können! Keine Zeitung sagt die Wahrheit. Also muß ich mir selber eine Meinung bilden. Ich vergleiche. Die Bildzeitung lese ich nicht. Nie.

Aus Instinkt las sie die nicht.

Aber bis dahin vergingen Jahrzehnte.

Jedoch: sie war immer gegen Hitler. Sie wars nicht wegen Hitlers »Atheismus«, damals hatte sie keine fromme Phase. Sie war auch nicht gegen Hitler, weil mein Vater dagegen war: die Periode der geistigen Abhängigkeit hatte sie hinter sich. Sie war gegen Hitler aus Instinkt.

Mein Vater erzählte mir lachend (selten sah ich ihn lachen) eine Szene, die sie sich gestattet hatte, als sie mit ihm zur bayerischen Regierung ging, wo er, 1936, sein Rücktrittsgesuch einreichte. Auf dem Korridor blieb sie plötzlich stehen. Sie hatte einen SA-Mann erblickt. Auf den ging sie

77

stracks zu: Sie! Ich kenn Sie, seit Sie ein Bub waren. Ihr Vater war Lehrer. Ihre Eltern waren brave Leute, gute Katholiken. Und Sie, Herr Streicher, was sind Sie? Ihre Eltern würden sich im Grab umdrehen, wenn die Sie sehen könnten! Schämen Sie sich!

Der Mann hieß Joseph Streicher, er war nicht der berüchtigte Julius Streicher, der »Stürmer-Streicher«, der Judenfresser, sondern ein Verwandter, oder auch nicht; gleichviel.

Mein Vater erzählte, der Mann sei erstarrt.

Mein Vater war auch starr: er erwartete die sofortige Verhaftung seiner Frau. Nichts geschah. Der SA-Mann machte kehrt und ging weg. Meine Mutter hatte ihren Triumph. Die plötzlich explodierende Zivilcourage habe ich von ihr. Mein Vater hatte auch Mut, doch auf seine stille Art: bei seiner Beerdigung, 1951, kam eine fremde Frau auf mich zu und sagte: Ihr Herr Vater hat sein Leben für uns riskiert, wissen Sie das? Ich wußte es nicht. Der Bruder der Frau war Priester und im KZ Dachau gesessen. Von dort war er entweder entflohen oder entlassen worden, jedenfalls mußte er sich verstecken. Er tauchte in Tirol unter. Mein Vater wußte das Versteck. Er fuhr jede Woche nach Kufstein, stieg einen Berg hinauf und brachte dem versteckten Priester Lebensmittel und Nachrichten.

Die Sache war nicht nur mühsam für den buckligen Herzkranken, sondern höchst gefährlich. Eines Tages wurde mein Vater bei der Polizei vorgeladen. Ob er etwas wisse von jenem Priester. Die Fahrten nach Kufstein waren aufgefallen.

Nein, sagte mein Vater.

Das war vielleicht die einzige Lüge seines Lebens.

Soviel ich weiß, ist der Mann irgendwo eingesperrt.

Der Verhörende war ein Freund der Familie jenes Priesters, wiewohl Parteimitglied. Er fragte nicht weiter. Mein Vater setzte seine Bergfahrten fort. Er tat es für den Priester. Er tat es für seine Kirche. Er wäre wohl gern Märtyrer geworden. Eine edle Art, das ungeliebte Leben zu verlieren, um ein andres zu gewinnen. Aber er wurde nicht mehr behelligt. Das Schicksal nahm sein Lebensopfer 1940 nicht an, so wie es 1916 oder 17 sein verzweifelt-hochherziges Angebot abgewiesen hatte.

Warum eigentlich hat die junge Autorin nicht *dieses* Vaterbild gezeichnet in den »Gläsernen Ringen«? Warum machte sie ihn zur Randfigur, da er doch in Wirklichkeit zentral war für ihre Jugend? Warum stellte sie ihn vor als einen trüben Schatten, einen scheu um sich blickenden Wolf, einen schweigenden Gast?

Und warum, wenn sie schon nicht einen dominierenden Hausherrn, eine Autorität, einen patriotischen Helden aus ihm machte, erzählte sie von ihm nicht als dem Musiker, der er war? Als Organist hätte er doch gut nach St. Georgen gepaßt.

Sie schrieb das Buch 1939. Sie war noch nicht fähig, die hellen Farben ins Bild ihres Vaters zu mischen. Schwarz herrschte vor. Sie sah *nur* das Schwarz.

Die Jahre 1935 und 36 waren zu nahe. Was war damals geschehen? Der Vater hat sie ums Haar in den Selbstmord getrieben. Doch ehe davon die trübe Rede sein wird, ehe der Vater als der fürchterliche Saturn auftritt, muß etwas erzählt werden, was den Goldgrund abgibt zum Bild vom religiös-moralischen Fanatiker. Mein Vater und ich hatten außer dem Interesse für Politik noch etwas gemeinsam: die Musik. Daß wir sie gemeinsam hatten, schloß uns immer wieder einmal ab gegen die stock-unmusikalische Mutter. Er gab mir früh Klavierstunden.

Wozu braucht sie das? sagte die Mutter. Sie soll lieber mir im Haushalt helfen und kochen lernen, ein Mädchen muß kochen können.

Sie mochte auch nicht, wenn der Vater mit Kollegen musizierte. Es gab einmal eine junge Lehrerin im Haus, die gut sang. Mein Vater begleitete sie am Klavier. Die mit ihrer Singerei, sagte die Mutter. Einen Seitensprung in ein fremdes Bett hätte sie vielleicht verziehen, aber daß ihr Mann sich mit dieser Singperson am hellen Tag bei offener Zimmertür in ein Reich begab, das ihr verschlossen war, das konnte sie nicht dulden. Da entglitt er ihr. Das war ein Ehebruch.

Ich hingegen: wenn mein Vater musizierte, liebte ich ihn heiß. Wie war er da verwandelt! An schulfreien Nachmittagen nahm er mich mit in die Kirche. Er brauchte mich: damals war die große neue Orgel noch nicht elektrisch betrieben, ich mußte den Blasebalg treten. Ich war notwendig, ich war wichtig, ich war beteiligt. Um keinen Preis hätte ich zugegeben, daß die Arbeit zu schwer war für mich. Wenn der Vater alle Register zog und forte-fortissimo spielte, schaffte ichs nicht mit dem einfachen gleichmäßigen Auf- und Abtreten. Ich mußte mit beiden Füßen auf jedes einzelne der zwei Trittbretter drücken. So sprang ich von einem zum andern. Ich keuchte, ich schwitzte, ich sprang. Aber das war schön. Ich hörte die Musik, zu der ich den Atem lieferte. Meinen Atem. Ohne ihn keine Luft im Blasebalg, ohne ihn kein Ton aus den Pfeifen, ohne mich keine Musik.

Meist spielte mein Vater Bach oder Buxtehude, oder er improvisierte und zog dabei die sanften Register: vox humana und vox coelestis und flauto, und er spielte leise, und wenn er einmal ein wenig lauter wurde, folgte sogleich die Zurücknahme: das Echo in pianissimo. Ich fühlte die Musik in meinem ganzen Leib, sie durchtränkte mich.

Als dann die Orgel elektrisch geblasen wurde, konnte ich meinen Vater nicht nur hören, sondern auch sehen: wie verändert war er! Auch wenn er mit Händen und Füßen werkte, blieb sein Gesicht unbewegt und still, aber es leuchtete. So sah ich es. Später sangen wir beide im Gottesdienst. Damals bezahlten die Leute entweder Messen ohne Gesang und Orgel, oder aber »Ämter«, die kosteten viel mehr. Wenn ich in Ferien zu Hause war, sangen wir zweistimmige Messen. Vaters warmer Bariton und mein heller Sopran klangen gut zusammen.

Er war kein Dilettant. Einmal wartete im Kirchenschiff ein Herr auf ihn, der ihn Meister nannte und fragte, wo er studiert habe und wieso er nicht Musik als Hauptberuf betreibe. Mein Vater sagte etwas Abwehrendes. Aber dann traf ein Brief ein aus Wien mit der offiziellen Anfrage, ob mein Vater die Stelle eines Organisten annehmen wolle. Ich weiß nicht mehr, ob es sich um den Stefans-Dom handelte oder um die Dominikanerkirche. Jedenfalls war es ein lockendes Angebot. Mein Vater lehnte ab. »Ich Krüppel«, sagte er. »Mein Herz hälts nicht aus.«

Aber es hielt ziemlich viel aus: mein Vater gab im Sommer jeden Sonntagnachmittag ein Kirchenkonzert, Eintritt frei natürlich, er spielte »zur Ehre Gottes«, hieß es. Die Kirche war immer voll, denn es gab schon damals viele »Sommerfrischler« am Chiemsee.

Als er dann, 1936, als Lehrer in Pension ging (viel früher als er mußte und unter dem Vorwand seiner Wirbelsäulenverkrümmung, tatsächlich aber, weil er unter Hitler nicht Lehrer sein mochte), wurde er doch noch hauptberuflich Organist, an der Stadtpfarrkirche Rosenheim. Auch dies »zur Ehre Gottes«, das heißt unbezahlt. Als wir einen Radio-Empfänger bekamen, hörten wir jemand Lieder singen. Ich erschrak: das war die Stimme meines Vaters. Sie war es nicht, es war die des Sängers Julius Patzak von der Münchner Oper. Ja, sagte mein Vater, wenn ich hätte Musik studieren dürfen. Aber ich als Krüppel...

Alle Rinsers waren grundmusikalisch, alle hatten schöne

Singstimmen. Der Großvater hatte mit seinen drei Söhnen ein Gesangsquartett gegründet. Auch die nachmals so böse Tante Marie, die Kommunistenbraut, sang schön, sie hatte einen ganz hohen Sopran, einen Natur-Koloratursopran, sie sang wie ein Vogel. Aber es gab kein Geld für die Ausbildung, und überhaupt: eine Sängerin... nein!

Wir sind eine Familie mit vergrabenem Talent. Auch ich sang gut, ich sang zeitweise im Münchner Bachverein unter Ludwig Landshoff. Einmal suchte man in allen Schulen Münchens ganz hohe reine Soprane für Bachs »Magnificat«; ich war unter den wenigen Ausgewählten. Ich spielte auch Geige, mein Lehrer war Konzertmeister Bernhard Walter von der Münchner Oper, er hatte auch ein eigenes Quartett. Aber als klar war, daß ich nie Konzertreife haben würde (ich hatte zu spät begonnen), legte ich meine sehr gute böhmische Geige in den schwarzen Kasten. Da liegt sie noch. Das Schicksal setzt sich fort: meine Kusine Fanny, die Tochter der Kommunistenbraut, sollte aufs Salzburger Mozarteum geschickt werden. Aber daraus wurde dann doch nichts. Doch spielte Fanny, siebzehn Jahre alt, während des Krieges die Orgel in der Dorfkirche, obgleich sie hochschwanger war, unehelich. Der Skandal wurde vom Kriegslärm übertönt.

Mein Ältester, Christoph, wollte Kapellmeister werden wie sein Vater, aber er wählte dann die Theologie. Und der Jüngere, Stephan, setzte die Querflöte, die sein Stiefvater Carl Orff ihm gekauft hatte, an den Mund und wußte, wie mans macht. Sein Lehrer für kurze Zeit war Kurt Redel. Er sagte, er getraue sich, einen Soloflötisten aus dem Buben zu machen. Der Bub wählte das Theater und die Fernsehregie. Wir sind musikalische Dilettanten, das ist schon recht, aber nicht das, was wir eigentlich wollten. In der Kunst mögen wir nur das technisch Saubere, da sind wir streng. Mein Vater war technisch ein Meister. Mein Vater, der Krüppel.

82

Mein Vater, der »scheu um sich blickende Wolf« aus den »Gläsernen Ringen«. Der Immerfremde, der Schatten.

Wenn ich ihn nicht an der Orgel sehe oder am Katheder in der Schule (er war drei Jahre lang mein Lehrer in der Volksschule), sehe ich ihn als Wanderer im Wind. Er liebte den Sturm. Da war er nicht daheim zu halten. Du erkältest dich, sagte die Mutter. Aber er warf seine schwarze Pelerine um, setzte seinen Schlapphut auf, nahm seinen Spazierstock und ging. Einmal folgte ich ihm: er stand auf einem Hügel vor dem Dorf, seine Pelerine wehte im Sturm. »Wotan«, dachte ich. Später nannte ich ihn Saturn.

Als mir einmal viel später ein Astrologe das Horoskop stellte, sagte er: Sie haben eine Schicksalsbestimmung durch den Vater; er liegt schwer auf Ihrem Leben.

Der Saturn. Der strenge dunkle Vater. Der Richter. Der Vollstrecker seiner eigenen Urteile. Der große Unnachsichtige.

Mein Vater, der weint. Mein Vater an der Orgel. Mein Vater, der mit mir Schach spielte ohne Dame. Mein Vater, der mich sein Mädi, sein Trutscherl nannte, der mich nachts auf seinen Armen trug, wenn ich schrie. Mein Vater, der mich in die Oper mitnahm.

Wäre er Berufssänger geworden, dann Oratoriensänger, aber er liebte leidenschaftlich das Theater. Wenn er mich in München besuchte, nahm er mich mit ins Nationaltheater, es hieß damals immer noch Hoftheater. Wir hatten Galeriesitze oder auch bisweilen nur Stehplätze da hinten oben, wo man nichts von der Bühne sah, wo die Musikstudenten mit den Klavierauszügen hockten, sich unter die schwachen Lampen drängend, um mitlesen zu können. Ein Stammpublikum.

Die erste Oper meines Lebens war eine heute verschollene: »Die Vögel« von Walter Braunfels. Der Text nach Aristophanes. Das wußte ich nicht und ich verstand auch kein

Wort, aber ich wollte ja Musik hören. Doch blieben mir die Namen Ratefreund und Hoffegut im Gedächtnis, und daß die Nachtigall von der großen Maria Ivogün gesungen wurde. Es war hübsch zu sehen, soweit ich von der Galerie aus überhaupt etwas sah, wie die gefiederten Opernsänger auf der Bühne herumstolzierten. Aber das war Nebensache: Musik wollte ich hören. Es war, es blieb schwierig für mich, zur Kunstform Oper ein glückliches Verhältnis zu finden. Nur Mozart mochte ich. Eigentlich mochte ich nur Sprechtheater und reine Musik, am liebsten Kammermusik, Oper schien mir komisch, auch wenn sie tragisch war. Und dann heiratete ich einen Opernkapellmeister und später einen Opernkomponisten. Doch das war eine andre Sache.

Meine erste Oper hörte ich 1924, Anfang April, zwischen der schriftlichen und mündlichen Aufnahmeprüfung ins Lehrerinnenseminar. Leichtsinnig von meinem Vater, das Kind am Abend ins Theater zu nehmen, da es doch am nächsten Tag frisch sein mußte. Damals gabs einen Überfluß an Lehrerinnen, man wählte aus den Bewerberinnen die besten und aus diesen besten die allerbesten. Zweihundert hatten sich in jenem Jahr gemeldet, hundert wurden zur Prüfung zugelassen, fünfundzwanzig durften sie bestehen. Es war die Zeit, in der wir Mädchen wenig, fast keine Aussicht hatten, in einem andern Studium Karriere zu machen. Das war den Männern vorbehalten, die aus dem Ersten Weltkrieg zurückgekehrt waren. Eigentlich wollte ich Medizin studieren, aber man sagte meinen Eltern, daß Frauen noch mit vierzig miserabel bezahlte Assistenzärztinnen seien und daß die Lage sich weiter verschlechtere. Der einzige Beruf mit Zukunft sei jener der Volksschullehrerin, doch sei die Auswahl ungeheuer streng: zuerst die Aufnahmeprüfung, dann das Probejahr, dann die beiden Schlußprüfungen, dann das Weiterstudium, dann die Staatsprüfung.

Nun, ich bestand alle Prüfungen. Die erste hatte ich bereits als weitaus Beste bestanden, als ich mit meinem Vater im Theater saß, aber das wußten wir noch nicht, ich konnte ebensogut durchgefallen sein. Inzwischen hatte mein Aufsatz über das Thema »Was der Brotlaib erzählt« die Runde durchs ganze Prüfungs-Komitee und durchs Kultusministerium gemacht: so einen Aufsatz hatte noch nie ein Prüfling geschrieben. Mein Vater erfuhr es am nächsten Tag. Das Mündliche war mir in allen Fächern erlassen.

Ich sah mit meinem Vater in diesen Jahren »Aida«, »Rigoletto«, »Otello«, »Turandot«, »Fidelio«, Vaters Lieblingsoper, bei der er weinte, ich tat das erst 1945, als ich, nach der Befreiung, mit Hunderten von ebenfalls befreiten KZ-Häftlingen im Münchner Prinzregenten-Theater wiederum »Fidelio« hörte: beim Chor der Gefangenen brachen wir alle in Tränen aus.

Eines Tages führte mich mein Vater in die »Walküre«. Es war meine erste Wagner-Oper. Mein Vater gab mir wie immer zuerst das Textbuch zu lesen. Ich fand das Wagalaweia komisch und lächerlich läppisch. Ich erwartete von diesem Theaterabend wenig.

Er war ein Schock für mich. Das sollte Musik sein? Das war ein undurchhörbares Ton-Gewühle, ein wüster Rausch, ein Fieber, eine Freiheitsberaubung, so durfte man nicht Musik machen, das war Tümpelmusik, das gehörte in die Welt der gefleckten Orchideen, des giftigen Schierlings am Weiher im Klostergarten, das war die Gegenwelt zu jener der Heiligen Quellen und zu Bachs »Kunst der Fuge«. Eine Wiederholung der Ur-Erfahrung, welche die junge Autorin am Schluß ihres ersten Buches niederschreibt: »...daß nicht das wirre dunkle Leiden der Kreatur, sondern das scharfe klare Gesetz des Geistes mein Leben leiten würde.« Ich hätte auch sagen können (da ich ja längst Nietzsche gelesen hatte): Daß ich nicht der Welt der Böcke, der

Satyrn, des Pan-Dionysos angehörte, sondern jener des Apollon, auch wenn (wie wäre es anders möglich, Schriftsteller zu sein) Dionysos nie fern war. Eines nicht ohne das andere. Entscheidend nur, wer führt, oder vielmehr: wie die Hochzeit der Widersprüche gelingt.

Einmal, den »Gläsernen Ringen« zufolge, begegnete mir in der Gestalt der kindlichen Büßerin Franziska aus dem Walde die religiöse Ekstase in verboten heidnisch-bacchantischer Form: das Mädchen opferte vor der Statue des Christus am Marterpfahl in einer Waldkapelle Blumen, aber auch Käfer, die sie lebend auf die Eisenspitzen der Gitterstäbe spießte. Ich, das Kind in den »Gläsernen Ringen«, entsetzte mich, ich tötete barmherzig einen schon halbtoten Käfer und sah mit Schrecken das mörderische Mädchen im Licht der zwei verschieden gefärbten Glasfenster: rotgrün, gleichsam in zwei Hälften geteilt, auf der Schwelle stehen. Das Waldmädchen führte mich ein in die Welt der Flagellanten-Ekstase: sie hatte sich eine Geißel gemacht aus Schnüren mit harten Äpfeln, die sie mit Dornen besteckte, und sie lehrte mich, diese Geißel zu benutzen. »Das muß man tun. Nachts schlafe ich auf einem Brett. Man muß für Christus leiden. Es ist wunderbar. Auch die Tiere müssen für ihn leiden.« So sagte sie. Ich machte mir nicht nur eine Geißel, sondern auch ein Rutenbündel und eine Dornenkrone. »Aber«, so schrieb die Autorin, »jenes Gefühl der wunderbaren Erhebung, von dem Franziska gesprochen hatte, blieb mir versagt. Ich empfand nichts als kleine stechende Schmerzen und eine uneingestandene Scham. Mir war weit eher, als sündigte ich, statt daß ich eine Empfindung von Bußtat und Leidensglück verspürte. Franziska, die nun meine Meisterin war, belehrte mich. Du mußt erst mit kleinen Abtötungen beginnen, Asche essen, bittere Blätter kauen, auf Holzscheiten knien, dreimal auf Knien um die Kirche gehen. Ich versuchte es, aber auch diese Übungen brachten mir nur wunderlichen Schmerz, nicht Erhebung und Heil.«

Die Autorin erzählt von den seltsamen Spielen, welche die beiden Kinder trieben: Franziska war die Herrin, ich die Magd. Die Herrin gab der Magd absurde Befehle, um deren Demut zu erproben. Eine monastische Übung, die wir freilich nicht kannten: die Äbtissin befahl Sinnloses, Sinnwidriges, um den Eigenwillen und die intellektuelle Vernunft der Nonnen abzutöten. Wenn ich blind gehorcht hatte, erschien mir Franziska als himmlische Person, führte mich in die Waldkapelle und krönte mich mit einem Laubkranz.

Ich verblieb, laut meinem ersten Buch, nicht lange in dieser labyrinthischen, bacchantisch-asketischen Welt. »Ich fand bald das mir Gemäße: kleine, aber schmerzliche Entbehrungen und Überwindungen, wie etwa Schweigen bei ungerechtem Schelten der Mutter, plötzliches Abbrechen geliebter Spiele, Entzug des Zuckers im Morgenkaffee.«

Aber so leicht entrinnt man dem Wahnsinn nicht: Franziska verlangte von mir ins Kloster mitgenommen zu werden, und zwar in den Jagdsaal. Ich tat es schlechten Gewissens. Aber an dem, was dann dort geschah, war ich schuld: ich zeigte Franziska die Pflaster-Rosette in der Saalmitte und sagte: Da kann man tanzen.

Das hatte ich oft getan, und es war schön. Jetzt aber tanzte die Walddämonin, und dieser Tanz war der einer Besessenen, er war wie ein epileptischer Anfall, er war, so könnte ichs heute empfinden, obszön, jedenfalls eine Entweihung des Raumes. Ich wies Franziska hinaus. Sie ging ohne Widerspruch fort. Ich versuchte mit meinen Händen die Spuren der staubigen Füße Franziskas vom Pflaster zu wischen. Spuren tilgen, Schuld abwaschen, büßen. Aber anders als die Flagellantin Franziska. Meine Übungen blieben im Bereich des nüchternen Rausches, im Apollinischen: es wurde Winter und sehr kalt. Dennoch stand ich jeden Morgen um halb sechs Uhr auf und ging in die »Engelmesse«, die um sechs begann. Das war eine harte Sache, denn das Haus war ungeheizt, warmes Wasser gab es nicht und auch kein Frühstück, und draußen war es noch Nacht, der Frost machte die Schritte klingend hart, in der Kirche war es eisig. Aber: »In diesen morgendlichen Stunden, da meine Hände und Füße vor Frost brannten, widerfuhren mir mühelos, ungesucht, jene Entrückungen in ein leidenschaftliches Glück der innern Anschauung oder auch in einen bilderlosen, schlafverwandten Frieden, die ich nie und nimmer durch Bußübungen hatte erzwingen können.«

So schrieb die junge Autorin. Gab es diese Franziska, gab es die Bußübungen, die wilden Tänze, die Engelmessen?

Franziska gab es, die Förster-Fanny, ein Kind meiner Klasse in der Volksschule. Wir spielten zusammen in den Flußauen. Aber wir waren nicht Flagellanten. Doch waren unsre Spiele voll frommer Poesie. Das Spiel, das die Autorin der »Gläsernen Ringe« schildert, fand statt, das ist eine echte Erinnerung. Wir waren Missionar und Heiden. Der Missionar war auf Franziskas Wunsch ich, sie war die Schar der Heiden, im hohen Gras und Gebüsch der Flußauen gelagert. Ich sprach zu diesen Heiden, ich sprach glühend, ich steigerte mich in eine Ekstase des Worts hinein. Plötzlich flog ein Stück Holz gegen mich, ein Heide hatte mit dem vergifteten Pfeil auf mich geschossen, ich ließ mich fallen, ich war tot. Den Märtyrertod gestorben. Franziska bedeckte mich mit Blättern. Aber da ich mich nicht bewegte, bekam sie Angst. Sie weinte und schüttelte mich, ich ließ sie lange weinen. Es war nämlich schön, so zu liegen im Moos und »tot« zu sein. Ich erinnere mich genau des Dämmerlichts in den Auen, des inständigen bitterfrischen Geruchs nach feuchter Erde und Schneeglöckchen, es muß Frühling gewesen sein, März, vorösterliche Zeit.

Die Fanny war ein besonderes, ein sehr intensives, poetisches Kind, aber nichts Krankhaftes war an ihr. Sie war das Kind des Försters und also ein Kind der Wälder. Sie war fromm. Auf dem Foto von unsrer Erstkommunion steht sie neben mir. Wir gingen oft mitsammen in die Kirche. Wir wollten ins Kloster gehen, Nonnen werden. Weder sie noch ich tat es.

Warum hat die junge Autorin aus der braven Fanny eine Walddämonin gemacht? Nahm sie da nicht eine Selbst-Teilung vor? War Franziska ihre andre Hälfte? Lehnte sie das Dämonisch-Entfesselte deshalb so scharf ab, weil es eine Möglichkeit in ihr selbst war? Lehnte sie Wagner so schroff und entschieden und anhaltend ab, weil sie in sich selber die Gefahr des Abfalls vom Geiste Bachs erkannte? Hätte sie sich fallenlassen können?

Es gibt einen Brief von mir an meine Freundin Gertraud von 1927. Sechzehn Jahre alt war ich also. Ich hatte den »Faust« von Lenau gelesen und schrieb nun: »Man kann den Eindruck nicht so leicht abschütteln. Der Mephisto Lenaus ist viel niedriger als der Goethes, bei Goethe ist er doch noch eine negative Kraft des Göttlichen, aber bei Lenau muß man sich vor manchen seiner Ausdrücke ekeln. Die Sprache ist übrigens sehr schön und packend, aber man findet nach dem Lesen nicht mehr in die natürliche Wirklichkeit des Lebens zurück... Ich habe dann einen Tag lang von morgens bis abends Holz in den Keller getragen, das hat mich wieder gesund gemacht.«

In einem andern Brief, undatiert, aber wohl ein Jahr später geschrieben, in der Zeit meiner großen Liebe zu meinem Physikprofessor, schrieb ich: »Ich sehe jede Leidenschaft für eine Schuld an. So macht Gewissen Feige aus uns allen. Denn mache ich einmal einen kühnen Anlauf zu starkem vollem Leben, gleich steht das Gewissen da.«

Es scheint, als habe ich damals genau unterschieden zwischen hellen und dunklen Leidenschaften, göttlichen und dämonischen Räuschen, erlaubten und unerlaubten Ekstasen. Mein Weltbild war dualistisch wie das einer Manichäerin: Hie Geist, hie Materie. Hier die Heiligen Quellen, dort der Orchideentümpel. Hier »ich«, dort das Waldmädchen und der Zigeunerknabe. Jahrzehnte brauchte ich, um zu begreifen: die Welt ist *eine* und als *eine* ist sie göttlich. Heute kann ich sogar Wagners Musik ertragen. Als Kind vom Vater in den »Ring« und in »Tristan« mitgenommen, hörte ich in Verteidigungshaltung zu. Ich wehrte mich gegen diese Todesräusche, diese finstern Ekstasen, den Sog nach unten. Ich kannte andre Musik-Ekstasen, Beethovens Neunte, Bruckners Siebte, den »Don Giovanni«, Chopins vierundzwanzig »Préludes«. Das aber waren erlaubte und helle. Mein Ohr war an Bach geschult und an Mozart. Solange ich in München war und nicht mehr im Heim »Maria Treu« gefangen, ging ich jede Woche dreimal ins Konzert. Es gab die eintrittfreie öffentliche Hauptprobe am Sonntagvormittag für die klassischen Konzerte im »Odeon«, das zerbombt ist, nur der Odeonsplatz erinnert daran. Das eigentliche Konzert war am Montag abend, die Reihe dirigierte Knappertsbusch, ein wenig grob, aber mit Schwung. Am Freitagabend ging ich in die »Tonhalle« an der Türkenstraße. Auch sie ist zerbombt. Da gab es Klavier- und Violinkonzerte. Ich konnte mir nur einen Stehplatz leisten, der war billig auf Schüler- und Studentenausweis. Man mußte nur lange an der Kasse anstehen. Viele Erkältungen habe ich mir da geholt im Freïen vor dem Gebäude, ehe die Kasse geöffnet wurde. So ein Konzertbesuch war ein heiliges Opfer, erhungert, erstanden, erlaufen, oft hatte ich nicht das Geld für die Straßenbahn, also lief ich die weiten Strecken zu Fuß, bei jedem Wetter und nachts. Eine tiefe Leidenschaft für Musik trieb mich.

In den drei obern Klassen ging ich zudem noch jeden

Mittwoch ins Prinzregententheater, in dem damals, wenn nicht die Wagner-Sommer-Festspiele waren, Schauspiele aufgeführt wurden. Dazu bekamen einige von uns Freikarten. Man füllte mit Schülern und Studenten den großen Raum. Bisweilen bekam ich auch eine Freikarte für eine Matinée im Residenztheater. Ich erinnere mich ganz stark einer Feier zu Ehren Hofmannsthals. Da wurde sein »Turm« aufgeführt, und ein Schauspieler Borchert oder Borchart sprach das Gedicht auf den Tod des Schauspielers Mitterwurzer. Ich höre heute noch den Anfang:
»Er losch auf einmal aus so wie ein Licht. / Wir trugen alle wie vom Blitz den Widerschein der Blässe im Gesicht. / Er fiel, da fielen alle Puppen hin...«
Ich höre auch noch das Gedicht zu einer Feier für Böcklin:
»Nun schweig, Musik! Nun ist die Szene mein / Und ich will klagen, denn mir steht es zu!«
Auch Wagner, die Schattenseite, gehört dazu, wenngleich ich ihn unerträglich fand. Die Wagnerfeindlichkeit ist mir geblieben. Dagegen half nicht, daß mein Kapellmeister-Ehemann Horst Günther Schnell (der auch kein Wagnerianer war) mir erklärte, wie großartig die Instrumentierung sei und der Gesamtaufbau. Es half auch nicht, daß mein Komponisten-Ehemann Carl Orff (auch er kein Wagnerianer), mir die Idee des »Gesamtkunstwerks« erklärte, von der er selbst inspiriert war. Auch die schönsten Bayreuther Aufführungen, die ich mit ihm zusammen hörte, ließen mich unbekehrt. Bayreuth bestärkte mich vielmehr in meiner anhaltenden Ablehnung Wagners: es war einmal der heilige Tempel der Nazis, Hitler liebte Wagner, und Wagners Schwiegertochter Winifred liebte Hitler und hätte ihn ums Haar geheiratet, sagte man, hätten nicht die Söhne Wieland und Wolfgang gedroht, Bayreuth zu verlassen, es gab schon Skandale genug dort, das Rheingold brachte den Wagners kein Glück.

Mein Vater, der Bachspieler, hatte ein gespaltenes Verhältnis zu Wagners raffinierter Barbarei. Er konnte sie nicht lieben, und doch sah ich, wie er in jeder Wagner-Oper dasaß, vorgebeugt wie angesogen, reglos wie gebannt, wie die Schlange vor der Beschwörerflöte, und bei Tristan weinte er. Ich schämte mich für ihn.

Ich weinte und weine auch bisweilen beim Hören von Musik: wenn in Monteverdis »Orfeo« der Todesbote kommt und den von Euridice schwärmenden Orfeo unterbricht mit den trockenen Worten: »è morta«, und wenn Orfeo nach einer kleinen Schreckenspause sagt: »Ahimé.« Ich weine auch im »Fidelio«, beim Quartett, bei »Süße Tränen, bittre Tränen«, das dichte Nebeneinander des Ganztons und des Halbtons ist mir herzzerreißend. Aber bei Wagner: *Nein.* Und mein Vater sollte da auch nicht weinen, wenn diese Isolde mit ihrem Tristan starb bei solchem Pomp funèbre, mit diesem Todesprunk, dieser irren Verherrlichung des Todes. Aber Wagners Nekrophilie entsprach der meines Vaters. Er antwortete mit Tränen.

Mein Vater ... Er war Musiker durch und durch, und daß er nicht hatte Musik studieren dürfen, weil kein Geld da war und weil er ein »Krüppel« war, das wars, was ihn so unglücklich, so saturnisch finster, so winterlich frierend machte. Wie sehr muß er gelitten haben sein Leben lang. Wie gut ich ihn jetzt verstehe, jetzt. Aber damals, 1936: mein Vater, der Schreiber ungeheurer Briefe, der seine Tochter schier in den Selbstmord trieb ...

Ich muß diesen Vater weit wegrücken von mir und meiner Lebenswirklichkeit. Ich muß ihn auf eine Bühne stellen, vielmehr auf die Szene eines antiken Theaters. Er ist eine Tragödienfigur. Kreon, der Antigonae opfert um eines Gesetzes willen, das gegen ein höheres steht.

Auf der Bühne ist eine junge Frau mit einer Maske: der meinen. Ich sitze im Saal. Ich bin die Zuschauerin, die

Zwischenrufe macht. Was da auf der Bühne vor sich geht, das betrifft mich nicht, sondern die Frau mit meiner Maske. Und der Kreon-Vater da oben, in der Maske meines Vaters, wer ist das eigentlich?

Ich höre den Text.

Kreon: (Brief vom 8. September 1936)

Als du gestern so überraschend dich verabschiedetest, war es mir unangenehm. Erst später merkte ich, daß du deine sämtlichen Sachen zusammengepackt und mitgenommen hattest. Du warst also heimlich von zu Hause geflohen. Da dachte ich: das ist die Antwort auf meinen Brief. Da fuhr der Schrecken in mich. Das arme Herz pochte zum Zerspringen, der Kopf glühte, Verzweiflung schüttelte mich. Ich schrie immer nur: Arme Mutter, arme Mutter. Schlaflos wie schon hundertmal wälzte ich mich auf meinem Lager.

Zuschauerin:

Du bist selber schuld. Warum schriebst du mir diesen Brief. Warum hast du diesen absurden Schwur verlangt. Lies, was du schriebst am 26. August 1936:

Kreon:

Du erwartest von uns Verstehen und Vertrauen? Nein, Luise, auf dem von dir beschrittenen Weg gibt es kein Vertrauen, kein Verstehen. Zwischen unsern Wegen ist ein tiefer, dunkler Abgrund, über den keine Brücke führt. Eine solche müßte erst gebaut werden. Willst du sie bauen? Wenn ja, dann errichte zuerst zwei unumstößliche Pfeiler. Erstens: Schwörst du mir, daß du dem alten Gott durch die gleiche Religion wie deine Eltern mit Gebet, Sonntagsgottesdienst und Beichte dienst und ihm *treu* bleibst? Zweitens: Schwörst du mir, daß du deinen Eltern keinen anders- oder ungläubigen Schwiegersohn zumuten wirst, sondern dich nach einem ehrenwerten, *katholischen* jungen Mann umsiehst, wenn es wirklich einer sein muß. Schlägst du ein

in die Hände, die dir deine unglücklichen Eltern hinstrek-
ken? Ja oder nein? Ein Wortschwall könnte deine Ablehnung nicht hinwegtäuschen.

Zuschauerin:
Lies den Antwortbrief deiner Tochter vom 1. September
1936, lies ihn vor, Kreon!

Kreon:
Wortschwall nennst du es! Es war der letzte Versuch, euch
zu sagen, daß ich euch liebe. Ihr habt es nicht angenommen.
Nun verlangt ihr Schwüre. Ich schwöre nicht. Es genügt,
daß ich 25 Jahre meines Lebens in eurer Macht gestanden
habe. Niemand gibt euch das Recht, mich für mein ganzes
Leben zu beherrschen. Das ist nicht Religion, das ist
Fanatismus. Vergeßt nie, daß nicht ich diese Trennung
gewollt habe. Ihr habt sie gesucht. Ihr habt mich von euch
getrieben. Was tue ich Unrechtes? Ich habe »Torheiten«
begangen, ja. Jeder junge Mensch begeht sie. Ich habe euch
belogen? Warum? *Konnte* ich euch je die Wahrheit sagen?
Habt ihr es nicht von vornherein verhindert, da ihr hinter
jeder meiner Unternehmungen Unrechtes vermutet habt?
Ich habe begonnen euch zu belügen als ihr mir verboten
habt, mit O. zusammenzutreffen. Da *mußten* wir uns
heimlich treffen. Euer krankhaftes Mißtrauen war eher da
als meine Lüge. Vergeßt das nicht. Aber du hast recht: nun
ist es zu spät. Nie wieder kann zwischen uns Vertrauen und
Liebe sein.

Zuschauerin:
Worin bestanden die »Torheiten« des jungen Mädchens,
und was war denn ein so schlimmes Unrecht? Die Begegnung mit diesem O., war sie nicht harmlos? Eine Verliebt-
heit. Er spielte Gitarre und sang sentimentale Lönslieder, er
kam aus der Jugendbewegung. Die beiden wollten nichts als
miteinander musizieren. Eure Tochter brachte euch diesen
Mann nach Hause. Nichts wurde verheimlicht, bis es euch

eines Tages aus heiterm Himmel einfiel, diese Freundschaft zu verbieten. Warum?

Kreon:

Sie selbst hat diesen Mann aufgegeben, weil er ihr zu dumm und zu nazistisch war. Also hatte ich recht, ihr den Umgang zu verbieten.

Zuschauerin:

Du mußtest sie das selbst herausfinden lassen. Aber du sagst nicht die Wahrheit. Es ging euch nicht um die Qualität dieses Mannes, sondern darum, daß ihr eure Tochter nicht freigeben wolltet. Keiner war euch recht.

Kreon:

Doch, ein braver, katholischer...

Zuschauerin:

Laß doch jetzt Jokaste auftreten, deine Frau. Laß sie den Brief vorlesen, den sie im Mai 1936 schrieb an einen Herrn G. Du willst nicht lesen, Jokaste? Du schämst dich? Aber du schämst dich nicht darüber, einen solchen Brief hinter dem Rücken deiner Tochter geschrieben zu haben, sondern weil der Adressat eben jener Herr war, der einige Jahre später deine Tochter bei der Gestapo denunzierte! Dein eigenes Wort. Bei dem hast du deine Tochter angeklagt, sie habe mit dem Klavierlehrer von Ohlstadt etwas! Stimmt, sie hatte etwas mit ihm: sie liebte ihn, er war ihr heimlich Verlobter, ein paar Jahre später heirateten die beiden. Und was noch? Du habest bei einem Besuch bei deiner Tochter vier große Bände Buddha-Bücher stehen sehen. Stimmt, die standen da. Drei waren es, nicht vier. Und was weiter? Du batest diesen Schulbruder, er möge dafür sorgen, daß deine Tochter katholisch bleibe. Ich muß lachen. Das ist schon fast die Komödie, die zur Tragödie gehört. Aber das nehme ich dir nicht einmal übel, es ist nur lächerlich. Übel nehme ich dir, daß du schriebst: Luise hat uns in München 9000 Mark gekostet beim Studium, wir sparen nur für sie, wir beten und sorgen und sparen. Helfen Sie, damit Luise meinem Mann sein Ende erleichtert. Sein Ende, Jokaste, kam erst 1951, und daran war nicht seine und deine Tochter schuld, das weißt du. Und nun verteidige dich! Du schweigst. Also nochmals zu dir, Kreon. Du hast einen Brief in der Hand, er ist von dir geschrieben am 15. September 1936. Lies!

Kreon:
Arme Verirrte! Es ist unmenschlich, welchen Schmerz du deinen Eltern antust. Diese Schuld wird dich noch erdrükken. Edel sei der Mensch, hilfreich und gut. Du bist das Gegenteil. Du bist herz- und gemütlos. Trotzdem verfluchen wir dich nicht, sondern beten für dich um Gnade und Erleuchtung. An dem Tag, an dem du mir die zwei verlangten Punkte beschwörst »Ich bleibe meiner katholischen Religion treu, ich heirate nur einen katholischen Mann«, werden wir dir unsere bis dahin aufgespeicherte Liebe offenbaren. Dein unglücklicher Vater, deine untröstliche Mutter.

Zuschauerin:
Das klingt wie bei einer Todesanzeige. Aber der Brief hat ein Postskriptum. Lies das auch!

Kreon:
Wenn wir unsere Tochter verloren haben, verzichten wir auf das Haus in Rosenheim, damit sich nicht ein preußischer protestantischer Bube in dieses Nest setzen könnte.

Zuschauerin:
Hast du nicht mehr jenen Brief, den dir eure Tochter schrieb am 7. November 1936? Lies!

Kreon:
Bedenkt, daß ihr nicht wissen könnt, welcher Weg für mich der rechte ist. Es muß nicht so gehen, wie Eltern es sich ausdenken. Es gibt eine Vorsehung, ein Schicksal, das steht über jedem Menschen. Es gibt einen Zeitpunkt im Leben, an dem die Eltern sich von ihrem Kinde lösen müssen, auch

wenn es ihnen schwerfällt. Dazu bedarf es eines großen Herzens. Ich glaube, dieser Zeitpunkt ist nun da. Glaubt nicht, ich verstünde eure Gedanken nicht. Ihr sagt und tut, was ihr glaubt sagen und tun zu müssen. Darum werde ich nie jene Liebe vergessen und verlernen, die ich euch am letzten Sonntag zu zeigen versuchte und die ganz von Herzen kam, aber dies ist ebenso sicher: ich werde meinen Weg gehen.

Zuschauerin:
Und deine Antwort, Kreon?

Kreon:
Arme Luise, dein Brief hat uns niedergeschmettert. Du redest von Liebe und Dankbarkeit für uns Eltern, verletzt uns aber zu Tode. Was wollte ich alles tun, um dir dein Leben zu erleichtern...

Zuschauerin:
Und wenn deine Tochter dich bat, mit einer Freundin ins Gebirge fahren zu dürfen, sagtest du nein. Und nach dem Abitur, da hast du sie wohl auch zu ihrer Erleichterung gezwungen, auf die versprochene Reise zu verzichten und statt dessen auf Onkel Georgs Sterben zu warten, das nicht kam? Du hast dir niemals Mühe genommen herauszufinden, was deiner Tochter das Leben wirklich hätte erleichtern können, das schwer genug zu ertragen war für sie in deiner finstern Gegenwart. Aber lies weiter!

Kreon:
Nachdem du die Brücke über die Schlucht zwischen uns nicht baust, gehst du auf falschem Weg weiter. Eines Tages stürzt du in die Schlucht, erwachst und kletterst mühsam und zerschunden an der jenseitigen Wand hoch und erreichst *unsern* Weg, vielleicht triffst du uns noch, vielleicht sind wir schon durch das schwarze Tor gegangen. Wir können nur mehr beten für dich zu *unserm* Gott. Was hast *du* für einen? Ungläubig werde ich nie, hast du gesagt. Jeder

Mensch glaubt, der Katholik, der Protestant, Jud, Buddhist, Türk, Hottentott, Buschmann, Indianer, Eskimo, Kommunist.

Zuschauerin:
Diese Aufzählung ist selbst eines minder gebildeten Schulmeisters unwürdig. Sie ist dumm schlechthin. Ich habe dich nie für gescheit gehalten, aber dies übersteigt meine Befürchtungen. Aber lassen wir das. Lies weiter.

Kreon:
Jeder Mensch, meinst du, darf glauben, was ihm paßt? Hast du nicht schon tausendfach erlebt, daß der *eine wahre* Gott seiner nicht spotten läßt. Fürchte ihn!

Zuschauerin:
Genug! Immer hast du mit Drohungen gearbeitet und mit der Angst. Das hat dich offenbar deine Kirche gelehrt. Gott fürchten sollte deine Tochter, so wie sie dich gefürchtet hat? Das wolltest du. Unter Zittern sollte sie den Tugendweg gehen, von dir bewacht, du Stellvertreter Jahwes! Aber deine Tochter fürchtet Gott nicht, sie liebt ihn, verstehst du? Nein, das verstehst du nicht, oder du bist noch darauf eifersüchtig. Auf die geistige Freiheit deiner Tochter bist du eifersüchtig. Und mit welcher Sicherheit du weißt, wer der *eine wahre* Gott ist. Kreon, Kreon! Aber was hast du da noch in deiner Hand? Gibs her, das will ich selber lesen, dir vorlesen! Das Schriftstück ist vom 7. November 1936. Darin verlangst du, deine Tochter soll es unterschreiben, bei einem Notar hinterlegen und ihrem Verlobten zeigen. Was soll sie unterschreiben? Ich lese vor:
1. Meine Eltern drangen darauf, ich solle ledig bleiben, weil ich aus einer erbkranken Familie stamme. Ich glaube das aber nicht.
2. Meine Eltern fürchten, daß bei der Nachkommenschaft körperliche oder geistige Fehler sich einstellen werden. Ich übernehme dies auf meine Verantwortung.

3. Meine Eltern haben mir zeitlebens mehr Geld zugewendet als nötig war, besitzen daher weniger Geld als viele andere Eltern. Ich finde mich damit ab.

4. Meine Eltern schätzen ewige Religion unendlich höher als vermeintlichen vergänglichen Ruhm. Ich werde zu ihrer Beruhigung amtlich und notariell katholische Trauung und katholische Erziehung aller Kinder festlegen.

5. Meine Eltern haben von mir nur Enttäuschung erlebt, aber keinen Nutzen. Sie brauchen mich wirklich nicht. Ich werde sie deshalb nicht mehr mit Abbruch der Beziehung schrecken.

6. Meine Eltern können mir noch vielfach nützen. Ich werde sie deshalb...

Deshalb nicht verleugnen und verachten, sondern als meine Eltern anerkennen und achten.

7. Meine Eltern bleiben ihren Grundsätzen treu Sie sprechen zu der beabsichtigten Mischehe nicht ja, weil sie an allen Folgen mitverantwortlich wären. Ich muß alle Verantwortung allein tragen.

8. Meine Eltern habe ich durch mein bisheriges Verhalten zermürbt bis zur Teilnahmslosigkeit. Sie werden mich ziehen lassen. Ich werde dann gehen.

9. Meine Eltern verlangen, daß dem Zukünftigen alle Familienverhältnisse wahrheitsgemäß dargelegt werden.

10. Meine Eltern verlangen,

Verlangen! Verlangen!

verlangen, daß der überaus wichtige Schritt erst getan wird, wenn der Zukünftige eine sichere Stelle innehat...

(Ah, die sichere Stelle, die *Sicherheit!*)

innehat und die Tochter noch gespart hat. Das verspreche ich.

Die zehn Gebote also. Vater Jehovah, deine Steintafeln! Die Tochter hat nichts unterschrieben und nichts versprochen. Sie ging ihren Weg.

Aber was hattest du immer mit deinen Befürchtungen der Nachkommenschaft wegen? Schau sie dir an, deine Enkel und all die wohlgeratenen Kinder der Verwandtschaft!

Kreon:

Es hätte auch anders gehen können.

Zuschauerin:

Deine Angst, Kreon, deine ewige Angst. Nur kein Risiko. Keine Heiraten, keine Kinder. Die Rasse aussterben lassen, so hast du einmal gesagt, damals, als die Tante Marie ihren kommunistischen Torfstecher heiratete. Kreon, du Nekrophiler! Was du sterben lassen wolltest, das warst du. Und mit dir sollten alle sterben. Das Leben selbst sollte aussterben. Dein Kind hat deine Lebensverneinung gewittert. Es hatte Angst vor dir und deinem geheimen Zerstörungstrieb. Es mußte sich retten, um jeden Preis. Erinnerst du dich, wie du deiner Tochter einredetest, nicht einmal, hundertmal, sie sei zu zart und zu schwach für den Lebenskampf? Als sie zum erstenmal das Wort *Minderwertigkeitskomplex* hörte, wußte sie, was du ihr anerzogen hast. Sie hielt nichts von sich selber. Das saß tief. Das ging mit ihr durchs Leben. Dagegen halfen nicht das glänzende Abitur, nicht die exzellente Staatsprüfung und nicht die ersten schriftstellerischen Erfolge, auch nicht die späteren. Immer war etwas unzufrieden in ihr. Da drinnen nämlich hocktest du, Kreon, und schürtest die Unsicherheit. Ich habe hier einen Brief von dir vom Januar 1950, also ein Jahr vor deinem Tod. Ich lese ihn dir vor:

Ich habe wenig Lust zum Briefschreiben. Leere Worte habe ich mein Leben lang gehaßt Inhaltsvolle Worte in den Wind sprechen mag ich auch nicht. Also ist es am besten, ich schreibe möglichst wenig. Dafür schreibst du um so mehr. Aber in deinem Schreiben vermisse ich überall die Wärme, den religiösen Hauch... Deine Bücher sind bitter.

Kreon, heute frage ich dich: wenn sie bitter sind, woher kommts? Aber sind sie bitter? *Du* hast sie so gelesen, weil dir das in dein Konzept paßte. Aber erlaube mir eine Frage, eine bittere: warum hast du deine Tochter nie gelobt? Und noch bitterer: warum hast du überhaupt nichts gesagt zu ihrem Gefängnistagebuch, und warum hast du sie nicht besucht im Gefängnis, weder du noch Jokaste? Aber lassen wir das. Bleiben wir bei den Büchern. Wärme sollte deine Tochter einbringen, Religion sollte sie zeigen. Religiöse Wärme, sagst du. Woher sollte deine Tochter sie haben? »Der wahre Gott läßt seiner nicht spotten, fürchte ihn!« Deine Worte. Erinnerst du dich, wie oft du deiner Tochter sagtest: Ein Vater irrt sich nie?! Das hast du im Ernst gesagt. Ein Vater als Vater ist unfehlbar. Der Papst als Papst ist unfehlbar. Göttlich eingesetzte Autoritäten. Wer daran rüttelt, der bringt den Weltenbaum zum Stürzen. Deine Religion, Kreon, ist finster und eng. Dein Gott hatte *dein* Gesicht! Deine Tochter mußte es vergessen, du mußtest sterben, ehe sie zu Gott hin aufleben konnte.

Vierzig Jahre war mein Vater mein Über-Ich, mein andressiertes Gewissen, der Mann vom moralischen Geheimdienst, der Allwissende, das Auge Gottes. Was immer ich tat, ja, was ich dachte: der Vater wußte es, ahnte es, beurteilte es, verwarf es, richtete und bestrafte. Der Vater, der, während er mir den Hals zuschnürte und mich erwürgte, mit Autorität sagte: »Das zu tun, ist meine Pflicht. Es ist zu deinem Besten.«

»Was wird mein Vater dazu sagen?« Das war die immerwährend anwesende Frage. Es war eine Obsession. Vierzig Jahre lang.

Vierzig Jahre war ich alt, als mein Vater starb. 1. Oktober 1951, der Tag meiner Befreiung. Dreißig Stunden vorher haben wir uns versöhnt. Mich trieb plötzliche Unruhe nach Rosenheim. Ich nahm meine Kinder mit. Mutter hatte mich angerufen, Vater sei so müde, er sage, er sei sterbensmüde. Aber, sagte sie, keine Sorge, du brauchst nicht zu kommen. Ich kam aber. Vater war auf, ging herum, legte sich aber dann doch zu Bett. Mutter war beschäftigt. Wir waren allein. Setz dich her, sagte mein Vater. Ich setzte mich auf sein Bett. Er nahm meine Hand mit seiner knochig-kühlen und legte sie auf seine Brust. Spürst du? fragte er. Das Herz klopfte hart gegen die Rippen. Es dauert nicht mehr lang, sagte er. Ich widersprach nicht. Wir saßen eine Weile schweigend. Es drängte mich, etwas Gutes, Liebes zu sagen, aber meine Lippen waren versiegelt. Da fing er an zu sprechen. Wieviel Schweres haben wir einander angetan, sagte er. Ich wollte fragen: Was eigentlich habe ich dir angetan, außer daß ich nicht so sein konnte, wie du mich wolltest: dein Ebenbild, Vater-Gott! Ich sagte es nicht. Er sprach weiter. Ich habe es immer nur gut gemeint mit dir, sagte er. Du warst mein Trutscherl, mein Mädi, aber du wolltest es nicht sein.

Ach, Vater, so jemand wie ich muß seinen Weg selber finden. Da spielte er seinen letzten Trumpf aus: Du bist dabei nicht glücklich geworden.

Ich hätte ihm jetzt einen Brief vorlesen können, den ich an einen Freund geschrieben hatte 1934, an das Urbild des Doktor Stein aus meinem Roman »Mitte des Lebens«: »Ich habe diesen Sommer immer wieder versucht, Brücken zu meinen Eltern zu schlagen, aber es gibt einfach kein Verstehen. Ich gehöre eben nicht zu ihnen. Sie lassen mich nicht leben. Sie wollen, daß ich so lebe wie sie und wie sie sichs ausgedacht haben, und in diesem anmutigen Programm steht nun einmal durchaus nicht, daß ich das Recht habe, nach eigenen Gesetzen mich zu entfalten. Ich soll alt und reif sein und still wie eine Nonne. Ich soll fromm sein wie eine Betschwester. Was wissen sie von dem übermächtigen Strömen meines Herzens, von meinen Leiden um die

tieferen Dinge des Lebens, die sich durchaus nicht in Berufs- und Liebesangelegenheiten erschöpfen...«
Das hätte ich meinem Vater vorlesen müssen. Ich hätte sagen können: Ich wäre glücklicher geworden, wenn du mich hättest jung sein lassen und wenn du nicht als schwerer Schatten auf mir gelegen hättest vier Jahrzehnte lang und wenn du mich nicht dazu hingeprügelt hättest, immer zu denken, was wird Vater dazu sagen... Ich sagte es nicht. Ich sagte: Ach, Vater, was heißt glücklich; wenn ich arbeite, bin ich glücklich. Aber du, du warst nie glücklich, oder doch? Warst dus auf deine Weise? Er sagte nichts. Wie leid er mir tat. Mein Herz zersprang. Ich beugte mich über ihn und küßte ihn. Ich wußte nicht, daß ich den nächsten Kuß auf die eiskalte Stirn des Toten drücken würde eineinhalb Tage später. Ehe ich das Krankenbett verließ, in dem kein Kranker lag, jedoch ein Sterbender, gab er mir den Segen. Dann rief er meine beiden Söhne zu sich. Ich ging hinaus. Ich ahnte, was kommen würde. Ich habe meine Söhne nie gefragt, was er ihnen gesagt hat, und sie haben es mir nie erzählt. Vermutlich hat er ihnen den Schwur abverlangt, den er mir erlassen hatte um des Friedens der letzten Stunden wegen: daß sie der katholischen Religion treu blieben. Zwanzig Jahre später verlangte meine sterbende Mutter von meinem Jüngsten, daß er ihr den Schwur leiste. Er wollte abbiegen, ausweichen, aber sie blieb unerbittlich. Sie konnte schon kaum mehr sprechen, aber sie griff nach seiner Hand und wollte sie zur Schwurhand pressen. Stephan widerstand. Ein Wunder, daß ihr Kind und ihre Enkel nicht radikale Atheisten wurden.
Die junge Autorin der »Gläsernen Ringe« geht glimpflich um mit ihren Eltern. Sie tauchen zum letzten Mal im Buch auf gegen den Schluß zu: das junge Mädchen soll am Karfreitagnachmittag in die Kirche gehen. Es will nicht, es will in den Wald gehen. Der erboste Vater ruft ihr nach:

»Du brauchst nicht mehr wiederzukommen, verlorenes Kind.«

Die Autorin schreibt weiter: »Ich schritt, von seinen Worten kaum berührt, durch die Straßen der Stadt...«

Das Wort des Vaters ist authentisch, er hat es später bei anderm Anlaß gesagt. Aber nie ist das Mädchen »kaum berührt von seinen Worten gegangen«. Es litt. Und das war richtig so.

Die junge Autorin der »Gläsernen Ringe« schreibt, ihre Kindheit sei still und behütet dahingegangen. »Ich besuchte die Klosterschule. Kinder versuchten sich mir anzuschließen, ich selbst wünschte mir manchmal Gefährten, aber ich war schon zu sehr anders als die Gleichaltrigen, als daß der Versuch der Freundschaft wirklich hätte glücken können.«

Ich besuchte keine Klosterschule, so eine gab es gar nicht in Wessobrunn, ich war ja auch nur in den Ferien dort und in den sonstwie schulfreien Zeiten, deren es allerdings viele gab in den Kriegsjahren: Kohleferien, Ernteferien, Siegesfeiertage. Wir wohnten damals ja nur rund dreißig Kilometer entfernt im Dorfe Etting.

Und war ich so einsam? Hatte ich keine Freunde dort?

Ich las in einem meiner Schulhefte von 1923 einen Aufsatz zum Thema: »Ein Winterabend bei uns daheim.« Ich schrieb, mein Vater spiele Schach mit einem Kollegen, meine Mutter sei wie meist abends zu den Nachbarn gegangen. »So bin ich mir ganz selbst überlassen. Meistens sitze ich auf einem Schemel und lese. Wenn die Sterne hell scheinen, geh ich ans Gangfenster und betrachte sie. Hie und da spiele ich auch Klavier. Ich schlage die Tasten ganz leise an, so daß ich geistesabwesend dasitze. Ich träume mich dann in die Schönheit eines italienischen Herbstes, den der Maler Enrico Serra auf einem Bild über unserm Klavier dargestellt hat.«

Das Bild war ein Kunstdruck. Eine romantische Parkland-
schaft im Stile Böcklins. Herbstgelbe Blätter schwimmen
auf einem flaschengrünen Parkteich. Italien: hätte man mir
gesagt, daß ich vier Jahrzehnte später dort leben würde, wo
es solche Landschaften, solche Parks wirklich gibt ... Aber
es stimmt also: meine Kindheit war schwermütig und auch
einsam. Ich hätte mehr Freunde gehabt, wenn meine Eltern
in ihrem Ruhebedürfnis nicht verboten hätten, daß Kinder
ins Haus kamen, und in ihrem Besitzer- und Beschützer-
trieb mir nicht verboten hätten, öfters aus dem Haus zu
gehen, zu anderen Kindern.

Einmal, ich war etwa neun Jahre alt, habe ich mir eine
Freundin erfunden, vielmehr eine Zwillingsschwester. Ich
ging in Übersee auf der Straße zum Bahnhof, und plötzlich,
an einer Kreuzung (warum gerade da?) kam mir ein Einfall.
Ich weiß heute noch genau jene Stelle, an der ich auf einen
Wildfremden zuging und ihn mit betonter Höflichkeit
fragte: Haben Sie ein kleines Mädchen gesehen, so groß wie
ich, mit hellblonden Locken und rosa Haarschleifen und
einem schönen rosa Kleid? Der Fremde hatte so ein Mädchen nicht gesehen. Das wußte ich. Es machte mir ein
schöpferisches Vergnügen, so ein Kind zu erfinden. Aber es
war vielleicht auch ein Akt versuchter Selbsterhöhung: wer
so ein rosa Feenkind kennt, der ist auch selber etwas
Besonderes. Oder vielleicht war es eine Beschwörung: Gebt
mir doch so ein Kind zur Freundin, oder laßt mich so ein
Kind sein. Der zufällige Fremde war, wer weiß, ein Götter-
bote, der mir diesen Wunsch erfüllen konnte.

Es gab dennoch einige Begegnungen. In Wessobrunn war
ein Mädchen namens Lorle Haag, ihr Vater war Gutsver-
walter beim Cramer-Klett. Das Lorle hatte ich scheinbar
vergessen, aber ich erinnerte mich ihrer sofort, als mir vor
einigen Jahren eine Frau mit dem italienischen Namen
Pampiglione aus Rom schrieb, ob ich einmal in Wessobrunn

gelebt habe. Das Lorle hatte einen italienischen Arzt geheiratet, mit ihm in Abessinien ein Kinderkrankenhaus eingerichtet, in Sizilien mit Danilo Dolci sozialkritische Untersuchungen gemacht und hat überhaupt ein ungemein tätiges gutes Leben geführt. Wir fuhren einmal zusammen in unsre Kinderheimat.

In Wessobrunn lebte ein anderes Mädchen, sie hieß Emmy und konnte gar nicht anders heißen, sie war ungemein artig, darum erlaubten, ja forderten meine Eltern, daß ich mit ihr spiele. Aber was? Sie kletterte nie auf den Wasserbirnbaum zwischen Pfarrhof und Römerturm, sie kroch nicht in den Eingang zum verfallenen Fluchtgang zwischen Wessobrunn und Diessen, sie hatte nie schmutzige Hände und nie zerrissene Kleider, wie machte sie das bloß. Eins der beiden Modelle zum Thereslein aus den »Gläsernen Ringen«. Meine Mutter ärgerte mich immer wieder mit dieser Emmy: Schau wie lieb die ist, schau wie folgsam, wie still und brav; nimm dir die Emmy als Vorbild. Ich hatte meinen späten Triumph, als ich einige Jahrzehnte später hörte, was meine Mutter längst wußte: daß die Emmy zwei uneheliche Kinder hatte von einem anderweitig verheirateten Mann. Nimm dir die Emmy zum Vorbild. Jetzt lachten wir darüber, meine Mutter und ich, sie lachte ihre Verlegenheit hinweg, ich meine dumme Genugtuung.

Es gab in unserm Dorf Etting ein Geschwisterpärchen, die Gastwirtskinder Hilla und Peter, Zwillinge. Die mochte ich. Das war im Vorschulalter. Aber eines Tages fiel es dem fünfjährigen Peter ein, uns zwei Mädchen seinen kleinen Penis zu zeigen und wie er so schön Pipi machen konnte. Es war eine sachliche Demonstration. Ich war nicht sehr interessiert. Ich habe, Freud entgegen, nie den Penisneid verspürt. Nun hatte ich das also gesehen und damit gut. Aber während der Peter sein Pipi machte in eine kleine Schüssel aus meiner Puppenküche, trommelte eine Hand auf das Fenster, vor dem wir, in einigem Abstand, im Gartenhäuschen uns informierten. Dann sprang das Fenster auf, eine Hand drohte, und wir wußten jetzt, daß man derlei nicht zeigen, nicht anschauen, nicht wissen dürfe. Verstanden haben wir es nicht, aber das Tabu war geschaffen. Nun, es hat mir nie Probleme gemacht, außer daß mir das Schüsselchen nicht mehr geheuer war. Der Peter fiel im Zweiten Weltkrieg, die Hilla erstickte mit ihrer Großmutter im ausströmenden Kohlenmonoxyd bei einem Kaminschwelbrand.

Zwischen der Freundschaft mit den Zwillingen und der Emmy lag meine erste Liebesbegegnung. *Er* war ein rumänischer Exilfürst, acht Jahre alt, meiner heutigen Rechnung nach, denn es war nach der russischen Revolution. Ich lernte ihn kennen bei einer Einladung auf Gut Linden. Der Freiherr von der Tann war zwar schon längst im Krieg gefallen, aber seine Verwandten erhielten die alte Freundschaft mit uns aufrecht. Es war irgendein Fest, etwas Besonderes, ich wurde ganz in Weiß gekleidet, alles war wunderbar, und auf Gut Linden sah ich *ihn*: er war zwei Jahre älter als ich, er hatte kohlschwarze Augen und die Haare in Fransen in die Stirn gekämmt. Er war ebenfalls in Weiß, er trug einen Russenkittel und Stiefelchen (an dies letztere erinnerte ich mich jetzt plötzlich, ich sehe den Knaben vor mir). Er küßte meiner Mutter die Hand. Beim Essen saßen wir nebeneinander. Wir aßen mit goldenem Besteck. Das stimmt, das ist nicht eine späte Verklärung, meine Mutter bestätigte es mir. Natürlich war es nur vergoldet, aber immerhin. Der schöne Junge neben mir konnte nur Rumänisch und Französisch, aber wir unterhielten uns, Kinder können das. Und nach dem Essen verschwanden wir in geheimer Verabredung. Man fand uns Stunden später, völlig verdreckt, schwarz nämlich, denn wir hatten uns ein Spiel daraus gemacht, die oberste

Dachbodentreppe herunterzurutschen. Die aber war rußig. Als man uns fand, waren wir schon verlobt. Wir liebten uns sehr. Leider mußten wir uns trennen: er ging mit seinen Eltern nach Paris ins Exil. Eines Tages kam von dort eine Ansichtskarte. Ich sehe sie noch vor mir: »Chère demoiselle Louise . . .« Und die Unterschrift, fast unleserlich, darum nur halbwegs in meinem Gedächtnis geblieben. Der Vorname war Constantin, das war klar, der Nachname, der fürstliche, hieß so ähnlich wie Wardiati. Ich habe dann nie mehr etwas von ihm gehört. Aber vergessen habe ich ihn nicht. Er war so schön, und er war ein Fürst! Er war mehr: er war der Prinz aus dem Märchen. Und wir beide in reinem Weiß, mit goldenem Besteck essend, zwei verschiedene Sprachen sprechend und doch einander verstehend – das war die archetypische Erfahrung vom *Hohen Paar.* Ich habe seither immer nach dem Prinzen gesucht. Er tauchte wieder auf, im Gewand des Zigeuners, des Waldknaben aus den »Gläsernen Ringen«. Aber den habe ich erfunden, den gabs in meiner Kinderwirklichkeit nicht. Der tritt erst auf in den »Gläsernen Ringen«. Aber in mir war er schon immer. Er war der verkleidete Prinz. Ihm gehört ein ganzes Kapitel der jungen Autorin. Er kommt von »irgendwoher«, das heißt von *nirgendwoher.* Er ist einfach *da.* So war auch der rumänische Fürst nirgendwoher, er hatte keine Heimat, das verstand ich, er war auf der Flucht, er durfte nicht mehr zurück in sein Land, das hatten die Russen genommen, die hatten alle Fürsten verjagt und alle Reichen, die hatten nun keine Heimat mehr, die gehörten nirgendwo hin, wie die Zigeuner.

Mein erdichteter Waldknabe war eltern- und heimatlos. Er hauste im Auenwald am Fluß. Ich fand seine Spuren: Silbermuscheln in einer Baumhöhle, eine Schlangenhaut auf einem Stab erhöht, rötliche Steine im Kreis darum gelegt und schließlich am Fluß eine niedrige Binsenhütte

(das Binsenkörbchen, in dem Moses, der fremde Judenkna-
be, auf dem Fluß, dem ägyptischen Nil, ausgesetzt worden
war). Dann traf ich ihn selbst. Er schien auf mich gewartet
zu haben. Er verlangte von mir stumm das rote Band aus
meinem Haar und gürtete sich damit. Er forderte, und ich
gab. Das Band, der Gürtel ... »Mit dem Gürtel, mit dem
Schleier«. Noch deutlicher: er fing eine Schlange und
befahl mir stumm (immer stumm), sie, seinem Beispiel
folgend, in den Halsausschnitt meines Kleides zu stecken
und sie meinen Körper hinunterkriechen zu lassen. Die
Schlange. War es das Phallus-Symbol?
Aber es war gar keine Schlange, es war eine Blindschleiche,
so schrieb die junge Autorin, jedoch das merke ich erst
heute, 1979. Die Achtundzwanzigjährige hielt die Blindschleiche wider ihr besseres zoologisches Wissen für eine
Schlange. Sie brauchte die Schlange.
Aber ich bin heute ganz sicher, daß ihr die Schlange kein
simples Phallus-Symbol war. In ihr Lebenskonzept paßt es
viel genauer, daß die Schlange ihr das Zeichen für das
Geheimnis schlechthin war und ist, und daß es allgemein ist
und inhaltslos und von Fall zu Fall anders zu deuten. Die
Schlange um den Äskulapstab, die eherne Schlange der aus
Ägypten geflüchteten Juden, die Schlange an der Wurzel
des germanischen Weltenbaums Ygdrasil, die Schlange des
Erkenntniswillens im Paradies, die Schlange unter den
Füßen der Jungfrau-Mutter. Das Gift, das tötet und heilt.
Die Blindschleiche ist keine Schlange. Sie ist ein Säugetier
und bringt lebende Junge zur Welt. Schwer zu glauben.
Warum erscheint sie als Schlange? Warum erschien sie der
Autorin wider ihr besseres Wissen als echte Schlange?
Warum durfte es nicht eine Eidechse sein? Das war es
nämlich in der Wirklichkeit gewesen: Die Mutprobe in
ihrer Kinderzeit fand statt, aber nicht mit einem Waldkna-
ben, sondern mit Mitschülern, Buben und Mädchen; und

nicht mit der Schlange, nicht einmal mit der unechten, der Blindschleiche. Die Autorin brauchte die Schlange, weil sie die Gefahr brauchte. Und sie brauchte dazu den Knaben. Er ists, der die Mutprobe mit der Schlange inszeniert. Adam, nicht Eva. Es ist der Animus, der männliche Teil selbst, der das Kind nötigt, das Risiko der Bewußtwerdung, der Erkenntnis, einzugehen. Am eigenen nackten Leib muß es die Erfahrung machen. Auf jede Gefahr hin.

Das Kind von damals hat die Probe bestanden. Mutproben hat es immer bestanden.

Wer, was aber ist der Knabe? Ist er einfach der Animus-Teil meines Wesens? Steckt nichts anderes dahinter?

Der Knabe spielt die Flöte, er schnitzt sie sich aus einem Weidenast. »Sie klang nicht rein, aber traurig und schön«, schreibt die junge Autorin. Wäre der Knabe Orpheus gewesen, hätte die Flöte rein geklungen. Es war nicht Orpheus, sondern Pan, der kein Gesetz kennt als das seine: zu leben. Er begreift nicht, daß es so etwas wie Moral gibt: daß ein Kind einem Befehl gehorchen soll, daß es ein Haus hat, in das es zurückkehren muß, daß es Ordnungen gibt, die nicht in der Natur selbst liegen, sondern von Menschen aufgestellt sind.

»Bleib bei mir!« bittet er. Aber das Mädchen kehrt nach Hause zurück, allerdings als eine Verwandelte: als die Mutter sie schilt und schlägt, ruft sie: »Doch lauf ich wieder weg!«

»Ich stampfte mit dem Fuß und blickte der Mutter frei und zornig ins Gesicht. Sie war erstaunt, noch nie hatte sie solch flammende Wildheit an mir erlebt. Sie schlug mich wieder, ich nahm es stumm und fühllos hin. Ohne Abendessen wurde ich zu Bett geschickt. Dort aber weinte ich unter der Decke und sehnte mich nach dem Heimatlosen, Freien, Ungesetzlichen.«

Warum bleibt das Kind nicht bei dem Waldknaben?

Hätte es bei ihm bleiben, mit ihm umherziehen können?
Im Herbst hört es die Weidenflöte wieder. Es folgt dem Ruf.
Die Gartenmauer ist niedrig an einer Stelle, sie ist brüchig,
man kann sie überklettern, man kann die ausgebrochenen
Steine zu einem Treppchen schichten. »Das Lied der Flöte
tönte unablässig fort. Ich lehnte mich an die Mauer.
Draußen stand der Freund, draußen war der Wald, war die
Wildnis, die Freiheit. Indes ich stand, gebannt von süßer
Lockung, berauscht vom Gedanken des Abschieds von
Kloster und Eltern, geschah etwas in mir, was einem jähen
Erwachen glich. Ich wußte plötzlich, das ich den Umkreis
des Klosters nicht verlassen würde. Was hielt mich? Ich
gehorchte dem Gebot, das ich, ein Kind, nicht kannte.«
Wie hieß das Gebot, wer hatte ein Verbot erlassen, wem
war ich verantwortlich?
Etwa fünfunddreißig Jahre später schrieb ich ein Gedicht,
dessen erste Zeilen heißen:

Erhöre mich nicht o Gott
Wenn ich jetzt schreie!...
Ich aber, ich,
Mit ausgestreckten Armen
Begehre wieder ich selbst zu sein
Sündigen zu dürfen
Ohne zu wissen, was Sünde ist.
Verstoß mich
Ins Paradies dieser Erde
Zu Baumlaub Fuchsfell Froschteich
Und all dem Begehrlichen
Sündlos zeugenden
Sündelos mordenden Blut...

Aber die Überschrift des Gedichts heißt: Gebet wider mich
selbst. Mein Gesetz. Es hat nichts mit Moral zu tun. »Da

erkannte ich, daß nicht das dunkle wirre Leiden der Kreatur, sondern das scharfe klare Gesetz des Geistes mein Leben leiten würde.«

Der Waldknabe Pan-Dionysos war fortgegangen, die Flöte tönte nur mehr von weit weit her. So war denn alles wieder beruhigt, die Gefahr des Ausbrechens ein für alle Male gebannt? O nein. Das späte Gedicht beweist es. Die Mauer war an vielen Stellen brüchig und übersteigbar. Und selbst innerhalb des Ordnungsbereiches gab es die beiden Orte: die heiligen Quellen und die wüste Wildnis am Sumpfteich. Nichts war ein für alle Male entschieden und geklärt. Immer kam zu einer Figur die Gegenfigur: zum Waldknaben und zu Franziska kam Vicki. Ihr gehört ein eigenes Kapitel in den »Gläsernen Ringen«. Ist Vicki frei erfunden? Brauchte die junge Autorin sie aus künstlerisch-dramaturgischem Grund? Die Lichtgestalt als Kontrastfigur zur düstern Franziska?

Vicki gab es wirklich, und sie ist die Gestalt aus dem Buch, die am meisten ihrem Modell gleicht. Die Vicki gibt es noch, sie hat sogar denselben Namen wie ihr Modell in den »Gläsernen Ringen«: Vicki, Viktoria. Kein andrer Name paßte besser zu ihr. Das schönste Mädchen im Dorf, mit einer Krone aus goldblonden Zöpfen auf dem Kopf, die Haut wie Milch und Blut. Ihr Vater war ein Rothaariger, die Mutter eine prächtige Schwarzhaarige. Die Tochter, die einzige, war golden geworden.

Die Eltern hatten das große Geschäft zwischen der Kirche und unserm Haus. Es steht noch. Doch es gehört der Vicki nicht mehr. Sehr wenig gehört ihr mehr, nur ein verwilderter Garten, ein baufälliges Holzhaus und ein schöner Sohn. Der spät geheiratete Ehemann lief davon, sie zog das Kind allein auf, als Putzfrau. Man hätte ihr ein reiches Leben voraussagen können, als sie das schönste Mädchen im Dorf war. Sie war aber immer auch eine Spröde und eine Eigenbrötlerin gewesen.

Ich sah sie vor kurzem wieder, in Übersee am Chiemsee. Dort nämlich lebt sie, lebte sie immer, nicht in Sanct Georgen-Wessobrunn, wohin ich sie versetzt hatte. Ich suchte sie, fand aber bei ihrem verwilderten Gartenhaus nur eine Menge wohlgenährter Katzen. Sie selber traf ich auf dem Friedhof, am Grab ihrer Eltern, mit der Gießkanne in der Hand, tätig wie immer. Aber die Schönheit, die hat ihr das harte Leben weggenagt und ausgelaugt, das Gold in Aschengrau verwandelt, die schöne Gestalt gebeugt. Doch die Augen sind geblieben, wie sie waren, hell und leuchtend, und auch der klare kritische Verstand ist ihr geblieben. Unser Wiedersehen hat uns beide sehr bewegt.

Damals, als wir Kinder waren in Übersee, lief ich so oft ich konnte ins Zellerhaus. Im Geschäft gab es alles, von Kleiderstoff, Schuhsohlen, Eisennägeln und Mausefallen bis zu Kaffee und Bonbons, solchen, die Pfefferminzkugeln hießen und ganz bunt waren, und manche hatten Blumen im Innern, und andre gab es, die wie kleine Stückchen abgesägter Baumstämme waren, mit regenbogenfarbigen Jahresringen. Wunderwerke schon allein zum Anschauen. Im Laden stand Vickis Mutter. Der Vater machte sich im Garten zu tun, er hatte schön gepflegte Obstbäume, und Kaninchen, und Schweine zum Schlachten. Vicki, drei Jahre älter als ich, hatte einen Langhaar-Dackel und Meerschweinchen und weiße Kaninchen mit roten Augen, Albinos, sie züchtete und verkaufte sie. Ich hatte nichts dergleichen. Warum eigentlich nicht? Wie gern hätte ich wenigstens einen eigenen Hund gehabt. Aber mein Vater erlaubte das nicht. Ich hätte so leben mögen, wie Vicki es durfte. Und wie frech sie zu ihrem Vater sein durfte! »Sei still, alter Fuchs!« sagte sie zu ihm. Unerhört. Sie liebte ihn, er liebte sie abgöttisch, aber sie durfte sagen: Alter Fuchs. Unter uns nannten wir ihn den Zellerfuchs.

Vicki war ganz und gar selbständig, und sie hatte ein rundes reiches Leben in der Jugend. Sie ließ mich teilnehmen, so nebenbei und wenn ich ihr nicht im Wege stand bei der Arbeit. Sie erlaubte mir (ich empfand es als hohe Ehre), die Kaninchenställe zu misten, die Meerschweinchen zu füttern und den Laden zu putzen.

Wir unterhielten auch einen lebhaften Tauschhandel mit Heiligenbildchen. Vicki hatte viele altmodische: solche mit Papierspitzen und haftendem Goldstaub, und auch Hauchbildchen, die sich aufrollten, wenn man sie auf die warme Hand legte. Vicki besaß auch andre Schätze: in einem Glasschrank hatte sie Wachsblumenkränze und Seifentiere und eine Puppe aus Watte, wenn ich mich recht erinnere. Mit Puppen gespielt haben wir nie.

Das Schönste, was Vicki besaß, war eine Zither, und sie konnte sie spielen, gut sogar. Ich kann heute noch nicht den Klang einer Zither hören, ohne ein unsinniges schmerzhaftes Heimweh zu spüren. Vicki, Viktoria.

Mein Vater konnte es nicht ausstehen, wenn ich bei Vicki war. Sie war ihm zu burschikos, und er war sicher, daß sie mich Unanständigkeiten sagen lehrte, zum Beispiel: Der kann mich am Arsch lecken. Es selber auszusprechen, gelang mir nicht, damals nicht, aber es von Vicki zu hören, war großartig und befreiend.

Nie durfte ich lang bei Vicki bleiben. Unsre Spiele und Arbeiten wurden zerschnitten durch den scharfen Pfiff meines Vaters: eine große Terz. Dann mußte ich laufen. Kam ich nicht sofort, erwarteten mich Ohrfeigen. Warum nur, warum. Ich war so glücklich bei Vicki. Eben darum aber der Pfiff. Die Flucht aus der saturnischen Düsternis war mir verboten.

Als ich, 1924, schon im Zug nach München saß, um dort Internat und Schule zu erleben, kam Vicki gelaufen und reichte mir einen großen Strauß weißer Narzissen durchs Fenster.

Dieser Strauß kommt in den »Gläsernen Ringen« vor: er wurde Anlaß zur ersten Schwierigkeit im Internat. Viel später gab ich einer meiner Geschichten den Titel »Ein Bündel weißer Narzissen«. Die Geschichte hat scheinbar nichts zu tun mit Vickis Narzissenstrauß. Und doch, das fällt mir eben erst ein, vielleicht ist jene Bäuerin, die in der Narzissengeschichte vorkommt, meine Vicki. Wer weiß.

Vicki wußte nicht, daß ich ihr in den »Gläsernen Ringen« ein Denkmal gesetzt hatte. Sie hat es erst jetzt erfahren, und sie wird erfahren, daß ich ihr wiederum eines setze in diesen meinen Erinnerungen. Ich hinwieder habe erst vor kurzem von ihr erfahren, daß sie all die Jahrzehnte hindurch alles gesammelt hat, was über mich in Zeitungen stand. Was für eine merkwürdige Freundschaft.

Als ich siebzehn war, las ich in einer Zeitung eine Annonce: Ein holländischer Astrologe, Professor Roxroy, bot sich an, Horoskope zu stellen, der Preis war zwanzig Mark. Ein Vermögen für mich, die nur ein paar Mark Taschengeld hatte. Aber ich schrieb nach Holland, ich schickte meine Geburtsdaten und fügte hinzu, daß ich wenig Geld habe und ob er mir nicht ein kurzes Horoskop machen könne, für fünf Mark etwa. Er schickte mir ein ausführliches. Für fünf Mark. Ich habe es noch. Es stand drin, daß ich Begabung für den Beruf des Arztes und des Apothekers habe, aber zweifellos Erfolg im Schriftstellerberuf haben werde. Offenbar hatte ich danach gefragt. Er schrieb dazu, daß er sich sehr interessiert habe für dieses Horoskop, und ich solle es gut beachten da, wo es Ratschläge gibt. Einer der Ratschläge des Holländers heißt: »Sie können ungewöhnlich große Kraft zum Bösen wie zum Guten entwickeln. Sie müssen auf sich achten.«

Der Waldknabe Dionysos war *in mir*. Die Lockung zum Ausbruch war immer gegenwärtig. Ein späteres Horoskop sagt, ich sei geboren, als Sonne und Mond im Tierkreiszeichen Stier standen, zugleich mit Saturn im dritten Haus, dem des Denkens, mit Neptun im sechsten Haus, was Inspirationen gibt. Mars in den Fischen, Jupiter im Skorpion, Neptun im Krebs, lauter Wasserzeichen. Sie geben starke intuitive Kräfte. Aszendent ist Steinbock, und Uranus ist im Aszendenten, das macht rebellisch. Jupiter im Skorpion im neunten Haus macht religiös, doch nonkonformistisch, und geneigt, furchtlos zu immer neuen Ufern aufzubrechen. Die Venus ist an der Spitze des fünften Hauses und strahlt stark.

Alles in allem ein Horoskop, das nicht von Dionysos regiert wird, sondern von Apollon, jedoch nicht ungestört, und nicht so unbedingt sicher, daß nicht von Zeit zu Zeit Explosionen erfolgten.

Die Gefährdung zeigte die junge Autorin in den »Gläsernen Ringen« als Neigung zur Magie, und zwar zur schwarzen. Der Waldknabe war ein Zauberer, ein Verhexer in aller Unschuld. Er lehrte mich, wie man Feinde töten kann. Das genaue Rezept: Man schneidet dem Mißliebigen drei Haare ab, legt sie in ein leeres Schneckenhaus und wartet, bis eine Schlange darüberkriecht, und man spricht dabei den Namen des Feindes aus, der wird dann von einer Schlange gebissen und stirbt. Da es nicht oft vorkommt, daß man anwesend ist, wenn eine Schlange über ein Schneckenhaus kriecht, ist es ein recht ungefährliches Rezept, aber immerhin ein schlimmes.

Woher hatte ich dies Rezept, das ich ins Buch einbrachte? Ich weiß es nicht. Aber es spricht für mich, daß ich, in der Gestalt des kleinen Mädchens, mich wehre, zu töten: es beruft sich auf das Fünfte Gebot. Aber das begreift der Waldknabe nicht, das liegt außerhalb seiner Lebensordnung, er schiebt die Moralwelt des Mädchens mit einer Handbewegung beiseite.

Und das Mädchen, welchem Gesetz gehorcht es? Wird es den Feind töten mit Hilfe der Schwarzmagie? Hat es überhaupt einen Feind? Der Vater... Nein. Er ist tabu, die Mutter auch. Der Tötungswunsch ist tief verdrängt.

Das Mädchen hatte keinen Feind, aber eine Feindwelt. Sie wurde repräsentiert vom Thereslein und dem dummen Fräulein Pöllmann. Im Buch allerdings ist es nur das Thereslein, das brave Kind, das Musterkind, das Kind aus der Bürgerwelt, der Gegenwelt zu Dionysos und Apollon, der Un-Welt, des Un-Geists.

Das Thereslein taucht auf unmittelbar nach dem Waldknaben, als seine dialektische Folge sozusagen, als Gegengewicht, von meiner Mutter herbeigebracht, aber vom Großonkel angeregt, gutgemeint, doch unverständig. Sehr klug hatte er zur Mutter (im Buch) gesagt: »Auch ein Kind hat das Recht auf eigenes Leben.« Gut. Aber dann setzte er hinzu: »Vielleicht tut deinem Kind jetzt eine Gespielin not. Wir wollen einmal die kleine Therese einladen.« (Wie hochstilisiert ich ihn reden lasse!)

Die kleine Therese kam, mit ihrer Puppe auf dem Arm. Ich sagte: »Puppen sind dumm. Ich spiele nicht mit solchen Sachen.«

»Ich kannte den wilden Knaben, ich war im Wald gewesen, dies trennte mich für immer von der Welt der kleinen Mädchen. Ich griff nach der Puppe und drückte ihr die beiden Glasaugen ein. Ich weiß, daß ich nicht zerstören, sondern Therese zeigen wollte, daß ihr Spielzeug ein hohles, totes, wertloses Ding sei, das ich verachtete und das auch sie verschmähen sollte. Ich verachtete auch Therese, denn sie selbst war puppenhaft.«

So schrieb die junge Autorin. Sie berichtet weiter, daß diese Therese, statt ihr böse zu sein, von nun an ihr anhing wie eine Klette und unablässig um ihre Freundschaft warb. Nach einem nächtlichen Traum, in dem der Waldknabe wiederkehrte, wußte das von mir erfundene Mädchen, das ich war, daß es zur Welt der Zigeuner gehörte, also deren Gesetzen unterstand. Es durfte töten. Das magische Rezept war gegenwärtig. Sie wandte es an, um dieses überaus lästige Thereslein von sich abzuwenden. Sie wollte es nicht töten, nur beseitigen. Das immer gültige Motiv für einen Mord: Das Mißliebige, das Störende, das Lebenshemmende ein für alle Male beseitigen, auslöschen, fortwischen wie nie gewesen.

Das Mädchen, das gewesen zu sein die junge Autorin vorgibt, schnitt dem Thereslein also drei Haare aus dem blonden Zopf, tat sie in ein leeres Schneckenhaus, legte dies an den Fuß einer brüchigen Mauer im Klostergarten, und wartete auf die unumgänglich nötige Ankunft der Schlange. Es kam keine. Es geschah etwas anderes: aus der Mauer löste sich ein Stein, fiel auf das Schneckenhaus und zertrümmerte es.

Was weiter?

Am Abend erfuhr das Kind, daß das Thereslein von einem Wagen überfahren worden sei. Tot.

Pure Erfindung von mir. Was aber steckt dahinter?

Das Thereslein gab es wirklich: das eine Modell war die Wessobrunner Emmy, das andere eine Klassenkameradin aus der Volksschule, eine nette Bauerntochter vom Chiemsee, die mir nie Böses getan hatte. Und doch: gerade sie war der unschuldige Anlaß dafür, daß mir Böses angetan wurde. Ins farbige Grundmuster meines Lebens wurde der schwarze Faden eingewoben: die Erfahrung von der Ungerechtigkeit. Ich ging in die zweite Klasse der Volksschule, war aber mehr als ein Jahr jünger als alle andern, denn ich war schon mit vier Jahren in die Schule gegangen, aus eigenem Entschluß, ich war einfach in Vaters Klassenzimmer gekommen, hatte mich da hingesetzt, nicht in eine Bank, sondern auf die Stufen eines Holzpodestes vor der Wandtafel, und hatte da gezeichnet, so schien es. Tatsächlich hatte ich einfach alles mitgelernt, spielend. Da es eine Landschule war, bei der alle sieben Klassen zugleich im Zimmer waren, hörte ich auch das, was die »Großen« lernten. Das ging alles so nebenbei vor sich. Lesen konnte ich, das hatte ich mir irgendwie selbst beigebracht. In den »Gläsernen Ringen« schreibt die junge Autorin, sie habe das Lesen gelernt an den »Anweisungen für Beichtväter« aus der Bibliothek ihres Großonkels. Ob das stimmt? Daß ich dort las, stundenlang, das stimmt. Da es außer den Kirchenvätern und Kirchenlehrern in Griechisch und Latein nur ein einziges Buch in Deutsch gab, und da dies nach späterer Aussage des Großonkels wirklich die »Anweisung für Beichtväter« war, muß die Sache wohl so gewesen sein. Wie auch immer: ich konnte lesen, lang ehe ich zur Schule ging. Heute ist das gang und gäbe. Damals war es auffallend. Aber es fiel niemand auf. Niemand bewunderte mich. Man nahm derlei bei mir für selbstverständlich. Auch das blieb so mein Leben lang.

Zu Weihnachten 1918 bekam ich von einer Lehrerin, Maria Feigel, ein Buch geschenkt: »Das Märchen vom Karfunkelstein« von Ludwig Ganghofer. Ein kleiner Roman. Ich las ihn fließend, natürlich. Auf der ersten Seite steht eine gedruckte Widmung des Autors: »Ich widme dieses Buch dem lieben Kleeblatt Doddy, Hedda und Hilde Kaulbach in München«. Das Fräulein Feigel hatte darunter geschrieben: und ich dem Lehrerstöchterlein Luise Rinser. Und das Datum. Das liebe Kleeblatt lernte ich zwei Jahrzehnte später in Person kennen, die drei Töchter des Malers Kaulbach und seiner Frau, der Dänin, einst berühmten Geigerin, die dann in meinem Leben eine besondere Rolle spielte.

Ich konnte also lange schon perfekt lesen, als wir eine neue Klassenlehrerin bekamen, Fräulein Pöllmann, unvergessen. Am ersten Tag mußten wir vorlesen, jede Schülerin ein paar Sätze aus dem Lesebuch, alberne Geschichten. Die vor mir drankam, war die Schweiger Resl, das Thereslein. Sie las recht brav, mit dem Finger den Wörtern und Zeilen folgend, noch merklich, wenn auch rasch buchstabierend. Ich wette, sie verstand nicht, was sie las. Dann kam ich dran. Ich las ohne nachhelfende Finger, fließend, und ich verstand, was ich las. Dummes Zeug war es. Dann sagte das neue Fräulein, das noch nicht einmal unsre Namen kannte: Du da (sie meinte mich), du kannst ja auch schon recht ordentlich lesen wie die da neben dir. So ganz von obenher sagte sie das.

Wenn ich ihr hätte antworten dürfen! Oder wenn sie mir doch einen schweren Text zu lesen gegeben hätte! Oder wenn sie die Probe mit dem Nacherzählen gemacht hätte! Oder wenn ich ihr die Gedichte hätte vorlesen können, die ich selbst schon geschrieben hatte...

Ich mußte ihr lächerliches Lob schlucken.

Das Fräulein Pöllmann und ihr Thereslein, die beiden tauchten in meinem Leben immer wieder auf. Sie hießen dann freilich anders: Sie hatten Namen von Literaturpäpsten und Kollegen. Und immer wieder wurde mir die gleiche Schicksalsaufgabe gestellt: schlucks runter.

Nicht immer habe ich falsche und ungerechte Urteile geschluckt: wenns um andre ging, habe ich aufbegehrt. Einmal hieß das Fräulein Pöllmann: Klara Schwertschlag. Sie hieß wirklich so. Sie war unsre Deutschlehrerin in den oberen Klassen der höheren Schule. Vier Jahre lang hatten wir sie zu ertragen. In meiner Schulzeit war sie die Vorsitzende des VDA, des Vereins für das Deutschtum im Ausland.

Diese Klara Schwertschlag mochte mich nicht. Die Abneigung war gegenseitig. Sie gab mir nie die wohlverdiente Eins (den Einser, sagte man damals) im Aufsatz. Mein Vater, der sonst immer die Partei der Lehrer gegen mich ergriff, wagte einmal einen höflichen Protest. Was sagte die Alte? »Natürlich verdient sie den Einser, aber geb ich ihn ihr, wird sie noch eingebildeter und noch frecher.«

Ich war weder eingebildet noch frech. Ich litt unter den Minderwertigkeitsgefühlen, die mir mein Vater eingeimpft hatte. War ich frech? Ich war vier Jahre lang Klassensprecherin. Als solche duldete ich keine Ungerechtigkeiten von seiten der Lehrer, auch nicht in jener Zeit, in der die Schüler vor ihren Lehrern zitterten. Ich wagte es, die eiserne Jungfrau Schwertschlag vor der Klasse zu kritisieren.

Es ging nicht um mich, sondern um eine Klassenkameradin, die meine Freundin war, doch war dieser Umstand nicht ausschlaggebend. Gertraud Ehrengut hieß sie, auch dieser Name ist nicht von mir erfunden. Gertraud war zwei Jahre älter als ich und zehn Jahre reifer. Ihre Aufsätze waren anders als die unsern. Gertraud hatte ihre eigenen Ansichten und ihren eigenen Stil. Ich habe sie in einer meiner frühen Geschichten, »Anna«, nachgezeichnet. Gertraud war groß und knochig, und sie hatte lange leuchtendrote Haare, zum dicken glatten Zopf geflochten. Ihre Augen waren vergißmeinnichtblau. Die Schwert, wie wir die Alte nannten, mochte sie gar nicht und machte ihre Aufsätze vor der Klasse herunter. Einmal stand ich auf und sagte: »Fräulein Professor, der Aufsatz ist gut, aber Sie verstehen ihn nicht.«

Die Klasse hielt sicher den Atem an. Was würde geschehen? Nichts geschah. Der Fall war so unerhört und paßte nicht ins Schulkonzept, so daß die Schwert es für geraten fand, die Sache zu übergehen.

Gertraud war noch früher als ich Gegnerin des aufkommenden Faschismus. Sie hatte einen väterlich-brüderlichen Freund, den Münchner Stadtpfarrer Muhler, Armenpfarrer und Antifaschist, er kam bald ins KZ Dachau. Gertraud arbeitete weiter in der Pfarrei. Sie starb an Herzversagen,

23 Jahre alt, »frühvollendet«, das ist gewiß. Die Schwert begriff nichts.

Ich habe Gertraud nach dem Abitur nicht mehr gesehen, nicht mehr lebend. Wir hatten uns entzweit, und es war ein Mißverständnis politischer Art. Sie war sehr früh dem katholischen Lehrerinnenverein beigetreten, ich nicht, denn ich mochte die frommen Fräulein nicht. (Sie haben sich nachher tapfer gegen Hitler geschlagen.) Ich trat, nach meines Vaters Beispiel, dem Bayerischen Lehrerverein bei. Der war »neutral«, liberal. Eigentlich begreife ich heute nicht, warum mein so sehr katholischer Vater nicht dem katholischen Lehrerverein beitrat. Vielleicht tat ers dem »alten Hörtensteiner« zum Tort. Wer weiß. Als ich Gertraud meinen Entschluß mitteilte, schrieb sie mir, damit trennten sich unsre Wege. Sie meinte ganz sicher, daß nur der Katholische Verein antifaschistisch sei, und sie sah mich in den Reihen der Rosenberg-Anhänger, der Neugläubigen, der Nazis. Eines Tages fuhr ich nach München, um das Mißverständnis aufzuklären. Wo ist die Gertraud? Sie war im Leichenhaus. Ich kam gerade recht zur Beerdigung. Ihr Grab auf dem Südfriedhof ist im Krieg von Bomben aufgerissen worden.

Von ihr wird noch die Rede sein. Wir haben uns sehr geliebt. Ich besitze noch einen Teil unseres Briefwechsels aus der Schulzeit. Zu ihr, nur zu ihr, sprach ich von meinen Bedrängnissen. Die Bedränger waren mit keinem Zauberwort wegzuhexen. Das Rezept des Waldknaben blieb ungenutzt. Die junge Autorin der »Gläsernen Ringe« schreibt, ihr Großvater aus Indien habe ihr das Zaubern verboten. Sie hat das Verbot übertreten, als es ihr dafür stand: 1943. Da hatte ich einen Feind, den einzigen wirklichen Feind meines Lebens, es war Hitler, der Gesandte des Antichrist. Im Dorf gab es eine alte Jungfrau, die schwarzhaarige Wallner Marie, die allerlei dunkle Künste konnte. Eines Tages sagte sie zu mir: »Jetzt wirds Zeit, daß wir *ihn* umbringen.« Ja wie denn? Mein Plan mit dem Renaissance-Ring, mit dem ich *ihn* bei einer Audienz vergiften wollte, war nicht ausführbar, denn ich bekam nie eine Audienz und nie so einen Ring. Wie also? Sehr einfach, sagte die Wallner Marie. Wir brauchen ein echtes Foto, eine spitzige Nadel und den Mond, wenn er nicht scheint. In jeder Neumondnacht muß man mit der spitzigen Nadel ins Foto stechen, ins Herz, und dazu sagen: verrecken sollst. Drei Mal. Tyrannenmord ist erlaubt. Wir brachten also Hitler um, langsam, aber sicher.

Im Winter 46 auf 47 sah ich mich wiederum gezwungen, zu zaubern, das heißt jemanden zu verwünschen. Es war der schlimme Hungerwinter. Es ging gegen Weihnachten. Ich wollte für meine Kinder Lebkuchen backen. Aber es gab nichts zu kaufen, keine Butter, keinen Zucker und nur ganz schwarzes feuchtes Roggenmehl. Ich ging also hamstern. Geld hatte ich. Die Bauern wollten aber kein Geld, sie wollten Waren: feine Leibwäsche, Radios, Silberbesteck, Perserteppiche. Wer damals noch etwas gerettet hatte aus den Bombennächten, der tauschte es ein für Lebensmittel. Ich hatte nichts zu tauschen.

Meine Nachbarin dorfwärts war die reichste Bäuerin im Ort, die Hammerschmiedin. Ich wagte es, zu ihr zu gehen. Sie buk Weihnachtsplätzchen. Auf dem Küchentisch lag ein dicker Butterwecken. Ich starrte ihn an. Die Bäuerin holte die fertigen Plätzchen aus dem Backrohr. Mir wurde fast übel vor Verlangen. Hammerschmiedin, sagte ich, meine Kinder möchten auch ein bißchen was Süßes zu Weihnachten.

Sie hörte nicht. Ich wartete. Dann zog ich das Geld aus der Tasche. Hammerschmiedin, ein viertel Pfund Butter, oder weniger, für die Kinder...

Nein, sagte sie, wir brauchen das alles für uns selber.

Ich wartete weiter, ich wiederholte meine Bitte. Sie gab keine Antwort mehr. Ich ging hinaus, und vor der Haustür blieb ich stehen. Laut und mit aller Haß- und Verzweiflungsinbrunst sagte ich: Heute nacht soll dir deine schönste Milchkuh verrecken. Drei Mal sagte ichs.

Am nächsten Morgen hörte ich, in der Nacht sei der Hammerschmied plötzlich erblindet.

Seither habe ich niemanden mehr verwünscht. Diese Geschichte stammt nicht aus den »Gläsernen Ringen«, sie ist nicht erfunden, sie ist einfach wahr.

Als ich, in den »Gläsernen Ringen«, das Thereslein mit Schwarzmagie getötet hatte, überfiel mich an ihrer Bahre »nicht etwa die Qual des Schuldigseins, sondern ein starkes dunkles herrisches Gefühl: ich allein wußte, wie und warum der Tod zu Therese gekommen war. Ich hatte ein geheimes Wissen, ich war im Bund mit dem Tod, mir standen keine Tränen zu.«

Mein Verhältnis zum Tod: »Ich war im Bund mit ihm.« Ich hatte keine Angst vor ihm und keine Angst vor Toten. Das ist erstaunlich, denn die ersten Toten, die ich sah, waren erschreckend und schon im Zustand der Verwesung. Jedes Frühjahr bei der Schneeschmelze schwoll unsre kleine, damals noch dammlose Tiroler Ache zu einem reißenden Fluß an, der seine Opfer mit sich führte: Hühnerställe mit ertrunkenen Hühnern, Balken, entwurzelte Bäume, Hausdächer, tote Katzen, tote Kühe, tote Menschen. Das alles trieb dem Chiemsee zu und verschwand in der Weitsee-Bucht. Monate später gab der See seine Frühlingsopfer wieder. Man brachte die Ertrunkenen ins Feuerhaus zur Leichenbeschau und Autopsie. Das Feuerwehrhaus war ins Schulhaus eingebaut. Uns Kindern war es streng verboten, bei den Autopsien zuzuschauen. Wir kletterten auf einen Holzstoß, von dem aus man durch ein vergittertes Fenster gerade auf die Leiche schauen konnte. Bisweilen entdeckte uns da niemand. Wir waren lautlos wie Katzen und gierig wie Marder, wir schauten und schauten. Einmal, unvergeßlich, lag da eine Frau mit langem schwarzen Haar und aufgetriebenem Leib. Die hat ein Kind im Bauch, sagte eines von uns. Aber der Leib war nur vom Wasser aufgetrieben. Und einmal lag da eine junge »Sommerfrischlerin«, die sich umgebracht hatte. Sie wurde in einem Zinksarg fortgebracht. »Zinksarg« blieb ein Horrorwort für mich, und mehr noch »Bleisarg« und »Bleikammer«; auch »Eisen« und »Stahl« mag ich nicht hören. Diese Metalle sind für mich mit dem Tod, mit dem Krieg, mit dem Saturn, mit meinem Vater verbunden. Wenn meine Mutter abends zu einem Ratsch zum Hauptlehrer Schäfer ging, blieb sie oft sehr lange dort. Das ärgerte meinen Vater. Sie mußte abends zu Hause sein wie ich auch. Bisweilen schickte er mich, das Kind, sieben, acht Jahre alt, nachts zu den Schäfers. Der Weg führte über den Friedhof. Manchmal war da ein Grab frisch aufgegraben und die alten grauen Knochen lagen herum. Ein Leichenhaus gab es noch nicht. Ich ging tapfer durch die Dunkelheit an den offenen Gräbern und den Knochen vorbei, um die Mutter zu holen. Warum ging der Vater nicht selbst? Warum schickte er sein kleines Mädchen durchs Dunkle, durchs Totenreich? Ich weiß es nicht.

Bei den Schäfers lag einmal im untern Korridor eine Leiche, deren sich die Vicki und die Schäfer Theo schaudernd erinnerten, als wir uns 1979, mehr als ein halbes Jahrhundert später, durch puren Zufall auf dem Überseer Friedhof trafen. Eine alte Frau mit Wassersucht. Es war August, sehr heiß. Schon am zweiten Tag zersetzte sich die Leiche, sie löste sich in gelbes Wasser auf und stank entsetzlich. Wir Kinder standen an der Tür, unter der das gelbe Wasser hervorquoll, und waren fasziniert.

Damals blieben die an Krankheit Verstorbenen drei Tage im

Haus, in der besten Kammer aufgebahrt zwischen Blumen und Kerzen, vor dem Bett ein Tischchen mit dem Kreuz und einem Schüsselchen voll Weihwasser und einem Buchsbaumzweiglein, mit dem man Weihwasser auf den Toten sprengte. Nie blieb der Tote allein. Immer war die Leichenfrau da, die wachte und dabei ihre Brotzeit aß und ihren Kaffee trank, auch wenn die Leiche stank und die Fliegen vom Gesicht der Leiche aufs Honigbrot flogen. Und immer waren Leute da, von der Familie und aus der Nachbarschaft, die auf dem Holzboden knieten und den Rosenkranz, den »schmerzhaften«, beteten. Gegrüßtseistdumaria ... der für uns gegeißelt worden ist ... heilige Mariamuttergottes bittfüruns jetztundinderstundeunseresabsterbensamen.

Wie Bienengesumm war das, wie Wasserrauschen. Der Tote war geborgen. Oft starb man in dem Bett, in dem man geboren war. Anfang und Ende ineinandergebogen. Selbstverständlich. Das war eben so und es war recht so. Man war ja auch meist so müde nach dem langen harten Bauernleben. Man faltete die gichtigen, schwieligen Hände so gern. Und man ging *heim*. Beim Leichenschmaus gings dann hoch her, da feierte man das Leben. Von daher kommt mein ungestörtes Verhältnis zum Tod. Er ist gut. Er ist nötig. Er gehört zum Leben.

Eines der heitersten Gastmähler meines Lebens war der »Leichenschmaus« mit den Verwandten, den Rinsers und den Sailers, nach der Beerdigung meiner Mutter. So hatte sie es sich gewünscht. Nur keine Trauer, nur keine Abgründe, keine Tragödie. Ich konnte sie sagen hören: Eßt und trinkt und freut euch, daß ihr lebt.

Als ich viel viel später mich mit der chinesischen Philosophie einließ, war mirs sofort klar, daß der Tod nicht das Nein zum Leben war, nicht der absolute Gegensatz und feindliche Widerspruch, sondern der andre Pol: kein Leben ohne Tod.

Ein Bauernkind, ein auf dem Bauernhof großgewordenes Kind, weiß das aus unmittelbarer Erfahrung: wenn das Korn nicht in der Erde stirbt, gibts kein Getreide und kein Brot. Aus den verfaulten Kartoffeln wachsen die neuen Kartoffelpflanzen. Aus der Raupe kommt der Schmetterling. Und aus dem Grab, aus dem verfaulten Menschenfleisch, wachsen Blumen.

Schöne, hilfreiche, wahre Erfahrungen.

Nur zweimal in meiner Kindheit litt ich sehr am Sterben eines Menschen. Das erste Mal betrafs jenen Judenknaben, über den ich 1948 eine Geschichte schrieb, »David«, in der das meiste erfunden ist. Es hätte so sein können, wie ichs erzählte, aber es war nicht so. Doch den kleinen Juden gab es. Er hieß Ernst Gärtner. Er war schön wie seine Mutter, die nicht nur Jüdin, sondern auch Ausländerin war, ich vermute Holländerin. Der Vater war kein Jude, er war ein deutscher Ingenieur, der lange im Ausland gelebt hatte. Nun wollte er, daß sein einziger Sohn Deutsch lernte. So ließ er seine Frau mit dem Siebenjährigen in unserm Dorf, und mein Vater sollte ihm Privatunterricht geben. In meinem Elternhaus gab es, trotz des Wortes vom »alten Juden Hörtensteiner«, keinen Antisemitismus. Mit Juden durfte ich ohne weiteres spielen, mit protestantischen Preußenkindern wars nicht gern gesehen. Der kleine Ernst Gärtner, großäugig und still, kam, wie es in meiner Erzählung steht, täglich zu uns und lernte mühsam Deutsch. Ich half ihm dabei, wir durften nach der Stunde mitsammen spielen. Aber wenn ich ihn nach Hause begleitete und sagte, komm mit in die Kirche, etwa zur Maiandacht, die doch so schön war, tat ers nicht. Warum? »Ich bin Jude. Das ist eine andre Religion.« Aber warum war das ein Hindernis, etwas so Schönes wie unsre Maiandacht anzuschauen? Er durfte nicht. Ich habe ihm viel erzählt von unsern katholischen Geschichten, von Jesus und seinen Wundern, wie ich sie kannte aus den »Christuslegenden« der Selma Lagerlöf, die sich auf die apokryphen Evangelien berief, was ich freilich nicht wußte, ich nahms für wahr und echt und erwiesen, daß der kleine Jesus Vögel aus Tonerde machte, sie anblies und lebendig fortfliegen ließ. Ich weiß nicht, ob der Ernstl mir glaubte. Er hörte zu. Aber als ich ihm erzählen wollte, daß die Juden Jesus gefoltert und getötet haben, stockte mir der Atem: Ernstl war Jude. Ich sprach nicht weiter. Das war ohnedies unser letztes Gespräch in diesem Leben: Ernst erkrankte an Diphterie, wir hatten eine Epidemie, wir Kinder durften nicht zu seiner Beerdigung gehen, aber, wie es in der Geschichte steht, »ich stand von ferne und trauerte um den verlorenen Freund«.

Auf seinem Grabstein stand: Unser Ernstl. 1911–1918. Als ich nach dem Krieg wieder nach Übersee kam, war der Grabstein verschwunden. Ein Judengrab. Ich will glauben, daß das Grab einfach verfallen ist. Dem Ernstl trauerte ich lange nach. Ich sehe heute noch seine übergroßen dunkeln Augen und seine etwas wulstigen Lippen und die sehr helle, fast durchscheinende Haut. Ein fremdes Gesicht. Heute bin ich froh, daß er als Kind starb, eines normalen Kindertodes starb.

Der andre Tod, der mich leiden machte, war der meiner Rosenheimer Großmutter. Ich hatte sie lieb. Aber als ich an ihrem Grab stand bei der Beerdigung, da fühlte ich rein nichts. Ich muß ganz unbeteiligt, ja gelangweilt ausgesehen haben. Mein Vater war entsetzt. Er weinte, alle weinten, ich nicht. Er stieß mich an, er flüsterte, ich sollte doch wenigstens die Hände falten. Was war mit mir? Warum fühlte ich nichts? Ich wollte nichts als weggehen von diesem Ort. Ich verstand mich selbst nicht. Heute scheint mir, ich wollte einfach nicht wahrhaben, daß die Großmutter in diesem Grab lag und fort war. Hätte ich getrauert, so hätte ich ja zugeben müssen, daß die Großmutter tot war. Ich gab nicht zu, daß sie tot war, also trauerte ich nicht, und da ich nicht trauern konnte, war sie nicht tot. Meine Trauer-Verweigerung mußte die Macht haben, die Großmutter vom Eintritt ins Totenreich abzuhalten.

»Schämst du dich nicht, du gefühlloses Kind!« sagte mein Vater.

Er tat mir unrecht. Ich trauerte doch, ich trauerte erst lange danach, aber ich trauerte, wie ein Stein trauert, wenn ers kann: ganz innen in mir zersprang etwas, das ging lautlos vor sich und drang nicht nach außen. Es tat weh.

Als ich 1943 die Nachricht bekam, mein Mann sei bei Staraja Russa an der russischen Front (für »Großdeutschland«) gefallen, gabs den zweiten Sprung im Stein. Drei Tage war ich stumm. Es war mir körperlich unmöglich, die Lippen zu öffnen. Meine wirklichen Leiden sind allesamt versiegelte Gräber. Die, von denen ich reden kann, sind die leichteren.

Die junge Autorin berichtet von einem andern Tod: dem des Großvaters. Diesen Großvater gab es nicht in der äußern Wirklichkeit, den erschuf ich mir 1939. Seither gibt es ihn.

Er kam aus Indien. Eines Tages war er da. Wieso war er ein Indienfahrer? Ich hatte schon Hermann Hesses »Morgenlandfahrt« gelesen, und ich wußte, daß Hesse einen echten, einen nicht von ihm erdichteten Großvater hatte, der Indien-Missionar war und in die Schwarzwaldheimat zurückkehrte. Ich ahnte schon, was »Indien« war und welche Provinz der Seele, auch der meinen, damit bezeichnet wurde. Dennoch verstand ich die wirkliche Bedeutung des von mir geschaffenen Indien-Großvaters erst viel viel später.

Es gab für den erfundenen Großvater, außer dem Hesse-Großvater einen winzigen Wirklichkeitskern in meinem Leben: in Übersee lebte damals ein Herr Otto Griesbach, der war ein Nachkomme Schillers. Ihm gehörte ein kleines Sägewerk hinterm Bahnhof.

Wenn er mir begegnete, schaute er mich eindringlich sanft forschend an. Er war ein feiner alter Herr. Eines Tages sprach er mich an: Willst du mit in mein Haus kommen? Deine Eltern erlauben das sicher.

Ich weiß nicht, ob sie es erlaubt hätten, vermutlich nicht. Ich ging mit. Das Abenteuer hat mich immer bereit gefunden.

Der Herr Griesbach hatte ein Haus voll schöner alter Möbel und Bücher. Einige Bücher schenkte er mir. Eines hieß: Chateaubriand »Atalaua«. So bliebs mir in Erinnerung. Es hieß in Wirklichkeit Atala u. a. (und andere), nämlich andere Erzählungen. Ich verkaufte sie in einer Notzeit bei einem Antiquar. Alle diese Bücher hatten Lederrücken und waren dick. Eines davon blieb mir bis heute: eine in rehbraunes Leder gebundene Sanskrit-Grammatik. Vermutlich wollte der Antiquar sie nicht, oder sie wollte mich nicht verlassen. Indien und ich... Der Herr Griesbach sagte: Du warst im vorigen Leben meine Frau, weißt du das?

Ich wußte es nicht, aber es schien mir, der Acht- oder Neunjährigen, nicht befremdlich. Ein leichter Schauder überlief mich vielleicht wie immer, später, bei solch seltsamen Begegnungen, deren ich nicht nur diese eine hatte. Ich fühlte mich geheimnisvoll herausgehoben aus der Schar der Gleichaltrigen. Ich wußte, was sie nicht wußten: daß man schon einmal gelebt hat, daß es uralte fortwirkende Bindungen gab zwischen den Menschen, uralten Haß, uralte Liebe, und daß es, in unsre sichtbare alltägliche handgreifliche Wirklichkeit hineingewoben, hineingeschoben, eine andre gab, ebenso wirklich und viel wichtiger.

Die junge Autorin schrieb, daß der Großvater aus Indien bei seiner Ankunft zwar auf die Reden der Mutter achtete, aber dabei auf etwas hinblickte, was unsichtbar war, und daß er, als ihm das Kind, das sie gern gewesen wäre, den Abendtee ins Zimmer brachte, es nicht hörte; er war weit weg.

Wessen Vater war er eigentlich: der meines Vaters, der meiner Mutter? Das wird nie gesagt. Er ist einer ganz für sich, er stammt von niemandem ab, von ihm stammt niemand ab, außer dem kleinen Mädchen, das ich, im Buch, war. Fast scheint es, als habe er mich gezeugt und geboren zugleich. Aber er gehört nicht in unsre Familie, er bleibt auch nicht in unserm Haus, er zieht um in ein anderes, viel schöneres, in dem er allein lebt, und das Haus steht inmitten eines großen Gartens mit uralten Bäumen und reichem Wachstum: der Paradiesgarten, in dem der Großvater still wandelt.

Er hat mir Geschenke mitgebracht aus dem Fernen Osten. Er wußte also, daß es mich gab. Er hatte mich als kleines Kind gesehen, ehe er nach Indien ging. Ich erkannte ihn am Bahnhof sofort, und er erkannte mich. Wir kannten uns seit Ewigkeit. Im Fernen Osten hatte ihm jemand ein Kästchen geschenkt, das er demjenigen Menschen schenken sollte, der ihn als erster erkannte. Dieser Erst-Erkennende war ich, das Kind. Er schenkte also das Kästchen mir, und das war gut so, denn wer außer mir hätte seinen Wert erkannt? Das Kästchen war von Ewigkeit her mir, nur mir, zugedacht. In diesem Kästchen waren Schätze: ein indischer Seidenschal, so groß, daß er mich ganz einhüllte, und so dünn und leicht, daß man ihn durch einen Fingerring ziehen konnte, ein bemalter Schal mit einem zarten Goldschimmer darüber, wie Flügel eines Schmetterlings, dazu eine Halskette aus Beeren eines heilkräftigen Strauchs. Das waren schöne und begreifliche Geschenke. Die andern beiden waren geheimnisvoll und nicht geheuer: ein Papierstreifen aus einem tibetanischen Bergkloster mit einem hundertmal wiederholten Schriftzeichen, das nichts weiter besagte als immer nur: »Mein Herz preise unaufhörlich«, was dem Kind unvollständig und unverständlich erschien, der Autorin der »Gläsernen Ringe« aber nicht, und doch kann ich heute, 1979, nicht sagen, wie ich zu diesem Gebet (von mir erfundenem oder gefundenem) kam, denn nichts lag mir damals, 1939, ferner, als Gott oder Götter zu preisen.

Wofür denn auch? 1939 gab es nichts zu preisen inmitten von Kriegsangst, Hitlerspuk, Lebensmittelmarken, Geldnot, Schwangerschaft mit unstillbarem Hunger, Heimweh, Luftschutzübungen, Sirenenwarnungen. Was war da über mich gekommen, daß ich von unaufhörlicher Preisung reden konnte? Woran erinnerte ich mich da? Was nahm ich vorweg?

Der Großvater hatte mir noch ein Geschenk mitgebracht: ein Amulett aus einem Karneol mit einer Inschrift, in Sanskrit vermutlich, ich konnte es nicht lesen, der Großvater entzifferte es und erklärte seine Bedeutung: »Wer diesen Stein trägt, kann nicht heimisch werden auf dieser Erde.«

Das Gefühl des Fremdseins kannte ich, das war von jeher in mir, das ist noch in mir. Aber wie denn: bin ich nicht ganz und gar ein Kind dieser Erde, eine Stiergeborene, eine Venusbestrahlte, in einem Erdzeichen geboren? Liebe ich nicht das Leben? Lebe ich nicht leidenschaftlich gern und inbrünstig mit allem, was die Erde trägt, auch den Menschen? Habe ich mich je als eine Ausgesetzte gefühlt, als ein Stiefkind, eine Randfigur?

Und doch: ich durfte (äußeres Zeichen) nie an einem Ort Wurzel treiben. Zwanzigmal (ich zählte es eben) mußte ich umziehen, zuerst mit den Eltern, dann als junge Lehrerin, dann als Ehefrau, dann wieder allein. Immer wieder versuchte das Geschöpf der Erde ein Nest zu bauen in der Ackerfurche, und immer wieder war es nichts mit Dauer, mit Gemütlichkeit, mit Bürgerfrieden. Und selbst in den kurzen Zeiten, in denen so etwas wie stilles Glück gelebt werden durfte, war daneben, darunter das Gefühl: *Das* ist es nicht. Als ich 1975 in dem südkoreanischen buddhistischen Kloster Bulgugsa zum Tee beim Abt eingeladen war, bat ich ihn zum Schluß um ein Mantra oder doch um einen Lebensspruch. Er schaute mich lange an, dann sagte er: »Alles ist nichts«.

Als ich, achtzehn Jahre alt, zum erstenmal Platon las, da war mir, als hätte ich die Ideenlehre von lange her gekannt. *Dort* war meine Heimat, dort, wo die Ideen herkommen, dort, wo *das Wort* herkommt. Immer wieder kam mir das Gefühl des Durchgangs, der Wandlung, des Wo-Anders-Hin-Gehörens. Der Großvater aus Indien, aus einer fernen Welt, aus einer fernen Zeit, der war ich selbst. Aber er war auch noch etwas anderes. Das aber weiß ich erst heute, davon wird etwas später die Rede sein.

Warum eigentlich habe ich mir einen Großvater erdichtet, statt aus meinem einen, noch lebenden, eine schöne Buchfigur zu machen? Der Vater meiner Mutter kam nicht in Frage, den habe ich nicht gekannt, der war vor meiner Geburt an Typhus gestorben. Er war ein reicher Mann, ein Großbauer im Schwäbischen, gescheit wie alle Sailers. Aber wie ists mit dem Vater meines Vaters, mit dem Rinser-Großvater? War mit ihm nichts anzufangen? Gab er mir keine Träume? Nein, die gab er mir nicht. Er war eine handfeste irdische Wirklichkeit, ein Mannsbild, ein schönes, kräftiges, groß und selbstsicher trotz aller Armut: er war der dritte Sohn aus einem Bauernhof im Inntal nördlich von Rosenheim, und er mußte fort von daheim, da war nicht Lebensraum für mehrere junge Männer. So lernte er ein Handwerk, er wurde Zimmermann und fand eine Anstellung in der Saline in Rosenheim. Dabei bliebs. Er verdiente nicht viel. Aber er hatte ein Haus. Dieses Haus steht noch, es gehört jetzt meinem Vetter Vitus Rinser. Ein kleines Haus. Wir lieben es sehr. Mein Vetter hätte sich für das Geld, das er in dieses Haus stecken mußte, ein anderes, ein modernes, bauen können wie sein Bruder Georg. Aber nein: er hängt an diesem alten Haus mit dem kleinen Garten am Stadtbach in der Kufsteiner Straße 26 in Rosenheim. Es stand Modell, mitsamt dem Bach, für meinen Roman »Der schwarze Esel«. Das Haus und der Bach, das ist der kleine Wirklichkeitskern dieses Romans. Ein poetischer Ort, ein Ort, aus dem Träume aufsteigen. Ein ganzer Roman wurde daraus.

Es war das Haus armer Leute. So arm war meine Großmutter, daß sie beim Bäcker gegenüber so lange fieberhaft unter ihren weiten Röcken nach dem Geldbeutel suchte, bis die Bäckerin sagte: Lassen Sie nur, Rinsermutter, zahlen Sies nächste Woche.

Vergelts Gott, wird meine Großmutter erwidert haben. Zwei Söhne hatte sie beim Studieren: meinen Vater im Lehrerseminar in Freising, meinen Onkel Georg im Priesterseminar. Der mußte dort zwar nichts bezahlen, aber es gab immer Ausgaben für die beiden. Der dritte Sohn war Eisenbahnarbeiter, später Rangiermeister, ich sah ihn rußig schwarz wie ein Teufel am Bahnhof unter den Güterwagen durchkriechen und Wagen koppeln, indem er dicke Schläuche aneinanderschraubte. Ich hatte immer etwas Angst um ihn, er könne zwischen die Eisenpuffer geraten. Er war ein großer Bergsteiger. Noch als Achtzigjähriger machte er Klettertouren im »Wilden Kaiser«.

Die Armut im Hause machte die Rinsers nicht traurig: sie *lebten*. Großvater und Großmutter waren ein schönes Paar noch im Alter. Auf den Fotos, die durch die Zeiten gerettet wurden, sehe ich, wie schön sie waren als junge Leute. Auf dem Dachboden fanden sich Bücher mit dem Vermerk: Für Annamaria Pauker, erster Preis. Meine Großmutter. Sie war eine Schulgescheite. Der Großvater war es nicht. Wenn der Großvater aus dem »Sechziger Krieg« und dem »Siebziger Krieg« erzählte, die er beide mitgemacht hatte (er besaß eine Menge Orden) und ins Aufschneiden kam, sagte meine Großmutter still, aber scharf: Geh, hör auf! Dann genierte er sich, aber die Erzählfreude ging bald wieder mit ihm durch.

Dieser Großvater, ein Stiergeborener wie ich, mochte mich gern. Ich hatte ein etwas gespaltenes Verhältnis zu ihm: er war sehr groß und laut, und er nahm mich mit in Biergärten, da gab er mir Weizenbier mit einer Zitronenscheibe drin zu trinken und Schweizerkäs zu essen, das war gut, das, so bildete ich mir ein, gabs nur bei ihm, mit ihm, und es gabs in Fülle, nicht nur ein Schlückchen Bier, sondern einen langen kräftigen Schluck, soviel ich wollte, und vom Käs schnitt er mir dicke Riegel ab, bestreute sie mit Salz und Pfeffer und schob sie mir in den Mund. Wenn ich heute von so einem Stück frischen Schweizerkäs, mit Salz und Pfeffer bestreut, abbeiße, fühle ich die heitere Nähe meines Großvaters. Das war Leben, das war Geborgenheit, das war Fülle.

Aber: der Großvater reichte mir den Käs auf der Messerspitze, und ich wußte, daß man das nicht tut, man ißt nicht vom Messer, das störte mich. Und daß der Großvater mit allen Leuten zu reden anfing und plötzlich laut sang und daß er die Kellnerinnen auf den Hintern haute, was sie sich so gern von dem schönen Mannsbild gefallen ließen, das war unerträglich, und wenn mein Vater ab und zu mit von der Partie war, sagte er beschämt und beleidigt: Laß das doch, dazu bist du wirklich zu alt.

Aber der Großvater hörte nicht hin, er war zu sehr beschäftigt mit Leben.

Die Rinsers stammen vom Rinser-See. Ein kleiner stiller Moorsee nordwestlich des Chiemsees. In der Nähe liegt der Ort Rins, und die Nummer eins ist unser Stammhaus, ein großer schöngehaltener Bauernhof. Eine Römerstraße führt vorbei, man sieht sie heute noch, eine Bohlenstraße, im Moor erhalten durch fast zweitausend Jahre, und an ihr liegt, nahe dem Rinserhof, ein runder Hügel, viel zu gleichmäßig rund, um natürlich zu sein: ein Keltenkastell mit zwei Wällen. Die Ruine ist überwachsen. Im Atrium der nahen Pruttinger Kirche ist ein uralter Stein aufbewahrt, ein Säulenkapitell mit Tierköpfen, heidnisch. Ehe die Rinser Bauern waren, seien sie, so hörte ich, auf dem Hügel gesessen. Was taten sie da oben, just über einer verkehrsreichen Straße zwischen Italien und dem Norden? Was anderes waren sie als Raubritter?

Unser erster nachgewiesener Ahn hieß Hanns Rinnser von Rinns, er lebte Anfang des 16. Jahrhunderts, um 1530. Das fand mein Vater heraus. Als er 1936 in frühen Ruhestand trat, weil er nicht Heil Hitler sagen mochte, hatte er Zeit, die von diesem Hitler verlangte Ahnenforschung über das Maß hinaus auszudehnen. Wir hatten keine Juden in den letzten drei Generationen. Mehr wollte der Führer nicht wissen. Aber einmal auf die Spur gesetzt, durchstöberte mein Vater die Taufregister aller Orte, in denen es Rinser gab, und diese Suche führte ihn schließlich in die Münchner Staatsbibliothek, da fand er jenen Hanns, meinen Urahn von 1530.

Über der alten schönen Haustür am Rinserhof ist ein Querbrett mit einem rätselhaften Ornament, Gegenstand gelehrter Forschungen, die ohne rechtes Ergebnis blieben: eine Inschrift halb Latein, halb – ja was, das eben bekommt man nicht heraus, es sieht arabisch aus. Vielleicht bedeutet sie nichts, vielleicht ist es eine Kriegsbeute, die ein Ur-Urahn aus den Türkenkriegen mitbrachte, vielleicht ist es ein Bruchstück, ein Stück von einem großen Balken, dessen Inschrift man entziffern könnte, läse man sie im Zusammenhang. Vielleicht enthält sie ein Geheimnis, so eines, wie es auf dem Karneol-Amulett stand, das mir der indische Großvater schenkte.

Der Rosenheimer Großvater also, der gab mir keine Träume, der störte vielmehr meine Träume. Wenn er mich auf seinen Waldwanderungen mitnahm, die zu irgendeinem Bauern-Wirtshaus führten, redete und sang er laut und verscheuchte Rehe und Hasen und Wildtauben und Feen und Nymphen. Aber ich liebte ihn dennoch: er war so ganz anders als sein Jüngster, mein Vater, der finstere Schweiger. Der Großvater war hell und warm und laut, er war das Leben in Person. Aber er paßte der jungen Autorin nicht ins Buch. Sie mußte sich einen andern Großvater erdichten, den indischen.

Was war der eigentlich von Beruf? Das wird nie gesagt. Es wird nur erzählt, daß die aus Indien kommenden Kisten keine geheimnisvollen Schätze enthielten, sondern nur Bücher, Notenhefte und Papierrollen. Er wird wohl ein Privatgelehrter gewesen sein, ein Indologe, ein Sanskritforscher, und in den Notenheften war wohl indische Musik aufgezeichnet. Er führte ein normales Leben und tat nichts von dem, was das Kind erhoffte: Alchimistisches nämlich. Ungewöhnlich und nicht geheuer waren nur zwei Gegenstände: eine indische Gottheit, vielarmig und mit einer Kette von Totenschädeln um den Hals: ich nehme heute an, es war Schiwa. Die Figur machte mir Angst. Das andre Geheimnisvolle war ein Bronze-Buddha. Einmal, als der Großvater nicht im Zimmer war, versuchte ich den Lotossitz nachzuahmen. Da kam der Großvater und sagte ungewöhnlich streng: Laß das! Versuche derlei nie.

Das Gespräch, das die junge Autorin den Großvater mit dem Kind führen läßt, ist sonderbar: so als hätte ich mir selbst eine Lebensweisung gegeben. Der Großvater belehrt mich, daß ich keine »unnötig schweren« Übungen machen soll, und daß ich von äußern Praktiken keine Förderung meiner geistigen Kraft erwarten soll. Als ich 1939 diese Szene schrieb, wußte man allgemein kaum etwas von Yoga. Ich wußte offenbar etwas, aber höchst Ungenügendes, und doch scheine ich begriffen zu haben, daß *mein* Yoga ein Banderer war, einer, der auf einer anderen Ebene lag als jener, den heute die west-östlichen Yogalehrer der Allgemeinheit anpreisen.

Mein Großvater schenkte mir, ehe er starb, diese Buddhafigur, die später, so schrieb es die junge Autorin, Anlaß zu großen Schwierigkeiten im Internat führte. Stimmt das?

Nein. Das ist erfunden. Ich besaß während meiner Schulzeit noch keine Buddhafigur. Ich sah sie viel später im Hause des Komponisten Kaminski, von dem noch die Rede sein wird, und eines Tages kaufte ich meinem Verlobten, seinem Schüler, eine solche Figur. Ich mußte lange darauf sparen. Sie war echt und alt. Damals waren diese Dinge nicht Mode und nicht Massenimport. Wir liebten beide diese Figur. Sie stand auf dem Schreibtisch meines Mannes. Sie ist mit allen Büchern und Noten in Rostock unter dem Bombenhagel im April 1943 vernichtet worden, eingeschmolzen in den Schutt, das Grab vieler Menschen und geliebter Dinge. Der indische Großvater lebte nicht lange. Eines Tages, so schreibt die junge Autorin, durfte das Kind, während einer kurzen Reise der Eltern, beim Großvater wohnen. Eine Zeit der stillen Seligkeit. Ein Lebens-Wunschtraum der Autorin: ohne die immer störende Gegenwart der Eltern, der angemaßten Autoritäten, der unaufhörlichen Kritik, einmal das einzig gemäße Leben führen zu dürfen, in der meditativen Stille an der Seite des Meisters, im Kloster, sei es ein christliches, sei es ein buddhistisches.

Das Glück der vollkommenen Harmonie von Außen und Innen durfte nicht dauern, der Tod trat dazwischen. Die junge Autorin beschreibt den letzten Abend mit dem Großvater: er ging durch den dunklen Garten, blieb dort stehen und streckte einen Arm hoch, die Hand mit dem Zeigefinger erhoben, und alsbald näherten sich Nachtfalter, einige, viele, immer mehr, bis sie den alten Mann umgaben wie ein blasser Lichtschein, wie ein wehender Schleier. Stille Boten der Nacht, Todesboten, ganz sanft brachten sie die Botschaft. Ein wenig später ging der Großvater ins Haus, das Kind an seiner Seite. Er legte sich zu Bett, er sagte, er sei müde. Am nächsten Tag rief er das Kind zu sich. Ich werde sterben, sagte er lächelnd. Und dann verlangte er von dem Kind, es solle ihm ein Glas und ein bestimmtes Fläschchen bringen. Als es das Fläschchen öffnete, entströmte ihm ein eindringlich herber Pflanzenduft: ein Opiat. Der Großvater trank. Dann schlief er ein. Das Kind blieb an seinem Lager sitzen. In der Kühle der Morgendämmerung merkte es, daß der Großvater tot war. Vierzig Jahre nach der Niederschrift dieser Szene erschrickt die Autorin: was war denn damals geschehen, was hat sie sich damals da erdichtet?

Der Großvater, der Große Vater, der Große Alte, der Alte vom Berge, aus dem Osten gekommen, der Erfüller meiner Sehnsüchte, wer war er, und warum ließ ich ihn sterben auf seinen eigenen Wunsch, warum mußte ich ihm den Todestrank reichen, warum mußte dieser Tod sein, dieser sanfte Tod, der keine Katastrophe war, sondern eine schöne Notwendigkeit?

Die junge Autorin schreibt, daß sie nach dem Tod des Großvaters aus Gewohnheit manchmal den Weg zum Haus des Großvaters hinaufging und erst, wenn niemand das Tor öffnete, sich erinnerte, daß der alte Mann tot war. Sie schrieb: »Ich trauerte nicht übermäßig und nicht mit Tränen, denn ich vermochte noch immer mit dem Großvater zu sprechen, seine Stimme zu hören...«

Wußte die junge Autorin eigentlich, was sie da schrieb? Wußte sie, daß Götterbilder sterblich sind und daß man

Götter sterben lassen muß, wenn ihre Zeit um ist, und daß es keinen Sinn hat, in Räume eintreten zu wollen, die schon leer sind, weil der Große Vater sich daraus zurückgezogen hat?

Ich habe meine Götterbilder nie in Katastrophen gestürzt. Ich ließ sie dahingehen, die Gottesvorstellungen früherer Erkenntnisstufen. Aber ich hörte immer weiter die Stimme des Großvaters, ich habe nie aufgehört, mit dem »Großen Vater« zu sprechen. Als ich, neunzehnjährig, erstmals Nietzsches »Zarathustra« las und jenen Schrei aus der Tiefe hörte, der später zum Modewort in der Theologie wurde: »Gott ist tot«, da entsetzte ich mich nicht, sondern wunderte mich nur, wie ein so großer Geist etwas so Törichtes sagen konnte. Ich spreche von der Reaktion der Neunzehnjährigen.

Wenn ich mich jetzt auf meine Erinnerung verließe, würde ich sagen: mein Weg, ein langer Weg, führte von der Phase kindlicher Mystik über die Phase der ersten pubertären Auflehnung gegen die Zwänge der katholischen Kirche in Elternhaus, Schule, Internat, zur Ablehnung und Ablösung der Religion in christlicher Form, bis hin zur Gleichgültigkeit, und nach Jahren der Gottferne zu einer neuen Hinwendung zumindest zu religiösen, auch zu theologischen Fragen. Wie gut, daß ich meine Tagebücher und meinen Briefwechsel mit meiner Freundin Gertraud und den spätern mit dem Urbild des Doktor Stein aus »Mitte des Lebens« aufbewahrt habe. So wars nämlich nicht. Es war ganz bestürzend anders.

In meinem kleinen bunten Tagebuch, das verschließbar war und dessen Schlüsselchen ich verlor, so daß ichs gewaltsam öffnen mußte, viel später, da steht zwischen Bleistiftgekritzel, schwer leserlich, auf einer sonst leeren Seite mit Tinte in feierlich gemalter gotischer Druckschrift von mir, der Siebzehnjährigen, geschrieben:

Ich bin ein
Berg in Gott.
Das steht so da. Was bedeutet es? Was wollte ich damit
sagen? Ich weiß es nicht. Ich schrieb bisweilen Worte auf,
die ich nicht verstand.

In einem Brief an meine Freundin Gertraud schrieb ich als
Sechzehnjährige: »Daß ich immer an Gott denke? Aber das
ist wie alles bei mir viel zu irrational. Ich weiß nicht, was das
für eine eigene Art des Wissens und Erlebens bei mir ist, bei
der es mir vorkommt, als wenn alle eigenen Kräfte unbeteiligt wären, als ob ich ein einziges großes Auge wäre ... ein
Auge im Chaos ...« Ganz sicher wußte ich damals noch
nichts vom »Öffnen des Dritten Auges«, von dem im
Buddhismus die Rede ist. Ich *sah* es eben so. An meine
Freundin schrieb ich damals: »Wenn ich so etwas sage wie
›Auge im Chaos‹, dann *sehe* ich das so deutlich, daß ich es in
einem musikalischen Akkord ausdrücken könnte oder in
einem Gemälde, aber nur im Bruchteil einer Sekunde. Du:
ist Mystizismus eine eigene Kraft des Menschen oder eine
Seite des Bewußtseins oder eine Form der Phantasie? Ist
Intuition eine Art Mystik oder umgekehrt oder? Draußen
geht der Tauwind ... schwere klingende Wassertropfen
fallen von den alten Bäumen durch die Nacht – – – das ist so
meine Sache ... Ich bin nicht traurig. Ich bin sogar oft mehr
als ich. In solchen Augenblicken wäre es mir gleichgültig,
den letzten leisen Schritt zwischen Sein und Werden –
umgekehrt chronologisch – zu machen, da ist es nämlich
von höchstgesteigertem Innenleben auf Erden bis zur letzten Konzentriertheit in der Auflösung zum Überirdischen
nicht mehr weit ... Daß ich immer von mir schreibe, ist
nicht schlimm. Schreibe ich überhaupt von mir? Ich schreibe ja von allem, in mir oder unbegrenzt, das ist schließlich
gleich. Übrigens, wer schreibt denn jemals nicht von sich
und wenn er nur den Satz schreibt: heute ist Sonntag, dann

schreibt er eben sein Bewußtsein der Zeit ... Du bist mir jetzt nur ein Symbol des ›Außer-mir‹, dem sich mein In-mir ausschöpfen will – im Schöpfen wird es voller.« Von Einstein und der Relativitätslehre wußte ich damals be-stimmt nichts, aber ich ahnte etwas von der Subjektivität und also Relativität persönlicher Erfahrung, und ich ahnte auch, daß die Erkenntnis von der Relativität aller Erkennt-nisse dennoch die Wahrheit an sich nicht relativiert, so daß es überhaupt keine gültige Aussage über etwas geben könne. »Wenn ich von mir spreche«, erklärte ich, »spreche ich von *allem*«. Ich habe damals das Wort »allem« unter-strichen. Ich habe meine eigenen Erfahrungen einerseits als subjektiv erkannt, andrerseits dieser Subjektivität die Fä-higkeit zugeschrieben, Wahrheit auszusagen. Ich war da-mals in einer philosophisch spekulativen Phase. Ich schrieb im selben Brief an Gertraud: »Wer hatte je einen eigenen Gedanken? Sie sind alle da von Anbeginn. Das ist überhaupt merkwürdig: Ich *habe* einen Gedanken. Man denkt – woher stammt der Gedanke überhaupt? Sind das nicht wir selbst, die Gedanken, eine andre *Seins*-Form, Wesensform von uns – oder sind wir Schalen, in die von irgendwoher, von Gott vielleicht – das Licht kommt – auch der sündige Gedanke, der ja nur ein Gutes ist als Stachel, Anreiz der trägen Seele? ...«

Der mir so früh gekommene Gedanke der Sünden-Mystik, der felix culpa, hat mich immer beschäftigt, und er ist als Grund-Idee da in meinem Roman »Daniela«, den ich 1952 schrieb.

Die Suche nach der Herkunft der Gedanken, des Denkens, fand ihre Antwort ein Jahr später, als ich Platons Ideenlehre kennenlernte.

Die Frage, ob Gedanken, Ideen, etwas sind, was »von außen« in uns fällt wie »in Schalen«, oder ob sie, wie ich mit sechzehn schrieb, »etwas *in* uns sind, eine andre *Seins-*

Form« (ich hatte das »Seins« unterstrichen), bekam nicht nur von Platon Antwort, sondern auch von Amos Comenius. Wie kam ich denn auf einen so ausgefallenen Denker? Wir hatten ab der drittletzten Klasse Geschichte der Pädagogik. Wir hatten das Unglück, einen nicht nur in Philologie, sondern auch in Philosophie graduierten Lehrer zu haben, Döllgast mit Namen. Ein Unglück, sagte ich, nämlich eines für die Klasse: er sprach zu uns, als seien wir Philosophie-Studenten im letzten Semester. Er sprach über die Mädchenköpfe hinweg, da kam nichts an. Das Unglück der andern war mein Glück: er sprach über genau das, was ich wissen wollte, wonach ich hungerte: über die großen Zusammenhänge, über den Sinn des Lebens. Seine Philosophie galt mir als Theologie. Ohne von Gott zu reden, sprach er ohne Unterlaß von ihm.

Während meine Mitschülerinnen unter der Bank oder auch offen Romane lasen oder auf die nächste Stunde sich vorbereiteten, hatte ich große Epiphanien. Die erste geschah mir, als der Professor über Amos Comenius sprach als von einem wichtigen Mann, wichtig für die moderne Pädagogik, und als er dabei, vielleicht nur flüchtig, etwas über seine Philosophie sagte. Ich habe über Comenius seither nichts gelesen, und als ich eben in meinem philosophischen Wörterbuch nachschlug, fand ich da nichts über ihn, und im theologischen Lexikon steht, dieser Comenius, Komensky eigentlich, sei im 17. Jahrhundert unter-, im 19. überschätzt worden, sei aber immerhin der Begründer eines neuen Bildungsdenkens, und er sei von seiner Pansophia her zu verstehen. Nichts weiter. Nur Hinweise auf Sekundärliteratur. Und was war er *mir*!

Was immer der Professor über ihn gesagt haben mag: mir blieb als Essenz die Idee der Entsprechung von Makrokosmos und Mikrokosmos: daß das, was »oben« ist, auch »unten« sei, und das, was »außen« ist, auch »innen« sei.

Und plötzlich *sah* ich das Ganze der Welt. Ich *sah* die Harmonie der Welt, die durchgehende Ordnung, das Gesetz, nach dem Sternenbahnen, Kristalle, Atome sich richten, ein mathematisches Gesetz. Die Zahl als Ordnungsmacht.

Während meine Mitschülerinnen sich langweilten, *hörte* ich die Musik der Welt, die Sphärenmusik.

Meine Fähigkeit, das »Abstrakte« zu *sehen* und zu *hören*, hat mir geholfen, schwierige philosophische Aussagen zu begreifen. Sie hat mir sogar zu meiner Mathematik-Eins in der Schule verholfen: ich konnte mir zum Beispiel komplizierte Kegel-, Pyramiden- und Kugelschnitte einfach »vorstellen«, und chemische Vorgänge, die nur im Ergebnis sichtbar wurden, konnte ich mitvollziehen, als sei ich im Spiel der Atome. Und darum ist mir auch »Gott« nie ein Abstraktum gewesen, sondern eine Wesenheit, die mit den inneren Sinnen wahrnehmbar ist. Ich meine nicht so etwas wie »Visionen«, ich meine Erfahrungen ganz normaler Art, die nur auf anderem Erkenntnisweg einem zukommen. Es hat mir nie Schwierigkeit bereitet, zu glauben, daß wir gleichzeitig in zwei Welten leben, die beide wirkliche Wirklichkeiten sind. So sehe ich unsre Erde bevölkert von Menschen, Tieren, Ideen, Engeln und den »Seelen« der Dahingeschiedenen. Das alles lebt miteinander und durchdringt sich und ist ein ungeheurer Reichtum, und gegen die Erfahrung dieser bedrängend herrlichen Zweiwirklichkeit erscheinen mir alle PSI-Erlebnisse ein wenig dilettantisch und materialistisch.

Die zweite Epiphanie, die ich dem Professor Döllgast verdanke, geschah mir, als er von Nicolaus Cusanus sprach und von der »coincidentia oppositorum«, dem Zusammenfallen aller Gegensätze in Gott. Die Wahrheit dieses Satzes fuhr wie ein Blitz in mich und entschied über mein Leben. Immer wieder kam ich, wenn ich mich in Denkprozesse verstrickte, die zu widersprüchlichen Ergebnissen führten und mich zur Verzweiflung brachten, zu Cusanus zurück: es gibt keine Gegensätze in der Welt, es gibt keine Widersprüche, wir sind es, die sie schaffen; es gibt nur Polaritäten, der Tag ist nicht Tag, wenn es keine Nacht gibt, das Leben ist nicht Leben, wenn es nicht den Tod gibt, eins ist im andern eingeschlossen, eines wird zum andern, alles wandelt sich, das Bleibende ist der Wandel. Kühn zog ich daraus den Schluß, daß auch das Gute nicht sei ohne das, was wir das Böse nennen, und daß Gott nicht sei ohne den Teufel. Einmal *sah* ich das Universum als einen ungeheuren Wirbel von Licht und Schwärze, und das war Gott.

Daß ich derlei als junges Mädchen begriff, ist keine spätere Interpretation. Ich schrieb an meine Freundin über diese Erfahrungen. So wagte ich in einem Brief, den ich als Sechzehnjährige schrieb, zu behaupten: »Mir scheint, die heutige Welt wird tiefer, abgründiger. Es ist eine Reaktion auf die glatte bürgerliche Wohlhabenheit vor dem Weltkrieg. Wenn ich sagen würde, der Weltkrieg war ein Segen für die gesamte Menschheit?«

Der Krieg als der andre Lebenspol... Nie später habe ich das gedacht, nie denken wollen. Damals war ich unerschrocken.

Jahrzehnte später gab ich einem meiner Bücher den Titel: »Hochzeit der Widersprüche«.

Ich frage mich, was unsern Professor Döllgast bewogen haben mag, derart schwierige philosophische Fragen mit uns kniestrümpfigen, bezopften, durchschnittlich begabten Mädchen zu behandeln. Vielleicht sprach er nur so vor sich hin, für sich selber. Oder er hoffte, die eine oder andre von uns begriffe etwas von dem, was er mitzuteilen hatte. Einige Jahre nach dem zweiten Krieg traf ich ihn zufällig (was man so »zufällig« nennt) in München im Café Haag. Er hatte seine zweite Frau bei sich, die erste war ihm weggestorben. Ich erkannte ihn augenblicklich. Er war unverändert häßlich, aber häßlich auf eine Art, für welche die Franzosen, auf Frauen angewandt, das Wort von der »belle laide« haben. Mein Professor war ein schöner Häßlicher. Er hatte ein langes, bekümmertes Affengesicht, und er trug ungemein dicke randlose Brillengläser. Als er mich erkannte, sagte er zu seiner Frau: Schau, das ist die einzige Schülerin, die mich je verstanden hat.

Er mag recht haben. Selbst meine Freundin Gertraud folgte seinem Unterricht nicht.

Eines Tages wandte ich den Satz von der Coincidentia oppositorum im Religionsunterricht an. Ich erklärte unserm guten Religionslehrer, dem Doktor Schielle, der mich eineinhalb Jahrzehnte später traute in der kleinen gotischen Gasteigkapelle in München: Herr Professor, Sie sagen, Gott sei gut und gerecht und barmherzig. Das stimmt nicht, er ist weder gut noch nicht gut, weder gerecht noch ungerecht, er ist einfach *er*.

Ich erinnere mich dunkel dieser Stunde, wäre ihrer aber nicht sicher, hätte der gute Doktor Schielle mich nicht später daran erinnert. Er sagte, ich sei sein Sorgenkind gewesen. Intellektuell frühreife junge Leute stünden immer in der Gefahr, dem Atheismus zu verfallen.

Immer gabs Menschen in meinem Leben, die mich am Rande des Abgrunds wandeln sahen. Und ich war niemals atheistisch, nicht einmal in der bloßen Theorie.

Der »Unglaube« war keine Versuchung für mich. Damals, in der Religionsstunde, geschah weiter nichts, der Doktor Schielle ließ die Sache auf sich beruhen. Er war es gewöhnt, daß ich den ruhigen, gemütlichen Fluß der Religionsstunden mit meinen bizarren Einfällen störte. Mir gings freilich nicht ums Stören, ich suchte nur bei jeder Gelegenheit eine Diskussion zu provozieren, in der jemand sich meinen brennenden Fragen stellen würde. Man wich mir aus.

Einmal aber habe ich den guten Doktor Schielle doch sehr entsetzt. Er sprach über die »Gottesbeweise«: die Existenz Gottes ergebe sich klar daraus, daß alles Seiende eine Wirk-Ursache haben müsse und auch ein Ziel und einen Zweck, beides führe zur unbezweifelbaren Wahrheit, daß Gott existiere; auch die Tatsache, daß wir ein angeborenes moralisches Gewissen haben, beweise einen höchsten Gesetzgeber, und schließlich führe die Mangelhaftigkeit alles Irdischen, die irdische Unerfüllbarkeit unsrer Sehnsucht nach dem Absoluten, zur Annahme Gottes, und außerdem sei es nicht von ungefähr, daß die Menschheit immer in irgendeiner Form an Gott geglaubt habe. Nehmen Sie Ihren Block und notieren Sie, sagte der Doktor Schielle, und er diktierte uns als Gedächtnishilfe: historischer, teleologischer, moralischer, axiologischer Gottesbeweis.

Ich schrieb das auf, dann meldete ich mich: Herr Professor, wenn nun ein Mensch nicht glauben *kann*, was dann? Werden diese Gottesbeweise einen Ungläubigen zum Gläubigen machen? Das ist doch alles recht und gut für Leute, die schon glauben und die nur eine Bestätigung für ihren Glauben suchen.

Der Gute hörte aus diesem Einwurf die Stimme der potentiellen Atheistin. Aber sehen Sie denn nicht ein, Rinser, sagte er (so erzählte er mir später), daß man in der heutigen Zeit des Rationalismus und der Naturwissenschaft vernünftige Beweise ins Feld führen muß, um den Glauben zu verteidigen?

Nein, lieber Doktor Schielle, ich sehe das nicht ein, ich sah es schon damals nicht ein: die christliche Theologie ist eine feine Wissenschaft, sie hat mich immer sehr interessiert, nämlich als Philosophie, aber meinen Hunger, meinen Durst nach Wahrheit habe ich aus andern Quellen gestillt.

»Daß ich immer an Gott denken muß«, schrieb ich, sechzehn Jahre alt, und etwa ein Jahr später jenen Satz: »Ich bin ein Berg in Gott.« Und auf einem jener übriggebliebenen Wahlzettel der USPD, der Unabhängigen Sozialistischen Partei Deutschlands, schrieb ich 1930 an das Urbild des Doktor Stein aus »Mitte des Lebens«: »Ist es nicht eine neue Mystik, die wir das Gefühl in uns nennen? Es ist das geheimnisvolle Eindringen in die Dinge, das Hineinbrennen der Seelenglut in die Tiefe des Weltstoffes – das Feuer brennt in uns, es brennt zusammen mit dem Feuer, das nicht in uns ist, aber wo? Ich weiß es nicht. Es ist alles dasselbe: der Grund, der Urgrund unseres Lebens ist der Glaube an das Überpersönliche, an den Geist, wir stehen ja ganz auf dem Boden der Religion! Alles Zeitliche ist Schall und Rauch. Ewiges allein suchen wir – . . . Es ist ja das Wort Gefühl gleich: Geist, und Geist wiederum gleich: Urgeist Gott. Ist nicht eine Art Pantheismus der Grund unserer Lebens-Erfassung? Wir fühlen uns verbunden mit einem Ur-Strom, mit einem Ur-Feuer, einem Ur-Baume, in dem wir sind, können nicht verloren werden.«

Das kindliche Gestammel beweist mir meine These, daß junge Menschen fähig sind, schwierigste Zusammenhänge zu erfassen und daß sie danach hungern, mit geisterfahrenen Menschen darüber reden zu können. Der Mensch, der homo religiosus. Der Mensch, geboren mit der Erfahrung des Göttlichen. Woher hat er sie? Ich las einmal, daß die Pythagoräer, die Platons Seelen- und Ideenlehre übernommen hatten, glaubten, der Mensch sei, als »Seele«, präexistent im »Himmel«. Wenn dann die Zeit kommt, daß die Seele sich einen irdischen, materiellen Leib suchen muß, bereite sie sich darauf vor. Beim Abschied von den himmlischen Gefährten leiste sie einen Schwur: die göttliche Abkunft, die himmlische Herkunft und Zugehörigkeit nie zu verleugnen. Dann beginne sie den Abstieg durch die verschiedenen Sphären, und dabei verdunkle sich stufenweise ihr Wissen von den göttlichen Geheimnissen. Auf der Erde angekommen und inkarniert, habe sie nur mehr vage Erinnerungen, aber es bleibe ihr eine tiefe Sehnsucht nach dem göttlichen Bereich, der eigentlichen Heimat. Der große Augustinus, der christliche Kirchenvater, sagte: »Mein Herz ist unruhig, bis es ruhet in Gott.« Und Novalis, der Dichter der deutschen Romantik, schrieb: »›Wo gehen wir hin?‹ – ›Immer nach Hause.‹« Hatte mir mein erdichteter Großvater aus Indien nicht jenes Amulett gegeben, mit der Inschrift, die besagt, der Träger dieses Karneols könne nicht heimisch werden auf dieser Erde?

Kein Mensch wird heimisch auf dieser Erde. Wir sind Bürger zweier Welten, die freilich nur *eine* ist: Geist und Materie, die beiden Erscheinungsformen ein und desselben, nämlich Gottes. Wer das weiß, findet, trotz des Karneols, seine Heimat auf Erden: er ist *überall* daheim, wenn er in sich daheim ist, das heißt in seinem eigenen göttlichen Bereich.

Aber woher habe ich als Kind etwas gewußt von diesem Bereich? Ich habe eine normale katholische Erziehung erfahren. Ich bin dankbar dafür, denn der bayerische Katholizismus (soweit nicht politisch) war schön, er war farbig und musikalisch, er war ein Barockhimmel mit Glockengeläut und Fahnenwehen und Fronleichnamsprozessionen, er roch nach Weihrauch und Wachskerzen und welkendem Birkenlaub und alten golddurchwirkten Meßgewändern. Ich wurde oft gefragt, warum ich nicht aus der katholischen Kirche austrete, das sei doch die Konsequenz meiner kritischen Haltung. Nun: ich bliebe, aus der Kirche ausgetreten, immer eine aus der Kirche ausgetretene Katholikin. Das hat nichts zu tun mit der Kirchenstruktur und der Machtpolitik der Kirche und derjenigen ihrer koordinierten christlichen Parteien. Das sitzt viel tiefer, das gehört in den magischen und in den mystischen Bereich.

Der Urgrund meines Glaubens ist mystischer Natur: das Johannes-Evangelium. Alle Theologie ist nur Überbau.

Mein Vater hat kein Tagebuch über die spätere Kindheit seiner Einzigen geführt, aber er machte einige Eintragungen in ein leider verlorenes Buch. Es war in silbergraue changierende Seide gebunden und hieß: »Frauenliebe und Leben«, es waren Gedichte von Chamisso, ich erinnere mich an eines: neben einem Bild von einer Frau im Trauerschleier, über das frische Grab geneigt, stand: »Nun hast du mir den ersten Schmerz getan, du böser böser Mann...« Immer war auf einer Seite ein Bild, auf der andern ein dazu passendes Gedicht. Eines der Bilder zeigt eine junge Frau, die ihrem ebenso jungen Ehemann etwas ins Ohr flüstert. Mein Vater hatte dazugeschrieben: August 1910. Da hat ihm meine Mutter mitgeteilt, daß sie schwanger war. Sie hatten am 10. Juli 1910 geheiratet. Auf den leeren Vorsatzblättern dieses Buches, das man übrigens vor mir, dem Kind, versteckte, warum eigentlich, stand einiges über mich, zum Beispiel: Mädi ist mit neun Monaten zu Fuß zur Impfung gelaufen... Mädi hat schon (ich weiß nicht wie viele) Zähne... Mädi ist lieb und schläft jetzt auch nachts durch... Mädi bleibt vor jedem Feldkreuz stehen und faltet die Händchen... Mädi kann schon beten: Liebes Schutzengele mein, hüpf zu mir ins Bettchen rein...

Was immer mir meine Eltern später angetan haben: sie gaben mir Unschätzbares mit ins Leben: ein Urvertrauen, das selbst sie nicht mehr zu zerstören vermochten.

Waren meine Eltern eigentlich religiös? Nicht besonders damals. Sie hatten ihren Milieu-Katholizismus. Sie stellten nichts davon in Frage. Meiner Mutter war, hätte sie es sich eingestanden, Religion damals eher gleichgültig. So mochte sie es gar nicht, wenn ihr Kind, acht, neun, zehn Jahre alt, jeden Morgen bei der winterlichen eisigen Dunkelheit mit dem Vater (dessen Pflicht als Organist es war) zum »Engelamt« in die Kirche ging. Sie mochte es auch ganz und gar nicht, wenn ihr Kind stundenlang in der Seitenkapelle der Überseer Kirche blieb. Das Kind begann diese Gänge bald zu tarnen. Was tat es in der Kirche?

Die junge Autorin schreibt im Franziska-Kapitel, daß dieses Waldmädchen von einer Christusfigur in einer Kapelle behauptete, sie bewege sich. Franziska, die Personifizierung einer religiösen Strebung in mir, der chaotisch-heidnischen Natur-Mystik, die ich im Griff behielt und schließlich leicht überwand. Ich ging gern in die Kirche, am liebsten allein und wenn kein Gottesdienst war. Am sichersten blieb ich ungestört, wenn ich in die Seitenkapelle ging. Da stand eine überlebensgroße Gipsfigur: der Christus Jesus, der sein brennendes, blutstropfendes, von einem Dornenkranz umgebenes Herz in Händen hielt. Ich habe sie nach dem zweiten Krieg wiedergesehen: da stand sie, zu Ehren gekommen, an der linken Seite des Hochaltars. Sie schien mir kleiner geworden und ich sah, daß sie eigentlich häßlich war. Billiger Kitsch. Als ich 1979 wieder nach Übersee kam und »mein« Herz-Jesu besuchen wollte, war die Seitenkapelle abgesperrt, nicht nur sie, sondern die Kirche selbst, es kam ja doch niemand untertags zum Beten, die Zeiten waren vorbei, der Pfarrer war häufig verreist, feierte nicht einmal täglich die Messe, das war unnötig, für ein paar fromme alte Weiblein soviel Aufwand, und mein Herz-Jesu war längst der ästhetischen Purifikation, der Bilderstürmerei, zum Opfer gefallen: es stehe, sagte man mir, jetzt auf dem Kirchen-Dachboden beim Gerümpel. Ich hätte es gerne besucht und um Verzeihung gebeten.

Dieser Statue, häßlich oder nicht, verdanke ich viel. Ich, das Kind, kniete vor ihr auf den Altarstufen und blickte zu ihr auf. Ich betete nicht. Ich mochte von allen Gebeten, die wir gelernt hatten, keines. Das waren Wörter, Wörter. Ich kniete und schaute, eine Stunde lang, zwei Stunden lang auf den Steinstufen. Mir müssen die Knie geschmerzt haben, ich merkte es nicht. Es war sicher auch kalt, ich merkte es nicht. Nie kam jemand, der mich störte. Wenn ich lange genug so regungslos gekniet hatte, begann der Christus mich anzusehen. Kein Zweifel: er senkte seine sonst geradeaus schauenden Augen und blickte mich an. Dann stand mein Herz still, mein Atem stockte, ich verging in Seligkeit. Woher kannte das Kind die Praktik der Meditation?

Als ich viel später davon hörte, als überall Meditation gepflegt wurde und als man sie sogar ausdrücklich lehrte und Samadhi und Satori anstrebte, war ich erstaunt: das war doch ganz *natürlich*, das mußte doch jedermann können und erleben. Man brauchte doch nur lange genug stillzusitzen und an nichts zu denken und innen ganz leer zu sein, dann kam das Ersehnte von selbst. Ganz einfach.

Später habe ich diese Herz-Jesu-Figuren nicht mehr ausstehen können, diese gipserne Serienherstellung eines mystischen Symbols. Auch in meinem Elternhaus gab es so eine Figur, sie gehörte in einen katholischen Haushalt. Um diese Figur entbrannte eines Tages ein stiller zäher Kampf mit meiner Mutter. Als ich einmal in den Sommerferien nach Hause kam, stand plötzlich dieses Herz-Jesu in meinem Zimmer, auf einem Postamentchen in einer Wandecke. Ich war damals etwa siebzehn Jahre alt und in einer meiner rebellischen Phasen. Ich nahm das mißliebige Gipsding und stellte es in die Vorratskammer. Am nächsten Tag stand es wieder in meinem Zimmer. Ich stellte es wiederum in die Kammer, am nächsten Tag stand es wiederum in meinem Zimmer. Tagelang dauerte der wortlose Kampf. Dann platzte meiner Mutter oder mir die Geduld.

Ich weiß schon, warum du das Herz-Jesu nicht im Zimmer haben willst!

Weil es häßlicher Gipskitsch ist.

Nein, weil du ohne Religion bist, weil du nichts mehr wissen willst von Gott.

Quatsch, das hat doch nichts miteinander zu tun. Das ist eine gipserne Kitschfigur und nicht Jesus!

Sagst du. Ich weiß aber, daß du ohne Religion bist.

Also gut, dann bin ich eben ohne Religion und gottlos und ein verlorenes Schaf, und jetzt reicht mir der Blödsinn.

Türenknallen, aus dem Haus laufen, über die Wiesen rennen, bei der Rückkehr erneutes Geschimpfe: Du magst sagen was du willst, du glaubst nichts mehr...

So ungefähr spielten sich Szenen dieser Art bei uns ab. Ich frage mich heute, wieso meine gescheite und auch kluge Mutter, die sonst in Sachen Religion so tolerant war, wegen dieser Herzjesu-Figur einen solchen Aufwand an Emotion zuwege brachte.

Das Gips-Herzjesu stand in den folgenden Jahrzehnten irgendwo in meinem Elternhaus. Wo immer meine Eltern auch wohnten: das Herzjesu zog mit. Eines Tages aber, in den siebziger Jahren, war es nicht mehr an seinem Platz auf dem Nachttischchen meiner Mutter.

Wo ist das Herz-Jesu?

Meine Mutter sagte verlegen und gespielt obenhin: Ach, das ist ein häßlicher Kitsch.

So, sagte ich, jetzt auf einmal. Und wo ist es?

Es steht im Kleiderschrank.

O Mutter, du Verräterin!

Ach, weißt du, jetzt hat der Herr Stadtpfarrer (oder wer auch immer vom Rosenheimer Klerus) alle diese Kitschsachen aus den Kirchen entfernt.

So, und du machst es nach! Und damals, weißt du noch, da hast du mich gequält wegen dieser Figur.

Ja, aber das ist etwas anderes.

Es war in der Tat etwas anderes. Aber wie sehr war meine Mutter im Unrecht, als sie damals, 1928 etwa, meinte, ich sei gottlos geworden! Und wie töricht von ihr, zu glauben, sie könne mich bekehren, indem sie diese Figur ins Zimmer stellte! Aber das war nicht der wahre Grund: sie wollte nur wieder einmal einen Machtkampf und dabei Siegerin sein. So war sie eben. Und ich war eben so, daß bei mir derlei Bekehrungsversuche abprallten und nichts als Auflehnung gegen diese Art von Katholizismus provozierten.

Viel später habe ich in der Jesuitenkirche in Innsbruck bei einer Messe mit Karl Rahner an einem der linken Seiten-altäre eine Darstellung des Herz-Jesu gesehen, die mir meine Kinder-Ekstase ins Gedächtnis rief: ein Barockge-mälde, auf dem der Christus mit einer leidenschaftlichen Geste sein Herz darbietet, als habe er sichs eben aus dem Leib gerissen. Plötzlich sah ich: das ist die Darstellung der äußersten Verzweiflung über die Vergeblichkeit des Op-fers. Niemand will dieses Herz, niemand nimmt das göttli-che Angebot ewiger Liebe an, niemand antwortet auf den Schrei des Herrn der Erde, auf den Schrei der Erde selbst.

Das plötzlich glühende Mitleid mit diesem Liebenden, dieser Mensch gewordenen Liebe des Gottes, zwang mich in die Knie. Auf verschlungenen Wegen war ich zurückge-kehrt in die Seitenkapelle der Kirche meiner Kindheit, und der von mir verstandene Christus schaute mich wiederum an.

Und nun die auf den Dachboden der Kirche verbannte Herz-Jesu-Figur, die vergessene Mystik, das Herz des Christen-tums und jeder Religion, die hinweggeredeten Ekstasen, die schmähliche feige Anpassung an den Geschmack der Zeit, die ungeheure Verarmung der Kirchen, der Hinschwund an Liebe im Christentum und überall, der vergeblich gestorbe-ne Christus ...

Da er mich einmal angeblickt hat, steh ich auf seiner Seite. Sein Blick, das Brandmal.

Zum katholischen Kitsch gehörte eine Lourdes-Muttergottes, die Figur der Madonna, wie sie der kleinen Hirtin in den Pyrenäen erschien: in Weiß und Himmelblau, die Hände steil gefaltet, die Augen nach oben verdreht, auf den Zehen die goldene Rose.

Natürlich hatten wir auch so eine Madonna. Sie gehörte sogar mir. Sie stammte vom Dachboden meiner Rosenheimer Großeltern, auf dem ich sie gefunden hatte zwischen allerlei Schätzen: alte Bücher mit dem Namen meiner Großmutter, Schulpreise, und alte böhmische Gläser, im Wert unerkannt, Porzellanbecher mit goldenen Aufschriften »Zur Hochzeit«, und später fand mein Vetter Vitus beim Reparieren des Daches noch andre Herrlichkeiten: ein paar kleine geschnitzte Barockengel und sehr alte Bibeln.

Die kleine Madonna also gehörte mir. Im Mai baute ich ihr einen Altar in meinem Zimmer: eine alte Kiste, ein weißes Tuch darüber, zwei Porzellan-Kerzenleuchter, auch von Großmutters Dachboden, eine Art kleines Kapellengehäuse, eine Laubsägearbeit, und dahinein die kleine Statue, daneben Vasen mit Blumen, alles wie in der Kirche. »Und nach der Maiandacht, da kam die Maiennacht...« Auch Brecht, der Heide aus Süddeutschland, hat seine Kindheit im katholischen Augsburg nie vergessen. Das ging ins Blut, das war pure Poesie, das war Lebensinbrunst.

Maiandacht: Kerzen, Weihrauch, Marienlieder, und der betäubende Duft der wilden weißen Akazien, des blühenden Schlehdorns, des frischen Birkenlaubs. Das war die heidnische Feier der Frühlingsgöttin, der jungen Liebe, der Hoffnung. »Meerstern ich dich grüße...« ich sang mit meinem hohen hellen Sopran die Oberstimme, die »Drüber-Stimme«, welche jubelnd über die Melodie hinaufstieg.

Und nach der Maiandacht... Ich war ein Kind, ich ging heim und ins Bett. Aber die Halbwüchsigen, die Mannbaren, für die kam die Maiennacht, und einmal fand ich im

Winter in einer Weißdornhecke ein Büschel blonder Mädchenhaare (keine Schafwoll-Flocke, sondern Menschenhaar), das war da hängengeblieben in der Maiennacht, und ich machte Jahrzehnte später darüber ein Gedicht, ungedruckt, nie zum Druck angeboten wie einige andre auch. Ein Gedicht über Barbarazweige, im Dezemberfrost gebrochen, daran ein Haar, das im Mai dort hängengeblieben war.

Meine kleine Madonna, die Vorgängerin der Madonna meines Maialtars, hat mir später abseits von jeder Theologie zur Bestimmung dessen verholfen, was »Glaube« ist. Ich war fünf Jahre alt, als unser Nachbarhaus in Etting brannte. Ein halb hölzernes Haus, das rasch niederbrannte. Man konnte fast nichts retten, und die Leute waren ohnehin arm. Unvergessene Brandnacht: ich stehe mit dem Vater auf unserm Dachboden mit Eimern voll Wasser, in die wir Tücher tauchen, die an lange Stangen gebunden sind und mit denen wir nach den Funken schlagen, die auf unser Haus zufliegen. Der Brandgeruch, das dumpfe Angst-Geschrei der losgebundenen Kühe, das Bimmeln der Feuerglocke vom Kirchturm, und plötzlich, im Flammenschein, auf der Straße ein Mädchen, das schreit: Und jetzt glaub ich nicht mehr an Gott, es gibt keinen Gott!

Am nächsten Tag nahm ich meine kleine Gipsmadonna und ging ins Armenhaus, wo man die Abbrändler, die Familie Saal, untergebracht hatte. Die Kathi, die Gottesleugnerin, saß in einer Ecke, versteint vor Qual. Da, sagte ich, Kathi, nimm das, ich schenks dir, mußt aber wieder an den lieben Gott glauben.

Ich erinnere mich dieser Szene nicht oder doch nur sehr vage. Meine Mutter hat sie mir später erzählt, und der Vater hat sie bestätigt. Wenn die beiden nicht damit die Absicht bekundeten, mich auf eine fromme Kindheit festzulegen und ein Stück zweckbestimmter Hagiographie in die Welt zu setzen, verbunden mit der vorwurfsvollen

Klage, daß aus einem so vielversprechend frommen Kind eine Atheistin geworden sei, dann ist diese Geschichte eindrucksvoll. Die an ihrem »lieben Gott« irregewordene Kathi glaubte wieder an ihn, weil ein Kind sie aufsuchte in ihrem Elend und ihr das schenkte, was ihm lieb war. Die kleine Geste der liebevollen Zuwendung bewirkte Kathis »Bekehrung«. Sie glaubte, daß ihr lieber Gott mich zu ihr geschickt hatte. So war denn alles wieder gut. Man konnte vertrauensvoll weiterleben und an den Wiederaufbau des Hauses gehen.

Meine Definition des »Glaubens«: Vertrauen. Das ist der Kern. Das Ur-Vertrauen, das mir mitgegeben war ins Leben. Es hielt allen wüsten Stürmen stand. Es macht mich aber auch zur Ketzerin: ich habe kein echtes Sündenbewußtsein, keine Zerknirschung. Und eben daran erkennt man den Ketzer, das verlorene Schaf, den verstockten Sünder, den Heiden...

Die junge Autorin schrieb in den »Gläsernen Ringen«, das Waldmädchen Franziska habe sich Bußübungen unterzogen und bei der ersten Beichte Tränenströme der Reue über ihre Sünden geweint, während sie selbst, das doch auch fromme Kind, völlig ungerührt war. »Als uns der Großonkel Felix den nahen Tag der ersten Beichte verkündete und fragte, ob wir uns darauf freuten, nickte Franziska leidenschaftlich, während mich ein leichter kühler Schauder streifte.« Als es dann soweit war, daß wir in der Kirche knieten, erforschte ich mein Herz. »Ich gedachte meines Ungehorsams, meines Mordes an Therese, meines Hochmuts; ich wußte, daß meine Seele schwarz von Sünden war. Und nun sollte ich bereuen, was ich an Schuld auf mich geladen hatte.« Ich fühlte aber nichts.

Franziska kniete in einer Seitenkapelle und wimmerte vor Reue. »Mir drang das Weinen gleich einem schneidenden Vorwurf ins Herz. Franziska bereute ihre Sünden, ihr war es gegeben zu klagen und zu trauern, während ich fühllos, von Gott verlassen, hier stand und träumte. Ich versuchte mit Angst und Leidenschaft mir vorzustellen, daß ich Gott beleidigt hatte...« Mir kamen höchst unbußfertige Gedanken, wie der, daß ich ja doch wieder ungehorsam sein würde und daß ich die Gescheiteste in meiner Klasse war. Ich verließ mich auf die Magie: wenn sich beim Abzählen der brennenden Kerzen eine gerade Zahl ergäbe, verzeiht mir Gott auch ohne Reue, gibt es eine ungerade, bin ich ohnehin verdammt. Es gab eine ungerade Zahl. Nun gut.

»Als ich schließlich die heftige Versuchung empfand, mich ohne Beichte aus der Kirche zu schleichen, wurde mir klar, daß alle diese Gedanken Einflüsterungen des Teufels waren.« Ich beichtete dennoch, und ganz reuelos sagte ich frei und offen meine Sünden. »Ich hörte unergriffen die Ermahnungen meines Beichtvaters und verließ flüchtig erleichtert den Beichtstuhl.«

»Flüchtig erleichtert.«

Das ist erfunden. Wie diese meine erste Beichte wirklich war, habe ich berichtet in jener 1948 geschriebenen Erzählung »David«, der Geschichte von dem kleinen Judenknaben, der Ernst Gärtner hieß und den getauft zu haben ich in dieser Erzählung vorgebe. Vom Akt der Beichte weiß ich gar nichts mehr, aber die Stimmung jenes Abends ist tief erlebt: ein Märzabend, Dämmerung, vorösterlich, der Gesang einer Amsel, der Geruch des frischgeputzten, ungestrichenen Holzfußbodens (wir Kinder beichteten in der Schule), das Gemurmel der fremden Patres, die »Mission« hielten in unserm Dorf. Das alles ist von Bedeutung. Aber war ich wirklich so ohne Reue?

Natürlich habe ich mich nicht des Mordes an Therese angeklagt, der war ja erfunden. Aber hatte ich keine anderen Sünden begangen? War ich nicht jeden Tag ungehorsam? Aber konnte ich sagen: Ich bin ungehorsam gewesen, so als wäre das in Handlungen aufzuteilen, während ich doch ganz und gar und immer ungehorsam war, im währenden Stande der Auflehnung? War ich nicht der Ungehorsam in Person? Und konnte ich etwas dafür? Mußte ich nicht so sein? War ich nicht als Ungehorsame, als Rebellin geboren? Und konnte, *durfte* ich mich still fügen in Befehle und in eine Ordnung, die nicht die meine war? Hatte ich nicht mein eingeborenes Gesetz, dem zu folgen meine heilige, ernste Lebensaufgabe war? Was wäre aus mir geworden, hätte ich der Vorstellung meiner Eltern und der bürgerlichen Gesellschaft jener Zeit zu entsprechen mich erfolgreich bemüht? Aber war die Vorstellung, die meine Eltern von ihrer Tochter hatten, nicht schön? Eine stille Jungfrau, fromme Kirchgängerin, unauffällig in allem, liebevoll zu den Eltern, eine gute Volksschullehrerin und, vielleicht, wenns gar nicht zu umgehen war, eine sanfte gehorsame Ehefrau und Mutter braver Kinder? Ach, ich konnte diesem Bild nicht entsprechen, ich mußte mich mit aller Kraft dagegen wehren, verbogen zu werden, verbogen und zerbrochen. Das aber wars, was meine Eltern wollten: meinen Ungehorsam brechen, mein Anderssein mir austreiben, mich auf *ihren* Weg zwingen, mich an sie ketten.

Ich war eine tiefe Enttäuschung vor allem für meinen Vater. Wie hätte er mich geliebt, wäre ich gewesen, wie er wollte ... Aber was für eine Liebe, die sich bezahlen läßt mit der Aufgabe der eigenen Persönlichkeit des Kindes?

Wie konnte ich also meinen eingeborenen, von meinem Daimon befohlenen Ungehorsam bereuen? Wie konnte ich auch zum Beispiel bereuen, daß ich einmal nach meiner Mutter geschlagen hatte, als sie mich zwang, zur Strafe für eine Widerrede in eine Ecke zu knien (zu *knien!*) und ich mich weigerte, es zu tun und sie mich mit Gewalt auf den Boden niederdrücken wollte? Ich kniete vor der Herzjesu-

Statue, aber nicht vor meinen Eltern, und das mit richter-
licher Strenge von mir geforderte Wort: »Bitte, liebe
Mutter, verzeih mir, ich tus nie wieder!« das ging und ging
nicht über meine Lippen.

Bereuten denn meine Eltern, daß sie sich in so vielem an
ihrem Kind versündigten? Nein, auch sie bereuten nicht.
Und das war eben so. Wir waren, wie wir waren. Was für
ein unseliges Schicksal, was für ein Karma hatte ausgerechnet uns zusammengebunden?

Eine Sünde aber beichtete und bereute ich: die der Feigheit.
Der äußere sündhafte Tatbestand war ein Eigentumsdelikt:
ich hatte, etwa acht Jahre alt, einer Schulkameradin, der
Else Scheck, beim Spielen mit allerlei Kram etwas gestohlen, etwas ganz Wertloses, eine Art Biene aus Messingdraht
mit einem violetten Steinchen in der Mitte. Das gefiel mir,
und ich steckte es ein. Aber schon brannte es in meiner
Tasche. Ich lief hinaus und warf das Ding in den Bach, der
am Haus der Else Scheck vorbeifloß. Nie vorher, nie
nachher stahl ich etwas. (Außer viel später Brot in jener
Brotfabrik, in der ich als Hitlers Gefangene arbeitete.)
Dieser eine Diebstahl blieb mir brennend gegenwärtig für
viele Jahre, bis heute. Den beichtete ich, aber was ich
bereute, war nicht der Diebstahl, sondern meine Feigheit:
ich hätte den Mut aufbringen müssen, der Else Scheck zu
sagen, daß ich ihr etwas gestohlen hatte. Diesen Mut
brachte ich nicht auf. Ich schämte mich, gestohlen zu haben,
und ich schämte mich, feige gewesen zu sein. Indem ich eine
Unehrenhaftigkeit bereute, beging ich die Sünde des Hochmuts.

Feige Unterlassungen verzieh ich mir nie. Meine Freundin
Gertraud sagte mir später, ich sei hochmütig. Wenn ich
entgegnete, daß ich vielmehr unter Minderwertigkeitsgefühlen litte, sagte sie, das sei nur die andre Seite meines
Hochmuts: ich stelle eben aus Hochmut viel zu hohe

Anforderungen an mich, und wenn ich die nicht erfüllen könne, fühle ich mich klein und arm. Sie kannte mich. Aber da sie, wenn auch zwei Jahre älter als ich, dennoch selber noch so jung war, konnte sie meine Art von Hochmut nicht richtig deuten. Ich meine heute, es sei vielmehr Hochgespanntheit gewesen. Hölderlin, der über alles Geliebte, schrieb im »Hyperion«, den ich teilweise auswendig konnte: »...wenn eines nicht in uns wäre, das ungeheure Streben, Alles zu sein, das, wie der Titan des Ätna, heraufzürnt aus der Tiefe unseres Wesens. Und doch, wer wollt es nicht lieber in sich fühlen, wie ein siedend Öl, als sich gestehen, er sei für die Geißel und fürs Joch geboren? Ein tobend Schlachtroß oder eine Mähre, die das Ohr hängt, was ist edler?« Und im selben Brief an seinen Freund Bellarmin: »Wer hält das aus... wenn, wie mir, das Element ihm fehlt, worin er sich ein stärkend Selbstgefühl erbeuten könnte?« Niemand half mir, mich selbst zu verstehen. Wie konnte ich begreifen, was in mir vorging, woraufhin ich angelegt war, was sich aus meinen Wirbeln und Widersprüchen einmal ergeben würde. Die ganze Erziehung zielte darauf, mich still gefügig zu machen, kleinzuhalten, immerzu ein nicht in Worte zu fassendes Schuldgefühl zu haben, immer um Verzeihung bitten zu müssen. Ich hatte recht, mich zu wehren, wenn man mich zur Reue zwingen wollte. Ich beleidigte ja nicht Gott, sondern empörte mich nur gegen angemaßte oder mißbrauchte Autorität. Wie fügsam ich war, wenn ich eine echte Autorität fand: meine erste Deutschlehrerin, die »Erinna« der »Gläsernen Ringe« zum Beispiel. Die hatte sich nie über mich zu beklagen. Aber solche Erzieher gab es selten. Ich sah sehr früh und sehr genau die Präpotenz dieser Staatsbeamten, die ihre Macht über uns bezogen nur aus ihrer äußeren Stellung, nicht aus ihren menschlichen oder auch nur intellektuellen Qualitäten. Bereuen, daß ich

solchen Leuten nicht gehorchte...? Und eben diese Gehor-
samsverweigerung war Sünde, sagten sie uns. Lächerlich,
anstößig, und leicht durchschaubar: die wollten es bequem
haben, die wollten sich nicht herumschlagen mit unseren
Problemen, die wollten gar nicht sehen, daß wir litten und
um unser Leben kämpften.

Unter den Papieren, die ich nach dem Tod meines Vaters
bekam, ist ein Brief vom 9. März 1926, in dem meinem
Vater mitgeteilt wird, daß ich aus dem kleinen Internat,
dem »Heim Maria Treu«, in dem meine Eltern mich, die
Dreizehnjährige, untergebracht hatten, zu meinem und
ihrem Unheil, hinausgeworfen wurde. Warum? »...daß
das Betragen Ihrer Tochter auch in diesem Trimester sehr
häufig Anlaß zur Klage bietet. Sie äußerte sich wiederholt
unzufrieden über die Verköstigung, wozu wirklich kein
Grund vorliegt, ist streitsüchtig mit ihren Mitschülerinnen
und kommt mir bei jeder geringsten Rüge dermaßen keck
und ungezogen entgegen, daß ich mich veranlaßt sehe, ihr
am 15. März zu künden. Auch sehe ich mich den andern
Heimkindern gegenüber vepflichtet (mein Vater, der
Schulmeister, kreidete mit einem Bleistiftstrich das fehlende R an), derartige renitente Elemente zu entfernen, da
solche Beispiele doch auf die Umgebung abfärben. Hedwig
Kölker, Vorsteherin.«

Was war wirklich geschehen? Es stimmt, ich war aufsässig.
Es stimmt, ich hatte mich über das schlechte Essen beschwert, das taten alle immerzu, ich tat es eines Tages offen.
Wir zwanzig Mädchen zwischen dreizehn und siebzehn
waren im Vorplatz versammelt vor dem täglichen Spaziergang nach Tisch (paarweise die Isar hinunter und wieder
heimwärts). Das Essen war besonders schlecht gewesen, ich
erinnere mich genau an diese Pfannkuchen aus Mehl, Salz
und Wasser, mit Spinat gefüllt, die wie aus Sägemehl
gemacht schmeckten. »Mehlpatzen« nannten wir sie. Wir

bekamen sie nicht hinunter, wir durften sie nicht stehen lassen, wir versteckten sie in unsern Tischschubladen, um sie später heimlich herauszuholen und in den Hinterhof zu werfen, nicht in den Abfalleimer, denn dort konnten sie gefunden werden. Wir alle murrten. Aus meinen Kinderbriefen an meine Eltern lese ich, daß vorher schon einmal der Vater einer älteren Schülerin, ein Rosenheimer Oberstudiendirektor Abel, sich erlaubt hatte, eine Protestaktion gegen das Fräulein Kölker zu starten des schlechten Essens wegen. Sonderbarerweise hatte ich meinen Vater gebeten, sich nicht daran zu beteiligen, denn so schlecht sei das Essen nun auch wieder nicht. Warum aber nun die Szene im Vorplatz? Ich rief plötzlich: Ja, wir müssen den Fraß essen, unsre Eltern zahlen für gutes Essen, und das Fräulein Kölker hat sich jetzt schon die zweite Zimmereinrichtung gekauft von diesem Geld.

So? sagte eine eisig wütende Stimme, und jemand schlug mir mit dem Metallbügel der Handtasche auf den Kopf. Die Vorsteherin. Keins der andern Mädchen stellte sich auf meine Seite. Sie verließen sich auf den Herrn Abel. Nur ich nicht. Mir ging es ja auch gar nicht ums Essen. Ich kleine Asketin konnte, bis auf die feuchten »Mehlpatzen«, alles essen, auch wenns mich würgte. Mir ging es um die Ungerechtigkeit, das wars. Sollten wir hungern, nun gut, wenns nötig war. Aber daß *die* sich dafür... nein, *das* ertrug ich nicht. Und daß ich das sah und sagte, das ertrug *die* nicht. So schrieb sie denn an meinen Vater jenen Brief, und ich flog aus dem »Heim Maria Treu«. Ich, das renitente Element. Ich hatte auch vorher schon einmal zu rebellieren versucht, mit Recht: jedes Jahr ein- oder zweimal erschien die Prinzessin Pilar, unter deren Patronat das Heim stand. Worin bestand dieses Patronat? Anscheinend nur darin, daß die Prinzessin im Reitanzug erschien, uns, die zur Begrüßung Aufgestellten, schneidig fragte, obs uns gut gehe oder ob wir Beschwerden hätten, eine Frage, welche die Vorsteherin beantwortete, ehe wir ein Wort hätten sagen können: »Sehr gut gehts uns, Durchlaucht«, worauf die Durchlaucht mit der Reitpeitsche an ihre Flanke klopfte und kehrtmachte. Einmal sagte ich halblaut: »Wenn die wüßte...« Ein eisiger Blick der Vorsteherin machte mich schweigen. Da war ich noch zu kurz erst im Heim.

Sonderbar zu denken, wie verängstigt wir waren: eine dumme eingebildete Person, diese Vorsteherin, nicht einmal psychologisch oder pädagogisch gebildet, keine Lehrerin, ohne jede Qualifikation für ihre Aufgabe, durfte junge Mädchen terrorisieren, und wir wehrten uns nicht, wir fürchteten uns. Warum? Weil dieses Heim, wenn auch nicht juristisch-verwaltungsmäßig, aber sozusagen moralisch-erzieherisch unsrer Schule angegliedert war. Wer im Heim sich schlecht aufführte, kam in der Schule in Verruf. Daß mein Hinauswurf keine schulischen Folgen hatte, verdankte ich nur meiner Klassenlehrerin, von der bald die Rede sein wird.

Ich lese jenen Brief der Vorsteherin an meinen Vater nach über einem halben Jahrhundert wieder. War ich denn streitsüchtig, war ich keck, war ich wirklich so schwierig?

Ich glaube, es stimmt. Ich ging immer auf die Barrikaden, wenn mir oder andern, gleichviel, Unrecht geschah. Das war für viele unbequem, für mich selber auch. Ich war sicher auch herrschsüchtig, das bin ich immer noch, wenn auch mit Maßen, und wenns auch dafür eine Erklärung gibt, so doch keine rechte Entschuldigung: ich bin sehr ungeduldig, und wenn andre nicht gleich begreifen oder handeln, reiße ich das Wort und die Sache an mich. Aber für die andern war ich gut dafür, die Kastanien aus dem Feuer zu holen und die heißen Schul-Eisen anzufassen: vier Jahre lang war ich Klassensprecherin und schlug mich, soweit das damals möglich war, mit den Lehrern herum. Ich bin die geborene

Rebellin und die geborene Sozialistin. So war ich, so bin ich. Reue? Das Gesetz, nach dem ich angetreten, muß ich erfüllen, koste es, was es wolle. Und es hat mich schon viel gekostet: Berufsverbot, Gefängnis, Todesurteil, dies unter Hitler, und später in etwas friedlicheren aber keineswegs wirklich demokratischen Zeiten gegen Ende der siebziger Jahre, politische Anfeindungen aller Art und beinahe wieder Gefängnis.

Damals, 1925 oder 26, kostete es mich eine Freude, eine Reise. Der VDA, der »Verein für das Deutschtum im Ausland« startete jedes Jahr eine Fahrt für die Mitglieder unter den Schülern. Einmal erlaubten mir meine Eltern mitzufahren. Das Ziel war Hirschberg in Schlesien. Das war damals eine Weltreise, weit weg. Ich freute mich sehr. Aber ich kam nicht hin, denn eines Tages hatte jemand aus der Klasse beschlossen, unsrer Handarbeitslehrerin, dem Mariechen, wie wir sie nannten (und so war sie auch), einen Streich zu spielen: Ehe sie das Zimmer betrat, versteckten wir uns in den Garderobenschränken. Das Mariechen kam, blickte sich ungläubig um, machte tz tz tz, murmelte: Ja, wo sind denn die Mädchen, und ging schließlich hinaus. Wir setzten uns eiligst und lautlos in die Bänke. Das Mariechen kam wieder, sie kam mit dem Rex, dem Direktor. Der sagte erstaunt: Aber die Mädchen sind doch da! Das arme Mariechen, das schon einmal in einer Nervenheilanstalt gewesen war, hielt sich gewiß für wieder erkrankt. Wir Grausamen erstickten schier vor unterdrücktem Gelächter. Der Rex aber, gewitzt im Umgang mit Schülern, traute der Sache doch nicht. Er kam wieder und stellte ohne Umschweife die Frage: *wer* hat das ausgeheckt?

Niemand meldete sich. Ich wußte, wer es war, aber die hat es noch nach fünfundzwanzig Jahren bei einem Klassentreffen geleugnet.

Wenn sich keine meldet, wird eben die ganze Klasse dafür

büßen. Ich weiß nicht mehr, worin die Strafe bestanden hätte, aber diese Kollektiv-Verdammung ging mir gegen den Strich. Ich stand also auf und sagte stolz: Ich war es, Herr Oberstudiendirektor.

Ihn wunderte das nicht. Die Strafe fiel auf mich, den Sündenbock: ich durfte nicht mit nach Schlesien fahren. Es war eine harte Strafe für mich. Und natürlich: meine Eltern, statt mich zu trösten und mir zu glauben, fanden die Strafe gerecht, wie immer auch die Sache lag. War ich dieses eine Mal schuldlos, verdiente ich die Strafe für meine grundsätzliche Aufsässigkeit. Charaktere wie ich einer war (und bin), müssen zurechtgebogen werden, damit sie nützliche und angenehme Mitglieder der Gesellschaft würden. Man bog und bog, aber der junge Baum schnellte immer wieder hoch. Zu brechen war der nicht, aber Verwundungen hat er davongetragen: Verletzlichkeit, Skepsis, Mißtrauen, Mangel an Selbstbewußtsein – dies alles tief verborgen, überspielt, und erst spät, sehr spät wirklich überwunden mit der Hilfe östlicher Weisheit. Geblieben ist die Schwermut, die Anfälligkeit für Depressionen. Aber warum sollte es anders sein? Wie könnte ich andre verstehen, wenn ich nicht selbst erfahren hätte, wie und woran man leidet?

Aber meine armen Eltern: so genau ich heute weiß, wie falsch ihre Art der Erziehung war, so sehr habe ich Verständnis für sie. Mein Vater, der »Krüppel«, vielleicht wirklich organisch herzleidend, enttäuscht vom Leben, depressiv: er hatte sich von seiner Tochter Freude erwartet. Statt dessen brachte sie ihm nichts als Aufregungen. Sie war *die* Störung seines Lebens.

Ich weiß das. Aber wieviel leichter wäre es für ihn gewesen, sich auf meine Seite zu stellen, so wie ich es machte mit meinen eigenen Kindern. Immer war ich bereit, sie gegen die Schule zu verteidigen, denn ich verteidige immer Minderheiten und Schwache, und sind Kinder nicht immer die schwache Minderheit, die terrorisiert wird, an der die Erwachsenen ihre eigenen Frustrationen rächen und ihre angemaßte Macht erproben, wenn sie es andernorts nicht tun dürfen?

Meine Eltern bestraften mich dafür, daß ich nicht ihrem Bild von einer guten Tochter entsprach. Aber sie litten dabei, zumindest mein Vater. Meiner Mutter fehlte die Gabe des Trauerns, sie war kalt, oder sie verdrängte alles, was ihr nicht paßte. Vielleicht mußte sie das tun, und anders hätte sie, wer weiß, das Leben mit meinem depressiven Vater nicht ertragen.

Es ist wahr: sie haben mich nicht Kind sein lassen. Aber es ist auch wahr, daß ich sie nicht »liebe Eltern« habe sein lassen. Wir hatten eben dieses unser Schicksal zu leben.

Als wir in der Schule Goethes »Hermann und Dorothea« lasen, fand ich die Bestätigung meiner eigenen Gedanken:

Man kann die Kinder nach seinem Sinne nicht formen
Wie Gott sie uns gab, so muß man sie haben und lieben.

Goethe selbst, der hatte auch keine Freude an seinem Sohn, dem einzigen. Doch hat er ihn gewähren lassen. Warum konnten meine Eltern das nicht? War mein Vater nicht Lehrer, Pädagoge? Liebten ihn nicht seine Schüler über die Schulzeit hinaus?

Ich glaube, ich war, und er selbst auch, das Opfer seines ungeheuren Ehrgeizes: sein Kind mußte musterhaft sein, und dazu genügte nicht, daß es gescheit war, sondern es mußte tugendhaft sein und untadelig, und diese Tugenden mußten diesem Kind und seinem Vater zu einem ruhigen Leben verhelfen, aber zugleich alle ehrgeizigen Pläne des Vaters befriedigen: Lehrerin, Oberlehrerin, Schulrätin, Regierungsschulrätin, geehrt von allen, fein und nobel und fromm, streng religiös und streng moralisch, ohne Liebesgeschichten...

Armer Vater eines vom Daimon getriebenen Geschöpfs, das eine Schriftstellerin werden würde. Er hat meine ersten Erfolge noch erlebt, aber sie ließen ihn kalt. *Das* wars nicht, was *er* sich erhofft hatte. Sein Gesetz war nicht das seines Kindes.

Wären meine Eltern achtsam und wissend gewesen, so hätten sie dieses mein Gesetz erkennen können an meinem ersten Geburtstag, an dem sich zwei wichtige Ereignisse abspielten.

Das erste: ich sah im großen Spiegel im Kleiderschrank einen Mann mit ausgebreiteten Armen auf mich zukommen (es war mein Großvater), ich lief ihm entgegen, stutzte, sah ein andres Kind, lief beiden Gestalten entgegen, und rannte in den Spiegel. Der Spiegel bekam einen Sprung links unten, der blieb, bis der Schrank eines Tages, Jahrzehnte später, verschenkt wurde mitsamt dem zersprungenen, dem nie ersetzten Spiegel. Das Kind, das in den Spiegel gelaufen war, blieb ohnmächtig liegen, so schrieb es mein Vater in jenem silbergrau eingebundenen Buch. Mir ist, als erinnerte ich mich jener Szene und des Stoßes gegen meine Stirn.

Du wolltest immer mit dem Kopf durch die Wand, sagte mein Vater, später diese Spiegelgeschichte interpretierend. Falsch: ich sah ja gar keine Wand, im Gegenteil, ich sah eine offene Tür, durch die ich gehen konnte, ich sah die Spiegel-Wirklichkeit, die mir ebensoviel galt wie die andre. Aber habe ich mir nicht schier den Kopf zerbrochen bei diesem Eintritt in die andere Wirklichkeit? Mußte es mir nicht eine Lehre sein fürs Leben, daß man sich an die eine, die allgemein anerkannte Wirklichkeit halten soll und daß alles andre Phantasie, Illusion, Traum ist? War es nicht vielmehr eine Initiation, dem Schlag des Zen-Meisters vergleichbar? Zersprang nicht der Spiegel unter dem Anprall meines blinden Glaubens an die Spiegelwirklichkeit? Konnte ich nicht fürderhin durch diese Ritze von der einen Wirklichkeit in die andre, die zauberische, die heilige, eintreten wie das Mädchen in »Through the lookingglass« des englischen Kinderbuch-Autors Lewis Carroll, der keine Kinderbücher schrieb, sondern Horrorgeschichten, und der seine »Alice in Wonderland« durch ein Kaninchenloch in eine andre Welt fallen läßt, eine bizarre, absurde, irrwitzige, eine Welt, die nach dem Biß vom Giftpilz, dem Essen der Mescalindroge, sich in schauriger Beliebigkeit verändert.

Meine Spiegelwirklichkeit ist jene der Ideen und jene meiner Arbeit. Ich lebe in der Doppelwirklichkeit.

Eine Bäuerin sagte mir einmal: einen Spiegel zerbrechen, das bedeutet Unglück. Im Wessobrunner Klostergang ist unter den Deckenfresken eines, das einen Basilisken zeigt, der in den Spiegel schaut, darunter steht: Das Leben entfällt durch Ungestalt.

Wäre einer meiner Söhne so in den Spiegel gerannt und hätte dabei sich und den Spiegel verletzt – ich hätte es als Warnung, als böses Vorzeichen genommen.

Aber dann kam das zweite Ereignis: wie im Märchen von Dornröschen trat nach der bösen Fee (wenn sie eine böse war) die gute ein und wandelte den Unheilspruch ins minder Bedrohliche. Meine liebe Tante Fanny kam und brachte ein Geburtstagsgeschenk mit. Sie war meine Taufpatin. Ihr Geschenk: ein kleiner Wandteppich, ein Gobelin, er hängt seit Jahren über meinem Bett. Eine Felsenlandschaft, eine tiefe Schlucht, ein Steg ganz schmal, das Geländer gebrochen. Auf dem Steg ein kleines Mädchen mit einem Korb voller Blumen. Es geht da, als sei keinerlei Gefahr. Sieht es die Gefahr überhaupt nicht? Hat es keine Angst? Hinter ihm schwebt, sehr groß, ein Engel mit ausgebreiteten Flügeln. Der Schutz-Engel. Der Schutzgeist. Mag die ihm Anvertraute ruhig über den Abgrund gehen: der Großgeflügelte ist neben ihr. Er ist auch in ihr selbst. Er ist der Meister, der Tröster, der Warner, der Daimon.

Hilfreich und unbequem: das Gewissen. Nicht das andres-sierte moralische Gewissen, sondern das Wissen vom *Weg*. Der Engel, der Meister, moniert jedes Abirren vom *Weg*. Die Himmlischen schicken den Menschen nicht als einen Verlassenen in die irdische Sphäre: sie geben ihm den Schutzgeist mit.

Unter meinen Fotos hat sich ein sehr frühes erhalten: ich liege, vermutlich als Taufkind, weil im schönen Steckkis-sen, auf dem Tisch. Ein Fehler in der Platte, ein Fehler beim Entwickeln: dicht über meinem Herzen ist ein Lichtfleck, eine kleine Sonne. Ein technischer Defekt; man kanns auch anders sehen: jeder von uns hat seine Strahlung, sein inneres Licht, seinen Engel. Was außen ist, ist innen, was innen ist, ist außen. Der Engel über meinem Bett, der Engel in mir selbst. Der Engel, mein göttliches Teil. Er wird mein Todesengel sein und mit mir heimkehren in den göttlichen Bereich.

Er ist nicht der dunkelgeflügelte Saturn, der finstere Mora-list, der Vater. Er ist ein Brudergeist, ein heller Geist, der mit dem Schlag seiner großen starken Flügel den Saturn in Schach hält. Ganz abwenden konnte die gute Fee Tante Fanny den harten Spruch des Saturn nicht, ganz konnte sie mich nicht bewahren vor den Schatten der Depression, der Schwermut, der Trauer, aber vor der äußersten Verzweif-lung hat sie mich bewahrt.

Bisweilen nahm der Engel die Gestalt hilfreicher Menschen an. Ich muß etwa vier Jahre alt gewesen sein und stand mit meiner Mutter auf einem Bahnsteig in Tutzing, wo wir umsteigen mußten. Meine Mutter plauderte mit einer Bekannten. Ich sah zwischen den Geleisen ein gelbes Blümchen, stieg hinunter und wurde von jemand zurückge-rissen: der Schnellzug fuhr ein. Meine Mutter hatte es nicht gemerkt. In meinen bösesten Zeiten unterschob ich ihr, wenn schon nicht den Tötungs-, so doch Todeswunsch:

wieviel leichter wäre ihr Leben gewesen ohne dieses Kind... Viele Male im Leben war ich in Todesgefahr. Einmal, mit sechzehn, übte ich im MTV (Männerturnverein) am Hochreck, das auf Manneshöhe eingestellt war. Keine Matte lag darunter. Ich probte die Riesenwelle und fiel herunter, auf den nackten harten Boden. Man hielt mich für tot. Ich hatte nicht einmal eine merkliche Gehirnerschütterung. Einmal brach beim Klettern im Karwendel ein Stein unter meinem falschen Griff, und ich stürzte ab, am Seil zwar, aber mein Engel ließ mich dem Partner über mir am Seil beim Abstieg zuschreien: Paß auf, ich stürze! Er konnte sich sichern und so sich und mich retten.

Und einmal, in meiner Jugend, beim zu langen Schwimmen im Staffelsee, hatte ich das rasch sich nähernde Gewitter nicht beachtet, der Sturm setzte jäh ein, und ich wurde von den Wellen überrollt. Vom Ufer aus setzte man zur Rettungsaktion an, aber ich kam, von den Wellen getrieben, von den Rettern aus den Augen verloren, am andern Ufer an. Und wer weckte mich, als ich am Strand bei Arcachon am Atlantik einschlief in Unkenntnis der Gefahr der überaus rasch steigenden Flut nach der Ebbe? Aufwachend fand ich mich mitten im schwer anrollenden Wasser und konnte eben noch gegen den Sog und die zurückrutschenden Kiesel mich an die schon weit entfernte Küste retten. Einmal überfuhr mich in München ein Motorrad, ich machte einen doppelten Salto, sagten die Leute, die mich für tot hielten. Da hatte ich dann allerdings eine Gehirnerschütterung. Und wer hielt im April 1945 den Brief vom Berliner Volksgerichtshof mit dem Todesurteil zurück, so daß der Krieg zu Ende war, ehe der Brief in Oberbayern ankam?

Viele Male war ich in Gefahren solch äußerer Art. Sie abzuwenden war nicht die schwerste Aufgabe meines Engels, derlei muß ein Engel können. Aber mich auf dem *Weg* zu halten... Darüber wird noch die Rede sein müssen.

Die junge Autorin berichtet in den »Gläsernen Ringen« von einem Traum aus ihrer Kinderzeit. Sie schreibt, sie habe diesen Traum geträumt nach jener reuelosen, also ungültigen, vielmehr sündhaften Beichte. Das ist nicht so. Sie hat ihn etwas später geträumt, als junges Mädchen, oder noch später. Aber geträumt hat sie ihn und er war einer der »großen Träume«, der Weisungsträume, in denen der Engel sich offenbart. In jenem Traum war wirklich ein Engel erschienen: ich sah mich selber schweben in einem tiefen Brunnenschacht, etwa in halber Höhe. Unter mir ein brodelndes Chaos, über mir weit weg ein strahlendes Licht. Ich fühlte den Sog der Finsternis in der Tiefe, ich fühlte mich sinken, schon berührte ich beinahe das Dunkel, da riß mich der Engel (ich sah ihn) jäh in die Höhe. Im Traum erfuhr ich die Rettung als seligen Schrecken. Er blieb mir im Wachen, er blieb mir bis heute.

Als ich den Traum einmal viel später einem befreundeten Theologen erzählte, sagte er: »Nun, deine Rettungs- und Heilsgewißheit ist schon beinahe eine Herausforderung an Gott, dich mal in jenes Chaos eintauchen zu lassen, wenigstens mit den Fußspitzen. An deiner Stelle würde ich Gott ein bißchen fürchten.«

Nein, ich kann ihn nicht fürchten, und die Gewißheit meiner Rettung ist ja die Gewißheit der Rettung *aller*. Ich meine eher, ich sei eine Herausforderung der lächelnden Großmut Gottes. Mein Gott ist nun einmal kein Staatsanwalt, er ist Armenanwalt, er ist der Anwalt seiner selbst, denn wer ist er ohne uns, wer ist er, wenn nicht *wir-und-er*? Er hat es so gewollt.

Im National-Museum in Nizza sah ich ein Bild von Chagall. Gott, der Gott Chagalls, der Gott der Juden, unser aller Gott also, ist eine blaue Pyramide, gebildet aus Menschen. Moses sieht nur den brennenden Dornbusch. Dieser Busch hat Ähnlichkeit mit Gott. Auf dem Bild stört mich etwas:

Gott hat um seine Hüfte einen Wolkengürtel. Mir scheint (die Reproduktion mit der Lupe betrachtend), daß die obere Hälfte Gottes aus Geretteten besteht, die untere aus wenn nicht schon Verdammten, so doch noch nicht Geretteten. Der Wolkengürtel stört mich, er verstört mich. *Mein* Gott hat derlei nicht. Ich bin hierin Ketzerin, ich habe es immer mit dem alten Ketzer-Theologen Origines gehalten, der sagt: am Ende der Zeiten werde der Teufel mit-erlöst. Natürlich habe ich mich nicht umsonst jahrzehntelang mit christlicher Theologie, mit katholischer Dogmatik befaßt, um jetzt nicht handfeste Einwände gegen meine eigene Häresie vorbringen zu können. Dennoch glaube ich: am Ende nimmt Gott das aus ihm herausgefallene Dunkel wieder in sein Licht auf, so wie er mich in meinem Traum ins Licht hinaufriß, wider alles Erwarten, an der Hand des Engels. Da ich einen Schutz-Engel habe, ist es undenkbar, daß nicht alle Menschen einen haben. So hat die Erde insgesamt ihren Schutz-Geist, wir nennen ihn Christus.

Wenn ich bedenke, daß ich derlei gnostische Gedanken immer schon hegte und sie, ahnungslos, daß ich Ketzerisches dachte, auch aussprach, so kann ich verstehen, daß ich der Schrecken meines Religionslehrers war und bisweilen sogar meine phantasievolle, aber sehr konservativ-katholische Freundin Gertraud schockierte.

Wie sehr aber täuschten sich meine Eltern und Erzieher über mich. Während ich mit Begierde Angelus Silesius und Meister Eckhart las und deren schöne In-Bilder mit den trockenen, »vernünftigen« Lehrsätzen aus dem Religionsunterricht verglich, sehr zuungunsten der katholischen Dogmatik, während ich also tieffromm war, fing ich an, mich gegen die »Kirchengebote« zu versündigen. Ich ging nicht mehr zur Schulbeichte. Damit beganns. Als ich eines Tages in der Reihe meiner Mitschülerinnen vor einem Beichtstuhl in der Münchner Heiliggeistkirche stand und versuchte, die rechte Beichtgesinnung in mir zu erwecken, merkte ich, daß ichs nicht mehr konnte. Ich war fünfzehn Jahre alt. Wie in der Kinderzeit widerstand ich der Versuchung, einfach aus der Kirche wegzugehen, ohne gebeichtet zu haben.

Am Beichtstuhl stand ein Namensschild: Dr. Berghofer. Das war der junge, gescheite, noble Geistliche, der im »Heim Sanct Elisabeth«, wo mich meine Eltern nach dem Hinauswurf aus dem »Heim Maria Treu« untergebracht hatten, die tägliche Morgenmesse zelebrierte, wobei eine junge, sehr schöne Schweizerin, Kunststudentin, Lily Benz, ministrierte mit der hochmütigen Anmut einer aristokratischen Äbtissin. Die beiden Schönen, Frommen gaben Anlaß zu Klatsch. Mir machte das nichts aus, ich sah nichts Böses darin, daß sie sich liebten auf ihre sicher schwierige Weise. Ich kannte derlei Beziehungen halbverbotener, noch eben geduldeter Art durch meinen Großonkel Franz, der, als Dekan seines Sprengels, mit solchen Fällen zu tun hatte, was ihm sehr unangenehm war, weil sie ihn gar nicht interessierten: mögen die doch tun, was sie wollen, sie sollens nur diskret tun. Das habe ich später begriffen, als ich auch begriff, was das Bild am linken Seitenaltar der Wessobrunner Kirche bedeutete: das Bild einer bezaubernd anmutigen Frau mit einem schweren Kranz aus Rosen und Lilienblüten auf dem leicht geneigten Haupt, darüber, im goldnen Glanz geschnitzter Strahlen und über der Königskrone die Inschrift: Tota pulchra es. Vollkommen schön bist du. Eine Zeile aus dem Hohen Lied. Vollkommen schön bist du, meine Freundin.

Diese Madonna, zu der eine bayrische Prinzessin Modell stand, heißt »Mutter der schönen Liebe«.

Als bei der Schulbeichte die Reihe an mir war, trat ich entschlossen in den Beichtstuhl mit jenem Namensschild. Ich weiß natürlich nicht mehr wörtlich, was da geredet wurde, aber den Kern weiß ich ganz genau. Ich werde gesagt haben, daß ich nur pflichtgemäß gekommen sei, aber nicht mehr beichten wolle und könne, weil ich keinen Sinn darin sehe. So ähnlich. Und die Antwort, sicher nach einer Denkpause: Du bist alt genug, um zu wissen, was du willst und sollst, oberste Instanz ist dein Gewissen.

Ich weiß, daß er mir zwar natürlich nicht die Absolution gab, aber seinen Segen.

Ich fühlte mich befreit. Ein Tor stand offen. Ich begann, erwachsen zu werden. Eigentlich war ichs schon als Kind, aber ich wagte es nicht zu denken. Jetzt wagte ich es.

Die erste Konsequenz: ich ging nicht mehr in den Schulgottesdienst. Nicht, als ob ich nicht hätte gehen *wollen*. Ich *konnte* nicht mehr. Ein Grund: man sollte mich und niemanden zwingen, sein Gespräch mit Gott öffentlich zu führen, so dachte ich damals.

Der zweite Grund: ich konnte die neue Art des Gottesdienstes nicht ausstehen, die deutsche Messe. Die hatte der »Kief« eingeführt, der Studienrat Kiefinger, der zweite Religionslehrer an unsrer Schule, der meine nicht, aber während der beiden Jahre im »Heim Maria Treu« der »Seelsorger« dort. Der Kief war der große Schwarm der Mädchen aller Klassen, in denen er unterrichtete. Sie rissen sich darum, wer ihm seine Bücher nachtragen durfte von der Schule in seine Wohnung. Sie aßen ekstatisch das Papier mit seinen Korrekturzeichen unter ihren Hausaufgaben. Sie himmelten ihn an. Sie wären mit ihm sofort ins Bett gegangen, hätte ers gewollt. Ich glaube, er wollte das nicht. Er war blond und blauäugig, rosahäutig und ein wenig fett, ein Bauernsohn. Ich glaube, er war ein guter Lehrer und überhaupt nicht übel. Er kam, meine ich, aus der katholischen Jugendbewegung. Von daher, scheint mir, brachte er diese Neuerung der deutschen Messe mit. Jetzt wurde nicht mehr lateinisch psalmodiert und keine lateinische Messe mehr gesungen, jetzt wurde geredet und geredet und alle Sammlung zerredet. Mir war der Gottesdienst verleidet. Da nicht streng kontrolliert wurde, konnte ich wegbleiben. Zuerst ging ich mit den andern noch bis in das Kirchenschiff hinein und verdrückte mich dann unter anderen Besuchern. Bald erschien mir diese Täuschung unwürdig, und ich ging direkt an einen jener Orte, die ich liebte und an denen ich mir in jenen Jahren einen Schatz an Bildung zusammensammelte, wie ihn mir die Schule nicht gab: die Alte und die Neue Pinakothek, die Staatsgalerie, die Glyptothek, die Schackgalerie, das Völkerkundemuseum, das Deutsche Museum, das damals neu und sehr attraktiv für mich war. Das Haus der Kunst, das gabs damals noch nicht, das ist Hitlers Werk.

Im Deutschen Museum war am Sonntagmorgen fast niemand, da war ich allein mit meinem Freund, dem spitzbärtigen Herrn Frank, dem Aufseher in der Abteilung Physik, Unterabteilung Akustik. Der Herr Frank war Jude, das sagte er mir. Ich hoffe, er starb in Frieden daheim, vor 1938. Ihm verdanke ich meine Liebe zu alten und exotischen Instrumenten, die dort aufgestellt waren (und sind) und auf denen er mir vorspielte. Diese Liebe hatte ich mit meinem zweiten Ehemann, Carl Orff, gemeinsam. Ich besitze noch einen Schulaufsatz von mir vom Januar 1926 zum Thema: »Selbsterarbeitetes aus dem Deutschen Museum«, eine lange Arbeit, die mich amüsiert, weil ich darin präsumptive Leser direkt ansprach: »Erinnert ihr euch an die Karfreitagsratschen? So sehen die orientalischen Klapperhölzer aus.«

Ich behaupte in diesem Aufsatz, daß das Klavier zigeunerhaften Ursprungs sei, es habe sich nämlich aus dem Monochord entwickelt und Pythagoras habe es zur Ergründung des »pythagoräischen Kommas« benützt.

Meine Deutschlehrerin schrieb an den Rand: »Eine knappe

Erklärung des Begriffs wäre nötig; so du aber, begreiflicherweise, selbst nicht genau Bescheid weißt, mußt du einen solchen Hinweis vermeiden.« Ich schrieb damals mit Bleistift daneben: »Wußte ich aber schon: es ist ein Achtelton.«

Ich schrieb, ich sei vor den Harfen sehr lange gestanden und habe dabei gedacht, »wie David zum Klange seiner Harfe an den Wassern von Babylon ein neues Lied der Sehnsucht sang«. Mit roter Tinte daneben die Bemerkung meiner Deutschlehrerin: Bibelkenntnis! Es war nicht David, der war nicht in Babylon. Aber daß ich mich der Klagegesänge der Juden in der babylonischen Gefangenschaft erinnerte beim Anblick harmloser Harfen, gehört zur Geschichte meines Lebens: immer war ich ganz spontan, ganz unreflektiert, leidend oder tätig, auf der Seite der Exilierten, der Gefangenen, der Unterdrückten. Vielleicht war es damals beim Anblick der Harfen, daß mir der Herr Frank sagte, er sei Jude, ein Kind aus dem Stamme jener, die in Babylon weinten. Dem Herrn Frank verdanke ich auch meine lebenslängliche Liebe zur Physik, die ich allerdings nur höchst fragmentarisch von ihrer philosophischen Seite her verstehe. Es gab im Deutschen Museum eine simple Vorrichtung zur Demonstration der wellenförmigen Fortbewegung des Schalles: eine Art Galgen, an dessen Querbalken an Fäden aufgehängt Kugeln; stößt man die erste an, bewegt sie die zweite, diese die dritte und so fort, und die Bewegung erweist sich als Wellenlinie. Das allein war nicht aufregend, aber: zu denken, daß jede noch so geringe Bewegung sich fortpflanzt! Einmal in die Welt gesetzt, wirkt das weiter, wer weiß wie weit, prinzipiell unendlich weit. Ich kann heute noch fühlen, was ich damals fühlte: einen tiefen Schrecken. Nichts kann man tun, ohne daß es weiterwirkt, immer weiter, in Wellen, in Kreisen. Welt-Veränderung im Guten, im Bösen. Mein kleines Tun bleibt nicht folgenlos. Nichts ist zu verbergen und nichts rückgängig zu machen. Was ich damals ahnungsvoll begriff, bestimmte mein Leben für alle Zeit: ich sah mich als Teil des Universums, allen Bewegungen andrer ausgesetzt und selber kosmische Bewegung verursachend. Grund zur Furcht und Seligkeit: eins zu sein mit allem. Daraus leitete sich mir eine sehr strenge Ethik ab. Der Christus Jesus sagt, es gebe nur ein einziges Gebot, das der Liebe. Was für ein Gebot! Du bist mitverantwortlich für alles, was geschieht auf dieser Erde. Du kannst dich der Verantwortung nicht entziehen. Wer das einmal begriffen hat...

Während ich solche Belehrungen erhielt, wurde ich im »Heim Maria Treu«, das dem Deutschen Museum genau gegenüberlag, jenseits der Isar, Zeppelinstraße 65, der Aufsässigkeit bezichtigt. War ich, der Meinung der Vorsteherin nach, besonders frech gewesen, wurde ich zum »Kief« zitiert. Ein »Solo« beim Kief war von vielen begehrt als Möglichkeit, dem Angeschwärmten für fünf Minuten nahe zu sein. Für mich eine Unerträglichkeit. Wenn der Kief nach der täglichen Morgenmesse beim Frühstück im Sprechzimmer saß, wurde man zu ihm geschickt. Man mußte neben ihm stehen bleiben. Er aß sein Frühstück. Das scheint eine einfache Feststellung: es ist eine schwere Anklage. Wir sind im Jahr 1924 auf 25. Wir leben noch unter den Nachwirkungen des Krieges und der Inflation. Wir leiden noch Not. Das Frühstück der Heimkinder besteht aus Malzkaffee mit Magermilch, schlecht durchgebackenem Brot, ein bißchen Margarine und ein bißchen billiger Marmelade. Der Kief sitzt im Sprechzimmer am weißgedeckten Tisch, trinkt Bohnenkaffee mit Rahm, ißt knusprige Semmeln mit Butter und Honig. Zwischen Trinken und Kauen erteilt er seine Ermahnungen. Dann muß man sich zu ihm beugen und er gibt einem seinen Segen: er macht das Kreuzzeichen auf die Stirn. Ich entziehe mich diesem Segen durch eine rasche Kopfbewegung oder einen plötzlichen Hustenanfall. Eine verstockte Sünderin.

Draußen lauerten seine Anbeterinnen: Was hat *er* gesagt? Sag doch! Ja, was hatte *er* eigentlich gesagt? Ich hörte nicht hin. Hätte *er* mir eine Semmel geschenkt... Aber so, nein. *Er* redete in den Wind. Der Kief ist tot, ich werde sterben, aber die Dummheit und Ungerechtigkeit der Erzieher und das Leiden der Zöglinge bleibt.

Aber nicht alle meine Lehrer waren so, ich muß gerecht und wahrhaftig sein. Ich kann mich nicht über meine Schule eigentlich beklagen. Sie hat mich nicht zum Selbstmord getrieben. Ich bin ihrem langweiligen, beleidigenden, ungerechten, dummen Autoritarismus entronnen durch den stillen Rückzug in den Elfenbeinturm, den ich nur verließ, um mich für meine Klasse zu schlagen. In den ersten Jahren war ich noch nicht Klassensprecherin und konnte noch eine Gnadenfrist lang in der Kindertraumwelt leben, die aus unter- und überirdischen Quellen gespeist wurde.

Die junge Autorin schreibt in den »Gläsernen Ringen«: »Meine Eltern beschlossen, mich in die Landeshauptstadt zu schicken.«

Warum eigentlich schrieb ich nicht: nach München?

Die junge Autorin hatte einen literarischen Spleen: alles mußte hochstilisiert werden. Nur keine Banalitäten, nur kein Naturalismus. Nur keine Fotografie der Wirklichkeit-für-alle. Der Spleen kann gerechtfertigt werden: die junge Autorin brauchte die Distanz von der noch zu wenig weit zurückliegenden Vergangenheit. Alles mußte entrückt und umbenannt werden. Und es war ja auch gar keine Autobiographie. Es war ja so gleichgültig, wie die Landeshauptstadt hieß. Alles Außen war gleichgültig. Es ging um den Abstieg ins eigene Innere, so weit das der Autorin von damals schon möglich und bewußt war.

Meine Eltern brachten mich also »in die Landeshauptstadt«.

»Mir war es fast gleichgültig, was mit mir geschah«, schrieb die Autorin damals. Sie hätte schreiben sollen: Mir war gleichgültig, was äußerlich geschah, für mich zählte nur die Spiegelwelt, die Innenwelt.

»Von der großen Stadt und der neuen Schule erhoffte ich mir nichts Gutes und nichts Besonderes.«

Das stimmt.

Den Abschied vom Dorf und Elternhaus erleichterte mir der Tod eines kleinen Hundes. Ich kann nicht sagen: meines Hundes, er war der meine und war es nicht; er war, kurz ehe wir nach Übersee kamen, von einem Wanderzirkus, in dem er und einige andere Hündchen Tanznummern hatten, vergessen und irgendwo aus Versehen lange eingesperrt worden. Das Hündchen, ein schwarzer Zwergspitz, wurde adoptiert vom pensionierten Hauptlehrer Schäfer. Als der Kleine, Fritzi genannt, mich sah, beschloß er, mir zu gehören. Mein Vater erlaubte nicht, ihn ins Haus zu nehmen, Hunde bringen Schmutz ins Haus, das mochte die überaus saubere Mutter nicht, und Hunde bedeuten überhaupt nur Störung. Der Hund kam beharrlich wieder. Schließlich setzte er es durch, daß er tagsüber bleiben durfte. Nachts ging er zu seinem anderen Herrn. Wenn meine Mutter mich ausschalt, knurrte er sie an. Wenn ich weinte, strich er tröstend, in Kater-Art, mit seiner Schnauze um meine Beine. Einmal, als mir meine Mutter eine Ohrfeige gab, sprang das Hündchen Fritzi wie ein kleiner Tiger auf sie zu und schnappte nach ihr. Da bekam er Hausverbot. Aber er kam wieder und wieder. Offenbar trug ihm meine Mutter den Angriff nicht nach, denn auf einem Foto aus meinem zwölften Jahr sitzt der Fritzi alt und friedlich auf ihrem Schoß. Eigentlich war sie nämlich tierliebend, nur lag ihre Tierliebe im Streit mit ihrem Sauberkeits-Fimmel. Vögel vor dem Fenster liebte und fütterte sie sommers wie winters, sie kannte jeden, gab ihnen Namen und redete mit ihnen. Fritzi starb eines natürlichen Todes am Tag vor meiner Abreise. Wir Schulkinder begruben ihn im Garten unter einem Bismarckapfel-Baum. Bei allem Schmerz: der Tod kam mir recht. Fritzi wollte ihn. Er zog mit seinem Sterben einen entschiedenen Schlußstrich unter meine Kindheit. Ein neues Kapitel konnte beginnen.

Die junge Autorin beschreibt den ersten Münchner Schultag. Vieles daran stimmt mit der erlebten Wirklichkeit überein, besonders das eine, das Wichtige: der Auftritt der Klassenlehrerin. Den meisten meiner Mitschülerinnen war sie keine ganz Fremde, sie kannten sie vom Sehen, sie waren Schülerinnen der unsrer Lehrerbildungsanstalt angegliederten Seminar-Übungsschule. Mir war sie fremd. Ein fremdes Götterbild. Eine Offenbarung.

War sie so schön wie ein griechisches Götterbild? Das nicht. Aber eigenartig schön war sie doch: klein, schwarzhaarig, braunäugig, eine Haut wie Elfenbein, die Nase sehr gerade, ein undeutsches Gesicht. Die Haare, in der Mitte gescheitelt und zum Zopf geflochten, trug sie schräg überm Hinterkopf aufgesteckt von Ohr zu Ohr. Eine ausgefallene Frisur. Eine Jugendbewegungs-Frisur. Auch ihre Kleidung war danach: betont schlicht und die Röcke knöchellang. Aber niemand fand sie komisch. Sie wurde sofort respektiert. Sie war dreiunddreißig, die jüngste Lehrperson unsrer Schule, und sie schrieb noch an ihrer Doktordissertation in Psychologie.

Sie hieß Elisabeth Schweitzer und stammte aus Gunzenhausen in Franken, nicht aus Athen oder Eleusis. Jedesmal, wenn ich mit dem Zug von München nach Frankfurt fahre und das Schild »Gunzenhausen« sehe, denke ich an sie. Mein Herz hat ein langes Gedächtnis. Sie starb an Darmverschlingung, noch nicht alt. Sie hätte, wäre es nach mir gegangen, eine Himmelauffahrt haben müssen von einem

griechischen Inselberg aus, mit den Aufwinden bei Sonnen-
aufgang und von den Sonnenpferden des Helios getragen.
Immer habe ich sie nach Griechenland versetzt. Ich nannte
sie Erinna, im Buch. Sie gehörte auf die Insel Lesbos, eine
Gefährtin der Sappho. Hätte man mir damals gesagt: Kind,
gib acht, sie ist ›lesbisch‹, sie liebt Frauen, so hätte ich das
nicht verstanden. Davon wußte ich nichts. Ich hörte es
überhaupt erst viele Jahre später.

Es war nicht sie, die liebte: ich wars, ich liebte sie vom
ersten Tag, vom ersten Augenblick an, ich liebte sie glühend.

Mir war, als habe ich meine ganze Kindheit und eine Vor-
Ewigkeit lang auf diese Erscheinung gewartet, als sie am
Morgen des ersten Schultags vor die Klasse hintrat, die
sofort verstummte. Erinna hatte sich mit einem einzigen
erstaunten Blick Ruhe verschafft. Dann legte sie ihre Hände
ineinander und über die Brust, senkte das Haupt, blieb eine
Weile so, und dann sagte sie still und fest:

In Ihm sei's begonnen,
Der Monde und Sonnen
An blauen Gezelten
Des Himmels bewegt.
Du Vater, du rate,
Lenke du und wende!
Herr, dir in die Hände
Sei Anfang und Ende
Sei alles gelegt!
Amen.

Pause. Wir wagten kaum zu atmen. Was war geschehen mit
uns? Dann hob Erinna den Kopf, schaute uns an und sagte:
Jetzt fangen wir an zu arbeiten. Ein nüchtern-magisches
Wort. Was sie von uns wollte, war nicht Leistung, sondern

selbständiges Denken. So überraschte sie uns schon in der ersten Zeit mit dem Auftrag, uns eine Kenntnis Rußlands zu erarbeiten. Gut, aber wie? Wir waren daran gewöhnt, daß die Lehrer den Stoff vortrugen und wir uns Notizen machten und die Sache mehr oder minder wörtlich auswendig lernten. Jetzt aber sollten wir unsre eigenen Lehrer sein. Erinna zeigte uns, wie man das macht. Wir lernten zunächst einmal verstehen, daß man, um Fragen stellen zu können, schon etwas wissen müsse. Was wußten wir von Rußland? Daß es 1917 eine Revolution gehabt hat und daß seither Kommunisten dort herrschen. Wer aber hat die Revolution eigentlich gemacht und warum, wozu? Wir wußten auch, daß Deutschland im Ersten Weltkrieg gegen Rußland gekämpft hat. Warum? Wer hatte begonnen? Um was ging es, um Machtpolitik, um Land, um Bodenschätze, um Weltanschauliches? Was für ein Volk sind die Russen, was für eine Religion haben sie und was für eine Kultur? Haben sie große Dichter? Ich wußte einen, aber gelesen hatte ich noch nichts von ihm: Tolstoi. Erinna fragte mich, ob ich einen Vortrag über russische Dichtung ausarbeiten könne. Andre sollten, ihren je besonderen Interessen entsprechend, über andre Themen arbeiten. Aber wie macht man das? Man sucht Bücher darüber, man liest Zeitungen und Zeitschriften und sucht Bildmaterial. Aber wo? In der Klassenbücherei. Wenn sie nicht ausreicht, in der Schulbibliothek. Wenn sie nicht ausreicht, in der Stadt- und Staatsbibliothek. Wie bekommt man Erlaubnis zur Benutzung? Und wie findet man unter Hunderttausenden von Büchern die richtigen? Wir lernten Sach- und Personenregister benutzen. Wir lernten Auszüge machen. Kurzum: wir lernten studieren. Wenn dann die Vorträge gehalten wurden, lernte die Klasse kritisch zuhören. Wir arbeiteten mit Leidenschaft. Wenigstens scheint mir das im Rückblick so.
Ganz sicher lernten wir »schreiben«. Ich verdanke Erinna

meinen Stil, das heißt meinen Ernst im Umgang mit der Sprache. Wir waren damals in jenem Alter, das man Backfischalter nannte, und wir liebten einen schön blumigen, expressionistisch exaltierten Stil. Erinna wählte aus den korrigierten Hausaufsätzen immer einige aus und las sie vor, natürlich ohne die Namen der Autoren zu nennen; nie hat sie uns gedemütigt und auch nie besonders gelobt. Aber wenn sie kommentarlos so einen Jungmädchenaufsatz voller Klischees vorlas, erkannte man sofort, was da nicht stimmte. Bisweilen fand man mit roter Tinte an den Rand geschrieben: »Vorstellen!« Unter diesem Anruf verwelkten unsre Treibhausblüten. Konkret mußten wir schreiben, Geschwätz wurde angeprangert und entlarvt, genau mußte man sich ausdrücken, »sehen« mußte man, was man schrieb, wahrhaft mußte man sein. *Vorstellen!* Sie hat uns Selbstkritik gelehrt, und das nicht nur in unsrer Arbeit, sondern auch in unserm Klassenleben. Sie führte »Klassenstunden« ein, in denen die Klasse über sich selber sprach, über ihre Probleme mit der Arbeit, mit den Lehrern und Schülerinnen, das waren oft harte Stunden, da wurden einem die Illusionen weggeätzt, man bekam aber auch freundschaftliche Hilfen, und vor allem: man lernte »Gemeinschaftsgeist«, das war ein wichtiges Wort im Vokabular Erinnas. Ich glaube, sie hat in mir, ohne daß es ihr und mir damals bewußt wurde, den pädagogisch-sozialen Eros geweckt, der mich seither nicht verlassen hat.

Sie hat uns auch in ein lebendiges Verhältnis zur Literatur gebracht. Unvergessen unsre Feiern zu Goethes und Schillers Geburtstag. Sie regte an, und wir führten aus: wir suchten passende Stellen aus deren Werken, wir lernten Gedichte auswendig, eine von uns hielt einen Vortrag. Erinna mischte sich nicht ein, es war *unsre* Arbeit. Während der Feier saß sie da wie die Iphigenie auf Tauris, von Feuerbach gemalt: das schöne Haupt aufgestützt, nach

Hellas blickend, »das Land der Griechen mit der Seele suchend«. Im zweiten Schuljahr führte sie den »Dramenring« ein: an schulfreien Nachmittagen kamen die freiwilligen Teilnehmer zusammen, um mit verteilten Rollen Stücke zu lesen: »Hamlet« (ich als Ophelia), »Faust« (ich als Gretchen), daran erinnere ich mich, meine Intelligenz-Rivalin Elisabeth Herrmann als Faust und als Hamlet, mir paßten die Rollen der Ophelia und des Gretchens auf den Leib: Wahnsinn und Selbstmord, blumenbekränzt auf grünem Wasser mit aufgelöstem Haar den Strom hinabtreibend...

Wir scheinen auch »Tasso« gelesen zu haben, denn mein altes Goethe-Exemplar ist an allen Rändern mit Bleistiftnotizen von meiner Hand beschrieben, leider in der alten Gabelsberger Stenografie, die ich kaum mehr entziffern kann, Notizen, die Zeugen meiner, unsrer ernsthaften Auseinandersetzung mit dem Stück sind.

Interessant, welche Stellen ich anstrich: »Frei will ich sein im Denken und im Dichten. Im Handeln schränkt die Welt genug uns ein.« Und: »Die Menschen fürchtet nur, wer sie nicht kennt.« Und: »Der fordert das Unmögliche von sich, damit er es von andern fordern dürfe.«

Angestrichen und mit einem großen Ausrufezeichen versehen ist die Stelle aus dem Gespräch zwischen der Prinzessin und Leonore: »Wir scheinen den Mann zu lieben und wir lieben mit ihm das Höchste, was wir lieben können.« Gemeint ist Tasso. Ich vermute aber, daß diese Prinzessin und diese Leonore, die im Dramenring den Tasso lasen, in Gegenwart Erinnas eben diese meinten. »Wir scheinen die Frau zu lieben...«

Elsa Drebinger, damals meine Herzensfreundin, und ich, wir liebten sie beide, ohne Rivalen zu sein. Wir liebten ja in ihr »das Höchste«. Was denn? Die klassische Schönheit, die Leidenschaft für Klarheit und Ehrlichkeit, die Strenge in

Arbeit und Lebensführung, die Poesie, den Mut, anders zu sein als die andern, die geistige Freiheit, den Schwung ihrer insgeheim revolutionären Seele.

Diese Elisabeth Schweitzer war ohne Zweifel die ideale Lehrerin.

Aber war sie Erinna? Wieso machte die junge Autorin in den »Gläsernen Ringen« diese zwielichtig leidenschaftliche geheimnisvolle Person aus ihr? Da ich damals noch nicht wußte, daß ihr Modell »lesbisch« war, wundert es mich, daß ich sie ahnungsvoll in jenem Bereich angesiedelt habe, der mir selbst fremd war. Habe ich da etwas verdrängt? Oder habe ich einfach, wie es mir so oft geschah im Leben, einen andern Menschen gesehen, als sei er aus Glas? Führte diese Lehrerin ein Doppelleben? Ich glaube nicht. Sie war aus einem Stück, bruchlos sie selber. Ihr Eros war nicht aufgeteilt in Unterricht, Erziehung, Privatleben. Er war *einer*.

Wer das Doppelleben führte, war ganz offenbar ich. Eigentlich führte ich ein doppeltes Doppelleben: eines als das »renitente Element« im »Heim Maria Treu«, eines als verträumte, anfallsweise eifrige Schülerin, eines als bemühtes Kind meiner Eltern und eines als – ja, als was? Als *ich selber*. Das wars, was die junge Autorin in ihrem ersten Buch beschrieb. In diesem ihrem eigentlichen Leben spielten Elisabeth Schweitzer und Elsa Drebinger die wichtigsten Rollen: Erinna und Cornelia.

Ich suchte in meinen Briefen an die Eltern aus jenen Jahren die Spuren. Was für reizende, zutunliche Kinderbriefchen sind das.

22. November 1924.

»Geliebte Eltern! Vor allem herzlichen Dank für das große Paket. Mir geht es ganz gut ... Jetzt ist es Samstag Abend. Wir sitzen im Studierzimmer. Wir haben fast gar nichts zu tun als zwei Seiten Geschichte zu lernen. Heute war der Herr vom Opernchor bei mir, und wollte mich einladen für

Sonntag ins Hoftheater. Aber ich wußte nicht, was ich tun sollte und ob es Euch recht ist. Da entschloß ich mich, nicht zu gehen. Danke für das Geld, ich hätte es eigentlich noch gar nicht gebraucht. Ich spare nämlich sehr. Ich freue mich schon auf Weihnachten. Neulich sagte uns Fräulein Schweitzer, daß wir auf Weihnachten für arme Kinder Geschenke machen sollen. Wir sollen auch daheim suchen, ob wir nicht alte Spielsachen oder sowas haben. Bitte, seht einmal nach. Vielleicht ist meine alte Puppenschaukel recht, oder alte Spiele. Neulich feierten wir Fräulein Schweitzers Namenstag. Wir kauften ihr zwei Alpenveil-chenstöcke. Aber sie durfte sie nicht annehmen, denn Lehrkräften ist es verboten, Geschenke anzunehmen. Wir konnten auch keine richtige Feier machen, denn ihre Mutter war krank, und da war sie sehr traurig. So schmück-ten wir nur ihr Pult mit Tannengirlanden und Blumen und eine sagte ein Gedicht. Das Fräulein Schweitzer war sehr erfreut. Nun seid millionenmal gegrüßt und geküßt.«
Kaum ein Brief, in dem nicht von »Fräulein Schweitzer« die Rede ist. Am 12. Oktober 1924 schrieb ich meinen Eltern einen Bericht von einem Schulwandertag mit Fräulein Schweitzer: »... Auf dem Weg an der Amper machten wir ein Kartoffelfeuer. Die Kartoffeln mußte jede selbst mit-bringen. In Dachau stiegen wir auf den Schloßberg und wanderten im Park umher, spielten und sangen. Es war sehr schön. Am Abend versäumten wir den Zug. Nun mußten wir noch eine Stunde warten, bis der nächste ging. Wir sagten den Großen nichts davon, denn sonst hätten sie gelacht, weil Fräulein Schweitzer sich nämlich meistens verirrt oder den Zug versäumt...« Dies ist der winzige Wirklichkeitskern für das Kapitel »Erinna und Cornelia«.
Eigentlich hätte ich den Eltern schreiben müssen: Der Wandertag war unerträglich schön. Mein Herz zersprang schier vor Traurigkeit und Liebe. Das Dachauer Moor im

Herbst, die Auenwälder an der Amper, Erinna so schön, so schön . . . Einmal, als wir im Gras saßen und sie vorlas, beugte ich mich über sie, nur ein klein wenig, sie durfte es ja nicht merken und auch keine der Mitschülerinnen, aber ich kam ihrem Haar nah genug, um seinen Geruch einatmen zu können, und dann ließ ich heimlich Blätter auf sie fallen, als fielen sie vom Baum, sie sollte das Zeichen verstehen und doch nicht, ich war aufgewühlt und voll von einer Sehnsucht, die ich nicht verstand, was wollte ich denn von Erinna, was denn, nichts als daß sie aufblickte und verstand, daß ich sie liebte, aber nein, das durfte sie ja nicht verstehen, das war mein Geheimnis, aber vielleicht verstand sie es doch, einmal blickte sie auf, eines meiner Blätter war ihr in den Schoß gefallen, und sie schaute nach oben, aber ich wandte mich ab, und doch fühlte ich ihren Blick auf mir, ich mußte einige Schritte weit weggehen, das Feuer verbrannte mich, und als ich mich der Gruppe wieder näherte, sah ich, daß Cornelia neben Erinna saß, das war ein Messerstich, und doch gönnte ich es ihr, gönnte ich es beiden, denn ich liebte beide.

So war es, und das ist nicht erfunden, so eine Szene bleibt eingebrannt. Was für eine Verwirrung, was für eine Liebesglut. Aber wenn Erinna mich umarmt hätte, wenn ich sie als Lesbierin erkannt hätte, wäre ich entsetzt geflohen. Sie mußte als attisches Götterbild auf einem Steinsockel bleiben. Hoch oben, unberührbar und nichts berührend.

Aber hat sich Cornelia ihretwegen das Leben genommen, wie es im Buch behauptet wird? Keineswegs. Das ist erfunden. Aber es hätte sein können. Es hätte auch ich sein können, die, Ophelia gleich, still ins Wasser ging, um flußabwärts zu schwimmen auf Nimmerwiederkehr, von der Amper in die Isar, in die Donau, ins Schwarze Meer, das sehr schwarz war.

Ganz tief waren wir in der Pubertät, und wir verstanden uns selber nicht. Elsa-Cornelia und ich waren unter den Jüngsten in der Klasse, körperlich spät entwickelt, seelisch gefährlich frühreif. Waren wir lesbisch? Keineswegs. Wir hatten keine sexuellen Probleme, diese Welt existierte für uns nicht. Dafür kann ich mich verbürgen: wir waren auf eine unglaubliche Weise keusch. Als mich bei einer Schulbeichte ein törichter Geistlicher drängte, mein Gewissen zu erforschen, ob ich nicht Unkeusches gedacht, gewünscht, getan habe, allein oder mit andern, da fiel mir nichts anderes ein als die Szene mit dem kleinen Peter, der seinem Schwesterchen und mir seinen Penis zeigte. Ich sagte es, damit er zufrieden war. Wenn meine Mutter damals nicht drohend ans Fenster geklopft hätte, wäre mir später fürs »Sechste Gebot« rein gar nichts eingefallen. Und das ist keine Verdrängung, denn ich erinnere mich scharf genau, wann zum ersten Mal mein Körper sich seiner selbst lustvoll bewußt wurde, da war ich zwanzig, bis dahin schlief er, während die Seele sich glühend verzehrte.

Diese Cornelia, wer war sie in der Wirklichkeit jener Jahre? Lehrerstochter wie ich, gescheit, mit einem ganz leichten Sprachfehler (sie stieß mit der Zunge an), den ich mochte und der mich nicht störte, wenn sie mit ihrer leisen Stimme Hölderlin zitierte. Ich glaube, daß sie Hölderlin vor mir fand, oder wir fanden uns im Zeichen Hölderlins, gleichviel: wir lernten damals ganze Kapitel aus dem »Hyperion« auswendig, und wir sagten nicht etwa: Ich bin enttäuscht und traurig, sondern: »Ich ward es endlich müde, mich wegzuwerfen, Trauben zu suchen in der Wüste und Blumen über dem Eisfeld.« Wir sagten nicht: Wie hasse ich diesen intellektuellen Unterricht, sondern: »Ein Gott ist der Mensch, wenn er träumt, ein Bettler, wenn er denkt.« Wir sagten nicht: Ich leide, aber daran werde ich erwachsen, sondern: »Des Herzens Woge schäumte nicht so schön, und würde Geist, wenn nicht der alte stumme Fels, das Schicksal, ihm entgegenstünde.« Wir sagten einander nicht: Du willst Unmögliches, du erwartest zu viel von den Menschen, sondern: »Du wolltest keine Menschen, glaub mir, du wolltest eine Welt.« Und wenn wir über Erinna sprachen, sagte wohl eine von uns beiden: »Was ist alles, was in Jahrtausenden die Menschen taten und dachten, gegen *einen* Augenblick der Liebe?«

Wenn die junge Autorin der »Gläsernen Ringe« erzählt, daß Cornelia ein geheimnisvolles Land Sol gefunden hatte und in ihm lebte als sei es auf der geographischen Landkarte verzeichnet, so stimmt das. Wir saßen zwar in der Schulbank, wir gaben mehr oder minder richtige Antworten, wir schrieben unsre Hausaufgaben, wir turnten und sangen wie die andern, aber wer, außer Erinna, ahnte, wo unsre Seelen umherschweiften, diese Zwillingsseelen. Aber einmal betrog ich Cornelia: eines Tages, es war Sonntag, bedrängte mich meine Liebe zu Erinna so sehr, daß ich, wie vom Sturm getrieben, nach Schwabing lief, zu Fuß, ich hatte kein Geld mehr für die Straßenbahn, denn für all mein Geld hatte ich eine langstielige weiße Rose gekauft, die war teuer mitten im Winter, so lief ich also zu Fuß von der Ludwigsbrücke bis zur Türkenstraße 94 (oder wars 96), wo *sie* wohnte im Eckhaus gegenüber der Kunstakademie. Die Haustür stand offen, aber eintreten konnte ich nicht ich war gelähmt, ich starrte auf die Schwelle, ich fror, ich glühte, ich hatte Fieber, der Liebeswahnsinn hatte mich geschlagen, aber es war schön, es war wichtig, es war gut, daß ich bis auf den Grund meines Herzens aufgerissen wurde, von da an konnte ich lieben.

Schließlich vermochte ich doch einzutreten. Es war der Klang einer Geige, die den Bann löste. Ich wußte, daß im Stockwerk unter Erinnas Wohnung zwei berühmte Musikerinnen lebten, Schwestern, eine Pianistin und eine Geigerin, Herma und Palma Studeny hießen sie Die Geigerin übte. Ich folgte dem Klang wie die Schlange dem Flötenton

des Fakirs. Ich stieg und stieg, die Treppe nahm kein Ende.
Aber dann stand ich doch vor Erinnas Tür. Wenn jetzt die
Geigerin einen Dur-Akkord spielt, klingle ich, und alles
geht gut. Ich wartete und wartete. Aber die Geigerin hörte
mitten in einer Kadenz auf, und es kam kein Akkord, nicht
in Dur, nicht in Moll, alles blieb in der Schwebe, was tun.

Auch Hölderlin suchte nach Zeichen, wenn er zu Susette
Gontard ging: Hyperion nahms »als Zeichen für das aber-
gläubische Herz, wenn ein kleines Mädchen aus dem Walde
kam und einen Erdbeerstrauß ihm zum Verkaufe reichte...« oder wenn ein Bauer ihm vom Kirschbaum herunter
zurief, ob er kosten wolle, oder wenn »gegen den Weg her,
wo ich herabkam, von Diotimas Fenstern eines offen
stand...«, dann würde er Diotima sehen, und alles würde
gut sein.

Aber mir wurde kein Zeichen gegeben, ich stand vor der Tür
und zitterte vor Kälte und Leidenschaft. Und dann, jäh
entschlossen, drückte ich auf den Klingelknopf. Ich hörte
Schritte, die Tür ging auf, es war nicht Erinna, sondern ihre
Haushälterin. »Das Fräulein Studienrat ist krank, eine
Erkältung.« Ich drückte ihr meine Rose in die Hand und
stürzte die Treppe hinunter, aus dem Haus. Auf der Straße
blieb ich stehen und wagte einen Blick hinauf zu *ihrem*
Fenster. Mir war, als ob der Vorhang sich bewegte. Wenn
sie jetzt riefe... Sie tat es nicht. Sie hat die Rose nie
erwähnt. Konnte sie wissen, daß sie von mir kam? Oder
bekam sie oft Blumen? Gab es viele solche Närrinnen wie
mich? Brachte Cornelia-Elsa ihr auch Blumen, und wurde
vielleicht sie empfangen und verschwieg mir das, so wie ich
ihr meinen Besuch verschweigen würde? Erinna war nicht
die Meine, nein, sie gehörte allen, sie gehörte sich selber, sie
durfte die Tür schließen, mich ausschließen. Ich stand da
und besaß nichts, und sie liebte mich nicht, sie dachte nie an
mich, sie war kalt wie ein Marmorbild, so war es...

Ein unermeßliches Unglück war mir widerfahren. Ich irrte in der Stadt umher und meinte, nicht weiterleben zu können. Die Isar floß reißend unter den Brücken hinweg, das Leben war sinnlos geworden: Erinna empfing mich nicht, sie liebte mich nicht. Der Sturm im Wasserglas, ja, aber für die Fliege, die da hineingerät, ists der Sturm auf dem Weltenmeer.

Ich überlebte den Sturm, wie ich die späteren überlebte. Die junge Autorin läßt die Geschichte ganz anders verlaufen: sie wird ohnmächtig vor Erinnas Tür und kommt zu sich auf Erinnas Sofa, Erinna liest ihr aus dem »Hyperion« vor und dann schenkt ihr Erinna dieses Exemplar, und darin ist mit einem weißen Band eingemerkt eine Stelle: die Begegnung Hyperions mit dem wilden Alabanda.

So hätte ichs haben wollen, so hätte es sein können, und vielleicht hätte Erinna so etwas getan, gern getan, wenn sie es hätte wagen können, mit einer Schülerin, einer so jungen, sich so einzulassen, wer weiß. Vielleicht war sie damals wirklich angesteckt von meinem stillen Liebeswahnsinn, und es kostete sie Mühe, sich kühl zu geben. Aus einem Brief an meine Eltern von 1924 lese ich, daß meine Mitschülerinnen mich »Schweitzers Liebling« nannten. War ichs? Im Buch läßt die junge Autorin Cornelia die Favoritin sein. Sie läßt sie auch die heftiger Liebende sein. Nicht ich, sondern Cornelia schnitt sich mit dem Messer in die Handfläche ein E: Elisabeth, Erinna. Und in der Tat: es war Cornelia-Elsa, die eines Tages ihre Faust nicht öffnen wollte, und mir schließlich doch das blutverkrustete E zeigte.

Wir haben längst gelernt in der Psychologie, daß es völlig normal sei, wenn sich der Eros zunächst auf das gleiche Geschlecht richtet, das sei die Vorschule für die »richtige« Liebe. Mag schon sein. Ich frage mich aber, was geschehen wäre mit Elsa oder mir oder beiden, hätte diese Elisabeth Schweitzer uns erhört oder vielmehr, da wir ja unwissende, unerweckte Kinder waren, uns verführt. Nun, sie tat es nicht, und so wurden wir eben nicht lesbisch. Bei mir kam dann ja auch fast von einem Tag auf den andern der Umschlag, die Liebe zu meinem Physikprofessor. Das ist ein anderes Kapitel, es kommt in den »Gläsernen Ringen« nicht vor.

Warum aber, so frage ich mich heute, hat die junge Autorin ihre Heldin vor der Tür der Geliebten ohnmächtig werden lassen? Sie wußte es nicht. Aber ich meine es heute zu wissen. Wollte das Kind wieder einmal in den großen Spiegel hineinlaufen, in dem es eine geliebte Gestalt sah? Und wurde es dabei nicht wieder ohnmächtig, weil es nur bewußtlos eintreten konnte in die andre, die geträumte Welt? Betrat die junge Autorin nicht das Reich des Unbewußten, als sie Erinna ihre Liebe erwidern ließ, ihre oder Cornelias, gleichviel? War da doch eine Neigung verdrängt worden? Mußte die Goldmarie im Märchen nicht erst in den Brunnen springen, der verlorenen Spindel nach, der Spindel mit dem aufgerollten Schicksalsfaden, um die Wahrheit zu finden tief unten? Und hat die Autorin sich nicht in zwei Gestalten geteilt, die zwei Möglichkeiten ihres Wesens und Schicksals darstellen? Cornelia: der Teil in mir, von dem die junge Autorin schreibt, daß er nicht »Tod wollte, sondern Untergang«, und der sterben mußte im Wasser. Ich selber: der Teil meiner Selbst, der den Todestrieb überwand, der lebte und überlebte, der sich distanzieren konnte von der Leidenschaft. War da nicht wieder einmal dem Apollinischen der Sieg über das Dionysische zugesprochen worden? War da nicht das Grundmuster meines Lebens gezeigt: die Spannung zwischen Rausch und Nüchternheit, zwischen Wahnsinn und Zucht, zwischen Verzweiflung und Zuversicht? Und ging das Mädchen, das ich war, nicht zeitlebens zwischen den Polen wie das Kind auf Tante Fannys Geburtstags-Gobelin auf dem sehr schmalen Steg über dem Abgrund? Der Hang zum Selbstmord war in mir wie in vielen jungen Menschen von eh und je.

Das alles ist natürlich die Reflexion von heute. Als ich mein erstes Buch schrieb, tat ichs wie im Traum. So intellektuell ich sonst war, so wenig war ichs, während ich dieses Buch schrieb. Vielleicht war meine Schwangerschaft daran schuld, vielleicht war das mein Sprung in den Brunnen, wo es um ganz anderes ging als ums rationale Denken: darum, geduldig wie eine Kuh das Kind auszutragen. Das nahm alle meine Kraft in Anspruch. Da konnten nur die Träume arbeiten. Sie schufen dieses erste Buch. Tief unten im Brunnen entstand es. Hätte ich »gedacht« damals, in diesem ersten Kriegsjahr, hätte ich den Mut nicht gehabt, das Kind auszutragen und ein Buch zu schreiben ohne jede Aussicht auf eine literarische Karriere.

Es mag scheinen, als seien jene frühen Jahre ausgefüllt und stigmatisiert gewesen von nichts als von der Liebe zu dieser Lehrerin. Aber ich hatte nicht unbewußt jene Stelle im »Tasso« angestrichen, an der die Rede davon geht, daß die beiden Frauen nicht Tasso, den Mann, lieben, sondern in ihm »das Höchste«. Und daß der »Hyperion« unsre Bibel war, deutet darauf hin, daß es nicht einfach um eine Mädchen-Schwärmerei ging. Worum aber ging es?

Ich versuche mir ins Gedächtnis zu rufen, welche Stellen im »Hyperion« uns am nächsten waren. Einige kann ich noch auswendig, so oft haben wir sie wiederholt, und so tief haben sie Wurzel geschlagen in mir.

»Glücklich sein? Mir ist, als hätte ich Brei und laues Wasser auf der Zunge. So albern und heillos ist alles, wofür ihr hingebt Euere Unsterblichkeit.« (Ich zitiere die Stellen so, wie sie mir im Gedächtnis blieben, denn das allein zählt jetzt, nicht Hölderlins Wortlaut, der, wie ich beim Nachlesen finde, nicht immer treu wiedergegeben ist.)

»Mit ganzer Seele fremd und einsam unter den Menschen,

lächerlich begleitet vom Schellenklang der Welt in meines Herzens liebsten Melodien.«

»Ach für des Menschen wilde Brust ist keine Heimat möglich. Wir verlassen das Gebiet der Sonne und stürmen über des Irrsterns Grenzen hinaus.«

»Wie hass' ich die Barbaren, die tausendfältig die junge Schönheit töten mit ihrer kleinen einfältigen Manneszucht.«

»Wie gerne hätt ich einen Augenblick aus eines großen Menschen Leben mit Blut erkauft. Aber es wollte mich ja niemand.«

»Mein Herz verschließt jetzt seine Schätze, um sie für eine bessre Zeit zu sparen, für das Große, das gewiß einmal im Dasein der dürstenden Seele begegnen wird.«

»So ist es wahr, daß ohne Freiheit alles tot ist!«

Diese Stellen waren für uns geschrieben. Wir fühlten uns verlassen, führerlos, vielmehr falsch geführt wie »die jungen Adler, denen die Eule den Weg zur Sonne zeigen will«, wir wollten hoch hinaus, wohin, das wußten wir nicht, aber eines wußten wir: daß wir uns von der älteren Generation nicht wie lästige Kinder zu Bett schicken ließen, damit wir angenehme Mitschläfer würden. Wir waren hochgestimmt und begeistert, ohne genau zu wissen wofür. Die junge Autorin läßt Erinna aus dem »Hyperion« zitieren: »Ja, ein göttlich Wesen ist das Kind, solang es nicht in die Chamäleonsfarbe des Menschen getaucht ist. Reichtum ist in ihm, es kennt sein Herz die Dürftigkeit nicht. Aber das können die Menschen nicht leiden. Das Göttliche muß werden wie ihrer einer.«

Wir, Cornelia und ich, lasen im »Hyperion« Alabandas Worte: »Wenn ich ein Kind ansehe und denke, wie schmählich und verderbend das Joch ist, das es tragen wird und daß es darben wird wie wir, daß es Menschen suchen wird wie wir, fragen wird wie wir nach Schönem und Wahrem, daß es unfruchtbar vergehen wird, weil es allein sein wird wie wir ... O nehmt doch eure Söhne aus der Wiege und werft sie in den Strom, um wenigstens vor eurer Schande sie zu retten.« Unsre Elterngeneration rettete uns und sich selber nicht vor der Schande. Unsre Lehrer schienen keine Spur politischen Instinkts gehabt zu haben. Sie ließen uns die »Weimarer Verfassung« auswendig lernen und aufsagen, aber sie erzogen uns nicht zu politischem Denken, im Gegenteil: zu Jasagern erzogen sie uns, und das in einer Zeit, in der Hitler schon seinen Münchner Putsch gemacht, die Nazipartei gegründet, die SA geschaffen hatte und im Landsberger Gefängnis »Mein Kampf« schrieb, und eines Tages eine aus meiner Klasse mit dem Hitlergruß ankam und vom neuen Geist schwärmte, und wir konnten ihr nicht widersprechen. Ich möchte wissen, ob wenigstens Erinna politischen Verstand hatte. In den oberen drei Klassen war sie unsre Lehrerin in Psychologie. Da waren wir alt genug, daß wir sie verstanden hätten, wenn sie uns gewarnt hätte vor dem, was da heraufkam. Ich erinnere mich nicht eines einzigen Wortes der politischen Aufklärung, der deutlichen Warnung in unsrer Schule. Und dabei wäre das damals, in der freiheitlichen Weimarer Republik, gänzlich gefahrlos gewesen, da gab es keine Zensur, man durfte denken und sagen was man wollte und für recht hielt. Das, was die heutige junge Generation uns vorwirft, das, sucht man schon Schuld, geht aufs Schuldkonto jener, die damals unsre ältere Generation war. Die versäumte es, uns die Schutzimpfung zu machen, die uns immunisiert hätte gegen den Hitlerfaschismus. Sie ließ uns in die Gefahr laufen, sie lief ja voran. Vielleicht war es in den Schulen andrer deutscher Provinzen anders – in Bayern war es so.

Keiner unsrer Lehrer kam ins KZ, keiner ins Gefängnis. Keiner verlor seine Stellung. Nur die Schwert, so hörte ich

viel später, schied erstaunlicherweise freiwillig aus dem
Dienst aus, ich glaube 1935, und der Rex, der alte Direktor
Hofmann, der weigerte sich, 1933 die Hakenkreuzfahne zu
hissen auf dem Schulgebäude, aber der war gegen Hitler
nur, weil der der Antichrist war, der Feind der katholischen
Kirche, mehr interessierte ihn nicht, und er wäre auch
heute, lebte er noch, jedermanns Feind, der die ideologi-
schen und machtpolitischen Belange der Kirche antastet,
und jedermanns Freund und Spießgeselle, der sie schützt
gegen den »Sozialismus«.
Vielleicht tu ich einigen Lehrern unrecht. Ich war ja 1933
schon nicht mehr auf der Schule, wir hatten 1930 unser
Abitur gemacht. Aber ich hätte es erfahren, wenn einer von
den Jasagern plötzlich *nein* geschrien hätte. Einen stillen
inneren Widerstand mag es gegeben haben. Aber das war zu
wenig, das war zu billig. Und dabei war unsre Schule eine
ausdrücklich katholische. Witterte das Schaf nicht den
Metzger vor der Stalltür?
Cornelia-Elsa und ich lasen im »Hyperion«: »Er darf nicht
stehen, wo er steht, der dürre faule Baum, er stiehlt ja Licht
und Luft dem jungen Leben, das für eine neue Welt
heranreift.« Was eigentlich dachten wir uns dabei? Was war
für uns der dürre faule Baum, der uns das Licht wegstahl?
Wäre es nicht möglich gewesen, daß wir dem Faschismus
verfielen, der ja auch alles Morsche, Alte wegfegen wollte
im Sturm?
Wir verstanden unsern Hölderlin nicht als den Revolutionär, den Freiheitskämpfer seiner Zeit, wir dachten nicht im
Traum daran, seinen »Hyperion« in politische Parolen
umzusetzen. Wir nahmen Hölderlin als den einsamen
Sänger, den Adler, dem die törichte Umwelt, seine eigene
Familie insbesondere, die Schwungfedern ausgerissen hat-
te, und der sich, unendlich müde dieser Welt, in den
Tübinger Turm zurückgezogen hatte, Wahnsinn vorspie-

lend, um sich zu schützen. Wir teilten seine Trauer, seine stille Verzweiflung.

Vor mir steht, während ich dies schreibe, ein Foto von mir aus jener Zeit: die Vierzehnjährige, die Geige unterm Arm, am Fenster, ein Bild grenzenloser lieblicher und ergreifender Schwermut. Das bin nicht nur ich: das ist ein Bild der ratlos einsamen Jugend.

Mein Geschichtslehrer Gustav Gaggell hatte mir 1925 ins Poesiealbum geschrieben (derlei war damals in Mode):

Und so lang du das nicht hast,
Dieses: Stirb und werde!
Bist du nur ein trüber Gast
Auf der dunklen Erde.

Er schrieb unter den Goethespruch: Ich wünsche dir solch frohes Wachsen und Werden auf dem Grunde deines Wesens, liebes Chiemsee-Kind.

Da war also offenbar einer, der etwas von mir hielt, etwas von mir erwartete. Aber ich selber wußte nicht, wer ich war. Ich fühlte, daß ich nichts war und doch etwas Besonderes. In meinen Trimesterzeugnissen steht mit erheiternder Konstanz als Thema mit Variationen: »Die geistig regsame Schülerin hat wegen wiederholter Störung im Unterricht Anlaß zu Tadel gegeben.« Das hieß eigentlich: Schade um dieses Mädchen, es ist intelligent, es ist kein schlechter Charakter, aber es will sich nicht einfügen, nicht anpassen, es weigert sich, ein Huhn zu sein im Hühnerstall, es will hinaus, es hackt aufs Gitter, es schlägt wild mit den Flügeln, das gibt einmal keine tüchtige Leghenne, keinen braven Staatsbürger, keinen Jasager, das ist ein renitentes Element. Man muß es kleinhalten, ihm die Flügel stutzen, es bedarf der harten Zucht.

Aber war denn unsre Schule so bewußt unterdrückend? Ich

glaube nicht. Sie war nur dumm. Sie sah nicht, daß die Zeit Neinsager brauchte, sie sah überhaupt nichts voraus. Diese Schar von Erziehern und Psychologen, sie verstand nichts vom jungen Menschen, sie verstand nichts von der Zeit. Staatsbürgerkunde: Der Staat war unterhöhlt. Die Verfassung: Die Hitler-Diktatur stand vor der Tür. Religion: Rosenberg hatte schon beschlossen, man müsse nicht nur die Juden ausrotten, damit eine neue schöne starke freie Rasse, die der Arier, sich erheben könne, sondern auch die christliche Religion, die jüdischen Ursprungs ist. Aber freilich: 1925, 1926, in unsrer Hölderlinzeit, war es dafür zu früh. Doch es blieb auch so 1928, 1930, als Hitler schon seine Partei neu gegründet hatte und die SS entstanden war und das Programm der NSDAP gedruckt vorlag und in der Schule hätte gelesen und diskutiert werden müssen, als es schon blutige Zusammenstöße gab zwischen Demonstranten und Polizei und wir nicht verstanden, wer da und warum er demonstrierte, als die Zahl der Arbeitslosen schon beängstigend war. Die Schule schwieg dazu. Das war nicht ihre Sache. Sie hatte uns zu guten Staatsbürgern zu erziehen und zu guten Katholiken, und sie hatte keine Ahnung, was das war und wie so ein guter katholischer Staatsbürger sich denn zu verhalten habe gegenüber Hitler.

Was eigentlich dachte ich dabei, wenn ich damals, 1925 oder 26, im »Hyperion« las: »Beim Himmel! der weiß nicht was er sündigt, wenn er den Staat zur Sittenschule machen will. Immerhin hat das den Staat zur Hölle gemacht, daß ihn der Mensch zu seinem Himmel machen wollte ... Der Staat, der fordert, was er nicht erzwingen kann ... Der Staat, die Mauer um den Garten, aber was hilft die Mauer um den Garten, wo der Boden dürre liegt? Da hilft der Regen vom Himmel allein ... O Regen, du wirst den Frühling der Völker uns wiederbringen, dich kann der Staat nicht hergebieten. Aber er störe dich nicht, so wirst du wiederkommen ...«

Und Nietzsche (aber den las ich erst zwei Jahre später) schrieb: »Der Staat, das kälteste aller Ungeheuer.« Für uns existierte der Staat nicht. Wir lebten in unserm Traumland und stolperten blind in die Hitlerzukunft und in den Krieg.

Ich hatte das Glück, daß mein Vater mich nicht ganz unbelehrt ließ. Aber wirklich politisch aufgeweckt hat mich erst das Urbild des Doktor Stein aus »Mitte des Lebens«, das war 1930.

1926 hatte man das renitente Element zwar nicht von der Schule, aber aus dem »Heim Maria Treu« gejagt. Das war gut. Meine Eltern machten jenes andre Internat ausfindig, das »Heim Sanct Elisabeth« in der Hans-Sachs-Straße. Es war von Nonnen geleitet, ich weiß nicht mehr, welchen. In diesem Heim waren kaum Schülerinnen, sondern junge und ältere Berufstätige. Zwar hatten meine Eltern sicher den Nonnen ans Herz gelegt, mich, die weitaus Jüngste im Haus, streng zu überwachen, aber das ließ sich schwer machen, wir waren mehr als hundert. Es gab eine Pforte, die jede passieren mußte, da saß eine Nonne und gab acht. Aber was draußen geschah und auch drinnen, das konnte sie nicht kontrollieren.

Man mußte um zehn Uhr abends im Hause sein, das heißt die Pforte passiert haben. Als meine Eltern mich in dieses Heim schickten, ahnten sie nicht, daß ich dort viel zu viel Freiheit haben würde. Aber ich brauchte ja so wenig. Mir genügte zu wissen, daß ich untertags einfach spazierengehen konnte, sogar in der Dämmerung noch. Nie habe ich das Vertrauen meiner Eltern mißbraucht, einfach deshalb nicht, weil mich nichts zum Mißbrauch reizte.

Doch, etwas Verbotenes tat ich, von den Eltern verboten, nicht vom Heim: im Haus daneben war das Hans-Sachs-Kino. Die schöne Schweizer Kunststudentin, die Lily Benz, nahm mich eines Tages mit in dieses Kino. Da lief ein Film, stumm noch und sehr flimmerig, aber gleichviel, er war ungeheuer aufregend und schön: »Das indische Grabmal« mit Conrad Veidt. Zwei Fortsetzungen waren es. Dieser Conrad Veidt trug ein paar Züge bei zu meinem Ideal des Mannes: Das Dämonische, das Unglückliche, das Erlösungsbedürftige. Der Film ist später neu gedreht worden, ich weigerte mich, ihn wiederzusehen. Aber als ich 1975 in Indien war, in Delhi, fuhr ich doch mit meinem Sohn Christoph nach Agra, denn da ist das Indische Grabmal, der Tadsch Mahal, eines der »Weltwunder«. Nun ja, da war es eben: kalt und islamisch prächtig und einsam unter dem blau brennenden Himmel Nord-Indiens, und die Touristen kamen in Haufen, und wir legten uns unter einen der alten riesigen Bäume im Park und schauten den grauen Eichhörnchen zu und hatten keine Lust, in das Tempelhaus einzutreten. Man sollte sich seine Träume nicht von der »Wirklichkeit« korrigieren lassen.

Dieser Conrad Veidt spukte eine Weile in mir herum. Er muß einem uralten Inbild entsprechen, denn: als ich damals in der Alten Pinakothek die Fotografie des Selbstporträts von Jacobo Palma il Vecchio fand, war ich verzaubert. Ich kaufte das Foto, ich schaute und schaute es an, und eines Tages wagte ich es zu küssen, auf den Mund. Der erste Kuß, den ein Mann von mir bekam. Ein Bild, ein doppeltes Spiegelbild, denn wie anders konnte der Maler sich porträtiert haben als mit dem Blick im Spiegel. Meine Spiegelwelt. Und Conrad Veidt im Film, in einer Spiegelwelt. Der Eros, aufs andre Geschlecht zielend, wurde in mir erweckt durch den Mann im Spiegel. Die beiden Männer, dieser Venezianer und Conrad Veidt, hatten Gemeinsames, wenigstens für mich, aber Conrad Veidt war dämonisch, der Venezianer war ein Erzengel. So nämlich beschrieb ich ihn in einer meiner frühen Erzählungen, »Anna«, der mittleren der drei Geschichten, die 1946 erschienen unter dem Titel »Erste

Liebe«. Ich las sie eben nach über dreißig Jahren zum ersten Mal wieder, und sie rührt mich. Ich erzähle darin, daß ich einmal einem jungen Mann begegnete, einem Verkäufer, mit dem sich beinahe ein erstes Liebesverhältnis anbahnte, bis »ich«, die Anna in der Geschichte, mir der Vulgarität dieses Mannes und seiner Vorstellung von Liebe bewußt wurde; sie schämte sich der Begegnung, die gar keine war, und sie reinigte sich von ihr, indem sie das Bild des Venezianers anschaute und ihre Hand, die der Verkäufer gierig geküßt hatte, um die kleine Ausgabe der Gedichte Hölderlins schloß, die sie immer in der Tasche trug. Das hohe Inbild. Die Geschichte ist beinahe autobiographisch. Ich erzähle, daß, während Anna am Abend dieses Tages das Bild ansah, ihre Mutter ins Zimmer kam und mißtrauisch auf das Bild des Venezianers schaute. Anna sagte: »Das ist der Erzengel Michael.« Ihre kurzsichtige Mutter glaubte es. Das Inbild: der Erzengel. Der strenge Wächter über meine Reinheit. Aber es ging nicht um Moral, das war es nicht, es ging darum, daß ich nichts tun oder zulassen durfte, was nicht zu meinem Wesensgrund und meinem Weg gehörte.

1977 begegnete ich dem Erzengel am Flughafen in Madrid. Mir blieb das Herz stehen, buchstäblich. Er stieg mit mir ins Flugzeug nach Rom, aber er flog Erster Klasse, ich sah ihn erst in Rom wieder, er stand mir gegenüber, ich starrte ihn an, aber das war er gewöhnt, das begriff ich erst einige Wochen später: ich sah ihn im Fernsehen, er war der Schauspieler Vanucchi, einer der besten in Italien. Ich sah ihn nie mehr im Leben: ein Jahr später nahm er sich das Leben.

Ich liebte ihn insgeheim, vielmehr: ich liebte in ihm einen Teil meiner selbst, meinen Traum, meinen Animus. Kein Mann sonst im Leben entsprach meinem Inbild. Der Tod dieses fremden Schauspielers traf mich. Ich trug ihn in die Spiegelwelt zurück, in die er gehört, da ist er unsterblich.

In jener Anna-Geschichte schrieb ich einen Dialog zwischen Anna und ihrer Freundin Christine. Dieser Dialog ist nicht erfunden, er wurde geführt zwischen mir und meiner Freundin Gertraud, brieflich.

In der Geschichte zeigt Anna der Freundin jenes Bild des Palma il Vecchio. »Den da«, sagt Anna (die ich bin), »den liebe ich.« Die Freundin schaut das Bild still an, dann sagt sie: »Das glaube ich dir, aber weißt du, meine Liebe, das paßt zu dir: wenn er leben würde, dieser schöne Mensch, dann möchtest du ihn nicht.« Und dann, laut Geschichte, fügt sie jene Sätze hinzu, die mir Gertraud eines Tages geschrieben hatte: »Ich glaube, Lieben, das ist etwas Schweres. Man muß es lernen nach und nach. Mir kommt es so vor, als wäre es das Allerschwerste von allem, was man lernen muß.«

Als ich in der Rolle der Anna sie frage, ob sie schon einmal geliebt habe, sagt sie: »Ja, einmal war da einer, der war lieb und ein Kind, den mochte ich; aber er kam bald darauf weg, und dann hat er mich vergessen.«

Ich will von Christina-Gertraud wissen, ob er sie geküßt habe. »Ja«, sagt sie, »oft.« Und dann fügt sie hinzu (dies wiederum ein Zitat aus einem ihrer Briefe): »Man könnte sich totärgern über dich. Du bezweifelst sozusagen dem lieben Gott, daß Leidenschaft und Liebe etwas Gutes sind. Sie sind da, einfach da, weder schlecht noch fein. Aber du magst nicht menschlich sein. Du genierst dich vor einem ästhetischen Schiedsrichter in dir. Einmal dich aufgeben, einmal eine Überschwemmung riskieren, ist das schlimm? Das ist doch das Rührende an jedem Menschen, daß er einmal geschlagen wird und am Ende seiner Kraft zu sein glaubt. Ach sei doch frei und freier!«

Das liest sich, als sei Gertraud eine in der Liebe Erfahrene gewesen. Ich glaube das nicht. Ihre streng katholische Erziehung hätte ihr nicht erlaubt, mit einem Mann zu schlafen vor der Ehe. Wir verstanden damals unter lieben nicht: sexuellen Verkehr haben. Wir meinten wirklich: lieben.

Als Gertraud 1932 beerdigt wurde, stand an ihrem Grab neben den Eltern und den vier Geschwistern ein junger Mann, ihr Verlobter. Aber unser Briefwechsel über dieses Thema stammt aus den Jahren 1926 bis 1930. Wir waren beide jungfräulich. In der teilweise autobiographischen Anna-Geschichte fühlt sich das Mädchen an seiner Seele befleckt durch den sinnlichen Kuß des Verkäufers Karl. Aber die Befleckung war nicht moralischer Art: es war der Unrechte, von dem sie geküßt worden war, sie war unter ihr Niveau gegangen, sie war hochmütig, sie war in der Liebe aristokratisch. Es mußte schon einer sein, der dem hohen Inbild wenigstens annähernd entsprach.

Das Modell der Freundin Annas in der Geschichte war Gertraud. Sie nahm ab meinem fünfzehnten Jahr, ab der dritten Klasse, die Stelle der Cornelia-Elsa ein. Sie war zwei Jahre älter als ich, sie war groß und kräftig, so schien es (sie war gar nicht kräftig, das erwies sich), sie hatte helle blaue Augen und rotes Haar mit einem Gold- und Kupferschimmer, sie trug es in einen dicken langen Zopf geflochten oder zur Krone aufgesteckt. Sie hätte den Nazimalern gut als Modell dienen können für eine Germania, wie sie der Römer Tacitus beschrieb. Aber so deutsch sie aussah, so immun war sie gegen den Nazifaschismus. Sie war durch ihr katholisches Elternhaus geprägt bis ins Mark.

So oft ich das steinerne Bild des Bamberger Reiters sehe, denke ich an Gertraud: so war sie, so aufrecht, so knochig, so sauber, so zu allem Richtigen entschlossen.

Der Bamberger Reiter, das war damals für uns bildgewordener Inbegriff dessen, was man sich unter der »deutschen Seele« vorstellte: Reinheit und Adel der Gesinnung.

Die Freundschaft zwischen Gertraud und mir war eine

Freundschaft, wie man sie nur in jungen Jahren lebt. Wir waren befreundet mit Haut und Haar, zugleich leidenschaftlich und scheu, poetisch und nüchtern bis zur Selbstironie, intim und distanziert in einem. Wir nannten uns nie Freundin, das klang banal und zu emotional. Wir nannten uns Kameradin, wir umarmten uns nie, wir schüttelten uns festen Blicks auf Indianerart die Hand, und jeder Händedruck war ein erneuter wortloser Treueschwur.

Vier Jahre waren wir befreundet auf diese Weise. Wir sahen uns täglich, wir hatten denselben Schulweg, vielmehr wir schufen aus zwei verschiedenen einen, wir begleiteten uns hin und her, und meist standen wir zuletzt lange auf dem Sendlinger Torplatz, am plätschernden Springbrunnen, der nicht mehr dort ist, und redeten und redeten. Was denn? Es wäre vergessen, stünde es nicht in unsern Briefen. Es sind Ferienbriefe. Meine Briefe an Gertraud bekam ich nach ihrem Tod von ihren Eltern zurück. Aus diesen Briefen kann ich meine ganze Jugend ablesen.

Die Hauptthemen: dieselben, die ich auch in meinem Tagebuch finde, das ich ab 1926 führte: Ärger mit den Eltern, Einsamkeit, Verwirrung, Lektüre, Musik, Religion und Eros. Ein Gestrüpp. Und immer wieder die Frage: Wer bin ich eigentlich? »Wohin führt der Weg«, schrieb ich 1928. »Und wohin führt mein Herz? Das weiß ich nicht. Zu dir? Zu M.? Durch euch alle zu Gott. Durch Askese? Durch Genuß? Durch Reifen? Durch immerwährendes Chaos? Ich weiß es nicht.«

Bemerkenswert, daß jedes dieser Satzfragmente mit einem Fragezeichen endet, nur dieses nicht, das von Gott spricht. Wer hat da meine Hand gehindert, ein Fragezeichen zu setzen? Ein Brief voller Fragezeichen, und nur hier keines. Und das in jener Zeit, in der ich verdächtigt wurde, Atheistin zu sein.

Wer aber ist diese oder dieser M., von der, von dem da die

Rede ist? Ausnahmsweise ist die Person mit M. bezeichnet, sonst steht an Stelle des Namens ein Zeichen: eine Art Gitter. Es ist ein Antiqua-M und ein W ineinandergezeichnet. Wilhelm Müller. Mein Physikprofessor.

Wenn mir Gertraud schrieb, ich solle doch endlich etwas riskieren, so war das in den Wind gesprochen. Da war ja keiner, mit dem ich hätte irgend etwas riskieren wollen und können; der Verkäufer Karl zählte nicht, und der kam ja zeitlich viel später. Aber riskierte ich nichts? Ich riskierte nicht »etwas«, ich riskierte alles, nämlich mich selbst, ganz und gar. Ich liebte diesen Physikprofessor, ich liebte ihn auf Leben und Tod, fünf Jahre lang und ohne von ihm abzulassen.

Wer war denn dieser Mensch mit dem banalen Namen Müller, wie war er, daß ich ihn so leidenschaftlich lieben mußte? Müller, eher ein Tarnname, unter dem sich der für mich Außergewöhnliche verbarg. Sein wahrer Name stand am Sternhimmel: das Himmels-W, die Kassiopaia.

Der Müller war schön. Wen ich liebte, der mußte schön sein, weil ich es nicht war, weil ich glaubte, ich sei häßlich, denn dies hatte mir meine Mutter eingeredet: Dich will nie ein Mann, bilde dir nur nie was ein, du bist häßlich, na, wenigstens bist du gescheit.

Ich hatte also meinen Komplex. Der Geliebte mußte schön sein. War ers nicht, so fand ich das einzelne Schöne an ihm und setzte es zusammen zu einem Gesamt-Schönen. Der Müller aber war wirklich schön: sehr groß, stattlich, Sommer wie Winter sonnengebräunt, in diesem braunen Gesicht veilchenblaue Augen, wahrhaftig veilchenblau, und die Augäpfel sehr weiß, dazu braunschwarze Haare, über dem Mund ein schwarzer gestutzter Bart. Er war vierzig damals, als wir ihn als Klassenlehrer bekamen, ich war sechzehn. Er war unverheiratet, aber nicht männerliebend, er lebte allein, vielmehr mit seiner Mutter, glaube ich. Er hatte Musik studiert bei Max Reger, er war Oberpfälzer, seine Doktorarbeit schrieb er über arabische Notenschrift, so behielt ich es im Gedächtnis, dann wurde er Lehrer für Physik, zuerst an einer Knabenschule in Freising, dann bei uns, freiwillig nicht, er wurde berufen, er verachtete uns Mädchen als Schülerinnen, wir verstanden nichts von Mathematik und Physik, sagte er, und ließ uns unbelehrt, das heißt, er sprach über unsre Köpfe hinweg, nicht weil er nicht anders konnte, sondern weil es ihm ganz und gar gleichgültig war, ob eine von uns etwas davon verstand oder nicht, dann aber gab er uns schlechte Noten ins Zeugnis, mit Recht, wir verstanden wirklich fast nichts. In meinem Abiturzeugnis aber habe ich in Physik Eins. Hervorragend. Die Note gab mir nicht der Müller, sondern die Prüfungskommission, zu der er nicht gehörte. Offenbar habe ich bei diesem Müller doch etwas gelernt, jedenfalls blieb mir für Lebenszeit das Interesse an der Physik.

Aber warum denn liebte ich diesen Müller so sehr? Er entsprach nicht meinem Inbild, so wie ihm der Schauspieler Vanucchi entsprach. Aber ich liebte ihn eben. Das war so.

Und er? Wie sah er mich? Sah er mich überhaupt?

Nach dem Krieg suchte ich ihn auf. Ich fand ihn in der alten Schule, die, von Bomben getroffen, nur mehr zur Hälfte stand. Der Müller, sonnengebräunt, veilchenäugig, aber weißhaarig und graubärtig, schöner noch, war im Physiksaal, das war kein Saal mehr im zweiten Stock wie früher, es war ein Raum im Keller, da stand der Müller und hantierte mit seinen Geräten, er war allein. Lange hatten wir uns nicht gesehen. Er erkannte mich sofort. Und dann standen wir uns gegenüber wie damals, als er mein Lehrer war und er mich nach der nachmittäglichen Physik-Übungsstunde zurückbehielt unter dem Vorwand, ich müsse die Tafeln abwischen, was eigentlich jede Woche ein anderes Paar traf, eine Ordnung, die er souverän durchbrach. »Rinser, Tafel abwischen!« Und die andern gingen gekränkt und neidvoll hinaus. Wir lehnten über dem Tisch, jedes auf seiner Seite, und redeten im abendlich verdämmerten Raum über Gott weiß was, meist vermutlich über Musik, und manchmal schenkte er mir etwas, eine Tafel Schokolade, ganz unpassend, oder noch weit unpassender eine Karte für ein Konzert, und meist war es die Karte für den Platz neben ihm, was sich jedesmal erst bei Konzertbeginn herausstellte und mein Herz vor ungewisser Erwartung flattern ließ. Herr Professor, sagte ich, jetzt erwachsen und längst nicht mehr seine schüchtern leidenschaftliche Schülerin, Herr Professor, wenn Sie wüßten, wie sehr ich Sie geliebt habe!

Und was sagte er? Ich habe es gewußt, und ich habe Sie ja auch *sehr* gern gehabt. Das haben Sie doch auch gewußt, oder? Sein Veilchenblick senkte sich in meine Augen – wie damals. Habe ich es gewußt, wie gern er mich hatte?

Das war das Faszinierende an dieser Geschichte, daß ichs nicht wußte und vielleicht gar nicht wissen wollte. Der Mann im Spiegel. Ich wollte nie Liebe auf Zeit, ich wollte – – wollte ich überhaupt etwas? Ich liebte! *Das* wars. Das war *die* Erfüllung.

Ich frage mich heute, was geschehen wäre an jenem Nachmittag 1928, wenn ich ein wenig älter gewesen wäre und ein wenig kundiger in der Kunst des Verführens Zögernder und Widerspenstiger: ich war siebzehn, dennoch ein Kind, als ich, wie Jahre zuvor (eine Ewigkeit zuvor) zu Erinna eines Tages nach Schwabing lief, wieder in diese magische Richtung, der Müller wohnte in der Wilhelmstraße Nummer vier, nicht weit von der Erinna, im Erdgeschoß, und ich mußte, mußte ihn treffen, es ging nicht mehr anders, ich stürzte ins Abenteuer, ich war zu allem bereit, ohne zu wissen, was das *alles* war, ich trug wieder eine weiße Rose in der Hand, ich stand vor dem Haus, und ach,

Die Mutter, 1904

Der Vater, 1906 oder 1907

August 1913

1914

Die Seminaristin, 1930

1924 oder 1925

1930

Horst Günther Schnell, 1936

1937

Mit Stephan und Christoph kurz vor der Verhaftung, 1944

Die Eltern, 1950

Gefängnis Traunstein

1949

ich wagte nicht zu klingeln, ich ging auf die andre Straßenseite, da war ein Vorgarten mit einem Holunderstrauch, und unter dem Strauch versteckte ich mich, hier wollte ich bleiben, bis ich ein Zeichen bekam vom Himmel, daß ich aufstehen und klingeln sollte. Ich weiß nicht mehr, welches Zeichen kam, jedenfalls: ich stand auf und klingelte, niemand öffnete, er war nicht daheim, es wurde dämmerig, kein Licht leuchtete auf in seinen Fenstern, ich aber blieb, ich war entschlossen zu bleiben, bis er käme, und wenns Jahre dauern würde, jetzt mußte endlich etwas geschehen, was, das wußte ich nicht, es war ohne jede Vorstellung, ich war nur mehr ein loderndes Feuer. So kauerte ich unterm Holunderstrauch und wußte nicht einmal, daß es ein Holunderstrauch war, das sah ich erst Monate später. Käthchen unterm Holunderstrauch. Mein hoher Herr . . .
Meine Erinnerung täuscht mich ein wenig, ich las nach im Tagebuch. Drei weiße Rosenknospen warens diesmal, und es war jemand zu Hause, seine alte Mutter wohl, und ich gab die Rosen ab, und dann lief ich in den Englischen Garten und betete: Gott, wenn du da bist, so laß mich ihm jetzt begegnen. Ich lief und lief, und kam wieder zurück, und als er noch immer nicht daheim war (was mochte die alte Frau von mir denken), gab ich auf, ich fuhr heim und spielte »wie eine Wahnsinnige Geige, und machte Witze bei den andern«, so schrieb ich im Tagebuch, und um sechs Uhr fuhr ich wieder nach Schwabing, und da kauerte ich mich unter den Holunderbusch, und dann »wankte ich, als ob ich nicht mehr lebte, der Straßenbahn zu, und da, da kam *er*!« Er lächelte, so stehts im Tagebuch, und ich gestand ihm, daß ich einen Nachmittag lang auf ihn gewartet hatte, und da nahm er mich mit in den Englischen Garten, wir gingen eine Stunde spazieren, so steht es da, ganz genau: von halb sieben bis halb acht abends, am Sonntag, den 20. Mai 1928.

Die Eintragung beginnt so: »Ich habe viel erlebt innerlich, seit ich zum letztenmal hier hereingeschrieben habe. Seither bin ich um Jahre, Jahre älter geworden. Ich will es mir aufschreiben, damit ich mir beweisen kann, daß die Jugend so schön ist... O schreckliches Leben. Ich war damals in Bruckners 7. Symphonie gewesen und war zerrüttet. Ich konnte mir nicht mehr helfen aus dem Taumel der Gedanken. Da faßte ich einen Entschluß, der mich wie eine fixe Idee verfolgte und dem ich blind gehorchen mußte. Ich fuhr...« Dann folgt die Schilderung jener Szene.

Sonderbar: Bruckners Siebte hätte mich zur Liebesraserei entflammt? Das kann nicht sein. Es ging um etwas andres. Es steht in fahriger Schrift, ebenfalls im Tagebuch. »19. Mai 1928. Symphonie von Bruckner. Ringen mit Gott. (Ringen?) Gefühl der tiefsten Demut vor Gott, Gott! Alles auf Gott bezogen. Ewigkeit und Gott fühlt man, erlebt man. Schauer unbeschreiblicher Gefühle, Töne dröhnen, packen, das Gericht bricht herein. Wir suchen Gott nicht, weil wir nicht demütig sind. Wir *müssen* ihn suchen. Finden? Versinken in Gott, herrliche Ewigkeit. Wer findet sie? Die ganze Symphonie ein einziges Gebet. O könnte ich beten. Aber alles ist weg, sobald ich beten will.«

Dazwischen ein merkwürdiger Satz, der sich auf den Professor bezieht, sein Name ist mit jenem ineinandergezeichneten M und W getarnt: »...sucht ihn nicht.«

Was soll das heißen? Der Professor war ein frommer Katholik, er war, das erfuhr ich erst später, Mitglied des »Dritten Ordens« der Franziskaner, vielleicht wollte er eigentlich Mönch werden, darum lebte er wohl ohne Frau, ohne Geliebte (hätte er eine gehabt, das hätte sich herumgesprochen), warum war er nicht Mönch geworden, vielleicht nur deshalb nicht, weil er den Sport zu sehr liebte und nicht darauf verzichten konnte, auf alles, nur darauf nicht, er war ein Schwimmer (bis zu seinem Tod mit etwa neunzig schwamm er), er fuhr mit seinem Rad weite Strecken, er wanderte in den Ferien wochenlang allein durch die böhmischen Wälder. Und vielleicht auch konnte er nicht auf Musik, auf Konzerte verzichten. Aber fromm war er. Wie konnte ich behaupten, er suche Gott nicht?

Lange dachte ich darüber nach, jetzt, beim Schreiben. Was kann ich gemeint haben mit dem Vorwurf?

Irgend etwas mußte mein Instinkt aufgespürt haben, was nicht in Ordnung war im so sehr Geliebten. War er doch zu konservativ bürgerlich? Litt er zu wenig? War er zu sehr zufrieden mit seinem Los und sich selbst? War er vielleicht zu selbstgenügsam eingeschlossen in seinem Elfenbeinturm, in seiner schönen Welt aus ein bißchen ungeliebter Schule und viel privater Freiheit und einsam genossenen Freuden beim Wälderwandern, beim Schwimmen, bei seiner Musik?

In einem Brief an Gertraud vom 27. August 1928 schrieb ich: »Ich besinne mich oft, ob das recht ist, wie die Lily und der Doktor Berghofer sich zur Menschheit verhalten. Sie ziehen sich gar zu sehr zurück. Ich möchte das auch gern, aber ob es richtig ist? Christus lebte mitten unter dem Volk...«

Das also wars, was mir am Müller mißfiel: er war fromm, das wohl, aber er war nicht menschenliebend. Und, so dachte ich schon damals, wie kann einer fromm sein, wenn er den Leuten aus dem Wege geht? Wenn einer nichts riskiert?

Heute kann ich den Geliebten trocken analysieren. Er war ein Halber. Und das war er auch mir gegenüber. Er spielte mit mir. Er bevorzugte mich deutlich, er nahm mich mit in Beethovenkonzerte, er schaute mich während der Physikstunde oft lange an und sprach nur zu mir, er hatte einen dämonischen Verführerblick, der fromme Mann, aber er gab nichts von sich her, er lockte mich, bis ich halb wahnsinnig war, dann zog er sich zurück, und dieses schlimme Spiel spielte er vier Jahre lang.

Was hat er eigentlich dabei gedacht? Wußte er, welches Feuer er schürte? Verstand er denn gar nichts von Mädchen und Frauen? War ein geheimer Zerstörungstrieb in ihm? Freute es ihn, seine männliche Macht zu erproben an diesem leidenschaftlichen Kind? Oder war er einfach hilflos in dieser vertrackten Lage? Das Mädchen war fünfzehn, sechzehn, siebzehn, achtzehn. »Ich habe Sie sehr gern gehabt, das haben Sie doch auch gewußt, oder?«

Vielleicht hätte er meine leidenschaftliche Liebe gern erwidert, wäre dem nicht zu viel im Wege gestanden.

Du mußt etwas riskieren, hatte mir Gertraud geraten. Ich riskierte *alles*. Aus jener Zeit existiert ein Aquarell, das ich gemalt habe: der Blick von meinem Fenster im Hinterhof-Dachgeschoß des »Heims Sanct Elisabeth«: ein Schacht zwischen Mauern, dunkelgrau, die Fenster schwarze Höhlen, darüber ein zerfetzter Himmel, sturmgetriebene Wolken, ein halbverdeckter Mond.

Vor kurzem sah ich Bilder Schizophrener: eines glich aufs Haar dem meinen. So stand es damals um mich.

Freilich kann ich, wenn ich will, heute darüber lächeln, daß ich so verzweifelt war dieses Menschen wegen, der so viel Qual doch wohl nicht wert war. Aber sie zu durchleiden, ganz bis auf den Grund, das ist eine große Sache.

In meinen Briefen an Gertraud wehre ich mich immer wieder gegen den Gedanken, meine Liebe sei niederer Natur. In der Tat: sie war es nicht, aber warum dann meine immer erneuten Selbstvorwürfe? Wer sagte, daß ich diesen Mann nicht lieben dürfe?

Mein Engel, wer sonst. In einem Brief an Gertraud steht: »Ich bin doch so ein Kind, daß ich jede Leidenschaft für eine Schuld ansehe. So macht Gewissen Feige aus uns allen, das

Wort ist leicht mißbraucht, bei mir stimmts, denn mache ich einmal einen kühnen Anlauf zu starkem vollen Leben, gleich steht das Gewissen da, es ist ein wenig allzu zart bei mir, in vielen Dingen wenigstens, daß, wenn ich nachgeben würde, ich nichts mehr essen, alles herschenken würde...«

Es war nicht nur diese frühe Leidenschaft, die jene Jahre ausfüllt, es meldeten sich andre Wachstumsschmerzen.

Unter meinen Papieren aus jener Zeit ist ein loser Zettel, eine Buchanzeige, wie Verlage sie Büchern beilegen. Das angekündigte Buch ist »Die Tiefen der Seele, moralpsychologische Studien von I. Klug, aus dem Verlag Schöningh, Paderborn.«

Ich habe das damals gelesen, das war 1926, ich war fünfzehn, wieso wußte ich etwas von diesem Buch, in dem, laut Inhaltsangabe auf dem Zettel, Fragen behandelt wurden wie Struktur und Strukturtypen, dunkle Mächte: erbliche Belastung, erworbene Hemmungen, Genius und Dämon, Eros und Sexus, Wahn und Wahnsinn, Schuld, der autonome Mensch.

Die Ränder dieses Zettels sind mit Bleistift vollgeschrieben. Ich spreche darin jemanden an, aber dieser Jemand war ich selbst. »Fasse das Leben ernst auf, habe ein Ziel vor dir, noch stehst du am Fuß des Berges, der dein Ziel sein soll, ich sage nicht, ob du als dein Ziel Persönlichkeit setzen sollst oder Gott, das wirst du selber finden, aber sei nicht feige, beginne das Ringen mit dem Berg. Ich sage dir, spiele nicht mit dem Leben, und nochmal: nimm es ernst mit dem Leben, es währt nicht lange. Und dies lege ich dir ans Herz: geh keine krummen Wege, geh gerade helle Wege, daß du dich nicht vor der eigenen Seele schämen mußt. Ich bitte dich, spiele nicht mit dem Feuer, das in dir brennt: die Leidenschaft, die Sinnlichkeit. Sei stark, denke, daß du ein geistiger und seelischer Aristokrat bist, wirf deine Würde, deine Krone nicht vor die Schweine, bleibe rein. Und sei wahrhaftig in deinen Worten und Taten. Kümmere dich nicht viel um die Menschen, aber hilf ihnen, wo du kannst. Liebe das Schweigen und die Einsamkeit. Schöpfe aus den Quellen der Natur und Kunst und auch aus dem Menschenleben, aber kehre wieder in dich zurück. Tu was du meinst, und nicht, was den andern gefällt. Befreie dich von allem Kleinlichen, Gemeinen. Herrsche über dich selbst, sei edel, sei Führer der andern, aber nicht Imperator. Das ist schwer, ich weiß es, aber du sollst hoch fliegen, und du wirst es. Arbeite, überwinde dich, ich will, du sollst groß sein.«

Das hat natürlich seine komische Seite, wenn man es später liest. Aber wenn man die oft nur rhetorischen Übertreibungen abstreicht, so ist es ein respektables Lebensprogramm, das eine Fünfzehnjährige da aufstellt. Ihr Engel hat es ihr diktiert, ihr ewiges Selbst. Er hat ihr das Ziel hoch gesteckt. Ziele sind nicht dazu da, daß man sie erreicht, sie zeigen nur den *Weg*, und der *Weg* ist das Wichtige, *Weg* und Ziel fallen in eins zusammen.

Als ich jenes Lebensprogramm aufschrieb, kannte ich den Müller noch nicht, jedenfalls liebte ich ihn noch nicht. Er brach in mein Leben ein wie ein Wüstenwolf, er brachte alles durcheinander, und das war gut so: ich brauchte den Gegenpol, ich brauchte die »Erniedrigung«, sonst wäre mein geistiger, mein metaphysischer Ehrgeiz zum unheilbaren Hochmut einer Manichäerin geworden.

Zu meinen Lebensleiden gehörte der Ehrgeiz, aber der zielte nicht auf Ruhm, der zielte höher. Worauf aber?

Als Siebzehnjährige schien ich es zu wissen. Ich schrieb 1928 an Gertraud: »Kämpfen, kämpfen ... Wenn ich wüßte, ob sichs lohnt zu kämpfen? Im christlichen Sinne, ja, natürlich, aber wenn ich wüßte, daß ich einmal in der Welt ein Führertum bekommen würde, wozu ich mir jetzt die innere Größe erringen muß, ja dann! Aber wenn ich denke, daß ich einmal so ein bescheidener, kleiner, pflichtgetreuer Mensch sein soll... Ich bin furchtbar ehrgeizig, aber ehrgeizig ist nicht das rechte Wort dafür, ich möchte etwas Großes leisten, meine Kraft auswirken... Ach Gott, solche Träume! Aber es sind keine Träume, es ist die notwendige Basis, auf der ich mein jetziges Verhalten und damit mein späteres Leben aufbauen muß. Aber ich glaube nicht an mich, glaube nicht, daß ich wirklich befähigt bin, weißt du, dazu reicht das Gescheitsein auf außerschulischem Gebiet auch nicht. Wenn mir nur jemand sicheren Aufschluß geben könnte, aber das kann ja niemand...«

Auf der zweiten Seite des langen, engbeschriebenen Briefes steht: »Ich muß mich zusammennehmen. Ich laufe sonst mit meinem Schwanken zwischen seelischen Spannungen und Depressionen dem Wahnsinn zu, wenigstens einem psychopathischen Zustand. Das darf nicht sein. Wir brauchen doch klare Menschen, die Erde darf doch nicht zum Narrenhaus werden. Du, das wäre wirklich ein Ziel: einmal, nicht später einmal, sondern *immer*, jetzt schon, allen Menschen Gutes tun, allen helfen, wirklich helfen! Ich werde jetzt anfangen, wieder mich selbst zu überwinden, Abtötung ist ein wunderbares Wort, abtöten, alles abtöten, was nicht hergehört, damit das Gute in uns leben kann. Aber: was ist das Gute in uns?... Bei mir fehlts daran, daß ich nie gehorchen konnte. Das lerne ich auch nicht mehr. Aber mir selbst gehorchen, kann ich das?«

Die Briefe und Tagebuchblätter jener Jahre sind ein Kompendium von Widersprüchen, und ich war mir der Widersprüchlichkeit voll bewußt. Ich selbst fühlte mein überwaches Bewußtsein als Gefahr.

Auf einem Tagebuchblatt steht: »Oft kann ich vor Sehnsucht nach Helfen, nach Gutsein, nach Reinheit fast vergehen – – fühle nichts als den Drang – ganz unbändigen Drang – zu schaffen, groß zu sein – – ich selbst und mein Werk – –

einsam zu sein, nicht von der Welt berührt werden – – zu wissen, zu können, bewundert zu werden – – zu erleben, alles Menschliche zu kosten – – Sehnsucht nach Schönheit in allem und überall... Ach, alles ist Spiel, alles, nichts ist wahr, als daß ich zusammengesetzt bin aus kältester Reflexion und wildesten Leidenschaften... und im Handeln gleich kleinlich, selbstisch, eitel, ja, das bin ich – *Wer* aber bin ich?«

Was eigentlich stellte ich mir vor unter dem Großen, das ich leisten wollte? Nichts Bestimmtes. Und doch meldete sich schon damals der Beruf. In einem Brief an Gertraud steht: »Eine Frage ganz im Vertrauen: Glaubst du, daß vielleicht eine Künstlernatur so ist, wie ich es bin? Du magst diesen meinen un- oder wahnsinnigen, nein vielleicht so scheinenden Gedanken auf Grund der Tatsache entschuldigen, daß ich jeden Tag im Moorwasser der Ach bade, was im Anfang zu einer Schwächung führen soll, bei mir offenbar geistiger Art...«

Ich hatte damals wie heute die Gabe der Selbstironie und der Angst vor dem Pathos, ich war pathetisch, aber ich schämte mich dessen und entschärfte meine Übertreibungen mit Humor. Ich gestehe heute dem jungen Mädchen das Recht der Klage zu: was ihm auferlegt war, das war die doppelte Last, die zweifache Wirrnis: ich mußte nicht nur durch alle Wirren der Pubertät hindurch, sondern auch noch die Hebamme meines schriftstellerischen Talents sein, dessen Vorhandensein ich fühlte, ohne daran zu glauben. Aus jener Zeit, 1928, stammt ein Gedicht, das mich heute rührt, aber auch bestürzt: es versprach so viel, und mir ist, als hätte ich das Versprechen nicht halten können.

Wenn ich dich deuten könnte
Drängende Welt in mir...
Noch bin ich nur Ahnung

Nur lauschendes Ohr
Nur weitoffnes Auge
Und ganz ein Sinn
Und voll von tausend Sinnen
Farbig und tönend hast du
Den Schleier mir schon gehoben
Von deinen Gründen
O Welt.
Ja, ich bin dein,
Tiefe der Welt
Kreisende Glocke du
Dein, Rätsel des Lebens, dein
Und mit Lust!
Doch nimm dich in acht,
Daß du nicht deine Rätsel
Deine Lüste und Ängste und Schmerzen
Mir mußt geben in formende Hand.
Denn ich will herrschen
Und ganz!

Niemand, auch Gertraud nicht, bekam meine frühen Gedichte zu lesen. Mein Instinkt sagte mir, daß sie schlecht
seien. Mich wundert, daß ich sie nicht verbrannt habe wie
Späteres, wie die ersten Prosaversuche; sie haben sich
erhalten durch Zufall eher als durch Absicht, sie lagen
meinem Tagebuch bei, das verschlossen war und zu dem ich
das Schlüsselchen verloren hatte. Als ich das buntgeblümte
Büchlein eines Tages wiederfand und die Schließe auf-
schnitt, da quoll mir meine ganze Jugendzeit entgegen.
Eine Eintragung vom 16. Mai 1928. »Wohin komme ich,
wohin? Es wachen Regungen in mir auf, vor denen ich mich
fürchte. Heute war ich in Kleists Penthesilea. Was diese
Liebe zwischen Mann und Weib ist, was sie vermag – – –
Achill der Göttersohn gibt alles auf, sein Heer wird ihm

gleichgültig, alles ist ihm gleichgültig, nur mehr das eine lebt in ihm: Sie, Penthesilea – – – diese schreckliche Liebe der Amazonenkönigin – – – und warum ist denn der Inhalt fast aller Dichtungen, der Kunst überhaupt, die Liebe? – – – Leben, sollte man dich nicht jetzt abbrechen?«

Was für ein bestürzendes Durcheinander ist das: einerseits scheine ich erst mit siebzehn entdeckt zu haben, daß es erotische Leidenschaft gibt, andrerseits lebte ich selbst seit Jahren im Wirbel jener Leidenschaft zu meinem Physikprofessor.

Offenbar handelte es sich für mich um zwei verschiedene Arten von Leidenschaft, die nichts miteinander zu tun hatten. Raffaels Bild von der irdischen und der himmlischen Liebe? Nein, das war es nicht. Meine Liebe zu Müller war irdisch und himmlisch zugleich, und es hätte nur einer kleinen Bewegung bedurft, und der Funke wäre übergesprungen von Pol zu Pol. Mir wurde schwarz vor Augen, wenn mich der Müller bei einem physikalischen Experiment oder im Konzert zufällig oder nicht zufällig (wie konnte ichs unterscheiden?) berührte. Es lag an ihm, mich zu entflammen. Ich wurde geschont, ich wurde aufgespart. In einem Brief an Gertraud aus jener Zeit steht: »Nicht die Liebe, wenigstens nicht die zum Manne, ist Hauptsache in meinem Leben.« Aber was ist die Hauptsache?

Eine Tagebuchnotiz vom 24. Februar 1929: »Ich las, was ich früher schrieb und konnte es nicht mehr fassen. Jugendliches Drängen. Ja, wenn mich wirklich einer verstanden und geführt hätte! Aber ich stand so allein mit Stürmen im Herzen vor wirklichen inneren Abgründen und niemand rettete mich, kein Mensch, muß ich sagen. Aber der große Bergführer da oben, der warf mir ein Seil zu, ohne daß ich es merkte, und half meiner trostlosen kranken Seele.«

Der Bergführer ... immer die Vorstellung des Berges, des Aufstiegs. Für ein Kind, im Angesicht der Berge aufgewachsen und schon Berge besteigend, liegt sie nahe. Unter allen Bergformen ist es die des Drei-Eck-Gipfels, die mich fasziniert bis zur Ekstase. Heilige Berge. Götterwohnungen. »Ich bin ein Berg in Gott«, wie ich einst ins Tagebuch schrieb, ohne es zu verstehen, was ich damit meinte. (Ich verstehe es heute noch nicht.) Das Dreieck, die magische und mystische Figur. Am pythagoräischen Dreieck ist mir einmal wie im Blitzschein Wesen und Sinn der Mathematik aufgeleuchtet.

1928 schrieb ich zwei Gedichte, in denen Berg und Wasser ihre Symbolbedeutung offenbaren. Das eine heißt »Bereitung«:

Ich will das Wasser sein / das quillt in einer Höhe / da noch kein Fuß ging / da noch kein Atem lief / da Reinheit und Ewigkeit / wurden zu Wesen / in solcher Einsamkeit.

Ich will rinnen vom Berge / ein kleines und kühles Gewässer / man wird mich nicht achten / und so nur, so will ichs / In mir aber sammelt sich an / starke bereite und helle Macht / in solcher Einsamkeit.

Und ich will sammeln / die tausend anderen Quellen / die zu mir strömen / und will sie führen / und wir sind schon Bach und werden Fluß / in solcher Gemeinsamkeit.

Wir stehen am Felsenrand / und die Entscheidung ist nah / wir ohne Bedenken / wir stürzen in Täler hinab / wir schäumen und reißen / Altes muß fallen vor uns / in solcher Gemeinsamkeit.

Natürlich lese ich das heute mit Kopfschütteln und frage mich, welche Art von Führerrolle ich mir denn da anmaßte und zutraute. Eine politische? Sicher nicht. Ich war unpolitisch erzogen, und Politik war ein schmutziges Geschäft für Männer. Es muß eher eine Prophetenrolle gewesen sein, scheint mir heute. Aber das war eben das Eigentümliche an jenen titanischen Träumen, daß sie bildlos waren, ein schäumender Auftrieb, ein blinder grenzenloser Wille etwas Großes zu tun, gleichgültig was, nur groß mußte es sein.

Auf einem meiner kaum leserlichen stenographierten Bleistift-Notizzettel lese ich: »Das Gute an mir ist, daß ich unerbittlich bin gegen mich selbst, das ist mein Stachel, daß ich keinen Schein gelten lasse, daß ich nirgendwo ruhig liegen kann, daß ich einen furchtbar strengen Maßstab anlege an mich. Aber ich muß überall vorne sein, andre beherrschen ist mir verhaßt, aber ich muß im Kampf an der Spitze sein, führen! Demut und Einordnung kenne ich nicht. Ich sträube mich gegen die Erkenntnis, daß Demut notwendig ist.«

Von welchem Kampf ist denn da die Rede?

Ich fand einen andern Zettel, der aber, dem Schriftbild nach, aus einer etwas späteren Zeit stammt.

»Wie kann einer von uns versinken im Kleinen und Gemeinen, da wir stehen im Leben, da jeder von uns die Sendung des Lebens hat, gegen das Dunkel das Licht zu tragen. Weltgeschichte ist von Urbeginn bis Ende mythischer und wirklicher Kampf zwischen ›Gott‹ und ›Teufel‹, zwischen Tag und Nacht... Und jeder von uns kämpft. Er kann nur auf *einer* Seite kämpfen. Aber er hat die volle Verantwortung. Er hat die Verantwortung am Werden der Welt. Jeder für sich. Volle ganze schwere Verantwortung. Hier hilft nicht ›Gott‹, denn er kämpft und ist zu erkämpfen, hier hilft kein Mensch – hier steht jeder allein.«

Das also muß ich gemeint haben mit »Führen«: im Kampf zwischen Hell und Dunkel eine Führerrolle auf der Seite des Lichts zu haben.

Eine unbescheidene Vorstellung, wenn der Traum überhaupt bis zur Vorstellung gedieh. Aber: wann sonst als in der Jugend dürfen wir unbescheiden sein? Wann sonst grenzenlos ehrgeizig? Wann sonst uns alles zutrauen? Damals schrieb ich:

Ach, so nah bin ich den Quellen / Dein Atem, Gott, ruht schon an mir / Innerster Kreis, letzte der Fragen / Demütig bin ich geworden / vor Deiner unsäglichen Größe / Und noch immer nicht / willst Du strömen in mich / Da ich doch offen bin / Ganz Dein Gefäß / Was forderst Du? / Nimms, was es auch sei / Doch brich das letzte der Bande / Das meinen drangvollen Geist / Heute noch hält. Brichs! / Ich will stürzen und strömen / Reißen wie Wasser vom Berg / In Deine Tiefen, Gottwelt.

Das Reißen und Stürzen klingt nach Revolution. Aber welche Revolution konnte ich im Sinne haben?
Weiß das durchgehende Pferd, wohin es rast? Es hat die Deichsel zerbrochen, das Geschirr abgeworfen, die Hürde übersprungen, es läuft. Sein Ziel ist das Laufen. Das Ziel der Jugend liegt immer jenseits aller Ziele. Kein Parteiprogramm ist revolutionär genug für junge Revolutionäre. Was der junge Mensch will, das ist der Weltenbrand, die Zerstörung bis auf den Grund, das Chaos, denn nur aus dem, so meint er, erstehe das Neue. Was ich damals im Sinne hatte, das war die allerradikalste Revolution: die Umkehr des Menschen, die Heimkehr des verlorenen Sohnes.
In meinen Notizen von damals taucht hartnäckig immer wieder die Frage auf: Was willst Du von mir, Gott?
Was, wer war dieser angerufene Gott für mich?
Ich schrieb: »Ich kann mein Leben so wie es jetzt ist, nur ertragen, weil das Wort *Gott* noch leer ist für mich. Sobald es voller wird, kann ich nicht mehr ertragen, so weiterzuleben wie bisher, denn wenn ich etwas erkannt habe, so will ich es auch. Aber ich kann es so lange nicht wollen, bis ich es

nicht genau erkannt habe. Das halbe Wollen und halbe Erkennen bringt mich um... Aber hat es Sinn, mich mit solchen Gedanken herumzuschlagen? Es kommt, mitten im Leben vielleicht, die Gnade. Was ich vorher tat, gilt dann nichts. Sollte ich darum jetzt nicht einfach leben, leben? Aber eben das kann ich nicht, denn das Ethische ist mir in Fleisch und Blut eingedrungen. Ich kann nicht leicht sein, eh daß ich nicht Gott habe als unendlichen Flügel. Ich *ahne* Gott.«

Was meinte ich mit dem »Ethischen«? Ich meinte nicht Moral, das geht aus dem Kontext hervor. Da schrieb ich: »Es liegt eine große Gefahr im Gutsein ohne die letzte tiefste Erschütterung durch Gott.«

Was ich ersehnte, war die Ich-zersprengende Kraft einer Leidenschaft, der ich noch keinen Namen geben konnte. »Eine gewaltige Spannung zieht mich hinauf, aber ich hänge auch mit all meiner Leib-Seele-Kraft an der Erde, ich liebe das Leben, die Menschen, erstens weil sie ästhetisch vielfach sind in ihrer Subjektivität, und zweitens weil sie tragisch sind.«

In einem Brief an Gertraud schrieb ich: »Es hat alles Religiöse so lange keinen Sinn für mich, als ich mich noch nicht selbst aufgegeben habe. Ich will mich noch aus eigener Kraft reich machen, mich füllen und einen geistigen Raum ausfüllen.«

Damals, im August 1928, siebzehnjährig, schrieb ich eine Geschichte, die eine Art Summe meiner Erfahrung darstellt. Sie beginnt mit dem Satz: »Siebzehn Tage war ich gegangen, und noch immer nahm die Wüste kein Ende.« Siebzehn Tage, siebzehn Jahre. »Am achtzehnten Tag sah ich vor mir einen Berg. Da aber die Nacht einfiel, konnte ich nichts mehr unterscheiden...« Ich sah die ersten siebzehn Jahre meines Lebens als Wüste. Immerhin, so schrieb ich, hatte der Sandsturm mich nicht bedeckt, und auch die

Wüstentiere hatten mir nichts zuleide getan. Und nun ist es Nacht. Ich sehe nichts mehr, ich weiß nichts mehr, ich weiß den Weiterweg nicht, ich lasse mich einfach fallen. Am Morgen sehe ich, daß der Berg kein Berg ist, sondern ein Haus, eine Art Kloster, aber ohne Fenster. Vor der Pforte liegt ein Mönch in einem zerrissenen bunten Seidenhabit. Es ist also kein christlicher Mönch. Das Kloster ist auch kein Kloster, es ist eine Art Vorhölle, ein Ort der Traurigkeiten, der Vergeblichkeiten, des Absurden, ein Gefängnis, fensterlos zur Welt hin. In jeder Zelle ist einer, der etwas Fruchtloses, Sinnloses unternimmt: einer spielt auf einer Geige ohne Saiten mit einem Bogen ohne Haare, einer versucht einen Falter zu fangen und schlägt sich, im Wahn, der Falter säße da, auf seine eigene Brust, so daß er jedesmal wie tot hinstürzt. Einer hat Steinchen aus der Wand gekratzt und sich wie eine Krone aufs Haupt gelegt und spricht lautlos mit großen Gesten zu einer Volksmenge, die nicht da ist. Eine Frau wiegt einen Stein und sagt: Es schläft schon seit zweitausend Jahren, wecke es nicht auf. Und einer, der schon am Kreuz hängt, doch nur mit einem Arm gebunden, versucht, mit dem freien Arm sich vollends zu kreuzigen. Als ich wieder vor dem Tor stehe, drückt mir der dort liegende Mönch einen Dorn in die Hand, und nun vermag ich aus der leeren Hand Wasser auf sein Gesicht zu schütten. »Ich schritt gegen Westen, und der Dorn schmerzte in meiner Hand.«

So also sah ich die Welt: als eine Stätte der vergeblichen Bemühung. Sisyphos. Das Tragische, welches das Mitleid herausfordert. Der kühne Taschenspielertrick: aus der hohlen Hand Wasser gießen. Der blinde Glaube, alles zu können mit dem schmerzenden Dorn in der Hand. Das Mitleid, das alles wagt. Der Schriftsteller, der sich erkühnt, Sprecher der Hoffnung zu sein, und der doch selber nicht weiß, wie das Spiel ausgeht. Die Liebe und das Mitleid als

Zauberformel. Selber nichts haben, jedoch geben können.
Der Dorn: ein Dorn aus der Dornenkrone. Jahrzehnte
später fand ich bei Camus einen Satz, der haargenau das
sagt, was ich mit meiner Geschichte sagen wollte. »In der
Welt herrscht das Absurde – und die Liebe rettet davor.«
In der ganzen Geschichte ist nicht von Religion die Rede,
und die fromme Gertraud rügt das. Sie schrieb mir, die
Geschichte gefalle ihr schon, aber meine Überheblichkeit,
zu glauben, aus der leeren Hand Wasser gießen zu können,
sei schlecht, und ich verstünde noch immer nichts von
Gnade. Sie täuschte sich: eben die Gnade ist es, die ich
anrufe: fülle meine leere Hand!
Die dunkle Nacht in der Wüste: ich habe sie damals erlebt.
Keine spätere Interpretation kann jenem Zustand der ersten
echten Verzweiflung genügen. Hier muß der junge Mensch
selber sprechen:
»1928. Aus einer Stunde, die wie viele war. Leben ist Betrug. Alle Menschen betrügen einander; das größte Unglück ist, daß sich alle Menschen selbst betrügen – jahrelang, jahrzehntelang, ihr Leben lang – – – einige Augenblik-
ke ausgenommen, in denen ein inneres Schauen wie das
zweite Gesicht sie in die Leere des Ichs führt. Wen nennt
man glücklich? Wen nannte ich glücklich, bis jetzt? Den,
der Großes tut. Was ist Großes? Etwas, was der Menschheit
imponiert, was die Bewunderung, die Verehrung, die Dien-
ste der Masse und der Höheren an sich reißt. Nicht groß
genug. Groß ist, andern Menschen Gutes zu tun – – – Sieh,
du gibst den Hungrigen, den Armen – wozu? Du fristest ein
Leben, das besser ungelebt bliebe, und allen Jammer kannst
du doch nicht abschaffen. All dein Tun ist unvollkommen,
und wenn dein Name in tausend Herzen klingt, nach
deinem Tode noch, was hast du davon, das heißt, was nützt
es den Menschen und zuletzt auch: was ist es dir? Du sagst:
es befriedigt dich. Nun bin ich wieder bei meinem ersten

Satz: alles ist Betrug. Er gähnt mich an, der Abgrund unseres Nichts. Was schaffen wir wirklich? *Nichts.* Wozu bauen wir das Prunkschloß der Kultur? Wozu? Wozu erzeugen wir Menschen, wozu erziehen wir sie? Um gute Menschen aus ihnen zu machen! Was ist das? Aus dem Religionsunterricht klingt es dir herüber: Sittlich gut ist, was übereinstimmt mit dem Willen Gottes und der Norm des Gewissens – – – Gott – – –. Du stehst im Abgrund und alles ist leer um dich – – – und mit dir schwebt das Wort der Worte: *Gott.* Hängt an deinem Geiste noch die Blume aus deiner Kinderzeit, die Blume Glaube, Liebe? Sie ist verwelkt, sei wahr! Du bist kein Kind, und dein Geist ist hell. Geh auf *deinen* Wegen dem Worte nach: *Gott.* – – Nein, nun stehe ich still. Ich schaudere. Ich fürchte mich. Wäre das die Lüge aller Lügen? – – – Nein, es ist nicht möglich, wir können nicht so zusammenhanglos im Dasein, nein, im Weltenraum hängen – – – Es gibt kein anderes Problem als: Mensch – Gott. Ist das gelöst, ist alles gelöst.«

Jene Phase meines Lebens war viel finsterer, als es diese Notiz verrät. Wenn ich nämlich meine Not in Worte fassen konnte, war ihr der schärfste Stachel schon gezogen. Vorher aber – – – ich sehe mich, die Schule schwänzend, die überhaupt keinen Platz mehr hatte in meinem Dasein, durch die Stadt laufen, keineswegs mehr mit einer Rose in der Hand und einem wenn auch noch so trügerischen Ziele zu, sondern ganz und gar ziellos, aus mir selbst hinausgeschleudert, durch die häßlichsten Stadtviertel streifend, um den Ostbahnhof, den Südbahnhof, den Schlachthof, kein Ort war trist genug, ich verlangte die Bestätigung meiner Hoffnungslosigkeit von der Welt, ich schaute fremden Leuten ins Gesicht und sah nichts als Lebenstrauer, genau wie ichs erwartete. Es gibt in München einen Ort, wo mein Gedächtnis ein Kreuzchen eingezeichnet hat: da stand ich und wollte nicht mehr weiter. Das Wasser, der Sprung von

der Brücke. Nicht von der Selbstmörderbrücke in Großhes-
selohe, sondern bescheiden und einsam, daß niemand mich
sähe: isarabwärts, beim Föhringer Wehr. Da stand ich lange
und probte den Absprung. Es ist lächerlich und die Szene
entwürdigend, zu sagen, daß ich eine viel zu gute Schwim-
merin war und dies auch oft in der reißenden Isar südlich
der Stadt erprobt hatte, als daß ich hätte ertrinken können.
Da hätte ich mir schon einen Stein umbinden müssen, wie
es die große Virginia Woolf tat, 1942. Immerhin: Ich litt
große finstere Qual, und das war ernst genug.

Wenn damals einer gekommen wäre und hätte mir Rausch-
gift angeboten, ich hätte danach gegriffen, falls ich die
bewußtseinssprengende Wirkung gekannt hätte. Aber wir
hatten damals die falschen Tröstungen nicht, und auch
nicht den Psychotherapeuten. Wir mußten einfach *durch*.
Oder uns umbringen. Das taten denn auch viele.

Aber was war eigentlich geschehen?

Die Heftigkeit meiner Entwicklung hatte mich erschöpft,
ich war unendlich müde, so stehts in meinem Tagebuch.
Müde, müde. Was ich eigentlich suchte im Selbstmord, das
war der Schlaf. Das überwache Bewußtsein wollte Schlaf.
Das Kind wollte zurück in den Mutterschoß. Das Wasser
am Föhringer Wehr versprach Schlaf.

Aber wie ging das eigentlich zu, daß mir Gott und die
Hoffnung und das Wissen vom Sinn des Lebens entschwand? Der Mensch zweifelt an Gott immer nur, wenn er
am Menschen verzweifelt. Und das tat ich. *Der* Mensch, das
war für mich der so leidenschaftlich Geliebte. Auf ihn hatte
ich alles versammelt, was ich vom Menschen hielt: er war
gut, er war schön, er war der Spiegel Gottes.

Aber eines Tages begann ich, ihn zu durchschauen: er war
ein Spieler, ein Augenspieler, einer den es freute, eins der
verachteten, von Physik und Mathematik nichts verstehen-
den Mädchen an der Angel zu haben, ein Egoist, der vorgab,

ein frommer, melancholischer, vom banalen Leben abge-
schiedener Philosoph zu sein, damit er nicht leben und
lieben mußte, kurzum: ein Mann. Wie viele andere.

Drei Jahre Liebesleidenschaft, zwei Jahre Qual der Ablösung. Ja und Nein im wilden Wechsel. Ich neige zur Treue.
Wenn ich liebe, liebe ich lang und eigensinnig. Ich gebe
nicht leicht auf. Ich erwarte immer Wunder.

Aber eines Tages konnte ich mich nicht mehr täuschen. Es
war nichts mehr zu hoffen. Das Verhältnis blieb unverändert, es gab keine Entwicklung. Die Zeit war um. Ich mußte
mich befreien. Ich befreite mich. Aber ich zahlte viel dafür.
Wenn mir Leute berichten, wie schwer die Ablösung des
Patienten vom Psychotherapeuten ist und wie sie so oft
mißlingt, gehts mir wie dem Reiter, der bei Nacht und
Nebel über etwas reitet, was er für feste Erde hält und was
er, am Ziel angekommen, als den unsicher gefrorenen
Bodensee erkennt.

Ich beklage in meinem Tagebuch und in meinen Briefen an
Gertraud meine Jugend, die ich dahingegeben, vergeudet,
verloren habe an diesen Mann und mein Gefühl. Was für
ein Irrtum! Gerade so, in dieser schrecklichen und süßen
Verwirrung, in dieser bodenlosen Verzweiflung, diesem
Aufgerissenwerden bis auf den Grund, in dieser wilden
Sehnsucht nach dem Grenzenlosen, dem Absoluten, das ich
einmal Liebe nannte, einmal Gott und einmal Tod, gerade
darin habe ich meine Jugend voll ausgelebt. So mußte es
sein. Solche Wunden erweisen sich als lebenslanger Schutz
gegen die Banalität.

Und jener, den ich beschuldigte, mir meine Jugend verdorben zu haben mit seinem undurchsichtigen Spiel, den habe
ich längst entschuldigt: ihm war eine Rolle zugewiesen in
meinem Leben, die mußte er spielen, auch wenn er sie nicht
verstand, und heute denke ich mit Wärme an ihn, er war
wichtig für mein Leben, und vielleicht war er sogar der

würdigste aller Partner, der mir begegnen konnte damals. Die Liebe zu ihm, geschürt von ihm, bewahrte mich vor den üblichen minderen, zur Flüchtigkeit verbildenden Liebschaften. Sie setzte die Norm für meine spätern Lieben, deren es nicht viele gab. Ich fand in meinem Tagebuch zufällig ein hingekritzeltes Wort über jenen Mann: »Ich will gerecht sein: ich verdanke ihm viel.«

Vor kurzem fand ich ein Gedicht wieder, das ich 1928 schrieb. Etwas später hatte ich darüber geschrieben: »Nur interessant als erster Versuch.« Ich sah es also nur literarisch, und da war es verachtenswert. Darunter hatte ich schon in der Zeit des Entstehens geschrieben, sozusagen als letzte Zeile: »Zu schwer macht der Gedanke das Gefüge der Worte.« In der Tat. Die heutige Jugend macht bessere Gedichte mit weniger Worten. Aber der Inhalt ist immerhin bemerkenswert. Die zweite Strophe heißt:

Mich zu retten vor meiner bebenden Glut
Will ich durch Formung sie heilig beschwören
Denn ich darf nicht versinken im Wunsche des Leibs
Ja kaum berühren soll mich sein Hauch.

Sehr seltsam, daß ich immer wieder auf meiner Reinheit bestand. Was zum Teufel meinte ich damit? Ich war nicht geplagt von meiner Sexualität. So einfach war nicht zu benennen, was mich da bewegte. Offenbar litt ich unter einer Dualität, die gnostischer Herkunft ist: hier Materie, Leib, Minderheit, dort Geist, absoluter Wert. Da ich gar nicht puritanisch erzogen war, vielmehr überhaupt nicht auf Sexualität hin angesprochen, kann ich nicht annehmen, daß es sich um etwas so Simples wie die körperliche Unberührtheit handelte. Die gab ich, als es Zeit war, unbedenklich und wie im Vogelflug demjenigen, der vier Jahre später mein Ehemann wurde. Das also wars nicht. Ich meine heute die richtigen Namen zu kennen: Yin und Yang. Das Weibliche, das Männliche, die beiden Prinzipien, welche die Schöpfung regieren.

Ich schrieb damals in mein Tagebuch eine Art Gebet: »Willst du, daß ich keines irdischen Mannes Liebe habe, damit meine Seele frei sei für Höheres?« Ich schrieb auch: »Gott, du hast mich bestraft.« Das klingt nach Buß- und Beichtgesinnung, nach Moral. Das aber meinte ich nicht.

Daß ich das nicht meinen konnte, geht hervor aus dem Kontext all dessen, was ich damals aufgeschrieben habe. »Sündenbewußtsein«, das hatte ich nicht. Und doch quälte mich das Gefühl, vom Wege abgeirrt zu sein. Inwiefern aber? Es ging wieder einmal darum, daß ich mich zu weit mit dem Yin eingelassen hatte. Was ich in Ermangelung dieser chinesisch-taoistischen Begriffe meine »Sinnlichkeit« nannte, das war eben dies: das Vergessen meiner Aufgabe, die darin bestand, das Gleichgewicht zu halten auf dem geländerlosen Steg überm Abgrund. Später einmal, bei Ignatius von Loyola, fand ich den Begriff der sacra indifferentia. Die Heilige Gleichgültigkeit. Das Heilige Maß. Hölderlin verbindet in seinem Gedicht »Hälfte des Lebens« die Begriffe Trunkenheit und heilige Nüchternheit:

... Und trunken von Küssen
Tunkt ihr das Haupt
Ins heilignüchterne Wasser.

Das wars, was mir zu lernen aufgegeben war. Meine Lebensaufgabe. Und immer, wenn ich nach einer Seite hin mich verirrte, schlug mein Seismograph warnend aus.

Als wir 1928 zum Thema eines Schulaufsatzes die Charakterbeschreibung einer Person aus Schillers »Maria Stuart« bekamen, wählte ich die Heldin. Ich lese da: »... ihre Leidenschaft wird dadurch besiegt, daß sie Zeugin der leidenschaftlichen Ausbrüche des jugendlichen Fanatikers Mortimer wird. Sie erschrickt vor dem wilden, verzehrenden Feuer und kommt zur Besinnung. Von neuem ringt sie sich zu edler Mäßigung durch ... Nun ist sie wirklich die Königin ... denn größer als ein Mensch, dessen Harmonie nicht gestört wurde, ist einer, dessen Wille aus dem Kampf gegen die empörten Leidenschaften als Sieger hervorgeht.«

Meine Deutschlehrerin, die alte Schwert, schrieb als Beurteilung der Arbeit: »Eine recht selbständige Arbeit, bei der nur die Schlußgedanken nicht allgemeine Billigung finden werden.«

Nämlich? Ich gehe da streng mit dieser Maria ins Gericht. Ich werfe ihr vor, sie sei »zu viel mit sich selbst beschäftigt, mit dem Primitivsten, das im Menschen liegt, mit dem Drang nach Genuß, dem Anlehnungsbedürfnis an das starke Geschlecht, die großen Probleme des Lebens berühren sie kaum ... So ist Maria zwar ein Weib, aber kein Typ der Weiblichkeit ...«

Endlich finde ich ein Wort, das mich aufklärt darüber, wie ich zu meinem Schicksal stand, weiblichen Geschlechts zu sein. In meinem Tagebuch fand ich schließlich eine ganze Seite zum Thema. Da aber der Anfang verloren ist, weiß ich nicht recht, in welcher Tonart das zu lesen ist: ironisch, rebellisch, einverstanden, zweifelnd, fragend. Was da steht, ist dies:

»Eine Frau soll weich sein, aus ihrem Herzen heraus handeln, sobald sie zu denken anfängt, ist sie nicht mehr sie selbst. Eine Frau soll Hüterin des Schönen in der Welt und im Leben sein. Der Mann muß auch das Schöne seiner genauen Untersuchung unterziehen, muß analysieren bis ins Kleinste, für ihn darf Schönheit erst nach diesem Denkprozeß anerkannt werden. Die Frau soll dies von selbst erkennen durch ihr Gefühl. Darum soll die Frau nicht aus ihrem engsten Kreis treten. Sie soll nicht studieren, höchstens noch Kunst (?) (das Fragezeichen stammt von damals). Musik vielleicht, aber beileibe nicht Mathematik, Physik, auch nicht Philosophie ... Das Wesen der Frauentätigkeit wäre also das stilldemütige Wirken in einer Familie an der Seite eines Mannes. Darüber können wir nun einmal nicht hinaus: das Weib soll einem Manne angehören.« (Jetzt scheint mir doch sicher, daß ichs aufsässig meinte.)

Und weiter: »Nun aber, ich weiß das und doch – – – Ich habe keine Lust, so weiblich zu sein, obwohl es mich bedrückt, daß ich es nicht bin. Ich *will denken,* habe Lust an der Wissenschaft, zergliedere alles, berechne ganz genau – dann aber kommt es mir wieder, ich sei unlogisch, sei dumm, zum Heiraten passe ich nicht, zur Wissenschaft bin ich zu wenig befähigt – – – was bleibt?«

Was eigentlich meinte ich, als ich in jenem Schulaufsatz die schottische Maria so hart kritisierte? Es war dies: daß sie von den »großen Problemen des Lebens kaum berührt wird«. Damals begann meine entschiedene Hinwendung zu eben den größern, den überprivaten Problemen. Ich hatte mich schon zu lange und zu ausschließlich mit mir selber beschäftigt, der Pendel mußte nach der anderen Seite hin ausschlagen.

Meine Freundin Gertraud war mir nicht nur dem Alter nach um zwei Jahre voraus, sie hatte schon den Schritt übers Allzuprivate hinaus getan: sie arbeitete in ihrer Pfarrgemeinde, sie besuchte die Kranken, sie putzte und wusch für alte Leute, sie tat das neben Schule und Studium, sie überforderte sich damit, sie starb mit dreiundzwanzig Jahren an Herzversagen.

Sie sprach nie über diese ihre Arbeit, außer wenn sie mir sagen mußte, sie habe keine Zeit für mich, weil sie anderes vorhatte.

Einmal bat sie mich, einer armen zerrütteten Familie ein

Paket mit Lebensmitteln zu bringen. Ich tat es, und es stürzte mich in eine seelische Krise, aus der ich nie wieder herauskam, bis heute nicht. In jener Armeleute-Wohnung sah ich zum erstenmal, was Armut wirklich ist. Das war nicht einfach Mangel an etwas oder an vielem, es war das nackte Elend, dem sich da eine Familie, kampfmüde geworden, dumpf ergab. Schmutz, Gestank, staubblinde Fenster, Unordnung über alle Maßen, ein schmuddeliges hochschwangeres junges Mädchen, auf einem Nachttopf ein Kind mit einem Ekzem am Kopf ... Ich habe auch in den Zeiten meiner eigenen Armut während meines Berufsverbots immer noch darauf geachtet, daß der Tisch hübsch gedeckt wurde, selbst wenn in den Tellern nur eine armselige Suppe aus Roggenmehl mit Wildkräutern war oder Brennesselspinat. Und in meinem autobiographischen Buch »Septembertag« ordnet die Frau des halbblinden Flickschusters ihr feuchtes Wohnloch jede Woche neu, damit die Verwahrlosung nicht überhandnehme. Das Schöne, es gehört zur Menschenwürde. Wo es aufgegeben wird, beginnt die Selbstzerstörung. Das Schöne ist ein hoher Wert. Ich habe immer schon verstanden, was Platon meinte, wenn er das Wahre, das Gute und das Schöne in einem Atem zusammen nennt. Die drei sind *eins*.

In jener Wohnung hauste die Häßlichkeit. Ich lieferte mein Paket ab, hörte die schon stumpf gewordenen Klagen und wußte nicht, was ich tun sollte, ich stand so herum, dann holte ich aus meiner Tasche eine Mark, das war alles, was ich besaß in jenem Augenblick, drückte es dem Mädchen in die Hand und lief fort. Ich floh. Ich meinte, mich losgekauft zu haben. Ich täuschte mich.

Ich war von meiner Mutter dazu erzogen worden, »Almosen« zu geben. Zwar gab es dieses Wort nicht in unserm Vokabular, aber die Sache gab es. Meine Mutter ging jede Woche ins Armenhaus und nahm mich mit, aber sie ließ

mich vor der Tür warten, ich sollte die besoffenen, sabbern-
den, geifernden Alten nicht sehen. Sie selber brachte ihnen
Essen und Kleider und Trost. Mich leitete sie an, Bettlern an
unsrer Haustür Geld oder ein Stück Kuchen zu geben,
freundlich zu geben, so sagte sie ausdrücklich.

Das großzügige Helfen war in der Sailerfamilie zu Hause.
Meine schwäbische Großmutter war reich und nobel. Meine Tanten, deren ich sechs hatte neben zwei Onkeln,
erzählten mir viele Geschichten über sie. Eine, so denke ich,
ists wert, aufgeschrieben zu werden. Meine (spätern) Tanten, damals junge Mädchen, sahen, wie das Jaköble stahl.
Das Jaköble war ein Tagelöhner, der auf den Hof kam, wenn
zur Zeit der Heu- und Getreideernte die Mägde und
Knechte nicht mehr ausreichten. Mutter, sagten die Mädchen, seid Ihr blind? (Damals redeten die Kinder ihre Eltern
noch mit *Ihr* an.) Seid Ihr blind, daß Ihr nicht seht, was das
Jaköble vom Hof wegträgt? Die Mutter sagte: Seid ihr
ärmer deswegen? Das Jaköble ist ein guter Arbeiter, laßt ihn
machen.

Eines Tages kam sie in den Hühnerstall und sah, wie das
Jaköble sich Ei um Ei in die hohen Schaftstiefel steckte. Was
tat, was sagte sie?

Jaköble, tu doch Heu oder Stroh in die Stiefel, sonst zerbrechen die Eier.

Als das Jaköble im Sterben lag, ließ er meine Großmutter
rufen, in jenes Häuschen, das er sich zusammengearbeitet
und zusammengestohlen hatte. Schon von der Schwelle des
Sterbezimmers aus rief sie: Jaköble, ich weiß schon, was du
mir sagen willst. Aber schau, du hast ja nie gestohlen, weil
ich dir alles immer schon geschenkt gehabt habe. Stirb in
Frieden.

Meine Großmutter konnte Armut nicht leiden, sie war
selber aus reichem Haus, und sie mochte gar nicht, daß eine
ihrer Töchter einen armen Volksschullehrer heiratete statt

des Brauereibesitzers, der beharrlich um sie angehalten hatte. Aber als nichts zu ändern war, half sie dem jungen Paar, wo sie konnte. Sie kaufte dem Schwiegersohn ein Klavier, schickte Mehl und Schweineschmalz und Geräuchertes und auch Geld, wenn nötig; einmal bezahlte sie Mutters Hutrechnung, das war eine eindrucksvolle Tat. Nämlich: meine Mutter, nicht gewöhnt ans Rechnen, aber gewöhnt ans Schöne und Teure, wie sie es kennengelernt hatte als Gesellschafterin der Prinzess Wallerstein, kaufte sich in der Stadt einen jener Hüte, die damals Mode waren, Panamahüte hießen sie, sie waren geflochten aus ganz feinem Stroh und waren sehr teuer. Mit so einem Hut auf dem Kopf trat sie vor ihren jungen Ehemann hin und fragte: Gefall ich dir? Er sagte ja, sonst nichts. (Ich kann mir sein bekümmertes Gesicht vorstellen.) Am Abend sagte er: Setz dich her. Schau, da ist eine Rechnung über mein Einkommen als Lehrer, als Organist und Gemeindeschreiber (das mußte der Lehrer auf dem Dorf auch sein damals, denn vom Lehrergehalt allein konnte er seine Familie nicht ernähren). Und jetzt schreib du auf die andre Seite, was der Hut gekostet hat. Seine Frau sah mit Schrecken, daß sie fast ein Monatsgehalt für den Hut ausgegeben hatte. Eine Woche später schickte ihre Mutter das Geld für den Hut und noch einiges darüber hinaus mit der Anordnung, daß auch der Schwiegersohn so einen Hut bekomme. Auf einem Foto aus etwas späterer Zeit sind die beiden mit ihren schönen großen Panamahüten zu sehen.

Meine Mutter hatte die Lektion gelernt. Aber den Hang zur Großzügigkeit behielt sie lebenslang, sozusagen bis über ihren Tod hinaus: sie verpflichtete mich schier eidlich, das Haus, das ich erbte, nur an den Nachbarn zu verkaufen, und zwar um einen viel zu niedrigen Preis, den sie noch bestimmte.

Aber Mutter, der Mann ist reich!

Ich weiß, aber er war immer ein so netter Nachbar.

Ich gehorchte, und es war mir eigentlich gleichgültig. Die Armut meiner Rinser-Großeltern und der Reichtum meiner Sailer-Großmutter haben mir zu einem sonderbaren Unverhältnis zu Geld und Besitz verholfen.

Kein Geld haben ist nicht Armut, das weiß ich, das habe ich in meinen Hungerjahren am eigenen Leib erlebt. Armut ist: gedemütigt sein; die Menschenwürde verloren haben.

Damals, als Gertraud mich in die Armeleutewohnung schickte, begriff ich, daß Armut Verrottung ist, durchgängige und endgültige Kapitulation unter dem Druck der Verhältnisse. Ich schrieb in mein Tagebuch: »Wozu all mein Schönheitssuchen? Alles ist nichts. Nur eines gilt: diesen Armen helfen. Aber *wie*? Steigt doch herunter, helft!«

Ich wende mich an andre, an viele. Ich begreife, daß der einzelne mit allem Almosengeben der Armut nicht aufhilft. Damals schrieb ich: »Aber ich kann mich nicht aufgeben, ich kann nicht.« Der Satz scheint in keinem logischen Zusammenhang zu stehen mit dem vorigen. Aber aus andern Texten jener Zeit sehe ich, daß sich mir zwei Motive verknäuelten: das praktisch politische, das auf den Sozialismus hinsteuerte, und das spirituelle, das mich zur franziskanischen Armut, zur Selbsthingabe, aufrief. Niemand sagte mir, wie ich das eine oder das andre verwirklichen könnte, oder gar beides zusammen. Immer schon hat mich jene Idee beschäftigt, die später zum rein partei-politischen »Christlichen Sozialismus« degradiert wurde.

1930 schrieb ich jene Erzählung, die ich leider verbrannt habe, die Geschichte einer Gruppe junger Menschen, die nach Tibet, in den Himalaja gingen. »Auf dem Dach der Welt« hieß der Titel der Geschichte. Höher hinauf und weiter weg von der korrupten, ungeistigen Gesellschaft ging es nicht. Man sieht: auch wir damals waren tief unzufrieden mit der »Gesellschaft«. Wir schossen nicht, wir machten keine Revolution, wir gingen einfach fort, weit weg, hoch hinauf, das heißt tief ins eigene Innere. Da gründeten wir einen Ashram, eine Kommune, halb klösterlich, halb weltlich, ein wenig so wie die späteren kommunistischen Kommunen, von denen ich aber noch nichts wußte, und auch etwa so wie Taïze, das es noch lange nicht gab. Ich erfand mir das alles.

Wie kam ich dazu, uns nach Indien, vielmehr nach Tibet gehen zu lassen? Was wußte ich davon? Hermann Hesses »Morgenlandfahrt« las ich erst 1935 oder später, Indien war noch lange nicht in Mode, Tibet kannte man allenfalls aus der Geschichte der Bergbesteigungen. Die höchsten Berge des Himalaja nannte man »Dach der Welt«, daher mein Titel. Aber der höchste aller Gipfel, Mount Everest mit profanem Namen, war für mich kein Berg, der auf einer geographischen Karte zu finden war, er lag auf einer Art Sternkarte, auf welcher magisch-mythische Orte verzeichnet waren, Symbole für innere Erfahrungen. Es war *der* Berg für mich, *der* Gipfel, die fast absolute Höhe. Dort hinauf entsandte ich meine jungen Geschöpfe, und ich ging natürlich mit. Wir bauten mit eigenen Händen ein Kloster, holten Gletscherwasser, bauten mühsam in schmalen Tälern Gemüse, säten mitgebrachtes Korn und lebten arm und in Frieden.

Ich möchte wissen, ob mir bei dieser Geschichte nie in den Sinn kam zu fragen, ob denn so eine Flucht erlaubt war und wie sie sich zu meiner keimenden sozialistischen, also konkret gerichteten Idee verhielt.

Flucht lag mir näher, zunächst. Kein Wunder: wo und wie hätte ich damals ein konkret politisch-sozialistisches Arbeitsfeld finden können? Wäre ich in Berlin gewesen, ja, da. Aber in München, da ließ man uns den Kinderschlaf noch lange schlafen. Wenn ich damals geahnt hätte, daß meine Geschichte Jahrzehnte später gelebt würde von Tausenden junger Menschen, und daß einer, der wirklich im Himalaja lebte, eines Tages in mein Haus käme: der Lama Anagorika Govinda.

Ich ließ meine jungen Menschen mit mir zusammen aufbrechen ins höchste Gebirge unsrer Erde. Ich habe dem Menschen immer die Fähigkeit zugesprochen, sehr hoch zu steigen, dorthin nämlich, wohin er gehört, weil er von dorther kommt. Schlimm, daß der Mensch nicht weiß, wer er ist. Von früher Kindheit an bläut man ihm ein, er sei ein Wurm, ein Nichts, im Kern böse, nur unter der Fuchtel brauchbar. Menschenverachtung, die Wurzel aller Gewalt, der illegalen, die man Terrorismus nennt, und der angemaßt legalen, der so leicht entartenden, die man Staat nennt, und auch die christliche Kirche arbeitet mit den Mitteln der Unterdrückung, denn auch sie hält den Menschen für grundböse, obgleich sie, wer sonst, wissen müßte, daß der Christus dem Menschen die Füße wäscht und ihn Bruder nennt, auch wenn er sündigt. Es ist ein Wunder, daß die Menschheit nicht längst kapituliert hat und sich zu Tieren domestizieren ließ, daß es vielmehr immer noch freie Geister gibt, die an den Menschen glauben als an den Erlösten und Erlöser.

Was wußte ich eigentlich damals von der konkreten Lage des Menschen, was wußte ich von der Lage meines eigenen Volkes?

Heute schäme ich mich meines unpolitischen Lebens von damals. Ich *hätte* mehr wissen können, wenn ich Zeitungen gelesen hätte. Aber zeitunglesende Mädchen... Man las den Fortsetzungsroman und allenfalls (ich tat es) Konzert- und Theaterkritiken, aber nicht den Leitartikel und schon gar nicht den Wirtschaftsteil. Da hätte ich lesen können, daß in Italien der Faschismus anwuchs, daß er Schule

machte in Deutschland, daß die Zahl der Arbeitslosen
wuchs, daß die SS gegründet wurde, daß in Österreich die
»Heimwehr« gebildet wurde, in der Katholiken und Nazis
einmütig sich zusammenschlossen zur Rettung Europas vor
dem Bolschewismus, ich hätte lesen können, welche Folgen
der Dollarsturz hatte und daß Notverordnungen erlassen
wurden in Deutschland. Vergeblich suche ich eine politische Notiz in meinen Tagebuchblättern und Briefen von
damals. Und doch muß ich einen politischen Instinkt gehabt
haben, der mich warnte, jener Mitschülerin zu folgen, die
mit dem Faschistengruß zur Schule kam und versuchte,
mich für dieses Neue zu gewinnen.

Statt politischer Reflexionen finde ich in den Papieren aus
jener Zeit einen Zettel, der mir beweist, daß ich mich mit
der Dialektik von Tun und Nicht-Tun auseinandersetzte,
mit anderen Worten: mit jener von Aktion und Kontemplation, ein Thema, das ich Jahrzehnte später in meiner
Erzählung »Geh fort wenn du kannst« wieder aufnahm und
ausführte: ein Mädchen aus dem aktiven militanten Widerstand in Italien unter dem Faschismus wird auf verschlun-
genem Weg Nonne, während ihr Freund als Kommunist
nach dem Krieg in die Regierung kommt. Eine Geschichte,
die ich aus der Luft griff, eine Parabel eher. Eine Italienerin,
die jenes Buch gelesen hatte, schrieb mir, woher ich denn
die Geschichte ihrer Enkelin kenne, sie müsse nur einiges
darin ergänzen und korrigieren.

Als Siebzehnjährige hatte ich notiert: »Ist es wichtig, eine
Tat zu tun, ein Werk zu wirken? Man kann *sein* und sonst
nichts Sichtbares schaffen und damit mehr Erlösung bringen als durch hundert Taten und Werke. Darum ist es also
nicht geringer, still und tatenlos zu sein, als laute Tat zu
tun. Das eigentliche Werk schafft Gott in uns. Wir haben
nichts zu tun, als Gott in uns wirken zu lassen.«

Ich habe damit eine Erkenntnis vorausgenommen, der ich

einige Zeit später bei den europäischen Mystikern und noch später im Zen-Buddhismus begegnet bin. Und noch später habe ich begriffen, daß der Beruf des dichtenden Schriftstellers die Verbindung von Aktion und Kontemplation ist: man verhält sich schreibend still und greift damit ein ins politische Geschehen. Das Wort, die Frucht der Kontemplation, wird zur Tat. Damals bedrängte mich diese scheinbar unauflösbare Widersprüchlichkeit, die mir eine Einengung des Lebens bedeutete. Ein Entweder-Oder, das ich dunkel als falsches Problem ahnte.

So stürmisch mein inneres Leben damals verlief, so ruhig ging es äußerlich vor sich. Es gab einen Wohnungswechsel. Dieses Mal wurde ich nicht aus dem Internat geworfen wegen renitenten Verhaltens, sondern es ergab sich mit Notwendigkeit, daß ich ein ruhigeres Zimmer bekam. Hinter jenem Heim in der Hans-Sachs-Straße wurde nämlich ein Haus, Wand an Wand mit meinem Dachzimmerchen, aufgestockt, das gab einen Höllenlärm, und das Studieren war tagsüber unmöglich. Die Bereitschaft meiner Eltern, mich anderswo unterzubringen, hatte jedoch als eigentlichen Grund eine moralische Befürchtung, wie ich später erfuhr. Sie machte mich lachen. Man sagte meinen Eltern, daß ich in einer höchst anrüchigen Gegend wohne, nämlich nächst der Müllerstraße, das war die Straße der billigen Münchner Huren. Wenn auch die Szene in den »Gläsernen Ringen« erfunden ist, so stimmt doch, daß ich mit einem dieser Mädchen eine widerborstige Freundschaft schloß. Das kam so: Als ich eines späten Abends von einem Konzert heimging und die Müllerstraße passierte, wurde ich Zeugin einer Schlägerei zwischen zwei Huren. Ich war entsetzt, vor allem darüber, daß die Passanten nicht eingriffen, sondern sich vielmehr belustigten. Ich wußte nicht, warum die zwei sich prügelten, aber ich fühlte mich aufgerufen, da einzugreifen. Dabei erhielt ich selber einen

Schlag, das ernüchterte die Kämpferinnen, und sie ließen voneinander ab. Zuerst beschimpften sie mich, dann ging die eine weg, und die andre begann mit mir zu reden. Ich erinnere mich dunkel dessen, was sie mir erzählte: die übliche Geschichte einer Prostituierten, die ebensogut wahr wie erlogen sein konnte, damals glaubte ich sie gewiß, diese rührende Geschichte vom Tod der Mutter, der Arbeitslosigkeit des Vaters und ihrer eigenen, die sie zwang, auf den Strich zu gehen, weil sie als Mutter Hur für ihre kleinen Geschwister Geld verdienen mußte, aber es auf keine andre Weise konnte als eben diese. Von da an habe ich oft mit ihr geredet. Aber immer, wenn ein Mannsbild auftauchte, schob sie mich grob beiseite: »Schau, daß du weiterkommst!« Nun störte ich beim Geschäft, das sich bisweilen in der nächsten Toreinfahrt stehend abspielte.

Ich wundere mich, daß ich sie und ihr Geschäft nicht verachtete, Puritanerin, die ich war. Aber das war ich offenbar nur für mich selber. Den andern gestand ich es zu, nach ihrer Art zu leben. Außerdem, und das war wohl entscheidend, hatte die Sache für mich auch etwas Literarisches: ich las damals Dostojewskij, einen Band nach dem andern, ich grub mich hinein, ich ließ mich verfinstern und erschrecken, und alles wurde mir Wirklichkeit, und das war es ja auch. Als ich Jahrzehnte später in Leningrad war, das immer noch Petersburg ist, war ich verwundert, daß es den Newskij-Prospekt wirklich gibt, und ich wäre nicht allzu überrascht gewesen, hätte ich den Raskolnikow laufen sehen mit dem Beil unterm Mantel, und Lisaweta und die Nastjenka, die umgeht in den Weißen Nächten. In meiner Jugend gings umgekehrt: da wurde mir Dostojewskijs betrunkenes, vergewaltigtes Dirnchen aus dem »Raskolnikow« zu einem der Müllerstraßen-Mädchen, und aus beiden wurde mir eines: die Gestalt der erniedrigten und beleidigten Frau. Ich lebte in einem Zustand der immerwährenden Empörung. Aber was tat ich? Was konnte ich tun? Dachte ich überhaupt daran, daß man die Prostitution abschaffen müsse? Wußte ich, daß der Staat die Prostituierten und Zuhälter besteuert und damit selber der größte Zuhälter ist? Hätte ich doch damals August Bebel gelesen und seine Anklage der Gesellschaft, welche Prostitution erlaubte, vielmehr: erzwang. Ich empörte mich, und dabei blieb es, und somit war ich wie alle.

Aber immerhin: ich redete mit einer Hure, und zwar unbefangen und nicht von oben herab und nicht missionarisch moralisierend. Das kann als eine Spur sozialer emanzipatorischer Gesinnung gelten. Aber es hatte doch etwas Literarisches, Gebrochenes, im Schwung Abgebremstes. Daran litt ich schon damals, daran leide ich noch heute: daß ich, Schriftstellerin, die ich bin, die Not der Welt, die ich sehe, rasch, ehe mich das Mitleid zu hilflosen unsinnigen Taten hinreißt, in die gehörige Distanz schiebe, nämlich in jenes Feld, in dem das Erlebte, das unerträglich Quälende, Form und Wort wird und damit seinen Stachel einbüßt, wenn auch, Gott sei Dank, nicht zur Unverbindlichkeit bloßer Betrachtung verführt. Vermutlich sind Schriftsteller potentielle Selbstmörder, die sich ins Wort retten, um überleben zu können. Wirklich, ich wüßte nicht, wie ich gewisse Situationen im Leben überstanden hätte, wäre es mir nicht gelungen, sie Satz um Satz in Form zu bringen. Ganz gewiß hat es mich im Winter 1941 auf 42 gerettet, daß ich nach langer fruchtloser Bemühung, auch nur ein einziges Wort aufs Papier zu bringen inmitten von Luftangriffen, von Eiseskälte, von Angst vor Hitler, vom Geschrei meines Jüngsten, von privatem Leid, schließlich den ersten Satz zu der Erzählung »Elisabeth« aufs Papier schrieb. Aber das ist ein weiter Vorgriff.

1928 also zog ich in vernünftiger Übereinstimmung mit meinen Eltern aus dem Hurenviertel um nach Ramersdorf.

Da gab es, hinter der Unterführung der Rosenheimer Straße, ein neues »Heim für Berufstätige«. Und da hatte ich endlich ein Zimmer für mich, mit weißen Möbeln und einem Bad gegenüber und einer Teeküche, und dem Blick auf Wiesen und Felder bis zur Ramersdorfer Kirche und zu den Heimatbergen, kurzum, es schien eine neue, bessere Zeit für mich gekommen zu sein. Ich konnte kommen und gehen, wie ich wollte, ein Zettel, an der Pforte abgegeben, wann man voraussichtlich heimkomme, genügte, damit die Pfortenschwester wach blieb, es waren sogenannte Wiener Schwestern. Da lebte ich also, da übte ich Geige, stundenlang, denn damals hatte ich meinen Geigenlehrer gewechselt und war zu Bernhard Walter gekommen, der Konzertmeister der Münchner Staatsoper war und ein Quartett gegründet hatte; ich ging in Konzerte und Theater, ich las Nietzsche und Dostojewskij, ich bemühte mich, der Friedl Hahn, einer Klassenkameradin, die schon vorher durchgefallen war, einiges für den ersten Teil der Reifeprüfung beizubringen, und ich begann bewußt zu »dichten«. Zwei Dinge sind erhalten aus dem Herbst 1928, das eine ist eine Prosaskizze, das andre ein Gedicht. »Gedanken« nannte ich die Skizze, Gedanken, nicht Gefühle. Die Distanz zeigt sich.

»Da sitze ich denn manchmal am Abend allein an meinem Fenster, sitze und neige mich der herbstlichen Schwere entgegen... Es rauscht in der Luft wie Musik von verwehten Blättern, von sehnsuchtgetriebenen Vogelschwingen, von seltsam süßer Lust am Abschiednehmen...«

Wie alles doch vorgezeichnet ist in der Jugend: mein Leben lang zerrissen mir Abschiede das Herz, ja schon die Möglichkeit, etwas könne nur kurz dauern, machte mich elend, und doch suchte ich nach Abschieden, und in jedem Abschied, sei es von Orten, von Menschen, von Entwicklungsphasen, nahm ich die endgültige Befreiung voraus, und als

ich bei Rilke las: »Sei allem Abschiede voran«, da wußte ich,
daß dies eine der Grundformeln für mein Leben war. Wie
gut, daß ich die Lektion gelernt hatte, als es um große,
lebensbedrohende Abschiede und Verluste ging, später.
Damals, in der Skizze, schrieb ich:

»Nun bricht es über dich herein, wie es immer kam, daß
du bis an den Rand mit Traurigkeit gefüllt hingehst durch
schwere graue Luft... ganz ohne Ziel, ganz ohne Heim, so
ganz der letzten Wahrheit deiner nackten Seele gegenüber. Nichts ist von Wert und nichts von Dauer, alles was
hier auf Erden getan wird, verweht und ist nur armes,
dürftiges Sichtäuschen... Meine Seele ist so voll, daß sie
nicht weiß, ists Lust, ists Elend... Aber ich bin so glücklich, denn ich lebe tausend Leben in diesen tausend
Schatten...«

»Ganz ohne Heim« fühlte ich mich, trotz des hübschen
weißen Zimmers. Ich ahnte, daß ich nie irgendwo daheim
sein würde, soviele Versuche des Nestbaus ich auch machte
in meinem Leben. Es ist erstaunlich: ich, ein bäuerliches
Geschöpf, eine Stiergeborene, ein Erdenmensch, ich fühle
mich immer nur als flüchtiger Gast auf dieser Erde, selbst
jetzt, in meinem »Alterssitz«, wie man so sagt, schlage ich
nur scheinbar Wurzeln. Nun gut, das ist eben so, wie es ist.
Irgendwo bin ich ja doch daheim.

Das Gedicht von damals heißt »Der Ruf« und ist gerichtet
nicht an den damals so Geliebten, sondern an einen Unbe-
kannten, einen Künftigen, Ersehnten.

»Warum kommst du nicht? / Ich weiß es doch: irgendwo /
Bist du und wartest auf mich... Wir sind schon verbunden / durch alle Zeit / Wir tragen schon heimliche Ringe... / Zürne mir nicht zu sehr / Wenn mich die Sehnsucht
nach dir / So schwer überkommt, daß sich mein Kopf / Dem
Nächstbesten über die Hände beugt / Den härtesten
Schmerz zu stillen. / Und du? Ich verzeihe dir alles / Sobald

wir beide nur einen Blick / Ineinander getan, ist alles an uns
ganz rein / Wir irren, doch wir irren zum Ziel …«

Nun: ich beugte mich keinem andern über die Hände, das
blieb vage Sehnsucht wie alles von damals. Hirngespinst,
Traumstoff. Ich habe, wie alle jungen leidenschaftlichen
Menschen, alle spätern Leiden vorausgeträumt, dabei aber
real gelitten, auf Leben und Tod gelitten. Meine depressive
Veranlagung brach in jenen Jahren mächtig durch. In einem
Brief an Gertraud steht, es sei ein Wunder, daß ich dennoch
für die Prüfung lernte, wenn auch mit halbem Kopf. Wäre
jene Friedl Hahn nicht gewesen, mit der ich lernen mußte,
damit *sie* die Prüfung bestand, – ich hätte jene Jahre
vertrauert und alles Schulische dem guten Zufall überlassen, der denn auch ohnedies für mich arbeitete. So sagte mir
am Morgen des Prüfungstages für Chemie die Friedl, sie
verstehe nicht, wie die Stahlgewinnung geschehe und was
in der Bessemerbirne vor sich gehe. Ich verstand auch nichts
davon, wir hatten das in der Schule nicht durchgenommen.
Aber die Friedl bestand darauf, es von mir erklärt zu
bekommen. So schlug ich denn (wir hatten dieselbe Stra-
ßenbahnfahrt) das Buch auf, überflog die betreffenden
Seiten, versuchte die Sache der Friedl zu erklären, lernte es
dabei selber, wenn auch höchst flüchtig und mit der
Begabung der Schüler, etwas sich für einen Tag einzuprä-
gen, um es dann zu vergessen. Und die Prüfungsaufgabe in
Chemie: die Stahlgewinnung.
Übrigens eine ganz blödsinnige Aufgabe, denn wozu, um
Himmels willen, mußten wir das wissen? So vieles lernten
wir, was ganz unsinnig zu wissen war, und eines lernten wir
nicht: als Zeitgenosse leben.
Die Friedl, schon einmal durchgefallen, kam diesmal durch,
nicht nur in Chemie. Wir hatten uns ein sicheres System
des »Spickens« ausgedacht und dann auch erfolgreich ange-

wandt: sollte die Friedl eine Aufgabe nicht lösen können, sollte sie erst husten, dann sich umwenden und halblaut sagen: »Gib mir ein Blatt!« Unsre Blätter, von der Schule gestellt, waren doppelt, das war unsere Chance: da hinein legte ich ein Fließblatt, das konnte aus Versehen geschehen sein, falls es einem der Aufsichtführenden auffiel, und auf das Fließblatt hatte ich, vorsorglich schon ehe Friedls flehentliche Blicke kamen, einiges notiert, was ihr helfen konnte.

Diese Friedl schien dumm. Sie war jedoch nur schuldumm. Sie war die einzige literarisch Gebildete in unsrer Klasse. Ihr Bruder studierte Theologie, und ihr Freund war Bibliothekar an der Staatsbibliothek, die beiden brachten ihr Bücher und Anregungen ins Haus. Sie las damals Kierkegaard und Dostojewskij und gab mir die Bücher weiter. Kierkegaard las ich kaum, ich verstand ihn nicht, nur das »Tagebuch eines Verführers«, das las ich, und mir schien, als habe mein Physikprofessor das finstre Rezept gekannt. Die Friedl war (sie ist tot) eine jener Schülerinnen, für welche die Schule ein Ort des Unheils, der Lebensgefahr ist: Außenseiter ohnehin mit einem so ganz anders gerichteten Lebensinteresse, verunsichert durch die schulblinden Lehrer und Mitschüler, verfallen sie in Schwermut und Verzweiflung und nehmen sich das Leben. Die Friedl sprach bisweilen vom Selbstmord, so ganz im allgemeinen, aber sie dachte an den ihren. Doch starb sie später an einer Krankheit, soviel ich weiß.

Ich schaue unser Klassenfoto an, gemacht am Tag der Schulschlußfeier. Wir kauern, knien, stehen und lehnen auf einer Treppe, in unsern Festkleidern, mit weiten langen Glockenröcken und ebensolchen Ärmeln. Ich stehe ganz oben, aus einem technischen Grund: ich arbeitete an der Vorbereitung des abendlichen Festes, der Fotograf wartete, ich schlüpfte im letzten Augenblick mit aufs Bild, und mir ist, als könnte ich hören, wie atemlos ich war.

Da stehen sie alle ... Ich, nach vier Jahren meines Amtes als Klassensprecherin und nachdem ich unzählige Male die Namen alphabetisch aufsagen mußte bei Anwesenheitslisten, Schulausflügen, Sammlungen, ich kann sie heute noch heruntersagen: Adam, Bauer, Böhm, Brunner, Drebinger (das war Cornelia), Egger, Ehrengut (die Gertraud), Fischer, Hahn (die Friedl), Hartmann, Herrmann (meine Intelligenz-Rivalin), Huber, Kleber (sie starb im Kindbett), Leppmeier (sie starb mit zwanzig an Krebs), Letterer (sie beging Selbstmord nach Kriegsende, warum, weiß niemand) ... Rieder, Rinser, Schrankenmüller, Straub, Vogl. Achtundzwanzig Namen. Einer fehlt: der meiner späteren Denunziantin. Auf unserm Abiturfoto sind wir noch alle beisammen und wissen noch nicht, daß fünfzehn Jahre später die Treppe, auf der wir stehen, mitsamt der Hälfte des Schulhauses ein Trümmerhaufen sein wird, daß drei tot sein werden, daß einige ihre jungen Ehemänner auf irgendeinem Schlachtfeld suchen mußten und viele nicht mehr Lehrerin sein durften, weil sie erst »entnazifiziert« werden mußten.

Bei der Schulschlußfeier mußte ich die Rede halten, mein Vater hat sie aufbewahrt. Ein Musterbeispiel der Schulrhetorik jener Jahre. Später schrieb ich an den Doktor Stein, dem ich die Rede zu lesen gab, ich habe meine Meinung für die Lehrer »frisiert«. Und doch scheint mir, daß ich glaubte, was ich sagte.

»Jugend hat es immer schwer, doppelt schwer in einer Zeit, in der sich alle Formen auflösen, hundert Wege möglich und richtig zu sein scheinen, hundert Weltanschauungen um die Jugend werben ...« Hundert ist übertrieben, es waren eigentlich nur drei: der konservative Katholizismus, der Kommunismus, der Nationalsozialismus. Aber ich sah das nicht aufs Politische beschränkt, ich fühlte ganz allgemein, daß der Boden wankte und daß auf nichts mehr

Verlaß war und alle Traditionen brüchig waren. Wie im Trotz, wie als Herausforderung an die Welt und mich selbst, sagte ich: »Mit Goethes Türmer möchten wir heute ausrufen: Mein Erbteil, wie herrlich, weit und breit, die Zeit ist mein Besitz, mein Acker die Zeit... Wir spüren unsre Kraft, die ans Werk will, die schaffen will, frei und selbstverantwortlich. Wir besitzen unsre Jugend als eine allumfassende Kraft, als das Gefühl, den Quellen des Lebens nahe zu sein. Wir glauben noch unerschütterlich an die Macht des Guten in der Menschheit... Wir glauben, daß es eine geistige Gemeinschaft aller noch starken, noch mit reinem Willen zum Guten erfüllten Menschen gibt... Unsre Jugend wollen wir uns bewahren...«

Dieses betonte *noch*, es verrät Zweifel und Befürchtung, es ist weniger eine Feststellung als eine Beschwörung, es ist eine Selbstverpflichtung, ein Treueschwur, eine Vorahnung der Zusammenbrüche. David mit der Kinderschleuder, der sich Mut zuredet im Angesicht Goliaths.

In meinem Reifezeugnis steht: »Eine geistig frische Schülerin, die durch gute Begabung und rege Strebsamkeit recht schöne Erfolge erzielte. Wenn sich ihr lebendiges und regsames Wesen mehr ausgeglichen hat, berechtigt sie zu guten Hoffnungen.« Zu welchen denn? Und wer sollte denn dann, wenn ich endlich ausgeglichen sein würde, darüber entscheiden, ob die guten Hoffnungen berechtigt waren? Auf gut deutsch heißt der dumme Satz so: Wenn diese allzu lebendige, allzu kritische, allzu eigenwillige Schülerin sich die Hörner abgestoßen hat an der Wirklichkeit, wenn sie der Gesellschaft an- und eingepaßt ist, wenn sie eine resignierte Jasagerin geworden ist, dann wird sie uns nützlich sein können und uns gefallen. *Dann. Nur dann.*

Nun: die Schule war überstanden.

Was jetzt?

Der Weg war vorgezeichnet. Es gab nur winzige Abwei-
chungen, wenn man nicht die »Anwartschaft auf den
Staatsdienst« aufgeben wollte. Und wer hätte das wollen
können damals in einer Zeit der Arbeitslosigkeit, in der es
zudem für Mädchen praktisch kaum andre Möglichkeiten
gab. Zu den kleinen Freiheiten gehörte, daß man das
Latinum nachmachte, um an der Universität sich einschrei-
ben zu können.
Ich hatte schon während der Schulzeit nebenbei Latein
gelernt. Unsre Psychologie-Lehrerin, die Erinna (die schon
keine andre Rolle mehr spielte in meinem Leben als die der
sehr guten Lehrerin), hatte einigen von uns die Möglichkeit
verschafft, daß wir schon ab der 5. Klasse als Gasthörerin-
nen Vorlesungen an der Universität besuchen konnten.
Diese Semester sollten uns dann angerechnet werden, wenn
wir immatrikuliert sein würden. Ich war unter diesen. Aber
die Art von Psychologie, wie sie der alte Aloys Fischer
vortrug, war langweilig. Besseres gab es aber damals nicht
an der Universität. Jedoch gab es eine Art freier Seminare
zur Einführung in die Tiefenpsychologie Freuds, Adlers,
Jungs. Das interessierte mich nun wirklich. Von da an habe
ich bis heute nicht aufgehört, mich mit Psychologie zu
beschäftigen, vor allem mit C. G. Jung, der über all das
spricht, was mich angeht: Religion, Mystik, Alchimie (in
seinem besondern Sinne). Freuds Pansexualismus hat mich
nie überzeugt, auch schon damals nicht. So konnte ich den
Menschen nicht sehen, so eingeengt, so reduziert auf eine
einzige Strebung.
Neben den Vorlesungen und Seminaren mußte ich an der
Volksschule hospitieren, zuerst an einer normalen Schule
in Giesing, dann wurde ich zugelassen an der Schwabinger
»Versuchsschule«. Jene von den Nazis so verpönte »Sy-
stemzeit« (die Zeit des Weimarer politischen demokratischen Systems) war eine Zeit voll großer neuer Ideen auf

allen Gebieten, auch auf dem der Pädagogik. Das »Jahrhundert des Kindes« war proklamiert (nicht nur, wie 1979, bescheidener ein *Jahr* des Kindes), man erwartete viel vom Menschen, man erkannte die schöpferischen Möglichkeiten im Kind, man lockte sie im Unterricht heraus, man entwikkelte das Vorhandene, statt Fremdes einzurichten, man überwand die Lern- und Dressurschule, man führte als Gegengewicht zur Verstandesschulung die »musische Erziehung« ein, man ließ die Kinder sich ausdrücken in Farbe, Tanz, Theaterspiel und Wort, man ließ sie ihren Dialekt reden, um sie nicht sich selber zu entfremden, man überwand Zeugnis- und Ellbogen-Ehrgeiz, man gab den Kindern ein Mitspracherecht: sie kamen mit ihren echten Fragen in die Schule und machten sie zum Unterrichtsstoff. Ich selber habe, als ich Lehrerin war, so unterrichtet. Aber das Jahrhundert des Kindes dauerte nicht lange. 1933 war es, kaum proklamiert und versuchsweise praktiziert, schon wieder zu Ende. Dann begann das Jahrhundert der Dressur. Da lernten die Kinder die Biographie Hitlers und das Horst-Wessel-Lied, da lernten sie ihre Eltern und Lehrer denunzieren bei der Gestapo, da lernten sie Panzerfäuste werfen, auf Menschen schießen und nannten sich Werwölfe, da erfroren sie auf der Flucht und wurden unter bombardierten Häusern begraben und von Tieffliegern erschossen, da wurden sie im KZ vergast, da verhungerten sie, da wurden sie die Zuhälter ihrer Mütter und brachten ihnen liebeshungrige und gebefreudige Amis ins Haus, da lernten sie stehlen, da streunten sie elternlos, führerlos im Land herum, da wurden sie Diebe und gerissene Schwarzhändler, da kamen sie in Jugendgefängnisse, und dann vergaßen die Überlebenden alles, und dann wars auch gar nie gewesen.
Die deutsche Schule hat sich bis heute nicht erholt von jenem Tiefschlag, den ihr der Nazifaschismus versetzt hat. Nach kurzem Aufschwung war alles beim alten, beim

Vorvorgestrigen, bei der Lernschule, beim Leistungsdenken, beim Konkurrenzkampf, beim Gehorchen, beim Nichtdenken.

Bei der Erinnerung an all das, was in den zwanziger Jahren auf dem Feld der Pädagogik gedacht und gelebt wurde, überfällt mich Verzweiflung.

Bisweilen muß ich mich wie eine Schiffbrüchige an irgendeine Hoffnungsplanke klammern, etwa an den für den Selbstmörder Hemingway so erstaunlichen Satz aus seiner Erzählung »Der alte Mann und das Meer«: »Es ist eine Sünde, nicht zu hoffen«. Oder an Camus: »Elend und Größe dieser Welt: sie bietet keine Wahrheiten... Es herrscht das Absurde... aber die Liebe rettet davor.«

Noch, sagte ich in meiner Rede damals.

Damals, 1931, begann ich für die »Deutsche Junglehrerzeitung« zu schreiben. Der erste dieser Beiträge ist der Abdruck einer sogenannten Jahresarbeit, die zu unserm Weiterstudium gehörte. Sie ist sehr gebildet, sehr akademisch, sie macht mich lächeln. Aber der zweite Beitrag ist aufschlußreich. Da kommt ein realistischer Blick auf, eine herbe Kritik, Selbstkritik auch, und die erste Enttäuschung meldet sich zu Wort.

»Ich komme mir vor, als wollte ich auf einem Vulkan, von dem ich weiß, daß er stündlich ausbrechen kann, ein kleines sauberes Gärtchen pflegen, das Gärtchen auf dem Vulkan der Zeitwirklichkeit, die grauenvoll genug ist, um dem Volk, der Menschheit und jedem einzelnen das Lebensgefühl zu vergiften. Ich muß (und komme über dieses Müssen nicht recht hinaus) all mein Tagewerk auf diesem dunklen Hintergrunde sehen. Und dann kommt mir alles Arbeiten und Reden so schrecklich sinnlos vor...«

Ich nenne die heraufkommende Katastrophe nicht bei Namen, ich weiß nicht warum, vielleicht, weil ich sie noch viel umfassender sah, als es der Name einer Partei und eines

Mannes hätte ausdrücken können. Jedenfalls war ich schon nicht mehr eine unpolitische Träumerin.

Kaum zwei Jahre sind vergangen seit meiner so schwungvollen Schulschluß-Rede, und schon schreibe ich: »Ein einziges Jahr genügte, um meine Reformgedanken in sehr gemäßigte Bahnen zu lenken.« Von der menschlichen Reform, die mir damals nur undeutlich vorschwebte, gebe ich freilich noch nichts her, im Gegenteil.

Ich habe damals in einer Schule für kurze Zeit einen kranken Lehrer vertreten müssen. Ich schreibe über diese erste konkrete Erfahrung mit einer Schulklasse von sechzig Kindern der Grundschule: »In der ersten Woche war ich vollständig verzweifelt... Der Schritt (nein Sprung) vom Studium ins wirkliche Schulleben wird nur dadurch möglich, daß man alle gelernte Methodik über Bord wirft und nichts mehr sein will als ein vom Kind lernender Mensch. Ich arbeite bloß aus meinem Gefühl heraus. Zunächst war ich sehr unsicher. Es sah anfangs so gar nicht nach Schule aus, was ich da machte mit Geschichtenerzählen und Spielen, aber damit brachte ich doch endlich ein wenig Leben in die Kinder... Ich bin geneigt, das ganze Lehrerinsein nur darin zu sehen, den Kindern das eine Gefühl einzubrennen, daß ich sie liebe (und in ihnen das Volk), auf daß sie in dieser Liebe erleben, daß es trotz des Elends, trotz der Traurigkeit des seelischen Verhungertseins noch etwas anderes gibt, das Kraft bedeutet. Wir nennen es Geist, praktisch nenne ich es Liebe.«

In diesem Aufsatz nehme ich auch Stellung zur Frage der Generation. Damals warf uns ein Angehöriger der »Kriegsgeneration« (des Ersten Weltkriegs nämlich) vor, wir seien träge, naiv und problemlos.

Jene Generation ist also nicht zerbrochen und verzweifelt aus dem Krieg zurückgekehrt, sondern aufgeweckt, ideenreich, revolutionär. Ich wehre mich in jenem Aufsatz gegen

Verallgemeinerung des Urteils über meine Generation: »Ist es nicht immer so, daß die Mehrheit träge, stumpf und breit daliegt und für sich selbst (ihren Geldbeutel und ihren Magen) sorgt, während einige wenige Schauende wie einsame Felsen aus der dumpfen Niederung ragen, eine edle, sich in Verantwortung und Opfer verglühende Minderheit? Es gibt auch unter uns Mädchen (Frauen) eine kulturtragende Minderheit. Daß wir weibliche Jugend nicht mehr einfach ›da sind‹ und unser Leben mehr oder minder befriedigt aus der Hand eines Mannes hinnehmen, ohne zu denken und irgendwie zu gestalten, dafür sorgten die letzten Jahrzehnte. Wir sind wach geworden und sind es noch, trotz der Erscheinung, daß der Hang zur Vermännlichung, seit und wo er auf die Spitze getrieben worden ist, umschlägt in den liebenswürdigen Drang, wieder das sein zu wollen, was wir sind: Mädchen und Frauen... Ich bin trotzdem nicht, wie viele meiner jungen Kolleginnen, der Ansicht, daß die Frau nun einmal in die Ehe gehört. Nein, ich sage: es gibt neben (oder über) der leiblichen Mutterschaft eine geistige. Aber der Weg zu ihr ist unendlich schwer und schmerzhaft... Entweder macht die *Frau* Zugeständnisse an ihren Beruf, oder die *Lehrerin*. Die Frau hat ihrem Beruf unendlich mehr zu opfern als der Mann. Der Lehrer hat seinen Beruf und, wenn er will, Weib und Kind dazu. Die Lehrerin hat ihren Beruf und sonst nichts (ja doch: sie hat mehr Geld...!). Und wenn sie auch den Mann schließlich entbehren kann (bitte lachen Sie nicht, denken Sie an die Tatsache, daß geistig und sittlich sehr hochstehende Frauen sich ein Kind wünschen, ohne dadurch an einen Mann gebunden zu sein!), so ist es doch sehr schwer, wenigstens zeitweise, daß keines der vielen Kinder, die durch ihre Hände gehen, ihr eigenes ist und sein darf.«

Das schrieb ich 1931, also vor einem halben Jahrhundert, und wir wußten von der »Emanzipation der Frau« noch sehr

Trotz dieser Vorbemerkungen (die allerdings schon mehr sind als bloße Bemerkungen vor der eigentlichen Arbeit, die schon Deutungen des obengenannten „Problems" sind), also: trotz vieler Reden, hinter denen eine Art von „Pessimismus der Erkenntnis" liegt, erachte ich als meine Pflicht gegenüber der Arbeitsgemeinschaft Z. Z. Ihnen zu sagen, wie es um uns Ganz-Junge steht (soviel ich sehe).

Dabei zunächst zu dem Vorwurf von Z. Pflanz: (Es ist ein Vorwurf, nicht eine Feststellung), „daß wir Jungen, wir Nachkriegsgeneration, naiv und problemlos in diese Zeit des Sports, der Technik hineinwachsen". — Ich will nicht geradezu behaupten, daß das nicht wahr ist. Aber ich muß schon sagen, daß, wenn vielleicht auch unsere jungen Kollegen so sind, wie Sie sagen, wir jedenfalls nicht so ganz leicht und unbekümmert inmitten stürzender Kulturen leben. Es gibt unter uns solche, die sich in „schwachen" Zeiten sogar nichts heißer wünschen, als gänzlich „naiv und problemlos" zu sein! Freilich gibt es viele, sehr viele unter uns, die nicht wissen, was Geist, was Schaffensleidenschaft, was seelische Erschütterung und Erhöhung durch Ideen, was Verantwortung für die Volks- und Menschheitsgemeinschaft ist. Es gibt aber viele, die — sagt, Ihr Kriegsgeneration, ist das nicht immer so, daß die Nachdenkbarkeit träge, stumpf und breit balkast und für sich selbst (ihren Geldbeutel und ihren Magen) sorgt, nachdem einige wenige „Schauende" wie einsame Felsen aus der dumpfen Niederung ragen, eine edle, sich in Verantwortung und Opfer verglühende Minderheit? War es nicht immer so? Warum sollte es jetzt anders sein? Es gibt auch unter uns Mädchen (Frauen) eine kulturtragende Minderheit. Daß wir weibliche Jugend nicht mehr einfach „da bin" und unter Leben mehr oder minder befriedigt aus der Hand eines Mannes hinnehmen, ohne zu denken und irgendwie zu „gestalten", — dafür sorgten die letzten Jahrzehnte. Wir sind wachgeworden und sind zu noch, wenn der Erscheinung, daß der Hang zur Dermännlichung, zur Kind und wo er auf die Geiste getrieben worden ist, umschlägt in den liebenswürdigeren Drama, wieder natürlich zu sein und das sein zu wollen, was wir sind: Mädchen und Frauen. Diese Bewegung ist nicht ohne Zwiespältung auf unsere innere Haltung unserm Beruf gegenüber abgleichen. Und ich glaube, daß darin vielleicht — oder sicher — ?) das stürkste Problem der jungen Lehrerin liegt.

Wenn ich so unter meinen älteren und alten Kolleginnen Umschau halte, so läuft es mir öfters (leicht) eiskalt über den Rücken. „Ich werde du auch werden — —". Ich muß immer an die Worte von einem unserer Seminarlehrer denken: Sie (der Seminaristinnen waren gemeint) haben alle ihren „Schmelz" noch mehr." Damals lachten wir, heute scheuchte ich ihn. Sagen Sie nicht selber, daß den meisten Lehrerinnen irgendetwas fehlt, irgendein Duft, ein lebendiger Strom, der von der Frau ausgehen soll? (Weiblichkeit schlechthin?) Ich bin trotzdem nicht, wie viele unserer jungen Kolleginnen, der Ansicht, daß die Frau nun einmal in die Ehe gehört. Nein, ich sage: Es gibt (oder über) der leiblichen Mutterschaft eine geistige. Aber der Weg zu ihr ist unendlich schwer und schmerzhaft. Ich brauche wohl nicht mehr darüber zu sagen. — Überlegens habe ich unter den mir bekannten Lehrerinnen wohl nicht eine einzige gefunden, die so weit gekommen wäre wie etwa A. von Droste-Hülshoff, die nun allerdings keine Lehrerin war, aber eine ganze Frau trotz Studium und trotz Verzicht auf Ehe und Mutterschaft. Wie sie war, so denke ich mir die rechte Lehrerin.

Ein Erzieher (denn nur so faßte ich das Lehrer-Sein auf) kann nur erziehen, wenn er ein ganzer Mensch ist. Eine Erzieherin ist nur dann ein ganzer Mensch, wenn sie eine ganze Frau ist. Aber can Frau sein und berufstätige Lehrerin — ? Entweder muß die Frau Zugeständnisse oder die Lehrerin. Bedenken Sie auch, daß die Frau ihrem Beruf unendlich mehr zu opfern hat als der Mann. Der Lehrer hat seinen Beruf und, wenn er will, Weib und Kind dazu. Die Lehrerin hat ihren Beruf und sonst nichts (ja, doch: sie hat mehr Geld . . . !) Und wenn sie auch den Mann schließlich entdehren kann (bitte haben Sie nicht; denken Sie an die Tatsache, daß geistig und sittlich sehr hochstehende Frauen sich ein Kind wünschen, ohne dadurch an einen Mann gebunden zu sein!), so ist es doch sehr oben, zweifellos seitweise, daß Frauen der vielen Kinder, die durch ihre Hände gehen, der eigen ist und sein darf.

Doch nun zurück zu uns Jungen!

Wenn man nicht schon verblättert, verfaltet und mit Scheuklappen versehen aus dem Seminar kommt, so schaut man zu Beginn (ganz zu Beginn!) der Praktikantenzeit noch mehr oder minder lebensfroh und arbeitsbegierig ins Leben. Aber diese Zustand erweist sich als sehr vergänglich — darüber brauche ich nichts zu sagen. Schließlich haben wir während der Zeit, da man den ungeheuren Eltel „Schulamtsbewerberin" trägt, in der Schule nur ein Scheinleben, während das eigentliche junge Leben erst draußen (beim Eisfahren, beim Tanzen, im Theater, über Büchern, am Klavier, beim Studium ganz anderer als der vorgeschriebenen und amtlich empfohlenen Fachliteratur) aufwacht. (Ist es unsere Schuld?) Daß die Fortbildung und nicht gerade dazu beiträgt, unseren Beruf und Begeisterung am Beruf zu geben, ist auch längst offenbar. Obwohl wir seinerzeit in der Fortbildung den amtlichen Fortbildung anlernt haben, daß sie den jungen Lehrern am Eisersten „immer mehr Liebe und Freude zum Beruf einpflanzen solle — "!

Nicht daß Sie meinen, es sind die Schlechtesten unter uns, die sich so vor dem Lehrerin-Sein fürchten! — Es gibt im übrigen noch eine ziemliche Anzahl solcher, die unbedenklich ernste Lehrerinnen werden. (Ich bin nicht bosshaft, wenn es im Folgenden auch so scheinen möchte; ich sage nur, was ich sehe): Es sind meist die, die wir im Seminar mit dem schö-

nen Namen „Strebertätten" belegt und damit der besonderen Geringschätzung der geistigen Oberschicht ausgeliefert haben: die Durchschnitts-begabungen, die Braven, die Fleißigen, die Freude und heimliche Hoffnung der Lehrer (— und Behörden —). Daß ist noch sicher auch der traditionell gewordene Lehrerinnentyp, wenn man dazu auch noch die sich mit den Jahren der Selbständigkeit verschärfende Kritiklust an allem zählt. Ja will damit nicht mein eigenes Geschlecht in ein allzu schiefes Licht setzen: Unter unseren älteren männlichen Kollegen gibt es ja auch den bekannten Typ; aber bei der Frau wirft dies Erstarrte, dies immer und überall Belehren-Wollende, dies seelisch Leidenschaftslose noch abstoßender als beim Mann, dem man von vornherein eine gewisse Berufs-Einseitigkeit zugesteht.

Etwas anderes: Früher habe ich mich oft über die „Alten" erzeilert, bin oft mit meinem Vater, der auch zu den „Alten" gehört, im Streit gelegen, wenn er bei meine begeisterten Pläne für meine Schule (wie die „modern" sein wird, ganz anders als alle Schulen, die ich kenne — — !) nur ein Lächeln übrig hatte: „In zwanzig Jahren möchte ich wieder mit dir reden!" Ich schwor: „Nie, nie werde ich anders denken, nie — !" Er hat gar nicht 20 Jahre warten müssen; es genügen ein einziges Jahr, um meine Reformgedanken in die so allmählig Bahnen zu lenken. (Von der menschlichen Reform, die mir damals nur unbewußt vorgeschwebt war, rede ich noch nichts hier, im Gegenteil!) Darüber zum Schluß.) — Die erste Lustfülle kam, rund 60 Kinder, auf Zucht und Drill eingestellt (von einem Jungen geführt, der erwiesenermaßen kaum theoretisch wußte, was Arbeitsschule ist!). In der ersten Woche war ich vollständig verzweifelt. Ich erzähle Ihnen nur davon, damit Sie sehen, daß der Schritt (nein, Sprung) vom Seminar ins wirkliche Schul-Leben nur dadurch möglich wird, daß man alle gelernte „Methoden" über Bord wirft und nichts mehr sein will als ein tiefes lernender Mensch. So arbeitete bloß aus meinem Gefühl heraus. Zunächst war ich sehr unsicher. Vor der Schule hatte ich oft das Gefühl, ja als wollte ich mit auf einen Vulkan, von dem ich nicht weiß, ob er ausbrechen kann, ein kleines, sauberes Gärtchen pflegen, daß Gärtchen der Schule auf dem Vulkan der Zeitwirklichkeit, die grauenvoll genug ist, um den Volk, der Lehrerin in den großen und joben einzelnen das Lebensgefühl zu verwirften. Es werden so viele Worte über die Krisenzeit gemacht, daß ich lieber stille bin. Aber ich muß zum fromm über diese innere Müßen nie recht hinaus) all mein Tagewerk auf diesen dunklen Hintergrunde setzen. Und dann kommt mir alles Arbeiten und Reden so schrecklich sinnlos vor, so hinfällig bloßg, so im Grund und in allem einzelnen dem Verfall anheimgegeben! Da möchte ich dann das ganze Lehrerin-Sein nur darin sehen, den Kindern dies eine Gefühl einzubrennen, daß sie für Liebe (und nochmals für Liebe) und daß sie in dieser Liebe erleben, daß es trotz des Elends, trotz der Traurigkeit des seelischen Verhungert-Seins noch etwas anderes gibt, das Kraft bedeutet —. Wir, die es wissen, nennen es „Geist"; vielleicht nenne ich es „Liebe". Sie verstehen mich doch hoffentlich, ob kann es nicht besser sagen. Es genügt übrigens, wenn ich daraus sehen, daß manche Ihrer Jungen, obwohl sie nur auf meinem von (Schul-) Politik verstehen (und was das Traurigste ist, darüber gar nicht betrübt sind, daß sie nichts verstehen trotz mancherlei Ansätzen guten Willens), doch in ihrem ganzen Sein von der realen Wirklichkeit der wirtschaftlich-politischen Not bestimmt sind. Wir leiden ja darunter, daß wir nicht helfen können. Dazu kann wir noch zu jung, um mit vollem Bewußtsein und zu sagen: Der Beschränkung (auf keine Lehrerinnen-Arbeit) gelöst du den Meister!

Ja sehen auch, daß Freude und Begeisterung nicht die herrschenden Gefühle gegenüber unserem Berufe sind. Die Gründe (wo sie nicht bloß Faulheit und Opfer-Unfähigkeit sind) liegen alle in dem doppelten Erleiden, daß einer Brennpunkt heißt: Pessimismus gegenüber der Schul-arbeit (im besonderen und im allgemeinen) im Hinblick auf die Auflösung der Kultur, dessen anderer Brennpunkt das Unberiedigtsein der Frau in der Lehrerin ist.

Zum Letzteren noch eine Randbemerkung: Es wird soviel darüber geredet, daß die Frau im Gegensatz zum Mann intuitiv ist (und arbeitet), also ganz dem Irrationalen verhaftet ist. Das ist auch wirklich so; vielleicht ist es gut, wenn es einmal eine Frau selber tut, also es immer über das Ganze zu sagen: Wie schwer fällt es der Frau, ja rationale Arbeitsweisen zu pflegen, wie es Lehr- und Stundenplan nun einmal verlangen (und wenn man „die Konturen mit den männlichen Kollegen" ausgehalten wird, wie es einem bedoppeltselbst ab und zu deutlich gemacht wird. Tatsache!).

Zwischen all diesen Zwei- und Leiden leben viele von uns seltsamerweise doch noch mit einem hellen Optimismus des Willens, der uns zwingt, uns auf Konferenzen vorzubereiten (auch ohne Hinblick auf das wenig, weil niemand mit uns darüber sprach. Aber auf dem Weg zu ihr waren wir.

Im selben Aufsatz räume ich ein, daß einer der uns gemachten Vorwürfe stimmt: daß wir Jungen träge sind. Ich gestehe, daß sich das Leben der meisten von uns anderswo abspielt als in der Schule: beim Skifahren, beim Tanzen, im Theater, über Büchern, am Klavier, beim Studium ganz anderer als der vorgeschriebenen und amtlich empfohlenen Fachliteratur. Damit meinte ich auch mich. Mein »eigentliches Leben«, wo begab es sich in jener Zeit?

Ich könnte mich nicht recht erinnern, hätte ich nicht einen Briefwechsel zur Hand, der sich von 1930 an über viele Jahre erstreckte. Der Partner ist das Modell zum Doktor Stein in meinem ersten Roman »Mitte des Lebens«. Ich will ihn weiterhin Doktor Stein nennen. Er war kein Mediziner und lehrte nicht an der Münchner Universität, er war ein berühmter Pädagoge, einer der »Schulreformer«. Er war, wie im Roman, Junggeselle, zwanzig Jahre älter als ich, ein Einsiedler, ein sonderbar holzgeschnitzter Mann, sehr unhandlich, unerbittlich gescheit, selbstquälerisch und mich quälend, damals war ich ihm in nichts gewachsen; er liebte mich und ich ihn nicht, das schuf grausame Spannungen. Zunächst freilich war es sehr schön für mich, diesen Mann zum Freund zu haben. Er nannte mich »Lux«, das Licht. So hat er mich gesehen. Ach, ich war es nicht, ich fand mich dunkel und verworren, schwankend zwischen Anmaßung und Zernichtetsein, es war wie eine zweite Pubertät. Ich schrieb dem Doktor Stein, es sei für mich merkwürdig, daß ich, »sonst vollkommen autoritätslos, vor seiner ehrlichen reinen Geistigkeit demütig sein könne«. Das heißt: ich überantwortete meine Entwicklung diesem Menschen, nicht bedenkend, daß er nicht reiner Geist war, sondern ein Mann, und ich ein junges, für ihn anziehendes Mädchen.

Ich war damals zum ersten Mal »verliebt«, aber anderweitig, auf eine leichte, schmerzlose und unverbindliche Art: »er« war ein zehn Jahre älterer Kollege, er kam aus der Jugendbewegung, sah gut aus, hatte ein schweres Motorrad (derlei hatte kein andrer unter meinen Bekannten), kam in der schwarzen Lederjacke und sang sehr gut zur Gitarre. Wir musizierten zusammen im Hause meiner Eltern, in den Ferien, und er brachte mich auch auf die Wülzburg, zu den Singwochen, die der österreichische Volksliedersammler und evangelische Pfarrer Helmut Pommer abhielt, der aus der Jugendbewegung kam. Was er mit diesen Singwochen erreichte, war schön, es kam dem Bedürfnis der heimatlosen Jugend von damals entgegen, er gab uns, was uns sonst nichts und niemand gab: Gemeinschaft im Zeichen der Musik. Wir sangen nicht nur Volkslieder und tanzten nicht nur Volkstänze, wir sangen Bach und Hassler und Praetorius, und wir tanzten auch höfische alte Contre-Tänze. Es war nicht »Blut- und Boden«-Kultur, was wir da erlebten, aber es erweckte in vielen von uns die Sehnsucht nach einer Art zu leben, wie sie der Hitler-Faschismus der Jugend versprach. Und so glitten viele guten Glaubens ganz unvermerkt in den Nationalsozialismus hinein, in ihm nur Schönes, Reines, Neues sehend. So geschah es dem jungen Hans Baumann, den ich kennenlernte, als er ein Schüler war, ein bezauberndes Menschenkind, ein Dichter. Und 1933 wurde er zum Dichter der Hitlerjugend. Ein Mißverständnis, eine pure Naivität, mit Ehrgeiz vermischt. Und später, als er zu erkennen begann, da war es eben zu spät. Er wurde ein berühmter Jugendbuchautor. Aber er vermag seine Vergangenheit nicht zu vergessen. Er bereut. Das spricht für ihn. Das reinigt ihn. Die Grenze zwischen dem, was wir ersehnten, und dem, was sich vorbereitete, war schwer zu erkennen von jungen Menschen. Die Rattenfänger waren klug.

Auch mir gefiel dieses Leben auf der Wülzburg, wo nie ein politisches Wort fiel, schon gar kein faschistisches. Und doch warnte mich etwas davor, ein drittes Mal hinzugehen. Ich mißtraute nämlich dem, der mich dorthin gebracht hatte.

Auch meine Eltern mochten ihn nicht, obgleich er »moralisch« untadelig war. Sein schweres schwarzes Motorrad und seine schwarze Lederjacke waren ihnen unsympathisch. Mir auch, nach einer kurzen Zeit leichter Faszination. Er trat, nach unserm Bruch, der SA bei und fiel im Krieg für seinen Führer.

Der Doktor Stein hat nie an die Dauer dieser Beziehung geglaubt, er spricht in seinen Briefen, soweit ich das aus meinen Antworten ersehen kann, nie davon. Er wartete unentwegt auf meine Hinkehr zu ihm, der mich still und glühend liebte. Ich war die erste, die späte Liebe seines Lebens, und ich blieb die einzige. In einem Brief von Ende 1932 bittet er mich um ein Foto von mir, eine für ihn ganz ungewöhnliche, fast unpassende Bitte. Er schreibt dazu: »Ich hätte Dich gestern darum bitten sollen, aber ich glaube, es war die Schwere der Stunde, daß ich es nicht tun konnte. Ich fühlte, daß Du innerlich von mir fortgingst. Tu das nicht.«

Das ist mehr als eine leise Bitte, das ist ein Schrei. Ich habe ihm sehr wehgetan. Er litt. Ich, mit dem Egoismus der sehr jungen Nicht-Liebenden, ich litt nicht.

Nein, das stimmt nicht: ich litt doch. Ich litt daran, daß ich ihn nicht lieben konnte, obwohl ich ihn schätzte, wie nie zuvor einen Menschen. Es war sein Geist, der mich faszinierte. Aber als es darum ging, unsre Leben zu verbinden, schreckte ich zurück. Er war wie ein Stück Hartholz, sauber und stark, aber ich war auch stark, und wir rieben uns aneinander. Er entzündete sich nach innen, ohne daß es Funken gab. Daß in ihm eine verzehrende Glut war, die mich hätte mitentzünden können, die nicht durch die dicke Borke anerzogener Disziplin drang, ahnte ich, sie erschreckte mich. Zwei Jahre war unsre Beziehung die der Schülerin zum Meister. Eines Tages bat er mich, seine Frau zu werden. Ich war bestürzt, ich schwankte, ich sagte nein, und dann wieder bat ich ihn zu warten, und eines Tages sagte ich ja, aber ich nahm es zurück. Seine Briefe aus jener Zeit, soweit ich sie noch habe (er bat mich, sie zu vernichten, ich tats, bis auf wenige, und einige schrieb ich vorher ab, das war nicht fair von mir, aber sie waren und sind mir kostbar), kann ich noch heute nicht lesen ohne Schmerz.

Er hat mir meine Briefe zurückgegeben, ich habe sie alle, wie mir scheint.

Der zweite Brief stammt vom 9. September 1930, nein: vom 9. Oktober, der Doktor Stein hat das Datum korrigiert mit seiner steilen harten Schrift.

In diesem Brief eröffne ich mich ihm in dem, was ich meine Verrücktheiten nenne. Ich berichte von der ersten Konferenz, die wir mit unserm Schul-Vorgesetzten hatten. Sie hatte mich »sehr nachdenklich und sehr traurig gemacht. Ich habe erst gemerkt, wie wenig der Gedanke der *neuen Schule* begriffen wird, sogar die Jungen sind müde und skeptisch. Es ist kein Schwung da (ich liebe dieses Wort). Sie reden Phrasen, und dann gehen sie ins Wirtshaus und schütteln dort den, wie sie sagen, ›Schmarren der Methodik‹ ab. Wir saßen da zusammen, und da kam es über mich, daß ich auch zu reden anfing, vom Sinn der Theorie... Sie staunten: Daß Sie solches Interesse an dem Zeug haben, das müssen wir doch erst für die Staatsprüfung wissen... Als ich danach heimging, fragte ich mich, ob ich recht habe in bezug auf die Notwendigkeit der Theorie. Ist es eine Überspanntheit von mir, das Leben, das Menschsein, die Schule in einem so hohen, hellen Licht zu schauen? Bin ich nicht das typische Beispiel eines jungen ›Idealisten‹? Da las ich Ihren Brief und es kam warm und klar über mich: ich kann nicht anders, ich muß, ich fühle mich getrieben, ich bin auf dem Wege, und: ›Wer die Hand an den Pflug legt, der schaue nicht zurück‹. Aber doch fürchte ich mich, ich fürchte das Müdewerden. Aber ich spüre auch das Tiefere: ich ging von selbst so weit, es kam nicht von außen, es kam aus mir, also ist es echt, also ist es gewachsen, also kann es nicht von mir genommen werden. Ich und ›es‹ sind eins. Sie wissen doch, was dies ›es‹ für mich ist? Das *Schauen*, sage ich, das *Gefühl*, sagen Sie. Meinen wir dasselbe? Ist es das Künstlerische? Ich meine nicht das Ästhetische. Ich fühle etwas andres darunter, kann es aber noch nicht in Worte fassen... Ich fühle mich der Natur (!) so nahe...«

1980: warum setzte ich hinter das Wort ›Natur‹ ein Ausrufezeichen? Nach meiner damaligen Gewohnheit bedeutete es, daß ich etwas betonen, aber zugleich andeuten will, daß dies ein Hilfs-Sammelwert für vieles andere ist und daß ich es zugleich in Zweifel ziehe, oder jedenfalls noch nicht durchdacht habe, weil es so vielschichtig ist. Ich fuhr fort in jenem Brief von 1930:

»Bei meinen Gängen über die Hügel kommt *es* über mich... Da werfe ich mich auf den nackten Boden, um die Erde an meinem Körper zu spüren, und dann geschieht es wie ein Wunder an mir, ich fühle die Kraft der Erde in mich rinnen... Man sollte nicht darüber reden. Aber vor Ihnen... Ich bin noch nie verstanden worden. Ich habe oft an mir gezweifelt, wenn ich so gar keine Sicherheit von außen bekam. Es war oft so bei meinen Schulaufsätzen: wenn ich eine Nacht durch wie im Fieber geschrieben, mich ganz hergegeben hatte, besonders im letzten Jahr, jedes Wort erlebt, ganz tief herausgeholt, mit meinem ganzen eigenen Leben gefüllt – dann kam die Kritik: ›Der Aufsatz (schon dieses Wort für einen Teil meines Lebens!) ist ja sehr gut, aber bleiben Sie doch lieber auf einer sicheren Ebene, bringen Sie mehr Positives (!!) – – (Hören *Sie*!) Es kommt ja doch anders als Sie jetzt da schreiben.‹ Nun – ich hab den nächsten Aufsatz wieder so geschrieben, ich konnte und kann ja nicht anders. Jemand Fremdes, der diesen Brief lesen würde, könnte wohl fragen: Ja wovon ist denn da die Rede? *Sie* wissen es. *Sie* spüren meine grenzenlose Sehnsucht (Sehnsucht und Erfüllung zugleich) nach dem ›Leben‹... Sind Sie musikalisch? Ich möchte es glauben. Die Musik, in der ich meine Leidenschaft abreagieren kann, die mich erlöst, weil sie durch ihre Mystik meine Mystik befreit...«

Leider: der Doktor Stein war unmusikalisch, und das gehörte zum Trennenden zwischen uns. Musikalität ist nämlich nicht etwas, das einer als Talent zusätzlich hat, sondern es ist eine Grundstimmung, eine Art zu sein. Der musikalische Mensch ist fließend und spontan, der nicht-musikalische ist starr. Wasser und Fels. Einmal gingen wir zusammen in ein Konzert. Es war eine Katastrophe: er saß neben mir, ich war hingerissen, plötzlich sah ich: er schaute mit seinen sonderbar vorstehenden Augen starr ins Weite, er war nicht anwesend. Aus einem meiner Briefe entnehme ich, daß ich versucht hatte, ihm Bach zu erklären, Bach wenigstens hätte er verstehen müssen, er konnte mir nicht folgen, er versteifte sich eigensinnig auf seine vorgefaßte Meinung, die ich nicht mehr weiß, aber die der meinen zuwiderlief. Das also stand zwischen uns, daß er Musik nicht brauchte, ich aber in ihr lebte. Ich konnte nur mit musikalischen Menschen leben. Meine beiden Ehemänner waren denn ja auch Musiker.

In einem Brief vom Juli 1933 schreibe ich dem Doktor Stein ganz klar: »In mir ist Dir gegenüber nicht der ganze starke Klang, der Ein-Klang da, wie er sein müßte. Gegen den Mangel an solchen Ur-Zusammenhangsgefühlen ist man machtlos... Ich bin traurig, daß ich Dich nicht lieben kann.« Ich drücke es in musikalischer Sprache aus: der »Ein-Klang« fehlte. So war es.

Am Karsamstagabend 1931 schrieb ich ihm einen langen Brief voller Bekenntnisse verschiedener Art.

»... mein geheimer Wunsch, Schauspielerin zu werden. Ich weiß jetzt schon, wo der Grundtrieb liegt: ich mag nicht *ich* sein ... nein, das ist falsch gesagt, es ist *so:* Ich spüre in mir so viele Seiten, und da meine ich, im Schauspiel könnte ich diese Lebensformen alle ausdrücken, und das wäre mir Erlösung. Aber es kann auch so gehen, daß ich sie ›schriftstellerisch‹ (ich will aber ›dichterisch‹!) ausdrücken, formen kann. Sie sehen, es geht hier um meine Selbsterhaltung. (Auch ein Kampf auf Leben und Tod in der Osternacht!) Aber ich brauche auch immer meinen Körper dazu. Bei mir ist Leib und Seele nun einmal ein Einziges. Ich möchte alles, was ich bin, in Gebärden ausdrücken. Als Kind schon habe ich mich in ein leeres Zimmer eingeschlossen, es nach meinem Geschmack mit Decken über alten Kisten ausgestattet und mich selbst mit Tüchern verkleidet und dann mit vielen Personen gesprochen und, ohne daß ich mir vorher die Geschichte ausgedacht hatte, ein Spiel angefangen. Meistens aber habe ich irgendein Gefühl getanzt. Heute noch, sooft ich Musik höre, reagiere ich ganz zwangsweise körperlich. Ich muß dazusetzen, daß ich in rhythmischer Gymnastik geschult bin. Es liegt mir aber weniger daran, etwas Schönes zu tanzen, als einfach mich auszuleben und die Welt einige Minuten lang im reinen Rhythmus trinkend auszukosten. Ich muß einfach überall körperlich und seelisch ganz und gar mitschwingen, mich förmlich hingeben ... Wenn ich doch wüßte, ob es mir einmal gelingt, das Schreiben? Ich meine, es *müßte* doch sein. Wie soll ich sonst leben? Was hilft mir die ganze Welt, wenn ich sie nicht *in mir* neu erbauen kann? Ich meine, sobald ich erkennen würde, daß in mir nichts Schöpferisches ist, wäre es aus mit mir ...«

Hat der Doktor Stein mir nie gesagt, daß ich zum Schreiben begabt sei? Doch, das schon. Ich gab ihm unter vielen Windungen und Entschuldigungen meine ersten Versuche. Ich schrieb ihm, daß ich mir bewußt sei, wie schlecht sie seien, diese dummen ungefügen Gedichte und Prosastücke, die eher Abhandlungen als Dichtung seien. Da mir die meisten seiner Briefe fehlen, weiß ich nicht, wie er mir antwortete. Nur ein Brief ist erhalten, in dem er sich eingehend befaßt mit meinem ersten (natürlich ungedruckten, vielmehr verbrannten) Roman »Gabriele«. Der Brief ist vom 8. März 1933.

»Ich mußte auf das Auto warten und wollte die Geschichte einer Familie durch drei Generationen, eine Erzählung, ein wenig anblättern. Ich fing an und vergaß das Auto und das nächste und konnte nicht aufhören, ehe ich fertig war, so daß ich mit dem letzten Auto heimkam. Die Erzählung ist das Beste (mit Ausnahme der ›Wüstenlegende‹), was ich bisher von Dir kenne. Sie hat Stellen von einer großen Schönheit. Das Schönste ist (ich schlage um des leichteren Redens willen den absoluten Ton an, aber es heißt immer: für mich, von mir aus gesehen) das Erwachen und erste Menschwerden des Kindes Gabriele an der Hand des Großvaters. Das ist nicht nur lyrisch, sondern metaphysisch schön... Das ist das dichterische Mehr über die andern Arbeiten hinaus, daß Du die Geschichte der Gabriele, in der Dein persönlich Erlebtes steckt, nicht isoliert erzählst, sondern daß Du sie in einen (Familien-)Blutzusammenhang als einen Teil unter gleichberechtigten Teilen eingerückt hast. Dadurch verliert es viel vom bloß Subjektiven und wird Teil eines ewigen Lebensringens. Hier wäre der Ansatzpunkt, von dem aus die Geschichte künstlerisch durchzuformen wäre. Die Gestaltung müßte dichter und durchgehalten sein, jetzt sind zwischen Stellen sehr schöner Gestaltung lange Strecken von bloßem Referat und Bericht, besonders im 3. Teil, der Dir wegen des

Persönlichen darin zu sachhaft wichtig war und darum künstlerisch am wenigsten geraten ist...«

Diesem Brief liegt ein undatiertes Blatt bei, das aber älter ist, noch aus der Zeit des Sie-Sagens stammt, und ich weiß nicht, auf welche meiner Arbeiten sich das Urteil bezieht, die Arbeit ist längst verbrannt. Es muß eine Liebesgeschichte gewesen sein, denn der Doktor Stein schreibt:

»... ein schöner Ansatz dazu. Dazu kommt die Art des Erlebnisses. Heißen wir es die Liebe. Es ist in ihrem Wesen gelegen, daß sie den, der sie erlebt, über ihre Wirklichkeit täuscht. Sie füllt ihn ganz aus, sie geleitet ihn durch die stärksten Erschütterungen, derer er sich überhaupt fähig hält. Und doch gibt es keine...«

Diese Zeile hat er durchgestrichen, mit einem harten Strich, der über die fünf Worte »Und doch gibt es keine...« hinaus bis ans Zeilenende reicht. Wollte er schreiben: »Und doch gibt es keine Liebe?« Hatte er Enttäuschungen hinter sich? Nein. Das sagte er mir später. Er hatte nie geliebt, und vielleicht darum bezweifelt er, daß es Liebe überhaupt gebe. Wollte er mir sagen, daß er schon begonnen habe, mich zu lieben, aber diese Liebe nicht wollen könne, weil sie nur Täuschung sei? Warum warf er nicht das ganze Blatt weg, wenn er diesen wichtigen Satz gestrichen haben wollte?

Die Urteile des Doktor Stein haben mich getroffen. Ich war immer unsicher, ich bins mein Leben lang geblieben, aber ich war gleichzeitig auch immer sicher und bin es lebenslang geblieben: denn ich wußte, daß ich nicht anders leben könne als schreibend. »Daran ändert Ihr Urteil nichts«, schrieb ich an Doktor Stein. »Das Schreiben ist Nebensache. Ich bin glücklich darüber, daß ich die Welt so *sehe*, so in der wesentlichen Form. Und was das für eine Freude ist, eine ganz unvergleichlich reine Freude, wenn man plötzlich Worte findet für das, was man erlebt (mit einem sechsten Sinn, der mehr sieht, hört, fühlt als alle fünf Sinne), und eine Einheit daraus macht, die nicht Vorstellen und nicht Denken ist, sondern etwas ganz Unsagbares... Ich kaufe mir jetzt einen Malkasten, weil mich die Farben und Formen so quälen, weil mir das Sagen in Worten nicht genügt... und dann soll mir in den Augen, in Worten und im Malen die ganze Erde gehören...«

Was für ein überschwengliches Kind expressionistischer Zeit ich war. Aber nur so, im Überschwang, konnte ich mich retten vor dem Vater-Saturn, der immer vor mir stand und forderte und zugleich dämpfte und einengte, und dem ich nie genügte, bis heute nicht.

Die Urteile des Doktor Stein machten mich viel weniger leiden als meine eigenen, die so viel härter waren.

»Ich habe zu Ihrer Beurteilung weiter nichts zu sagen. Bin ich doch inzwischen selbst schon wieder über alle diese Dinge hinausgewachsen und wundere mich, daß Sie kein härteres Urteil fanden. Mir sind sie schon wieder ganz gleichgültig. Stufen! – – – Sie haben sehr recht, was Sie von ›Welt‹ und ›Außerpersönlichem‹ in Dichtungen sagen. Ich wußte es. Ich wollte auch kein Erleben wiedergeben. Damit, daß ich diese Dinge so tief in das Naturgeschehen hinein-bettete, wollte ich erreichen, daß sie wie ein naturhaft Allgemeines wirken. Aber ich kann eben noch nichts... Im übrigen bin ich dem, was ich schreibe, jeweils schon eine Stufe voraus und das Geschriebene ist dann der Abschluß der vorausgehenden Stufe... Ich *will* mit meinen Sachen gar nichts. Mir geht es wie dem Maler in Hesse's ›Roßhal-de‹, der, als er gefragt wurde, warum er denn male, sagte: ›Weil ich keinen Schwanz zum Wedeln habe wie der Hund.‹ Irgendwie muß ich mich doch mit der Welt auseinanderset-zen, um nicht von ihr aufgesaugt zu werden, und irgendwo muß ich doch ein Loch haben, durch das ich mich ausschöp-fen kann, um nicht zu ersticken...«

In demselben Brief vom Juni 1931 schreibe ich:

»... ich leide, so unschöpferisch zu sein... Ich habe oft eine so seltsame Angst, die kaum einen faßbaren Grund hat und doch, oder eben gerade deswegen, unbesieglich ist. Oft wache ich in der ersten Morgenfrühe auf, wenn alles noch leer und grau ist, und dann würgt mich die Angst – Angst vor dem Leben, dem Lebenmüssen. Da kann kein Gedanke, keine Hingabe an ein großes Göttliches helfen, da ist man so ganz allein ohne Welt und ohne Gott, nur einem großen Unfaßbaren und Unnennbaren gegenüber. Das ist eine ganz elementare Angst. Eine so rettungslos beherrschende Angst, daß mir oft der Schweiß auf der Stirn steht vor Zermarterung. Wenn ich diese Angst einigermaßen benennen soll: zunächst ist es die einfache Sorge, daß ich keine notwendige, mich und andre erfüllende Tat leiste, daß ich zu kleinem Dienen zu wild und zu weit bin und zu großem zu klein und gering. Dies ist das, was mir an der Angst faßlich ist. Aber das Eigentliche daran ist magisch, ohne Grund. Vielleicht das: daß ich immer nur einen kleinen Zipfel der Welt (vom Gewande Gottes) erwische und mir dann einbilden könnte, ich hätte *alles*, während ich doch so arm bin und es nicht weiß... Ich muß Zeiten innerer Höhe immer so sehr büßen, daß es mir (Schwachheit) fast lieber wäre, überhaupt nie aus dem Gleichgewicht zu kommen, weder nach oben noch nach unten... Ich will mich aber außerhalb dieses Briefes menschlich zusammennehmen...«

Von 1933 stammen einige Briefblätter, denen aber die Anfangszeilen fehlen. Blatt drei beginnt mit: »und mitten am Tag und mitten in der Nacht kam sie (nämlich die Geschichte, an der ich arbeitete) und wollte weitergeschrieben sein. Und ich wußte doch nach dem ersten Heft: es wird nichts. Es *ist* nichts, ich weiß es. Ich weiß, daß Ansätze da sind und daß einige Stellen, sehr wenige, etwas vom Dichterischen ahnen lassen, aber da war mir wieder einmal der Stoff viel zu wichtig. Der alte Fehler. Ich werde überhaupt *dichterisch* nichts leisten. Es ist so naiv, einfach zeitlich aneinander folgende Situationen aufzuzählen. Dabei wäre der Grundgedanke gar nicht so schlecht, wie das Mädchen ohne jede Schuld tiefer und tiefer in Wirrnis gerät und doch die Lebenstapferkeit nicht ganz verliert. Aber die Gestalten sind alle nicht plastisch. Unpsychologisch… Viele Motive sind aufgegriffen und wieder fallen gelassen. Vieles ist einfach reportagemäßig hingesetzt, ganz undichterisch, damit rasch der Übergang von einem Bild zum andern erreicht ist. Ich habe einfach keine Geduld mehr gehabt. Ich *will* ja gar nicht schreiben, ich will es nicht. Aber ich *muß*. Ich verwünsche es, weil es doch nur Dilettantismus ist.«

Sicher half mir zu dieser herben ehrlichen Selbstkritik die Lektüre von Thomas Mann, die ich, den Briefen nach, damals mit Eifer betrieb. Hätte ich diese Briefe nicht, hätte ich glatt geleugnet, damals Thomas Mann gekannt oder gar geschätzt zu haben. Allerdings besitze ich heute noch jenes Exemplar der »Buddenbrooks«, das ich, als billige Sonderausgabe, mir selbst zu Weihnachten 1929 schenkte, das Datum steht darin. In einem Brief an den Doktor Stein zitiere ich eine Stelle aus dem (schlechten) Theaterstück »Fiorenza«. Ich schätze es nur um einer einzigen Dialog-Stelle willen, sie hieß (ich zitierte sie im Brief):

Lorenzo: Was heißt Ihr böse?

Prior: Alles, was wider den Geist ist, in uns und außer uns.

Lorenzo: Was heißt Euch Geist?

Prior: Die Kraft, die Reinheit und Frieden will.

Ich zitiere auch eine Stelle aus »Königliche Hoheit«: »Form und Unmittelbarkeit schließen sich aus.« Aus meinem Kommentar dazu sehe ich, daß ich nicht damit einverstanden war. Mit Recht, wie mir heute scheint.

Das war ja *mein* Problem: spontan intuitiv zu schreiben,

aber mit höchst konzentriertem Bewußtsein und mit technischem Kunstverstand. Wie ich mich abquälte damals mit dem leidigen Dichten!

»Ich wollte immer wieder aufhören aus Ekel... Und doch mußte ich, *mußte* ich weiterschreiben, bis alles aus mir heraußen war... Nun, ich bin ja immer noch sehr jung. Ich wollte, ich wäre dreißig oder auch siebzig, und alles wäre entschieden und tapfer gelebt. Feigheit? Nein, Sehnsucht nach Klarheit.«

Jetzt *bin* ich dreißig gewesen, jetzt *bin* ich fast siebzig, und noch immer ist nicht alles entschieden...

Ich fühlte mich damals in *allem* überfordert, vor allem von dem Zwang, »mich mit allem auseinanderzusetzen«. Ich litt an meiner Bewußtheit, an meiner Überwachheit. Meine Mitschülerinnen sagten mir: »Du denkst zu viel.«

Ich schrieb damals an den Doktor Stein:

»Ich habe so große Kraft und noch größern Willen zum Arbeiten, und es ist keine rechte Gelegenheit da. Das ist alles nur Arbeit außen herum... Ich verachte Erfolge dort, wo sie nicht das letzte vom Menschen gefordert haben. Ich brauche Schwierigkeiten wie *Berge* um mich, dann wächst meine Kraft... Ich verstehe so gut: Wer sein Leben verliert, der wird es gewinnen.«

Stünde es nicht schwarz auf weiß in jenem Brief, hätte ich nicht geglaubt, daß ich damals schon ahnungsweise begriffen habe, was ich heute weiß. Im Juli 1931, zwanzigjährig also, schrieb ich:

»Dies ist mir neulich mitten in der Nacht aus der Tiefe quälenden Besinnens um Sinn und Weg meines Lebens aufgegangen und als beglückende weite Sicht über mein Leben und den Sinn allen Werdens geschenkt worden: ich sehe die Welt und alle Weltdinge vor mir, aber so bedeuten sie mir nichts. Ich will und kann stufenweise aus allen Dingen (und Begebenheiten) ihre wahre reine Wesensform herauslösen, gleichsam als eine Kristallform, ohne alle Schlacken, ohne Beimischung, und aus allen diesen von Zufällen gereinigten, losgelösten ›Ideen‹ will ich die Welt ›nach meinem Bild und Gleichnis‹ schaffen, in einem neuen einmaligen Schöpfungsakte – der eben nur mir (und jedesmal nur aus dem jeweils wollenden Geiste) möglich ist. So soll diese meine Welt gleichsam als ein wunderbar klares, sauber und reinlich gefügtes durchsichtiges Gebäude, ein Kristallgebäude, in mir aufwachsen, erfüllt vom Wehen des lebendigen Geistgefühls, der natürlichen Leidenschaftlichkeit, der künstlerischen Erlebniskraft.«

Als ich eben, im Januar 1980, dieses Blatt von 1931 abschrieb, überfiel mich eine wilde Verzweiflung: so also war ich, so also ist der junge Mensch, auch wenn ers meist nicht so ausdrücken kann wie ichs konnte, so sind wir angelegt, so zum Großen hin. Das ist die Erinnerung an unsre hohe Herkunft. Das ist uns mitgegeben. Und was machen wir daraus? Was ist geworden aus den wunderbaren Aufschwüngen meiner Jugend? Was habe ich geschaffen?

Aber meine Alterseinsicht sagt: eben diese großen Aufschwünge, dieser ungeheure Aufwand an Glaube und Hoffnung und Imagination ist nötig, damit ein kleines Werk geschaffen wird, und das ist schon viel... Mein Verstand sagt, daß ich doch wenigstens einen Teil meines Auftrags erfüllt habe. Aber warum stellt mich das nicht zufrieden, warum tröstet es mich nicht, was habe ich versäumt, was vergeudet? Ich weiß es nicht, aber ich beweine es.

Ich weiß nicht mehr, was mir widerfahren ist im Winter und Frühling 1932, daß ich schreiben konnte: »Ich bin hochmütig geworden.«

Man sieht es an meinem veränderten Schriftbild: es ist plötzlich steil aufgerichtet und abweisend, es hat Ähnlichkeit mit dem des Doktor Stein. So schrieb er, so war er: hoch aufgerichtet, steif vor Distanz, berührungsscheu, hochgespannt, streng stilisiert, aristokratisch bis zum Hochmut.

Ich habe in meiner Jugend, bewußt und unbewußt auch, die Handschrift meiner jeweiligen Götter nachgeahmt. Die frühe Schulschrift, bar jeder Anmut, wenn auch nicht bar jeden Schwunges, wurde zur auch noch schulmäßigen der Erinna, dann ein bißchen zu der des Physikers, dann zu der des Doktor Stein, und als ich dann, 1935, meinen späteren Ehemann traf, waren unsre Handschriften, ehe wir sie bewußt einander anglichen, bereits so geschwisterlich ähnlich, daß man sie verwechselte.

Du bist charakterlos, du bist wankelmütig, sagte mein Vater, du ahmst andre nach. So schien es. Aber es war anders: die scheinbar Nachgeahmten holten aus mir jeweils jene Eigenschaft hervor, die darauf wartete, geweckt zu werden, und es war natürlich, daß sich das Vorbild mitsamt dem Eigenbild in der Handschrift ausdrückte.

1932 nun gleicht meine Schrift in auffallender, mich störender Weise jener des Doktor Stein. »Ich bin hochmütig«, schrieb ich. Die Handschrift zeigt das. Aber was ich in dieser Hochmut-Handschrift berichte, steht in krassem Gegensatz dazu:

»Ich schrieb Ihnen lange nicht, aus Scham, denn ich konnte mich nicht auf der Höhe meiner winterlichen Erkenntnis halten. Der Geist zwar ist willig... Aber dann reißt mich das flutende Leben wieder mit und saugt mich an, und die Farbigkeit der Welt lockt mich. Dann freilich empfinde ich diese Hingabe an Tägliches, Buntes, ›Menschliches‹ als Abfall vom Einzig-Wahren, doch empfinde ich es gleichzeitig auch als natürlich und sogar gut... Aber warum darf ich immer ins Gelobte Land schauen und sogar eintreten, werde dann aber wieder ins Gewöhnliche geworfen? Es geht in Spiralen, denke ich: die eine Seite liegt im Hellen, die andre im Dunklen. Wenn ich auf der hellen Seite bin, sehe ich den Weg und auch die Spitze, dann freilich muß ich, weil es nicht anders geht, der Spiralwindung ins Dunkle folgen und bin mit Nacht geschlagen. Aber so ist vielleicht auch Ihr und unser aller Weg.«

Ich wüßte wirklich gerne, was ich da als Dunkel und als Abkehr vom rechten Weg beklagte. Äußerlich war da nichts Besonderes. Aber ich erfuhr jedes Absinken meiner geistigen Intensität als Abirrung vom *Weg*, als Schuld, ein Begriff, der für mich nichts mit dem der »Sünde« zu tun hat, so wenigstens dachte ich. Doch als mir einmal das Wort des Christus Jesus aufging: »O daß du kalt oder heiß wärest! Aber weil du lau bist, will ich dich ausspeien aus meinem Mund«, da dämmerte es mir, daß es vielleicht *für mich* Sünde war, auch nur ein wenig nachlässig zu werden, mich der Trägheit, dem Banalen zu überlassen.

Meine Briefe von 1932 kommen aus einem Ort namens Huglfing. Mein Vater hatte wieder einmal seine Stelle verlassen und war in ein kleines Dorf auf der Strecke München-Garmisch übergesiedelt. Es ging ihm damals nicht gut, und er wollte, daß ich ihm in der Schule helfe. Ich konnte einen Teil meines Praktikums bei ihm machen. Es fiel mir sehr schwer, das Studium zu unterbrechen und München zu verlassen. Aber ich tat es. Da saß ich also Tag für Tag in der Dorfschule an einem kleinen Tischchen und schrieb Pädagogisches und anderes: ich dichtete. Natürlich half ich meinem Vater: ich korrigierte die Schulhefte und hielt Unterrichtsstunden, aber lustlos. Ich mußte in Vaters Methode unterrichten, in der alten Manier: ich trug vor, und die Schüler lernten auswendig, was ich sagte. Ich litt. Ich drückte mich so gut es ging vor dieser Aufgabe und flüchtete in meine Welt am kleinen »Praktikanten«-Tischchen, um zu dichten oder auch zu lesen. Mein Vater war zornig auf mich, er hielt mich für faul und herzlos, da ich ihm nicht mehr Unterrichtsarbeit abnahm. Aber wie konnte ich im alten Stile arbeiten! Seine Schule interessierte mich nicht. Vaters permanenter Zorn auf mich war Enttäuschung: er hatte sich von der Tochter nicht nur Hilfe in der Schule erwartet, sondern Aufhellung seiner Finsternis, Verständnis, Liebe. Aber ich fürchtete ihn. Sein Schatten lag auf mir, und ich konnte ihm Herz und Zunge nicht lösen. So liefen wir nebeneinander her, bei jedem Wetter, er immer mit der dunklen Lodenpelerine und dem dunklen Hut tief im Gesicht, ein finsterer Wanderer.

In einem Brief an Doktor Stein beschreibe ich die Situation zu Hause: »Wir reden kaum miteinander. Tagelang sitzen wir so, die Mutter handarbeitend, der Vater hinter der Zeitung, ich über Heft und Buch. Radio darf ich kaum laufen lassen, weil es die Eltern aufregt, und ich habe doch solche Sehnsucht nach Musik, dem einzigen, was mich für kurze Spannen erlöst von dem Druck. Oder es sind Tage, an denen mich die Mutter von früh bis spät ermahnt, bekrittelt, alle meine ›Vergehen‹ hervorzerrt (angefangen von dem Umstand, daß mich angeblich meine Lehrer nicht leiden konnten), um mich dann tröstend an sich ziehen zu wollen, wenn sie mich genügend zermürbt hat. Und ich habe nichts als ein grenzenloses Verlangen nach Ruhe, Freiheit, Geborgenheit bei jemand, der sagt: Du bist du, und du bist recht wie du bist. Aber ich lebe Stunde um Stunde fort und bemühe mich um Haltung und Mut und Härte und Anständigkeit, eben mit jenem kaum faßbaren Rest von Hoffnung, daß dies alles einen Sinn habe, den ich nicht zu kennen brauche, und der dazu dient, mich reif zu machen, daß ich vielen geben kann, wenn ich vieles durchlitten habe.«

Beim Lesen solcher Sätze bin ich irritiert. Wieso dachte ich so oft an die Zukunft, in der ich andern »etwas geben« könne? *Was* dachte ich geben zu können? Das war mir nicht klar. Aber der Wunsch kam aus einer Erfahrung: immer kamen andre zu mir um Rat. Das ist heute so, das war in der Schule so. Mir wurden die Liebesgeschichten anvertraut, mir, die selber keine hatte, keine solch konkreten. Ich hatte mit sechzehn angefangen, mich mit den Schriften von Klages zu befassen, und ich lernte daraus Graphologie. Nun brachten mir meine Mitschülerinnen die Briefchen ihrer Freunde und erbaten sich die Analyse. So war ich immer herausgefordert, »etwas zu geben«. Mein Leben lang versuchte ich immer wieder fast verzweifelt zornig, mir diese Art von Bitten vom Leib zu halten. Vergeblich. Ich habe jetzt die mir diktierte Rolle angenommen. Offenbar gehört sie zu meinem Schicksalsmuster.

Aber ich meine, den mich heute ärgernden Satz vom »etwas geben« doch anders verstehen zu müssen. Ich fühlte immer, zugegeben oder nicht, den Stachel des dichterischen Auftrags. Damals schrieb ich an Doktor Stein:

»Ich leide. Ich bin nur mehr im Musizieren und in der Einsamkeit *ich*. Sonst gebe ich nur mein Denken, das nicht immer *ich* ist. Mir ist das unendlich leid. Es erscheint mir als Verarmung. Ich habe auch bisweilen heftigste Sehnsucht nach nahen Menschen, und jage doch alle innerlich von mir. Doch ist das kein eigentliches Zwiespältigsein. Etwas in mir rundet sich und reift und wird eine Sicherheit, und es wirft mich nicht mehr jeder Geisterwind aus der Bahn. Auch hoffe ich immer noch auf ein Werden meiner Leidenschaft des dichterischen Sehens zum Werk. Geschrieben habe ich nichts mehr, nur begonnen und verworfen. Ich habe eine gute Witterung für echte Kunst... Ich weiß, wie ich schreiben möchte und was, und dann beginne ich, und dann läuft alles schier ohne mein Zutun ab, und ich stehe verwundert, und sehe: *so* wollte ich nicht, nein, ganz anders. Meine Verwirklichungen hinken meiner Erkenntnis immer um ein Jahr etwa nach. So werde ich ewig nicht ruhig befriedigt sein. Oder *muß* das so sein?«

Ja, es *muß* so sein, und immer hinkten und hinken meine Verwirklichungen meiner Erkenntnis nach, und das ist zugleich Antrieb und Hemmung, zugleich Anlaß zur Verzweiflung und zum verzweifelten Mut. Wie bringt man einen widerspenstigen Esel zum Laufen? Indem man ihm an einer Angel eine Rübe voranträgt, immer in winziger Entfernung vom Maul: der Esel rennt der ewig fortschwebenden Rübe nach. *Der* Lebensroman, den man schreiben will... das *ganz* große Werk... Der Esel läuft.

In jener Huglfinger Tristesse gab es einige Durchblicke, die ganz verschiedener Art waren. Bisweilen erlaubten mir die Eltern (ja, ich, zweiundzwanzig Jahre alt, mußte immer noch bitten wie ein Kind, wenn ich Haus oder gar Dorf verlassen wollte), ins Gebirge zu fahren. Sie meinten, ich gehe mit Kollegen, aber ich ging allein. Bisweilen traf ich dann auf einer Hütte im Karwendel oder in den ›Allgäuern‹ geübte Bergsteiger, die mich mitnahmen bei Klettertouren. Ich lernte das fachgerechte Klettern: das Gehen zu zweien und zu dreien am Seil, das Sichern, das Kaminklettern, das freie Abseilen; ich war ganz schwindelfrei und sehr sicher, dabei war ich glücklich. Einmal allerdings hatte ich mir eine Blase am Fuß angelaufen, sie platzte auf und entzündete sich, es tat weh, aber ich wollte die Tour nicht abbrechen, ich schleppte mich mit einer Blutvergiftung weiter, bis es nicht mehr ging. So ließ ich dann später meinen Roman »Mitte des Lebens« beginnen: Nina kommt in letzter Not zum Arzt, fällt in Ohnmacht, und der Doktor Stein schaut sie an und liebt sie. Ich fiel nur unserm alten freundlichen Dorf-Hausarzt ins Sprechzimmer, er stellte die Diagnose und brachte mich mit seinem Auto nach Hause. Da lag ich denn fünf oder sechs Wochen im Bett, durfte mich nicht bewegen, wurde von meinen Eltern in Ruhe gelassen, wenn ich mich schlafend stellte, und wartete auf die Entscheidung: Genesung oder Tod. Unser Arzt hatte mir gesagt, es bestehe höchste Thrombose- oder Emboliegefahr, und einmal sagte er: »Ihnen kann ichs ja sagen, daß Sie in Gefahr sind.« Ich weiß noch, daß ich nicht erschrak, sondern eine intensive Lust empfand, als sei Sterben eine Auszeichnung, jedenfalls etwas Wünschenswertes. Ich lasse Nina im Roman zu Doktor Stein sagen: »Ich will es wissen, wenn ich sterben muß. Es ist so wichtig, das Sterben, und man kann es nur einmal erleben... Ich will dabei sein, ich will wissen, wie es ist. Es muß großartig sein... Ich habe schon so oft davon geträumt... Einmal, das war ein Augenblick voll entsetzlicher Angst, es war, als würde ich erwürgt und auseinandergerissen und zerquetscht zugleich, aber das dauerte nur einen Augenblick, dann war es vorüber, und was dann kam, das war, ach, das war unbeschreiblich: ich war ganz leicht geworden, ich flog auf, ich bestand aus einem Stoff, der wie ein Kristall aussah, aber es war kein Kristall, es war nicht hart und nicht schwer... und dann wurde ich immer heller und immer heller, und schließlich war ich ein Ball aus silbriger Luft, es war wundervoll, aber dann wachte ich auf. Oh, ich war so entsetzlich unglücklich, als ich aufwachte, und ich lag in meinem Bett... in diesem Zimmer mit Wänden, Boden und Decke, ich wußte doch nun, wie das Grenzenlose ist... Wie konnte man so ein Leben nur ertragen, immer Grenzen... und es gab doch etwas anderes, es gab doch das, wonach man sich sehnte, die Freiheit...«

Diese und ähnliche Stellen im Roman sind authentisch, wenngleich ich sie nicht damals aufschrieb. Den Traum habe ich geträumt. Ich habe oft im Lauf meines Lebens vom Sterben geträumt und vom Augenblick des Erwachens »drüben«. Meine Träume machen mich neugierig auf die Wirklichkeit.

In jenem Herbst also erwartete ich, wie Nina, meinen Tod. Aber eines Tages durfte ich aufstehen, und eines anderen

Tages gehen, drei Schritte, fünf, zehn, fünfzehn, und dann war ich gesund, und Studium und Hospitieren gingen weiter. Ich tat beides schwunglos. Ich schrieb an den Doktor Stein:

»Ich habe weder Zeit noch Lust, mich mit wissenschaftlichen Fragen zu beschäftigen, die nicht unmittelbar das Wesentliche angehen: den Sinn, die Form des Lebens, die Stellung des Menschen zu Gott, zur Natur, zu Christus, zur Kirche, zu den verschiedenen Weltanschauungen. Theologische und weltanschauliche Fragen drängen sich mir auf... Meine Kraft wird nie voll in Anspruch genommen. Sie sagen mir: Wo ist Raum für Heroismus in unsrer durchorganisierten Zeit? Das ist wahr: man stößt überall an.«

So quälte ich mich damals ab, still an meinem Tischchen im Schulzimmer meines Vaters sitzend, schlechten Gewissens, ihm zu wenig zu helfen. Natürlich kann ich mir heute sagen: Du wolltest Großes, und hast nicht einmal das Kleine, das Nächstliegende gut getan. Ja, aber eben das war ja mein Leiden: daß das Kleine meine Kraft nicht aufrief und daß ich auf den höhern, mir einzig angemessenen Anspruch warten mußte: zu dichten.

In jene triste Huglfinger Zeit fiel, ungerufen, ein Licht: ich machte die unmittelbare Erfahrung des Urphänomens von Tod und Auferstehung. Diese Epiphanie vermittelt keine Theologie, die erlebt man nur in sinnenfälliger Anschauung.

Obwohl ich natürlich die liturgischen Gebräuche der Karwoche und der Osterfeier schon von früher Kindheit her kannte, *sah* ich sie damals, in der kleinen Dorfkirche, wie zum ersten Mal. Vermutlich war ich nie vorher so bereit für diese Erfahrung.

Am Gründonnerstag wurde das »Heiliggrab« aufgebaut: eine Theaterkulisse aus Holz und Pappe, eine Mischung aus

Felsengrab, Palmengarten und Gralsburg, im untern Teil eine Höhle, noch leer, im obern zinnenbewehrt und überall gesäumt von bunten Glaskugeln, die ein farbig gedämpftes Licht gaben. Ganz oben ein ebenfalls noch leerer Platz.

Bei der Feier am Gründonnerstag war die Kirche hell, die Orgel spielte das Gloria mit vollem Werk, die Monstranz strahlte, die Ministranten schüttelten begeistert die Dreiklangschellen. Man feierte Gegenwart und Abschied: Plötzlich erlosch die Sonne, die Monstranz wurde verhüllt und weggetragen, verborgen, die Orgel schwieg, die Ministranten stellten die Schellen weg und griffen nach dem klanglosen Trauerinstrument, den hölzernen »Ratschen«. Das große Schweigen begann, denn nun fing Jesu Leiden auf dem Ölberg an. Am Karfreitag war die Kirche nachtdunkel: die Fenster waren mit violetten Tüchern verhängt. In der Apsis stand der siebenarmige Leuchter, der jüdische, an dem während der Feier Kerze um Kerze gelöscht wurde, wobei der Priester und der Kantor, mein Vater, die Totenklage sangen. Noch heute höre ich das langgezogene, wie in die Wüste hinausgerufene hebräische $\bar{a}$-leeeph!

Dann die Improperien im Wechselgesang, in den beiden alten Kultsprachen Griechisch und Latein:

Agios o theòs

Sanctus deus

Agios ischiros

Sanctus fortis

Agios athànatos eleison imas

Sanctus immortalis, miserere nobis.

Heiliger, starker unsterblicher Gott, erbarme dich unser. Und dann die Antwort des sterbenden Gottes: Popule meus, quid feci tibi? Mein Volk, was habe ich dir getan, womit betrübte ich dich? Antworte mir! Ich gab dir Wasser zu trinken aus dem Felsen, du gibst mir Essig und Galle...

Drei Uhr Nachmittag. Die Todesstunde. Der Vorhang im

Tempel reißt, die Erde bebt, die Sonne erlischt. Adonis ist tot, Osiris zerstückelt, Apollon »zu fremden Völkern, die ihn noch ehren, hinweggegangen«. Der tote Christus liegt in der Felsenhöhle. Die Erde trauert stumm. Stille Beter kommen und gehen. Oben, zwischen den Zinnen der Gralsburg, zieht die leere Stelle den Blick an: Geduld, dieser Ort wird nicht unbesetzt bleiben. Nur eine kleine Weile noch... Drei Tage ist Osiris tot, drei Tage ist der Christus in der Unterwelt, drei Monate ist Winter.

Die Osternachtfeier begann damals am Karsamstagabend. Die Wasser- und Feuerweihe fand erst am Morgen darauf statt.

Die Abendfeier begann sozusagen unversehens, murmelnd, langsam nur aus der Betäubung erwachend. Nichts noch deutete darauf hin, daß Freude und Licht nahe waren. Doch konnte man die ersten Vorzeichen sehen: in der noch dunklen Kirche traten Schatten aus den Betbänken, die »Kirchenpfleger«, sie begaben sich zu den Fenstern, jeder an das ihm zugewiesene, und jeder griff nach der Schnur, mit welcher der Vorhang aufgezogen werden würde. Sie standen gespannt bereit wie Bühnenarbeiter, die auf das Blinkzeichen des Inspizienten warten. Dies konnte man sehen. Was man nicht sah: hinter dem Heiliggrab stand der Mesner an einer simplen Hebevorrichtung, mit welcher der Leichnam versenkt wurde, während der Auferstandene mit der Siegesfahne in der Hand in die Höhe gezogen wurde auf jenen leeren Platz hin. Ebenso bereit standen die Ministranten, in einer Hand die Holzratsche, in der andern schon die festliche Dreitonschelle. Ebenso bereit war mein Vater an der Orgel, die Hände auf den Tasten, und der Orgelbub begann behutsam den Blasebalg zu treten, damit er, im richtigen Augenblick, voll war. Im Glockenhaus legten die Burschen die Hände um die Glockenseile, und der Kirchenchor wartete auf das Zeichen zum Einsatz, und alle zusammen warteten auf das Stichwort. Der Regisseur, der Pfarrer, begann die Messe, als wäre nichts Besonderes.

Das Gemurmel des Priesters und der Ministranten: Kyrie eleison, Christe eleison.

Aber dann der Freudenschrei: Christus ist auferstanden, alleluja! Der Chor respondiert, mein Vater greift in die Tasten, mit vollem Werk antwortet er, und dabei fallen die dunklen Vorhänge, die Lichter strahlen auf, die Glocken läuten, die Schellen klingen, und während der Chor singt »Haec dies, quam fecit Dominus«, begibt sich die Sensation: der Tote versinkt, der Unsterbliche schießt in die Höhe, ins volle Licht.

Mittelalterliches frommes Mysterienspiel, rauschhaftes Barocktheater, Renaissance-Trionfo, alles in einem. Das packte alle Sinne. Das sagte aus, was da wirklich geschah, das *ist* Auferstehung.

Und dann trat man hinaus in den Frühlingsabend, es roch nach Veilchen und jungen Bitter-Kräutern am Dorfbach, nach feuchtem Acker, nach Leben. Die Erde, aufgerissen vom Christus, der sie von unten her zeugend durchstieß, strömte aus der Wunde ihre Wohlgerüche aus. Adonis, Osiris, Baldur, alle Lichtgötter waren auferstanden in dem Einen.

Die große Epiphanie. Dramatisch poetisiert habe ich sie noch einmal erlebt bei Orffs Osterspiel: wenn da der Teufel auf der Grabplatte hockt und das Erdbeben und das aufblitzende Licht ihn mit einem Schrei hochfahren lassen und die Wächter zu Boden stürzen und die Musik triumphierend einsetzt, das ist schon großartig, und wenn die Grabwächter am Anfang sich unterhalten über das Wetter, den Frühling, den »Auswärts«, die tropfenden Schmelzwasser, so ist darin die ganze Karwochen-Poesie eingefangen.

Daran zu denken macht mir Heimweh nach Oberbayern. Dann kann mich die schönste Osternachtfeier im Russicum in Rom nicht trösten und auch nicht das Aufstrahlen der Goldmosaiken in Maria Maggiore beim Gloria. Auferstehung, Osternacht, das gehört zum Dorf, das gehört in die Frühlingslandschaft hinein, dabei muß es nach Erde, Bittergras und Veilchen riechen. Ostern, das ist das Erd-Christus-Mysterium, das weit über den Raum einer Kirche hinausreicht.

Mitten in die Zeit meines hartnäckigen Bohrens und Suchens im Winter 1932 auf 1933 kam ein Schreiben der Regierung: der Auftrag, in dem Dorf Großkarolinenfeld bei Rosenheim die Aushilfe für eine erkrankte Lehrerin zu übernehmen. Zum ersten Mal wirklich allein mit einer Klasse. Zum ersten Mal verantwortlich anwenden, was ich gelesen, gelernt, mit dem Doktor Stein besprochen hatte. Endlich eine handfeste Arbeit, endlich gebraucht werden.

Der erste Morgen: der Lärm von siebzig Kindern, den drei unteren Jahrgängen, zusammen in einem Schulzimmer. Ich gehe ans Pult. Die Kinder nehmen keine Notiz von mir. Die Mädchen schwätzen, und die Buben prügeln sich. Eine merkwürdig erbitterte Prügelei. Kein Kinderspiel. Ich höre wütende Schreie: Du Sozi! Du Roter! Du verdammter Nazi!

Aber das sind doch *Kinder*! Das kann doch nicht sein, das ist ein Alptraum. Es ist keiner: die Kinder prügeln sich, weil die Väter es tun. Es ist der Winter vor der »Machtergreifung« Hitlers. Ein Teil der Väter sind Kommunisten, Torfstecher meist, ein andrer Sozialdemokraten, ein andrer, die Angestellten und Geschäftsleute, sind in der Bayerischen Volkspartei, und einige sind schon Nationalsozialisten. Ich habe das gesamt-deutsche Inferno im Kleinen vor mir in der Klasse.

Ich schlage mit einem der drei vor mir liegenden Rohrstöcke auf das Pult. Keine Reaktion.

Ich habe eine Eingebung: ich hole mir aus dem Knäuel der

Buben einen heraus und zeige ihm den Rohrstock. Er versteckt seine Hände hinter dem Rücken: seine Erfahrung sagt ihm, daß er jetzt geschlagen wird. Ich sage: Nimm den Stock!

Er begreift nicht. Ich rufe einen andern. Da, nimm den Stock! Er nimmt ihn ängstlich, als sei es eine Schlange, und hält ihn ratlos weit von sich. Ich sage: Zerbrich ihn!

Er hält das für eine Versuchung, einen üblen Trick.

Die Kinder werden allmählich aufmerksam und still. Was geht denn da vor sich, das kann doch nicht geglaubt werden! Einer der Buben wagt das Ungeheuerliche: er zerbricht den Stock, das Symbol der Lehrerautorität und Züchtigungsgewalt.

Wirf ihn in den Ofen! Und den zweiten und dritten auch gleich! Die Rohrstöcke brennen im großen schwarzen Eisenofen.

So, sage ich, jetzt brauchen wir etwas so Häßliches nicht mehr. Ich werde euch nicht schlagen müssen, weil ihr gern in der Schule sein und gern lernen werdet.

Siebzig Kinder zwischen sechs und acht Jahren, von einer lange schon lungenkranken und müden Lehrerin schlecht unterrichtet, von den Eltern schlecht erzogen, in die wüsten Wirbel der politischen Kämpfe einbezogen – wie sollte ich da arbeiten.

Am 7. Februar 1933 kann ich dem Doktor Stein berichten:

»Mir geht es sehr gut. In meiner Schule wächst nun mit Macht das Neue. Am Samstag war Fritz Zimmermann* da, er war ganz selig, daß er so eine gelöste freie kindliche Gemeinschaft finden durfte... Heute kam ich in der Frühe in die Schule, da saß bereits eine Gruppe still und versunken beisammen und sang den Kinderjodler, zweistimmig san-

---

* bedeutender Schulreformer

gen sie ihn ... Dann kamen immer mehr Kinder und sangen mit, und schließlich sangen alle und schauten sich an und hatten sich bei den Händen gefaßt. Die Gemeinschaft ist geboren! Und dann die Arbeit. Die Gruppen arbeiten tatsächlich schon ganz ohne mich, ohne daß ich Aufgaben zu stellen brauche, und es geht auch schon viel stiller zu (nicht immer zwar – wenn um ›Probleme‹ gerungen wird, wirds sehr lebhaft). Und das Seltsame: mir liegt doch *alles* nur am Erzieherischen – und ich erreiche (nur nebenbei) zugleich das Unterrichtliche. Alle kommen sehr schön voran, im Rechnen bin ich geradezu verblüfft. Das kommt von der Selbsthilfe: die Kinder erklären sich gegenseitig viel besser, als ichs kann. Ich weiß ja nicht, wo es am Verständnis fehlt, ich kenne den springenden Punkt oft nicht, aber die Kinder kennen ihn. Und es kommt der Unterrichtserfolg auch von der absoluten Selbständigkeit, zu der ich sie erziehe. Heute haben wir ›Tischlein-deck-dich‹ aufgeführt. Improvisation. Ich wollte mitgestalten. Da sagten sie mir: Net alleweil dreinreden! Ich zog mich glücklich beschämt zurück... Ich muß heute noch die Anmeldeblätter der Jüngsten ausfüllen (der fürs neue Schuljahr) und mit den Aufzeichnungen vergleichen, die ich mitstenographiert hatte, als ich die Mütter so sachte wie möglich nach allem daheim und über ihre Kinder ausfragte. Ich tat erschreckende Einblicke. Ein andermal davon. Ich bin todmüde.«
Undatiert, aber aus der nämlichen Periode:
»Die Kinder arbeiten mit großer Freude. Heute hat der dritte Jahrgang Aufsätze gemacht, die Kinder wollten dringend ihre Erlebnisse aufschreiben, sie bettelten darum (vergleiche: Aufsatzstunde in der alten Schule). Da ließ ich sie natürlich mit Freuden. Eine Gruppe wußte nichts ›Gescheites‹, sie wollte rechnen. Sie rechneten eine Stunde lang, hatten dann die Wandtafel hinten und vorn ganz klein beschrieben, sie hatten es so gemacht: jedes mußte eine

le drankamen, das ging
erige Rechnungen. Dann
nd sagten aufschnaufend:
chuft, schaugns, wia ma
hnen trotz der frühlings-
en auf der Stirn. Sie waren
rk getan. Gestern sagte ich
ß ich nun leider bald wieder
in zurückkomme. Da sagten
nn ein Sturm: ›Jetzt wo wir
r fein miteinander auskom-
ist...‹ Ich hatte bei ihnen
en mir von selbst Zeitungen
über das Kanzleramt und so
vollten wissen, zeigten wirk-
den Krieg redeten, brachten
en sie in Gruppen an, waren
ergriffen (ich sprach selbstverständlich ganz sachlich nur
von Tatsachen, sie aber hatten Tränen in den Augen), und
dann hatte ich eine Ausdrucksarbeit im Kopf – wußte nicht,
ob ich es wagen soll. Ich sagte: Ich habe an etwas gedacht, es
soll nicht als Aufsatz gemeint sein, ihr könnt es ablehnen,
ich verstehe das, ich habe an einen Brief gedacht, an den
Mann im Feld oder an den Sohn. Da sagte eine der
Vierzehnjährigen: Oder eine Rotkreuzschwester schreibt
von der Front. Dann schrieben sie und schrieben. Ich aber
dachte: ›In einer Woche...‹«

Eine Woche später kam die genesene Lehrerin wieder. Ich
übergab ihr die verwandelte Klasse. Man erzählte mir, was
sie sagte: So, die Zeit der Experimente ist vorbei, jetzt weht
wieder ein andrer Wind.

Mir blieben aus jener Zeit große Erfahrungen und einige
Kinderzeichnungen und Gedichte meiner Jüngsten, der
Siebenjährigen. Das hübscheste:

Kätzchen Weidenkätzchen
Wo wohnst du denn?
Ich wohne in der Weide.
Kätzchen wo hast du denn dein Bett?
Ich habs in der braunen Knospenschale.
Kätzchen wo hast du denn dein Silberkleidchen her?
Das hab ich von Gott.

In meinen Briefen an Doktor Stein aus jener Zeit ist fast nur
von der Schule die Rede, oder auch von Politik. Aber es gibt
einige andre Briefe, die ich heute nicht ohne Schmerz lesen
kann. Kurz vor Weihnachten hatte er mich in Großkarolinenfeld besucht. Wir saßen in dem armseligen ebenerdigen
feuchten Zimmer ganz nahe am Eisenöfchen und redeten
über Pädagogik, wie meist. Plötzlich hörten wir Schritte vor
dem Fenster, Kinderfüße huschten her und hin, und dann
erklang eins der Weihnachtslieder, die ich meine Schüler
eben gelehrt hatte, eins und noch eins, und dann wars
wieder still, die Kinder waren fort. Der Doktor Stein und ich
fanden uns in einer seltsamen Stimmung, die dem zugute
kam, was er längst vorhatte: er fragte mich, ob ich seine
Frau werden wolle.
Ich erschrak. Ich wollte das nicht. Zwei Jahre hatte er mit
sich gekämpft. Ein schönes Haus hatte er gebaut, für mich
mit, und einen wunderbaren Garten hatte er angelegt, auch
für mich. Ich hatte das nie verstanden. Ich bat mir Bedenk-
zeit aus, aber ich wußte schon, daß ich nein sagen würde.
Als ich meinen ersten Roman »Mitte des Lebens« schrieb,
wurden unsre Kämpfe Literatur. Obgleich ich den alten
Freund sehr verwandelt hatte und niemand ihn identifizier-
te mit dem Doktor Stein des Romans, erkannte er selbst sich
sehr wohl. Es muß ihm ein scharfer Schmerz gewesen sein,
sich in diesem Buch so wiederzufinden. Doch schrieb er mir
später, ich habe ihm immerhin ein ehrenvolles Denkmal

gesetzt. Er wundere sich, so schrieb er, daß ich den Doktor Stein im Roman in die Nazipartei habe eintreten lassen und ihm dann tiefe Reue zuschrieb. Ob ich gewußt habe, daß beides stimmte, der Eintritt und die Reue und Scham, und auch das Motiv, das ihn zum Eintritt bewogen habe: einiges und einige zu retten? Ich hatte es nicht gewußt, unsre Verbindung war lange unterbrochen gewesen. Aber mir war das alles klar, es paßte in das von mir geschaffene wie in das reale Bild vom Doktor Stein, daß er nie wirklich politisch war und nie ganz gegenwärtig. Mich aber hat er in den frühen dreißiger Jahren vor dem Nationalsozialismus bewahrt. Daß wir beide ganz einig waren in der Ablehnung, zeigen mir einige Briefe.

4.März 1933:

»Seeshaupt am Starnberger See. Ich habe eine neue Aushilfsstelle. Es ist hier alles anders als in Großkarolinenfeld: kultiviert die Schule, der Ort, die Kinder, die Wohnung, die Landschaft. *Aber:* von unserm Schulhaus weht die Hakenkreuzfahne. Die zwei Lehrer sind feste Nazis, ich muß mein Maul sehr fest zumachen und die unpolitische Dame spielen.«

»Ich habe so starken Verdacht, daß der Brand in Berlin eine Mache der NSDAP ist. Hoffentlich liest den Brief niemand, sonst ists um mich geschehen!!! – Ich glaube nicht, daß die Kommunisten mit einer so kindischen Tat beginnen, von der sie doch sicher sind, daß sie auf ihre Kosten gebucht wird und ihr viele Anhänger wegtreibt. Und gerade vor der Wahl. Ich traue den N. S. gar nichts Gutes, bzw. alles Schlechte zu. Sie wissen, wie man die Macht bekommt. Ach, ich darf nicht zu denken anfangen über diese unsre Lage. Sonst könnte es gehen wie bei dem Vater von Helmuth Pommer, der die österreichische Lage nicht mehr ertrug und sein Leben endete.«

Es scheint, als sei ich mir der Gefährlichkeit meines Widerstandes bewußt gewesen. Also muß ich doch etwas gewußt

haben von Berufsverboten und Verhaftungen der Gegner. Anfang März 1933 hatte ich Hitler reden hören, und ich schrieb darüber an den Doktor Stein:

»So eine Phrasenkantate. Ein Massenwahnsinn ... nicht *ein* sachlicher Satz. Pfui Teufel über solch eine Hohlheit ... Weißt Du dieses Appellieren an die Sentimentalität der guten spießerlichen Bayern, das ist das Widerlichste (abgesehen von dem entsetzlich dummen Inhalt) dies Herausstellen seiner, Hitlers, ›großer Liebe zu München‹ ... Er ist ein Prophet den man in seine Rolle hineingesteigert hat nun fühlt er sich selbst als Prophet, aber ich meine, ganz wohl ist ihm nicht dabei Ich habe großes Bangen vor dem Kommenden.«

Einmal habe ich Hitler ganz nahe gesehen, es muß 1935 gewesen sein. Ich ging durch die Weinstraße in München. Da kamen SS-Männer und sperrten die Straße gegen den Bürgersteig ab. Ich mußte stehenbleiben. »Der Führer kommt!« Ein SS-Mann wollte mir eine Freundlichkeit erweisen und ließ mich ganz nach vorne, dahin, wo er mit seinen Kameraden Hand in Hand, die Kette bildete Da kam *er.* Aufrecht im offenen schwarzen Mercedes, die Offiziersmütze auf, strahlend. Es war die Zeit, wo er sich ganz sicher fühlte: Der Stabschef Röhm, der mit seiner SA einen Putsch geplant hatte, war erschossen, wegen »Homosexualität«, sagte man, das war Unsinn und niemand glaubte es. Außer Röhm waren andre hohe SA-Führer erschossen worden und auch andre politische Gegner, der Führer der Katholischen Aktion, Klausener, der General Schleicher mit seiner Frau, ein Mitarbeiter Papens auch. Die SA war in Mißkredit, die SS wurde Hitlers Lieblingskind, auf sie verließ er sich. Damals also, als ich ihn sah, war er heiter und sicher, er grüßte leutselig (ja, leut-selig) nach allen Seiten. Ich sah ihn in einer Entfernung von etwa drei Metern. Ich erschrak: diese Augen, diese harten und zugleich unsicheren Augen!

Man sagt, Hitler habe einen sechsten Sinn gehabt. Als ich bei seinem Anblick Gedanken der Angst und des Abscheus dachte, traf mich sein stahlblauer Blick.

Das Gleiche hat der Doktor Stein erlebt: er war eines Tages auf den Obersalzberg gefahren, um Hitler von Angesicht zu Angesicht zu erleben. Er stand in der dritten Reihe derer, die im Garten auf den Führer warteten. *Er* kam, streichelte den Kindern die Köpfe, redete hier und da jemand an und ging, die Hand in der Luft zu seinem perversen Segen, weiter. *Er* hatte den Platz, wo der Doktor Stein stand, bereits passiert, aber nach einigen Metern machte *er* jäh kehrt, stutzte einen Augenblick und ging dann direkt auf den Doktor Stein zu, reichte ihm über die beiden vorderen Reihen hinweg die Hand und schaute ihm dabei fest, wie beschwörend, in die Augen. Der Doktor Stein war sehr verwirrt. Er hatte in jenem Augenblick sehr klar und scharf gedacht, daß Tyrannenmord erlaubt sein müsse.

Im Juni 1933 mußte ich offenbar eine Sonnenwendfeier mit andern Junglehrern vorbereiten.

»Ich hatte mir ein anständiges Programm zurechtgelegt, das hielt ich durch, nur Deinen Feuerspruch habe ich weggelassen, ich hab ihn vorher zweien von den ›Besseren‹ vorgelesen, sie lehnten glattweg ab. Hölderlinhymnen? Einer las vor, schlecht und ohne daß er es verstanden hätte... Diese jungen Leute sind keiner Erhebung mehr fähig, wenn sie nicht *Rausch* ist. Ja, ich verstehe die Verführung der Nat.S-Feiern: da wirkt eine Form, an der man geistlos beteiligt ist, im rauschhaften Dämmerzustand der Gefühle, aber nicht mit dem wahren inneren Wesen... Mich ruft dieses Erlebnis zu erneutem Bekenntnis zum Geist auf.«

Ich war in jener Zeit so beschäftigt mit Politik und Schule, daß mir das, was ich dem Doktor Stein antat, nicht voll zum

der... Aufstieg, mit Erinnerungen in die Tal-
nacht gestellt, aber sonst nicht." Das Impet.
ich hatte nur ein anständiges Programm zurecht gelegt, das stell ich durch, bloß deinen
Frühspruch hab ich weggelassen — ich hab ihn
vorher zweimal von den „besseren" lesen lassen,
sie lehnten ihn gänzlich ab, begründeten:
ja mein Gott, da können wir halt nicht
„damit anfangen". Hölderlin-Hymnen? Die
lasen — wie ein Leit-paar, aber schlecht und
ohne daß sie verstanden hätten. Auch dann
las ich: das „3. Volk" (auswendig) Natürlich
unverstanden. — hernach im „dritten Teil"
wachten sie auf, machten Aufsehen, wenn
auch skeptisches Aufsehen, (wie doch „Un = Sinn".
Ich hab das Ganze betrachten müssen in
meinem besten Seelenteil. — Diese jüngeren
Leute sind keiner Erhebung mehr fähig,
wenn sie nicht „Rausch" ist. Ja — ich
spüre die Verführung der nat.s. Ideen:
da wirkt bloß eine Form, an der man
irgendwie bloß gefühlst beteiligt ist, bloß
im rauschhaften da mmerzustand der
Gefühle, aber nicht mit dem wachen inneren
Wesen,

nicht mit dem Gruß. Ich gab jeden Versuch
auf, sie widerlich zu grüßen doch "Gruß".
die sind Spießbürger u. noch dazu dumm.
fein, wie 2 immer tiefer braucht, sie
sind auch keine Nat.S., die sind "eigene
Meinung". die gehören zu mir. Aber
die andern – Herrgott, sowas glatte Überzeugtheit. Mich nicht sauber plädiert zu
meinetwegen bekenntnis zum "Gruß auch.
Also war diese scheußung nicht umsonst. –
Übrigens, du, bitte, was kostet der "Kurz"? die
wenigen Zeiten, die ich überflogen habe, reizen
mich geradezu ihn zu einem i immer
Punkte; da ist eine Antwort auf fast
alles, wenn auch auf alles!" (du weißt,
die Propheten – die nämlich – gelten im
eigenen Land nichts, da müssen schon Fremde
kommen, verzeihen!!.)

Mehr möchte ich ~~das~~ bloß werden gutmachen
dürfen in persönlicher Gegenwart, was ich
an Donn. Schlecht gemacht habe. Man
darf das nicht, so wird ich gemacht habe,
aber wie schon gesagt: die blödsinnigen
Unseren, die sind mal nicht gescheit (nicht alles!!)
Wenn ein Freund hält, würde ich bestehen ~~nur~~ – ja nur was?
Ich weiß nicht. Oder aber irgendein Wort, das um den Krampf
hält oder einem wie der Aufstoß gegen den Strich geht! da dürfen.
die, alle, Laß mir das den Krampf 1 nach. Geht das ? bitte!. Herzlich
grüßen Lux.

Bewußtsein kam. Ich hatte ihm zu Weihnachten 1932, nach unserer Unterredung vor dem Eisenöfchen, geschrieben, daß ich bereit sei, seine Frau zu werden.

Seine Antwort, vom 30. 12. 1932:

»Liebste, ich habe Deinen Brief erhalten und bin tief bewegt. Ich schrieb Dir im letzten Brief von der Verschiedenheit unsrer Liebe. Ich schrieb Dir von der Erkenntnis, daß Du frei sein müßtest, um Deine Lebenskraft so in die Hand zu bekommen, wie Du sie brauchst, um Dich ›zurechtzuleben‹, da kommt Dein Brief vom Weihnachtstag. Du weißt, daß ich keinen tieferen Wunsch habe, als das Leben, das ganze Leben, mit Dir zu teilen. Aber werden wir es können? Dein Wort ist gesagt in der augenblicklichen Überwältigung durch mein Werk, in dem Dir plötzlich eine größere Lebenstiefe in mir aufleuchtete. Ich fühle daraus den tiefen und heiligen Ernst, aber ich fühle auch ein Zittern, ein innerstes Bangen vor Deinem eigenen Wesen heraus, dem dieses Wort vorangeeilt sein könnte. Liebe, ich bewahre dieses Wort beim Schönsten und Teuersten in mir, aber ich werde Dich nie daran erinnern, um von meiner Seite her Deine Freiheit zu beschränken, wenn Du sie brauchst. Verstehst Du mich?«

Der von ihm erwähnte Brief war vom Weihnachtsabend 1932:

»... ich habe Dich gefragt: liebst Du mich oder durch mich hindurch das Leben? Ich weiß, daß Deine Antwort heißen mußte: durch Dich hindurch das Leben. Das mußte mich gestern treffen, heute aber sage ich: es ist gut. Auch ich liebe in Dir das Leben, aber es ist doch anders als bei Dir: ich liebe *in Dir* das Leben, Du liebst es durch mich hindurch. Indem ich Dich liebe, liebe ich das Leben, indem Du das Leben liebst, liebst Du mich. Darum kannst Du von der Treue als Problem sprechen, während sie für mich in die Liebe eingeschlossen ist so selbstverständlich wie der Saft in die Frucht. Ich weiß, Du mußt, zumindest noch jetzt, frei sein ... Ich sagte Dir gestern, ich wolle Dir helfen mit all der Einschränkung, mit der dieses Wort genommen werden muß. Ich möchte bloß durch mein Dasein Dir Gelegenheit geben, an mir zu *leben*. Du hast es neulich abgelehnt, eine Lebensnot zu haben. Du hast aber doch eine, und ich glaube, sie besteht darin, daß die verschiedenen Wesen in Dir noch nicht ihren Ausgleich gefunden haben. Ich liebe alle diese Wesen in Dir: ich liebe das elbische Wesen, das einfach da ist wie Luft und Wasser, ich liebe die Wildkatze, die unabhängige und innerlich freie, aber ich liebe am meisten die menschliche Seele, die selber lieben möchte ... Diese menschliche Seele in Dir zur Reife zu bringen, das ist Deine Aufgabe – ohne dabei zu verwirren, was Du sonst noch bist. Elbische Wesen und Wildkatzen kann man nicht zähmen, aber indem sie bleiben was sie sind und die Liebe noch dazu nehmen, werden sie, was sie sind ... Noch etwas möchte ich Dir sagen: In den Tränen bei Dir hat sich ein Stück *meiner* Lebensnot gelöst und fortgeflößt. Ich danke Dir.«

Wie nur konnte ich einen so noblen Mann *nicht* lieben? Ich *konnte* es nicht, und er wußte es und bereitete sich immerfort auf den Abschied vor, der kam nie, weil er immer da war: ich gehörte ihm nie, ich war, wie ich ihm schrieb, ein rollendes Rad. Aber ich erinnere mich mit Scham, daß ich (das deute ich in einem Brief an) einmal ihn auf Weiberart versuchte. Es war schön mit ihm zu reden, aber plötzlich genügte mir das nicht, es machte mich zornig, daß er nie greifbar war, immer gingen seine vorstehenden Augen in eine Ferne, die ihn mir entrückte, und nie wagte er, mich zu küssen, nie legte er seine Hand auf mich, was für ein seltsamer Mann, ich war doch kein Kind, ich war eine Frau oder jedenfalls ein Mädchen, ein weibliches Wesen, leidenschaftlich von Natur und entflammbar. Vielleicht fürchtete er, sich ganz an mich zu verlieren, vielleicht wollte er keine Frau, sondern nur eine geistige Gefährtin, vielleicht wollte er meine Jungfräulichkeit, die er ahnte und spürte, nicht berühren, vielleicht wollte er mich nicht an sich binden durch die Umarmung, vielleicht wußte er mit Sicherheit, daß damit nichts gewonnen, eher alles verloren wäre. Aber eines Abends ritt mich der Teufel, und ich erprobte die Macht meiner Augen und meiner Ausstrahlung. Ich legte meine Hand auf die seine und meinen Blick in den seinen. Das war viel für uns. Von mir aus gesehen wars pure Verführungslust. Er bat mich, mit ihm nach Hause zu gehen. Ich tat es. Was erwartete ich? Irgend etwas unerhört Neues auf jeden Fall. Eine große Erfahrung. Das Öffnen des dunklen Tores zum Geheimnis des Geschlechts. Etwas dieser Art.

Aber dann geschah nichts. Wir redeten über Pädagogik. Er litt, und ich irgendwie auch, aber so wichtig war das alles dann doch nicht für mich. So grausam war ich, weil ich eben ich war, es war mein Gesetz. Es gibt einen Brief von mir, in dem ich ihm die Liebe zu mir ausreden will, ich sei nicht »Lux«, wie er mich nannte, ich sei dunkel, ich sei unfertig, herrschsüchtig, wankelmütig, egoistisch, seiner nicht wert... Er wird darüber gelächelt haben. Aber einen Satz hat er sicher ernstgenommen, denn diesen erwähnt er in seinem Weihnachtsbrief: »Ich weiß, daß ich bei keinem Menschen bleiben kann, daß ich durch viele hindurchgehen muß...« Ich klage mich an, daß ich an jenem Abend nicht »vornehmer« war. Was meine ich damit? »Ich war letzten Endes egoistisch«, schreibe ich. Vielleicht meinte ich damit, daß ich, wenn ich schon ihm dunkle Blicke zuwarf und meine Hand auf ihn legte und damit das Signal zur Umarmung gab, die Verführung hätte weiter fördern müssen, statt zu versprechen, zu provozieren, und dann mich gleichzeitig so zu verhalten, daß der Partner keinen Schritt näher kommen konnte. Ich weiß es nicht mehr. Er hat daran

gelitten, ich sehe das aus meiner Antwort auf einen Brief:
»Ob Du mich enttäuscht hast? Gewissermaßen ja. Aber wir
wollen nicht zurückschauen. Aller Weg geht vorwärts.« Ich
sage in diesem Brief freilich, daß ich kalt und grausam
geworden sei. Geworden wodurch? Ich war eben älter
geworden, und, wie ich einmal schrieb, weniger »roman-
tisch«. Ich sei, so schrieb ich ihm, in den letzten Monaten
»völlig umgeworfen, revolutioniert« worden. Es war die
Politisierung meines Wesens durch das Anwachsen des
Hitlerfaschismus, was mich hart und erwachsen machte:
ich mußte Entscheidungen treffen, auf Leben und Tod,
buchstäblich.

Am 3. März 1933 schrieb ich an den Doktor Stein, ihn
bedeutungsvoll »Lieber Freund« nennend:
»Nein, so schnell wirst Du mit mir und meiner Meinung
nicht fertig. In Deinem Denken steckt ein kleiner Fehler,
der mir, in seinen Konsequenzen für tatsächliche Lebensge-
staltung, sehr wichtig erscheint. Du sagst: Jedes äußere Tun
setzt eine glückliche Borniertheit oder Entmenschtheit
voraus. Das ist nicht wahr. Du darfst nicht sagen: *jedes*, es
gibt äußeres Tun, das setzt voraus das Größte, dessen wir
fähig sind: die *Beschränkung*, die aus einem Wissen
kommt, das sehr tief ist, das geboren wurde aus dem großen
Pessimismus, oder aus dem Wissen um das (wie Du es
sagst) relative Recht jedes Dinges und Wesens ... auf dieser
Stufe der Erkenntnis wird das handelnde Eingreifen in eine
politische Angelegenheit unmöglich. Aber darüber hinaus
gibt es eine dritte Stufe, die *wissend* läßt, die die Erkenntnis
der ersten Stufe (des Nichthandeln-Dürfens) überwin-
det ... Man schaltet sich einfach aus, auf eine Weise, die es
wiederum in sehr starkem und tiefem Maß und Sinn
gestattet, daß die ganze Eigenkraft, das Menschliche, in die
Arbeit einströmt ...«

Der Doktor Stein scheint daraus abgelesen zu haben, daß

ich mich in irgendeine nazifaschistische Arbeit wollte ein-
spannen lassen, denn ich antwortete ihm auf einen er-
schreckt-fragenden Brief: »Keine Angst, daß dies auch, wie
Du sagst, am *grünen* Holz geschieht. Nein, nein!«

Es ging um Folgendes: ich war im März 1933 von der
bayerischen Regierung mit zwei anderen Junglehrerinnen
beordert worden, an einem Lager des Freiwilligen Arbeits-
dienstes teilzunehmen. Ich sagte zu. Immer war ich auf
Neues erpicht, auch wenn es mein Studium wiederum
störte. Der Doktor Stein war wohl der Meinung, es handle
sich um eine Nazi-Angelegenheit. Das Gegenteil war der
Fall: in der Zeit der großen Arbeitslosigkeit hatte eine
Gruppe von Studenten beschlossen, im Bayerischen Wald,
diesem damaligen Grenz-Elendsgebiet, ein Schullandheim
zu bauen. Das war Arbeitsbeschaffung für die dortigen
arbeitslosen Jugendlichen, und es war Erziehung der Studenten zur Gemeinschaft mit den Arbeitern. Wir waren
etwa fünfzig: Studenten, Junglehrer, Arbeiter, dazu fünf
Mädchen für die Küche, darunter ich und darunter auch,
weil ich sie, von der Regierung befragt, wen ich vorschlage,
jene H. genannt hatte, meine nachmalige Denunziantin.
Wir wohnten in einem uns überlassenen großen und
winterdurchkälteten Gasthof in Klinglbach. Das Schullandheim wurde gebaut in Maibrunn.

Unter den Männern waren einige Berliner Studenten und
Arbeitslose, die dort schon in einer Kommune gelebt hatten. Sie waren Kommunisten. Durch sie lernte ich erstmals
Marx und den konkreten, den »realen« Sozialismus kennen. Ich war höchst interessiert, so sehr, daß ich etwas
später beschloß, in diese Berliner Kommune zu ziehen. Es
wurde nichts daraus, denn auch hier setzte Hitler ein
Ende.

Mit uns lebten in jenem Gasthof mehrere »Erwachsene«, in
der Jugendarbeit Erfahrene, darunter einige, die aus dem

»Musikheim« Frankfurt an der Oder kamen. Diese Schule, eine musische Hochschule, war aus der Jugendbewegung geboren. Unter den Lehrern von dort waren auch zwei Brüder, Musiker, Österreicher, die schon Parteimitglieder waren, wenn ich mich nicht irre. Der dritte Lehrer, Architekt, Städteplaner, der sich mir besonders befreundete und mich dann zweimal besuchte, ein zeit-gequälter, aufrechter Mann, kam einige Zeit später ums Leben. Auf der Todesanzeige steht, er sei bei einem Autounfall umgekommen. Mir schien, nach seinen Briefen und unseren Gesprächen, er habe diesen Unfall unbewußt gewollt, er sah zu vieles klar voraus.

Die Zeit in jenem Lager war einfach schön. Wir hatten ein hartes Leben: früh auf, Hunderte von Broten gestrichen zum Mitnehmen für die Arbeitenden, Frühstück bereitet, danach gespült (ohne Spülmaschine natürlich), danach die Zimmer geputzt, das späte Mittagessen vorbereitet, Einkäufe gemacht, Essen gekocht, aufgetragen, abgespült, Abrechnungen gemacht... Der Tag war voll. Aber es gab auch freie Stunden, in denen wir sangen, Theater spielten, redeten. Es gab natürlich auch heftige Diskussionen politischer Art. Die Geister schieden sich immer klarer. Pamphlete wurden verfaßt, Proteste geschrieben, gestritten wurde nächtelang.

Am 1. Mai, dem Tag der Arbeit, wurde unser Lager, gegründet auf Unstaatlichkeit und Freiwilligkeit, zum Reichsarbeitsdienstlager erklärt.

Wir mußten nach Straubing fahren (oder wars Deggendorf), um dort an einem großen Aufmarsch teilzunehmen, mit blitzblank geputzter Schaufel über der Schulter und mit dem Horst-Wessel-Lied auf den Lippen... Ich erklärte der H., nicht bleiben zu können unter der neuen Flagge. Ich meldete mich ab.

Als ich nach München zurückkam, war ich verstört. Diese

Verstörung war sicher die Ursache für ein Geschehnis, das ich, obgleich ich es in »Mitte des Lebens« zu verarbeiten gesucht hatte, nie ganz verwunden habe.

Ich traf mich, direkt aus dem Lager geflüchtet, mit dem Doktor Stein in München. Ich war nicht ich selbst. Aus dem direkten Zusammenprall der Weltanschauungen kam ich zwar nicht verwirrt, aber zerlitten zu meinem alten Freund. Da fand ich meine Welt wieder, da war mein unruhiger Geist ein wenig daheim, da hatte ich Lust, mich zu verkriechen. Und außerdem hatte mich das Zusammenleben mit den vielen jungen Männern im Bayerischen Wald ein wenig aufgeweckt, wenngleich in noch undeutlicher Weise. So sagte ich also ganz simpel ja, als der Doktor Stein mich fragte, ob ich die Nacht mit ihm verbringen würde. Ich war müde und wie im Traum, und so ging ich mit ihm in ein Münchner Hotel, er nahm, als sei er ein Geübter, mit undurchdringlichem Gesicht ein Doppelzimmer, gab einen falschen Namen an und einen falschen Beruf, Kaufmann, das machte mich lachen, und dann ging ich mit ihm in das Hotelzimmer, zog mich aus und legte mich ins Bett. Er kam dazu und lag solange still neben mir, daß ich einschlief. Ich war so unendlich müde. Er weckte mich plötzlich. Er war jetzt entschlossen, einmal in seinem Leben mit mir, hier und jetzt, zu schlafen. Er warf sich über mich in lebenslang gestauter Leidenschaft. Ich erschrak vor diesem Sturm, er kam so unvermutet, daß ich nicht recht begriff, was da geschehen sollte, aber schon wandte er sich ab, drehte sich zur Seite und sprach kein Wort mehr. Nichts war mir geschehen. Ich schlief ein. Aber im Halbschlaf merkte ich noch, daß er weinte. Wäre ich ein wenig älter, ein wenig erfahrener gewesen, wie sehr hätte ich ihm helfen können. Die Erinnerung an jene Nacht, die für ihn die Hochzeitsnacht gewesen wäre und für mich die erste Erfahrung körperlicher Liebe hätte sein können, steigt mir immer wieder einmal quälend auf. Unsre Schicksale liefen dicht nebeneinander her, unsre Schatten vermischten sich, für ihn muß es eine Liebe wie im Hades gewesen sein: jeden Augenblick greifbar nah, nie erreichbar.

Und ich verschlief die Nacht, in der ein Mann neben mir lag und seine Niederlage beweinte.

Der Doktor Stein scheint an dieser Nacht lange gelitten zu haben. Das entnehme ich einem Brief von mir an ihn von Ende Mai 1933. »Wegen der Münchner Nacht: es ist nichts daran, was Flecken wäre. Ich kenne diese Art von ›Ästhetik‹ nicht mehr. Das Menschliche nehme ich an, wenn es auch schmutzig erscheint. Ich kenne keine Wertungen mehr. Es ist ein Strom von Leben mit Köstlichkeiten und mit Dreck durch mich gegangen in den letzten Monaten. Alles ist gut, wenn es Leben ist.«

Der Doktor Stein wehrt sich gegen diese Meinung: »Dein Grundstreben ist das nach Intensivierung des gelebten Augenblicks. Das meine, glaube ich, ist das nach Verewigung des Augenblicks. Es ist immer das gleiche, was ich Dir schon in mancherlei Zusammenhängen sagte. Du hast einmal das Wort vom Lebensprogramm geprägt. Das ist Dir ja alles vergangen, aber es ist es nur in der damals daran geknüpften Wirklichkeit, nicht in seinem Problem, das ja das Menschen-Problem schlechthin ist... Bei Hölderlin steht das Wort von der ›reinen Tiefe des Lebens...‹ Du bist so reiches, lebendiges Leben, aber Du stehst vor dem Leben wahllos hingerissen, bloß weil es ›das Leben‹ ist. Du schriebst mir, Du hättest dem Leben gegenüber keine ›Ästhetik‹ mehr, Du nähmest alles an, was Leben sei. Das ist falsch: *Alles* Leben ist nicht *menschliches* Leben. Du wirst einmal sehr fest und klar und reich im menschlichen Leben stehen.«

Mai 1933: eine neue Aushilfe, dieses Mal ganz in der Nähe von »Sanct Georgen«, Wessobrunn. Mein Großonkel freilich lebte nicht mehr dort, und so war der heilige Ort mir fremder geworden. Der neue Arbeitsplatz war das kleine Dorf Forst, durch eine Art Schlucht von Wessobrunn getrennt. Kein Weg zurück. Dieses Forst war mir feindlich. Ich beschreibe es ganz munter in einem Brief an den Doktor Stein:

»Achthundert Meter hoch, auf dem Berg, zweieinhalb Stunden von der Bahn (Weilheim), herrliches Land ... aber einsam, ein paar Häuser um die Kirche, die übrigen weit ringsum verstreut in den Wäldern. Die Kinder sind Waldbauernkinder, brav und still. Disziplinfrage von selbst gelöst. Der Schulrat sagte, ich muß die Klasse hochbringen, sie ›ist nichts‹. Will sehen. Die Wohnung ist ganz hübsch ...«

Wie konnte ich das sagen: es waren zwei Zimmerchen nach Norden, mit dem Blick auf den Friedhof, mit häßlichen Möbeln, nur den nötigsten, das Bett mit einer Matratze, deren Sprungfedern durchstachen ... Ich glaube, sie erschien mir hübsch, nur weil ich darin allein war, unbehelligt von den Eltern. »Nun bin ich wenigstens selbständig und weg von zu Haus. Für ein Jahr oder länger.«

Das wars! Und daß ich zum erstenmal eine feste Summe Geld verdiente, gesichert für ein Jahr, unabhängig also von den Eltern, das war gut. Jedoch klingt mir der Brief zu tapfer, um wahr zu sein. Ein paar Sätze verraten meine Stimmung:

»Feine Lehrersleute. Ein fünfjähriges Mädelchen. Das wird mein Kind. Trost in der Einsamkeit ... Mir schieben sich die Geschehnisse ineinander. Es ist so seltsam, zu leben.«

Es wurde eine harte Zeit. Ich konnte nicht mehr, wie von den früheren Orten aus, nach München fahren zu Konzerten und in Vorlesungen. Um überhaupt von diesem Ort wegzukommen, mußte ich entweder eine Stunde zu Fuß durch den Wald laufen bis zum nächsten Postauto, mit dem nach Weilheim fahren, von dort mit dem Zug nach München, und nachts konnte ich nicht mehr zurückkommen. Die Sonntage waren nicht schulfrei, denn die Berufsfortbildungsschülerinnen konnten nur sonntags zur Schule gehen, wenn sie von den weit abgelegenen Höfen ohnehin ins Dorf kamen zum Gottesdienst. Ich konnte zwar auch mit dem Rad nach Weilheim fahren, abwärts ging das gut, aber ich sehe mich heimkehrend das Rad eine Stunde bergauf schieben, bei Regen, bei Hochsommerhitze ... Ich war eine Gefangene, eine Verbannte. Die Kinder waren stumpf. Ich schrieb an den Doktor Stein:

»Ich verschwende meine Kraft an diese Holzfüchse. Weißt Du, mir tut ja Hirn und Herz weh, wenn ich so schreibe, ich weiß, meine Kinder sind Menschenkinder, man soll und kann was aus ihnen machen. Ich weiß, daß ich mich erproben soll, gerade hier. Ich *liebe* meine Kinder und die schwere Aufgabe. Aber ich glaube, meine körperliche Kraft reicht nicht aus. Und schließlich, ich habe keinen Menschen hier, und man wird nur unter Menschen etwas, nicht in der Einsamkeit, in der einem alle Maßstäbe verloren gehen, da die Vergleiche fehlen ... Selbst mein Vater wünscht, daß ich von Forst wegkäme.«

Ich kam weg, aber unter schlimmen Umständen, und viel später. Zunächst rettete ich mich ins Schreiben. Eine lange Erzählung entstand. Sie wurde verbrannt, ich erinnere mich nicht mehr an sie, nur an die inständige poetische Arbeitsstimmung den Sommer über. Aber ehe diese Ergebung über mich kam, hatte ich eine Zeit der heißen Rebellion zu überstehen. Ende Mai schrieb ich an den Doktor Stein:

»Ich trage mich mit dem Plan, meine Sachen zu packen und nach Berlin zu fahren, zu jener Lagergruppe, mit der ich im Bayerischen Wald zusammen war. Ich mache dort Hausarbeit, wir leben von der Arbeitslosenunterstützung. Ich brauche Menschen und Liebe und Sorge und nackte menschliche Dinge und Leidenschaften. Ich liebe diese Großstadtmenschen. Ich verkomme in der Bürgerlichkeit des gesicherten Lebens...«

Ich fuhr nicht nach Berlin, ich lebte in keiner linken Kommune. Ich mühte mich weiter ab mit den »Holzfüchsen«, die treuherzig zu mir aufblickten und sich vergeblich plagten, etwas zu lernen. Wäre ich doch damals nach Berlin gegangen! Wieviel früher hätte ich wichtige menschliche und politische Erfahrung gesammelt. Ich blieb, und lud dabei eine Schuld auf mich, die niemand mir als Schuld abnimmt und die ja auch keine war und die aller Vernunft zum Trotz mich dennoch bis heute belastet. Mein Schulleiter, Karl Würzburger, war Jude. Er war sehr gescheit und vor allem literarisch gebildet wie keiner seiner Kollegen. Das hätte eine Freundschaft geben können, wären wir uns nicht 1933 begegnet.

Mich wundert, daß er im Sommer 1933 noch Lehrer sein durfte. Vielleicht, weil er eine »arische« Ehefrau hatte, oder weil er katholisch getauft war, was im südlichen Bayern noch ein flüchtiger Schutz sein konnte, oder er war, was man »Halb-Jude« nannte. Das Gesetz zur Wiederherstellung des Berufsbeamtentums, so hieß das, wurde erst 1934 erlassen, das einem Juden oder »Halb-Juden« verbot, Beamter zu sein, so wie es 1977 Kommunisten verboten wurde. Aber schon lag in der Luft das, was 1935 »Blutschande-Gesetz« hieß und wodurch Ehen zwischen Juden und Ariern unter Strafe des KZs verboten wurden.

Da ich, wie es das Studium vorschrieb, Rosenbergs »Mythus des 20. Jahrhunderts« lesen mußte, hätte ich wissen können, wissen *müssen,* in welcher Gefahr mein Schulleiter stand. Ich hätte zumindest mit ihm reden müssen, ihm meine Solidarität bezeugen, ihm seine Lage ertragen helfen. Was aber tat ich? Eine Kleinigkeit ohne Folgen, und dennoch... Der Herr Würzburger war nie ein heiterer Mann gewesen, sondern ein schwerfälliger, aber als Lehrer ein fortschrittlicher, er war Vorsitzender der Bezirks-Sektion des Bayerischen Lehrervereins. Jetzt aber ließ er seine Schule verkommen, er kam zu spät oder einfach gar nicht, seine Schüler lümmelten vor dem Schulhaus herum, für meine dienstlichen Fragen war er unerreichbar, er winkte nur müde ab. So konnte das nicht weitergehen. Im privaten Gespräch mit meinem Schulrat berichtete ich von den Mißverhältnissen, ohne zu bedenken freilich, daß der Beschuldigte Jude war, Jude unter Hitler. Der Schulrat war kein Nazi, Gott sei Dank, und meine Klagen hatten keine Folgen. Das ist alles. Aber das ist auch viel. Ich hätte das auf keinen Fall tun dürfen.

Der Herr Würzburger ist eines »natürlichen Todes« gestorben, das heißt, er wurde nur entlassen, nicht vergast, ihm ist nur das Herz gebrochen, wie vielen andern seinesgleichen, die für dieses Deutschland viel gearbeitet und im Ersten Weltkrieg mitgekämpft hatten. Hätte ich doch... Ich hätte ihn nicht vor dem Berufsverbot retten können, das ist sicher, aber beistehen hätte ich ihm müssen. Wieder einmal eine »Unterlassung guter Werke«, die Schuld der Herzensträgheit.

Mein Feind in jenem Dorfe Forst war der Ortspfarrer, wiewohl oder weil er ein Freund meines Großonkels Hörtensteiner war. Er mochte schon meinen Vater nicht, der war für ihn ein Sozi, ein Linker, nur weil mein Vater bei politischen Streitigkeiten mit dem alten Hörtensteiner sich antiklerikal gab, sei es aus Überzeugung, sei es um den Alten und seinen Freund zu ärgern. Diese Abneigung übertrug der Pfarrer Veit auf mich. Nun, das konnte er halten, wie er wollte. Ich war von jeher einem bestimmten Menschentyp ein Ärgernis: ich war eine Intellektuelle (nicht nur die Nazis haßten Intellektuelle), ich war kritisch, ich konnte, herausgefordert, scharf und treffend erwidern, wer sich mit mir in einen Wort-Streit einließ, zog den Kürzeren, ich war, alles in allem, das Gegenteil einer fromm und brav katholischen Volksschullehrerin, die den Ortspfarrer als höchste heilige Autorität anerkennt.

In jenem Sommer waren neue Anweisungen für den Unterricht in den Berufsfortbildungsschulen erschienen. Wir sollten Biologie-Unterricht geben und dabei auch »Aufklärungsarbeit« leisten, das heißt, wir sollten auch über die biologischen Vorgänge bei der Entstehung menschlichen Lebens reden. Wie aber sollte man das machen in einem Hinterwäldlerdorf, wo man zwar Kinder zeugte, auch uneheliche, auch außereheliche und Kukkuckskinder: der Bauer mit der Magd, die Bäuerin mit dem Knecht, wo man aber beileibe nicht darüber reden durfte. Es gab noch keine Bücher für diese neue Art des Unterrichts. Was tun? Eines Tages entschloß ich mich, die befohlene heikle Sache anzugehen. Ich erinnere mich genau, wie ich an Hand meiner Wandtafel-Zeichnungen das Wachsen des Embryos im Uterus erklärte. Ich umging dabei vorsichtig den Zeugungsvorgang, den ich, unglaublicherweise, selbst nicht genau kannte. Die Mädchen wußten das alles schon und natürlich genau, sie kicherten über die theoretisch dozierende Lehrerin.

Eines Tages wurde ich zum Schulrat beordert: eine Anzeige des Dorfpfarrers im Namen der Gemeinde war eingegangen: ich habe in der Schule über sexuelle Fragen gesprochen in höchst anstößiger Art. Ich begriff nicht. Der Schulrat, errötend und mit Hemmungen kämpfend, las mir die Anklage vor. Ich habe, so stand da, den Beischlaf erklärt und dabei das Schamgefühl der Mädchen grob verletzt, da ich mich äußerst vulgär ausgedrückt habe. Wie denn? Der Schulrat wurde dunkelrot und stotterte: Da lesen sie selbst.

Ich kannte keines der Wörter. Alles war erlogen. Aber der Ortspfarrer behauptete, eines der Mädchen habe ihm feierlich geschworen, so sei es gewesen. Der Schulrat glaubte kein Wort. Er sagte, er müsse mich aber des Schuldienstes in Forst entheben. Da ich vorerst keine andre Stelle bekam, mußte ich zu meinen Eltern heimkehren. Sie nahmen keine Partei, sie wußten nicht, was sie davon halten sollten, aber da sie mir immer Schlechtes zutrauten, standen sie mir nicht bei. Ich litt wehrlos vor mich hin.

Damals nun wurde ich zur Regierung nach München beordert. Ich erwartete Schlimmes. Aber es kam ganz anders: Nach einem flüchtigen Rat, künftig vorsichtiger zu sein, wurde ich ins Rathaus zu einem Herrn Oberstadtschulrat Bauer geschickt. Ein großer, höflicher, milder Mann. Er trug das Goldene Partei-Abzeichen. Ich erschrak. Er sagte, er wisse, daß ich bereits zweimal die mir angebotene ehrenvolle, wichtige Stelle abgelehnt habe: Vermittlerin zu sein zwischen Schule und Hitlerjugend. Ich erschrak noch mehr. Es habe sich gezeigt, fuhr der Herr Bauer fort, daß die Hitlerjugendführer zwar guten Willens sind, aber nicht wüßten, was man mit Jugendgruppen tut außer Marschieren und Singen. Es sei untragbar, daß die Arbeit mit der Hitlerjugend unqualifizierten Kräften überlassen werde, da es doch die jungen Lehrer gebe. Man müsse zusammenarbeiten. Ich sei für die Nahtstelle vorgesehen. Ich erschrak noch mehr. War das ein Befehl? Ich sagte, ich müsse darüber nachdenken. Ich lief zur Regierung zum Schulrat Sailer, der ein Bekannter meines Vaters und gewiß kein Nazi war. Er sagte: »Übernehmen Sie die Stelle und retten Sie, was zu retten ist! Versuchen Sie, einen Gegeneinfluß geltend zu machen.«

So konnte man damals noch denken.

Aber müsse ich da nicht in die Partei eintreten? Ich mußte nicht. Ich schlug vor, einen Versuch zu machen. Der

Versuch bestand darin, daß ich junge Lehrerinnen zu einem Skikurs einlud, der offiziell als Schulungslager für Hitlerjugendführerinnen gelten konnte. Ich organisierte eifrig, aber ohne feste Vorstellungen, und der Kurs begann ins Blaue hinein. Ich hatte eine Olympiasiegerin in Leichtathletik, Gisela Mauermeier, als Sportlehrerin engagiert, eine Keramikerin, eine Musikerin, eine Werklehrerin. Ich sorgte dafür, daß die jungen Lehrerinnen und künftigen HJ-Führerinnen alles lernten, was sie brauchten für Heimabende. Alles lernten sie, nur eines nicht: nationalsozialistische Weltanschauung.

Eines Tages, nach knapp zwei Wochen, kam die Obergauführerin Hilde Königsbauer, goldbeschnürt und schneidig. Sie sah sich meinen Betrieb an und jagte mich fort, auf der Stelle. Das sollte ein NS-Schulungslager sein? Das war Sabotage.

Ich ging also, halb erleichtert, halb beschämt und wütend, Gott sei Dank, daß die Sache so lief. Wer weiß, ob mich, wäre dieser Versuch gelungen, nicht doch der Machtteufel dazu gebracht hätte, eine gefährliche und böse Karriere zu machen. Jetzt aber war ich dagegen immun für immer.

Aber die Aufregungen jenes Winters 1933 auf 1934 überstiegen meine Kraft, ich wurde krank, ich hatte mich in dem verdammten Lager erkältet, eine Nierenbeckenentzündung. Als ich schließlich wieder halbwegs gesund war, besuchte ich den Doktor Stein. Nach dieser Begegnung schrieb ich ihm: »Ich hätte mich gestern bei Dir ausweinen mögen, aber es ging nicht, ich bin erstarrt und kalt geworden. Ich kann Dir sagen, daß diese Zeit entscheidend ist für mich. Es kann sein, daß ich ganz privat werde und keinen Anteil am Leben mehr nehme. Es kann sein, daß ich aus Resignation mich in Bücher, Musik, Natur und Einsamkeit einspinne. Was nützt alles Wollen. Das Schicksal ist nicht in erster Linie Wille.«

Wieder bei Kräften, fuhr ich erneut nach München zu Vorlesungen, und ich bereitete mich auf die Staatsprüfung vor, genau gesagt: bereitete wieder einmal eine Mitschülerin vor, die Gretl S. Um ihretwillen las ich zähneknirschend eine Menge albernen Zeugs. Was man uns damals zu lernen zumutete, scheint heute unglaublich. Welcher Art unser Studienstoff war, ersieht man aus den Themen, die man uns in der Staatsprüfung an der Universität München stellte 1934. Ich weiß nur mehr zwei Fächer: Geschichte und Pädagogik: »Pestalozzi, Fichte, Hitler, die drei großen Erzieher des deutschen Volkes.« Psychologie: »Die Volksmärchen der Brüder Grimm mit besondrer Berücksichtigung des Märchens vom Wolf und den sieben Geißlein in völkischer Hinsicht.«

Und wie war diese völkische Hinsicht? Welche Interpretation wurde von uns erwartet? Die Geißlein sind das deutsche Volk: treuherzig, leichtgläubig (das stimmte). Die alte Geiß, die Mutter, ist fort: der deutsche Genius. (Stimmte auch.) Da kommt der Wolf: der Jude. Er darf sich nicht als Wolf zeigen, er muß sich tarnen. Zuerst verändert er seine Stimme, er frißt Kreide: der Jude paßt sich an, indem er statt Jiddisch Deutsch spricht. Mit also verstellter Stimme begehrt er Einlaß. Aber die Geißlein sehen seine schwarze Pfote, sein Anderssein, die fremde Rasse. Er bestreicht die Pfote weiß: er heiratet ein arisches Mädchen, er nimmt die Lebensgewohnheiten des Gastvolkes an, eingeschlossen die christliche Taufe und (höchst raffiniert) den Eintritt ins deutsche Heer im ersten Krieg. Jetzt wird er von den Geißlein nicht mehr als Wolf erkannt. Sie lassen ihn ein: der Jude wird ins deutsche Volk integriert, aber der Undankbare zeigt sich als Wolf: er frißt die Geißlein, er reißt nach und nach die deutsche Kultur an sich, er dringt in alle Berufe ein, sogar in die Politik, und vor allem, er wird Finanzmann, das kann er, aber er arbeitet mit ausländischen

Finanzjuden zusammen: der Weltjude, die apokalyptische Gestalt. Ein einziges Geißlein rettet sich in den Uhrkasten, das Jüngste, die Jugend; die Zeit arbeitet für das deutsche Volk. Die alte Geiß kehrt endlich zurück, der deutsche Genius besinnt sich auf sich selbst. Überdies ist dem Wolf das artfremde Fressen schlecht bekommen, er liegt krank da. Die alte Geiß tötet ihn und befreit aus seinem Bauch die gegen jede Erwartung überlebenden Geißlein.

Das ist keine Satire. Das ist uns, mir zugemutet worden allen Ernstes. Mir, die ich damals schon jahrelang Freud und Adler und Jung studiert hatte. Ich scheine die blödsinnige Frage beantwortet zu haben, ich wollte ja eine gute Note bekommen, um bald fest angestellt zu werden. Wie aber wars mit der Aufgabe in Geschichte der Pädagogik? Ich habe lange gedacht, daß ich auch sie brav und mit ingrimmigem Humor beantwortet habe. Nach dem Krieg begegnete mir in einer Gesellschaft ein Herr Ministerialrat Strehle, der, als ich ihm vorgestellt wurde, stutzte, mich scharf ansah und dann sagte: »Rinser? Sie haben 1934 die Staatsprüfung an der Universität München gemacht? Ihretwegen habe ich viel Sorge gehabt. Ich war einer der Aufsichtsführenden. Sie gaben die Arbeit nach der Halbzeit ab und gingen. Ich war neugierig und schaute die Arbeit an. Sie hatten über Fichte und Pestalozzi geschrieben, aber nicht über Hitler. Der Fall war mir klar. Ich war voller Respekt, aber was würde dem Mädchen geschehen? Ich legte die Arbeit ganz zuletzt zuoberst auf den Stoß: das Mädchen ist nicht fertig geworden.«

Das wußte ich nicht mehr. Ich umarmte den alten Herrn. Das also hat es damals auch gegeben: den stillen Aufstand einer einzelnen Studentin und die stille Komplizenschaft eines einzelnen hohen Beamten.

Ich war mir des Risikos damals vermutlich nicht bewußt.

Mich ekelte das Thema an, darum habe ichs nicht bearbeitet. Genauso ekelte mich ein Vortrag des »Stürmer«-Streicher 1936 an. Wir jungen Lehrer mußten jedes Jahr in den Sommerferien eine Schulungswoche an der Münchner Universität mitmachen. Das war nicht zu umgehen, das wurde streng kontrolliert. Und was mußten wir da hören? »Eines Tages«, so dozierte der Streicher in SA-Uniform, (oder wars eine der SS?), »war ich zu Gast bei Bekannten. In deren Garten gab es eine Ecke, in der es stank. Was stinkt da so, fragte ich. Die Gastgeber erinnerten sich schließlich, daß da einmal ein altes Haus gestanden hatte, in dem Juden wohnten.«

Ich sagte zu meiner jungen Freundin Luise Poch, später und bis heute Frau Oberlehrerin Müller in Aichach bei München (sie hat mir vor einigen Jahren die von mir vergessene Geschichte erzählt): Komm, gehen wir, das halte ich nicht aus. Ich sei mitten im »Audimax« aufgestanden, habe sie an der Hand mitgezogen und wir seien gegangen.

Ich habe übrigens meine Staatsprüfung dennoch sehr gut gemacht: als Nummer vier von hundertdrei Kandidaten. Hätte ich in Geschichte der Pädagogik nicht ein wenig versagt, wäre ich vermutlich Nummer eins gewesen. Die Nummer eins war eine Nonne, Nummer zwei ein sogenannter Schulbruder aus Mindelheim, mein späterer Denunziant. Von Nummer drei wird noch die Rede sein.

Ich bekam danach noch nicht sofort eine feste Anstellung, der Beruf war überfüllt, aber ich bekam eine schöne Aushilfe-Stelle: Oberau bei Garmisch-Partenkirchen. Eine leichte Arbeit: die Kinder waren aufgeweckt. Leider dauerte die Aushilfe nur zwei Monate. Ich verwahre immer noch ein Abschiedsbriefchen einer Hedi Hirschauer, meiner besten Schülerin, sieben Jahre alt.

Oberau, den 30. Januar 1935.
Mein liebes Fräulein Rinser!
Sie wissen gewiß, daß ein Abschied schwer ist und daß jede letzte Stunde beim Abschied sehr schweigsam ist, denn jedes Herz bedrängt ein Schlag alles ist traurig denn Sie sind ja so brav und haben den Tatzenstecken weggeworfen. Also ich muß Ihnen sagen, Abschiednehmen ist schwer. Das Weinen kann ich nicht verbergen. Nun muß ich Schluß machen denn ich muß nachdenken was wir dem neuen Fräulein auf die Tafel schreiben ... Viel Trost sendet Ihnen ihre fleißige Schülerin Hedwig Hirschauer.

Sie hat mich lebenslang nicht vergessen: als ich 1979 eine Matinee in den Münchner Kammerspielen las, überbrachte mir ihr Mann Grüße, sie sei leider krank und könne nicht kommen.
Im Frühling 1935 wurde ich Lehrerin in Ohlstadt bei Garmisch-Partenkirchen. Immer noch keine feste Anstellung, aber ein hübscher Ort in meinen so geliebten Bergen, ein gutes Skigelände, theaterbegabte, musikalische, heitere Kinder, ein angenehmer musikalischer Schulleiter, Volksliedersammler, Alfons Köbele, mit dem ich zeitlebens befreundet blieb, und alles war gut, wie es auch in Oberau schon gut war. Warum nur habe ich dicht unter meiner Bewußtseinsschwelle ein sonderbar quälendes Gefühl, wenn ich an jene Zeit denke? Lange brauchte ich, bis ich dem Verdrängten erlaubte, aufzutauchen. Zwischen den beiden Orten, irgendwo schwebend, begegnet mir ein Schatten: still, ernst, gescheit, mit einem Dauerlächeln auf den dünnen Lippen, man wußte nie, war es ironisch oder verlegen oder drückte es einen geheimen Schmerz aus: ein Kollege, die Nummer drei bei der Staatsprüfung. Wir befreundeten uns, er begann von späterer Heirat zu reden. Aber mir war er der Richtige nicht, das war mir rasch klar.

Warum aber sollte ich das verdrängt haben?

Aus der Letheflut taucht eine schwarze Gestalt auf: eine SS-Uniform. Nur für einen Augenblick erscheint sie, dann löst sie sich auf mitsamt dem Träger. Ein einziges Mal habe ich jene Nummer drei in der Schreckensuniform mit dem Totenkopfabzeichen gesehen, bei einem Aufmarsch irgendwo. Er hatte nie auch nur ein einziges politisches Wort mit mir geredet. Ich hielt ihn eher für ziemlich links, denn wir hatten einen gemeinsamen Bekannten, der sein Freund war, ein echter Kommunist, Mitglied der KPD. Was um Himmels willen trieb jene Nummer drei in diesen finstern Orden? Eben seine Sauberkeit, sein Wille zu dienen, sein Ehrgeiz, zu einer Elite zu gehören. Ein nobler Knabentraum.

Er starb sehr früh an Krebs. Spurenlos ist er durch mein Leben gegangen und mitsamt seiner Uniform eine Aschengestalt geworden, nur mühsam zu beschwören, nie vollständig erscheinend.

Ab 1935 war ich nun Lehrerin in Ohlstadt bei Garmisch. Ich hatte dort nur die beiden untersten Klassen und viel freie Zeit. Ich stieg in den Vorbergen herum, am »Heimgarten« meist, ich lief Ski, solange es Schnee gab (das war ein damals noch gar nicht allgemein üblicher Sport), ich begann wieder Geigenstunden zu nehmen bei meinem Lehrer Walter in München, ich übte täglich einige Stunden, und ich schrieb auch wieder.

Damals entstand eine lange Geschichte, die ich vergessen hatte. Ich fand sie im Nachlaß meiner Mutter: ein Schulheft, in silbernes Papier eingebunden. Ich hatte aufs erste Blatt geschrieben: »Diese Geschichte ist meinen lieben Eltern gewidmet, als ein kleiner Trost am einsamen Weihnachtsabend und als ein kleines Zeichen der Dankbarkeit für vieles Liebe, das sie mir getan haben, vom bösen Kind.«

Es war in jener Zeit, in der ich dabei war, mich entschieden abzunabeln. Es war jenes Weihnachten, das ich statt mit meinen Eltern mit meinen künftigen Schwiegereltern verbrachte. Mich erstaunt der zärtliche Ton dieser Widmung. Ich scheine unter dem Zerwürfnis doch sehr gelitten zu haben.

Die Erzählung heißt: »Anna Margarete Buxtehude«. Den Stoff hatte mir, meine ich, Frau von Kaulbach geliefert, die, nach dem Doktor Stein, die Erste war, die mir dichterisches Talent zuschrieb, nachdem sie einige meiner Gedichte gelesen hatte. Sie war es auch, die mich drängte, die Geschichte an »Westermanns Monatshefte« zu schicken, wo sie denn auch wirklich gedruckt wurde. Das hatte ich vergessen, und ich zerstöre mir jetzt einen Mythos: nicht die Liliengeschichte war meine erste Publikation, sondern die Buxtehude-Erzählung.

Die Handlung ist historisch: in Lübeck gab es eine Bestimmung, daß der Kantor der Marienkirche jeweils seinem Nachfolger seine Tochter zur Frau geben müsse. Ein Junktim, das grausam sein konnte. Einer der Meister war Buxtehude. Seine einzige Tochter Anna Margarete liebte einen Kaufmann, aber sie mußte, eben jenem Junktim zufolge, den zu Vaters Nachfolger Bestimmten heiraten. Die Historie endet mit dem frühen Tod der Anna Margarete. Meine Geschichte endet so: »Nach wenigen Jahren der Ehe starb sie, ohne ein Kind geboren zu haben. Eine Chronik berichtet, daß sie kurz vor ihrem Tod ihrem alten Freunde Wedderkopp gesagt habe, indem sie lächelte: Ich liebe nichts so sehr wie meines Vaters Kunst, doch ists mir ein Trost, daß ich keine Tochter habe.«

Das Motiv des Verzichts hat mich also immer schon beschäftigt.

Was ich nicht mehr weiß, ist dies: habe ich gewollt, daß mein Vater eine Beziehung herstellte zwischen dieser

Verzichtgeschichte und der Lebensgeschichte seiner Tochter? Kann es sein, daß ich mir des unterirdischen Zusammenhangs nicht bewußt war? Wollte ich dem Vater, dem meinen, zeigen, wie unglücklich jene junge Frau war, weil sie sich ihrem Vater opferte? Ließ ich sie stellvertretend für mich das Opfer bringen?

1979 bekam ich ein Bild geschenkt. Das Bild entstammt einer Heiratsurkunde aus dem zehnten Jahrhundert. Ein Löwe schlägt ein Rind, ein Greif ein Lamm. Das Motiv ist uralt. Ein archetypisches Bild. Der Löwe, der Sonnengott, schlägt sein Opfer, er sitzt ihm auf, er hält es fest. Es scheint, als würde er es töten. Aber das Beutetier scheint keine Furcht zu haben, das Rind hebt zierlich den Vorderhuf und hält seinen Kopf ruhig im Rachen des Löwen. Und das Lamm unter dem Greif, der auch ein Adler sein kann, streckt seinen Kopf dem Vogel entgegen, und die Berührung des scharfen Schnabels mit dem weichen Maul ist eher ein Kuß als ein Biß. Raubtier und Opfer in Liebe verbunden.

Ich fand im Palazzo dei Conservatori in Rom das Motiv wieder als altrömisches Mosaik: ein Tiger hält ein Kalb in den Pranken. Beide Tiere schauen mit weit aufgerissenen Augen ins Leere. Sie scheinen beide gleicherweise tief erschrocken über das, was geschieht. Ein Drittes, eine göttlich befehlende Schicksalsmacht, ist unsichtbar anwesend.

Ich erinnere mich Ohlstadts jedoch viel deutlicher als des Ortes meiner Begegnung mit meinem künftigen ersten Ehemann. Die unschuldige Kupplerin war Frau von Kaulbach.

Eines Tages sagte meine Hausfrau: Sie, d'Exzellenz hat gfragt, wer da so gut Geign spuilt, und Sie solltn amal zu ihr kommen.

Die Exzellenz war Frau von Kaulbach, die Witwe des großen

Porträtisten aller königlichen Häupter Europas, nach dem in München die Kaulbachstraße benannt ist. Dort, wo nach dem Krieg im Gartenhaus die Jugendbibliothek entstand, gegründet von der Jüdin Yella Lepman, einer großartigen Frau, stand einstmals vorne an der Straße das Kaulbach-Palais, Ort bedeutender kultureller Begegnungen. Das Haus ist im Krieg von Bomben zerstört worden. Die Kaulbachs wohnten längst in ihrem Landhaus in Ohlstadt. Ein wunderbares Haus in einem Zaubergarten mit Rosen-lauben und Jugendstil-Skulpturen und Obstspalieren und Blumenrabatten und einem kleinen Teich. Ich habe den Garten zum Schauplatz einer Szene in »Mitte des Lebens« gemacht und aus Frau von Kaulbach die Tante Annette des Doktor Stein. Frau von Kaulbach hat rein gar nichts zu tun mit jener Annette. Mir war schon oft im Dorf eine schöne weißhaarige Frau, eine Dame, begegnet, elegant gekleidet, mit einem Sonnenschirmchen, zwei wohlgepflegte Pekine-senhündchen an der Leine. Das war »die Exzellenz«. Sie war Dänin und einmal als Freda Skota eine große Geigerin gewesen. Ihr erstes Konzert im Ausland gab sie zusammen mit Richard Strauss in Moskau.

Diese Geigerin also hatte mich Geige üben gehört. Sie hatte auch, aus einem Haus dorfabwärts, Klavierspiel gehört, auffallend gutes Spiel. Da hauste in der Dachkammer ein junger Musiker, Student noch, genauso alt wie ich. Den lud sie auch ein. Eines Tages trafen wir uns also bei ihr, und dieses gemeinsame Mittagessen entschied über unser Schicksal.

Im unverändert gebliebenen Atelier des längst verstorbe-nen Malers hingen viele Porträts seiner Frau und seiner drei Töchter, jenes »lieben Kleeblatts Doddy, Hedda und Hilde«, dem der Schriftsteller Ganghofer seinen Jugendroman »Karfunkelstein« gewidmet hatte: meine erste größere Lektüre 1918. Nun lernte ich sie alle kennen: Doddy,

Dorothee, Pianistin in Amerika; Hedda, Malerin und Frau des Bildhauers Toni Stadler; Hilde, die Quabby, Frau und Modell des Malers Max Beckmann, den die Schwiegermutter Kaulbach nicht ausstehen konnte, weder seine »brutalen« Bilder noch ihn selbst, da er sich provozierend proletarisch mit seinen dreckigen Stiefeln auf ihren zierlichen Seidensofas lümmelte. Auch empörte es die emanzipierte dänische Mutter, daß ihre Tochter atemlos gelaufen kam, wenn ihr Mann nach ihr pfiff.

Sie hatte ein frühes Bild von Beckmann im Salon hängen, in das ich mich verliebte: ein weißer Alpenveilchenstock vor einem dunkelgrünen Vorhang, Frau von Kaulbach schenkte mir dieses Bild, das heißt, ich sollte die Erbin sein. Als ich nach ihrem Tod die Beckmann-Erben daran erinnerte, wurde mir geantwortet, das könne nicht wahr sein. Nun, ich hatte zwei Zeugen, aber das Bild bekam ich nie. Ein bißchen schmerzt mich das, denn ich liebte das Bild sehr. Aber ich habe es so genau in meinem Gedächtnis, daß es mein Eigentum ist, bei wem immer es sich auch jetzt befinden mag.

Daß die Exzellenz die beiden jungen Leute, die Lehrerin und den Musikstudenten, einlud, einmal und nach gelungenem Versuch viele Male, und früh uns das Du anbot, das wurde wichtig für uns. In vieler Hinsicht. Wir waren arme junge Leute, ich verdiente wenig als Aushilfslehrerin, und der junge Mann verdiente rein gar nichts, er lebte von den Zuwendungen seiner Bielefelder Mäzene: des Medizinalrats Schrader, des Internisten Hartog und des Chefs einer Privatklinik, Bleek. Jene Mediziner waren mehr oder minder reich. Sie wandten ihren Reichtum gut an, sie waren unter den ersten Käufern moderner Maler: Nolde, Klee, Kandinsky, Schmidt-Rottluff, Rohlfs. Ihre Häuser waren Museen. Von dem Bielefelder Geld lebte der junge Musiker, aber er lebte armselig. Es war gut, daß er sich jede

Woche einmal richtig satt essen konnte. Freilich war es für die Exzellenz, die selber wenig aß, immer eine Überwindung zu sehen, wenn andre viel und hungrig aßen. Besser gings uns da bei einer anderen alten Frau im Dorf: Frau Hanfstaengel. Sie war die Mutter einiger Kinder, die sich so oder so einen Namen machten: ein Sohn war Auslandspressechef Hitlers, ein andrer Besitzer der Münchner Kunsthandlung, er kam ins KZ, und die Tochter Erna war die Freundin des Chirurgen Sauerbruch, und in ihrem Landhaus in Uffing hatte Hitler Zuflucht gefunden nach dem mißglückten Putsch 1923. Eine recht interessante Familie, in der Tat. Die alte Frau war halb für, halb gegen Hitler. Frau von Kaulbach war scharf und klar gegen Hitler, aber sie ließ die alte Freundin, von den Eltern her halb Sächsin, halb Amerikanerin, gelten. Wir sprachen nicht über Politik, wir ließen uns von ihr mit gutem Essen vollstopfen ohne Gewissensbisse. Sie war ein wenig verrückt, so schien es uns. Auch Frau von Kaulbach amüsierte sich über sie. So erzählte sie einmal, um die Freundin zu ärgern, die wahre Geschichte von jenem Kellner aus dem »Preysingpalais«, einem Restaurant in München, der als Held des 9.November 1923 geehrt wurde: als der Kellner die Putsch-Schießerei an der Feldherrnhalle hörte, streckte er den Kopf aus dem Fenster und wurde erschossen. 1933 kam eine Abordnung der neuen Herren zu seiner Witwe: Ihr Mann wird exhumiert und neu beigesetzt mit den andern Helden des 9. November in der Ehrengruft an den Propyläen. Die Witwe wollte das ganz und gar nicht, der Mann sollte ruhen, wo er war, und überdies, was sei das für ein Unsinn, er und ein Held, nie war er ein Held, das wisse sie wohl am besten, basta. Aber der Held wider Willen wurde ausgegraben und ins Ehrengrab überführt. Soviel ich weiß, haben dort 1944 die Bomben seine ewige Ruhe erheblich gestört. Ich denke an diese Geschichte zwangsweise, so oft ich in

München an der Gedenktafel an der Ostseite der Feldherrnhalle vorbeikomme. Diesen Weg vermied man damals,
denn da mußte man mit Heil Hitler grüßen, da standen Tag
und Nacht zwei bewaffnete Ehrenwächter, SA oder SS, ich
weiß nicht mehr. Die Münchner gingen lieber durch die
kleine Viscardistraße, die dann auch das »Druckergassl«
hieß: die Gasse der Drückeberger.
Frau von Kaulbach lachte Tränen bei ihrem eigenen Bericht.
Frau Hanfstaengl war indigniert. Sie war es auch, als Frau
von Kaulbach erzählte, wie sie um 1922 den jungen Österreicher Hitler zum Essen einlud, neugierig auf ihn, der
schon anfing, von sich reden zu machen. Er sei ungemein
schüchtern gewesen und linkisch beim Essen, aber dann sei
er unvermittelt aufgesprungen und habe angefangen zu
reden und fand kein Ende, und niemand verstand, was er
eigentlich wollte. Man hielt ihn für einen Psychopathen,
einen Monomanen, und lud ihn fürder nicht mehr ein. Man
vergaß ihn...
Etwas später lernte ich Erna Hanfstaengl kennen. Ich mußte
in ihr Haus in München-Solln irgend etwas bringen, ich
weiß nicht was, und wieso, aber ich erinnere mich genau der
Szene bei Tisch. Einer der Geladenen war Ernas Freund
Sauerbruch. Mich beachtete niemand, ich war eben eingeladen, weil es sich so traf. Ich hörte in einer Art, die mir
irgendwie chiffriert zu sein schien, über Politik sprechen.
Ich war aufmerksam. Es war auch die Rede davon, daß
Hitler an den Stimmbändern operiert worden war oder
werden müsse. In eine Gesprächspause hinein sagte ich, ob
harmlos oder provokant, das weiß ich nicht mehr, ich
glaube eher provokant: Tyrannenmord ist doch erlaubt?
Sauerbruch sagte trocken: Jeder Arzt schwört den hippo-
kratischen Eid, der ihn verpflichtet, den Patienten, wer
immer er sei, nach bestem Können zu heilen.
Eingeladen wurde ich von denen nicht mehr.

Zu Frau Hanfstaengl aber kam einmal eine schneidige, exaltierte Engländerin namens Unity Mitford, jedenfalls blieb mir der Name so im Gedächtnis. Sie gehörte dem Kreis um den englischen Philosophen Chamberlain an, der ein enger Freund der Bayreuther Winifred Wagner war. Ein Nest von eingeschworenen Nazis. Diese Mitford war eine Propagandistin Hitlers im Ausland. Sie fuhr in Hitlers Mercedes mit Standarte durch Bayern. Man sagte, sie sei bis in die Tschechoslowakei gefahren, um dort den Einmarsch vorzubereiten. Das sagte man. Man sagte vieles damals. Das Wichtige sagte man nicht. Was wußten wir von Konzentrationslagern?

Ein Volk, das keine andre Information bekommt als jene aus den streng gleichgeschalteten Massenmedien, lebt im Wahn, alles sei in Ordnung. Oder es hört weg, es will nichts wissen, weil es die Wahrheit nicht ertragen kann.

Und wie sollte man denn nicht glauben, daß KZs so übel nicht waren, wenn selbst 1943 noch eine Abordnung des Internationalen Roten Kreuzes Theresienstadt besuchen durfte und dann in der Weltpresse erzählte, es gehe dort menschenwürdig zu, die Häftlinge haben sogar Ateliers und dürfen malen und schnitzen ... Man hatte ihnen eine dicke Lüge aufgetischt. Und nach Auschwitz führte man sie nicht. Aber vielleicht hätten sie auch dort einen in aller Eile aufgebauten Musterbetrieb gesehen.

Was wußte ich von Lagern?

Wenig, aber immerhin. Eines Tages, 1934, kam ein ehemaliger Schüler meines Vaters. In Zivil. Mein Vater und ich haben später das Gespräch mehrmals rekonstruiert. Es verlief im wesentlichen so:

Und was arbeitest du jetzt?

Ich bin bei der Polizei.

Wo?

In der Nähe von München.

Wo genau?

Das darf ich nicht sagen.

Warum nicht?

Das ist halt so.

Was tust du dort?

Gefangene bewachen.

Was für Gefangene?

Sträflinge halt, Kriminelle.

Also ist das ein Gefängnis.

So was Ähnliches.

Was für Leute sitzen da drin?

Kriminelle halt.

Warum tust du denn so geheimnisvoll? Was für Kriminelle sinds denn?

Eben Kriminelle. Hab ich schon gesagt.

Trägst du dort eine Waffe?

Freilich.

Schießt du?

Ja, wenn einer flieht und auf Anruf nicht stehenbleibt.

Kann man denn da fliehen? Aus einem bewachten Gefängnis?

Es ist ein Lager.

Ein Lager für Kriminelle? Warum sind die nicht in einem normalen Gefängnis?

Es sind Politische.

Was ist das?

Staatsfeinde halt: Kommunisten, Sozis, Pfaffen, die gegen den Staat reden.

Nun war es heraußen. Dem KZ-Aufseher wurde plötzlich angst. Schon auf der Schwelle, kehrte er zurück, zitternd: Um Gottes willen, sagen Sie niemand, was ich gesagt habe, sonst werde ich erschossen.

So hatten wir eher zufällig vom Lager Dachau erfahren. Irgendeinmal 1936 sickerte die Nachricht durch, der

Schriftsteller Ernst Wiechert sei in einem KZ, aber erst nach dem Krieg erfuhren wir, er sei einige Monate im KZ Buchenwald gewesen. Er hatte in einer Rede an der Münchner Universität sich sehr unvorsichtig geäußert. Warum wußten wir nichts über das, was in den KZs geschah? Weil man darüber schwieg. Vor allem schwiegen jene, die solche Lager kannten, die Erfinder, die Planer, die Erbauer, die Leiter, die Aufseher. Und die entlassenen Häftlinge. Die wußten: ein Wort, und wir sind wieder drinnen, und dann für immer. Selbst der Bruder meiner jungen Freundin Luise Poch, Kommunist, schwieg hartnäckig, nachdem er gefoltert aus dem Lager zurückkam. Er saß nur arbeitslos und finster brütend herum.

Warum sagten nicht wenigstens jene katholischen Priester und jene protestantischen Theologen etwas, nachdem sie in Dachau gesessen waren? Und warum hat die gesamte christliche Kirche geschwiegen? Sie wußte es doch? Oh ja, sie wußte es. Aber sie hatte sich dafür entschieden, nicht ins Wespennest zu stechen. Das Konkordat mit Hitler band sie. Erst 1941 hat der Münsteraner Bischof Galen, Aristokrat und Konservativer, gegen Hitler zu predigen begonnen, als man ihm einige Kirchengüter wegnahm und als Fälle von Euthanasie in seinem Bistum ruchbar wurden. 1941! Schon 1933 hätte die Kirche aufschreien müssen, statt das Konkordat mit Hitler zu bestätigen und statt Geburtstagstelegramme an den »Führer« zu schicken oder gar ein Glückwunschtelegramm zu Hitlers Einmarsch in den Sudetengau, wie es der Breslauer Bischof Bertram im Auftrag der Deutschen Bischofskonferenz tat. Ich habe die Dokumente gelesen, als ich vor einem Jahrzehnt das Drehbuch zu dem Fernsehfilm über Graf Galen schrieb, und die Kirche hat nicht dementiert, was ich schrieb, denn das konnte sie nicht angesichts der zitierten Dokumente.

Einige Jahre nach dem Krieg fand im Maximilianeum in

München eine Gedenkfeier statt: man erinnerte sich an das Judenpogrom, die »Kristallnacht« vom 9. November 1938, als man die Synagogen anzündete und Horden von SA-Männern und Hitlerjugend sich auf die wehrlosen Juden stürzten und als der Abtransport in die Vernichtungslager begann. Bei der Feier 1950 mußte ich eine Rede halten. Ich sprach über den Anteil des Christentums an der Entstehung und Entwicklung des Antisemitismus. Meine Rede endete mit dem leidenschaftlichen Ausruf: »Und jetzt frage ich, was hat die katholische Kirche getan, um die Juden zu schützen? Nichts hat sie getan!«

Da stand der damalige bayerische Kultusminister Hundhammer brüsk auf und verließ den Saal. Ich stellte ihn hernach zur Rede. Er sagte bitterböse drohend: Sie haben die katholische Kirche verleumdet! Hat nicht der Vatikan Juden versteckt?

Ich lachte ihm ins fromme Gesicht.

Daraufhin stand in der Katholischen Kirchenzeitung Münchens ein Aufsatz gegen mich: »Schwerer Angriff auf die Kirche«. Ich war für eine Weile geächtet. Meine Mutter schrieb, ich solle nicht wagen, nach Rosenheim zu kommen, ich würde gelyncht. Was hat der Vatikan getan, als auch Mussolini 1938 Hitlers Rassentheorie, das heißt den Antisemitismus, übernahm? Nichts hat er getan. Er hat Juden versteckt.

Was hätte ich tun können? Was hätten die Deutschen unter Hitler tun können, wenn das Ausland nicht hören wollte, was Flüchtlinge erzählten? Wenn die Schweiz zum Beispiel politischen Flüchtlingen das Asylrecht verweigerte und wenn sie Juden, denen die Flucht, über den Bodensee schwimmend, beinahe gelungen war, nicht landen ließ, sondern sie in den Tod zurückschickte? Das alles ist nicht wegzulügen und auch nicht wegzuschweigen. Daran sind wir alle mitschuld, alle, auch das Ausland, das mit Hitler

Pakte schloß wie jenen unseligen 1938 in München, der Hitler garantierte, daß niemand ihm in den Rücken fiel im Kampf gegen den Weltkommunismus, den zu treffen er vorhatte durch den Überfall auf Polen und durch den Krieg gegen die Sowjetunion. Und lieferten ihm nicht Frankreich und England und die USA Waffen und Geld für diesen Krieg, der im Interesse aller Westmächte war? Und die neutrale Schweiz, lieferte sie an Hitler nicht Kanonen, die Firma Bührle?

Das war schon ein sehr schmutziges Geschäft, von dem nachher niemand mehr etwas wissen wollte. Bis heute nicht.

Ich war nie nationalistisch, aber das Spiel, das man mit Deutschland trieb, hat mich empört. Derlei empört mich, wo immer ich es sehe, und ich sehe es allüberall.

Aber damals, im Sommer 1935, da versuchte ich zum ersten und letzten Mal blind und taub und stumm zu sein. Ich nahm mir das Recht, einmal unpolitisch zu sein und mein Leben ganz privat zu leben. Ich war verliebt, nein, ich liebte. Jener arme Musiker aus Ohlstadt und ich, die junge Lehrerin in diesem Dorf, wir hatten uns so ganz unvermerkt in das Abenteuer einer großen Liebe begeben.

Horst Günther Schnell war so alt, so jung wie ich. Er hatte bei Heinrich Kaminski Komposition studiert, als Meisterschüler, und für den Lehrer, der überhaupt nichts verstand von Dirigieren und Chorführung, dessen Werke für die Oetkerhalle in Bielefeld einstudiert. Kaminski übernahm dann die fertige Arbeit: Chor und Orchester wußten, was sie zu tun hatten, ganz gleich, wie Kaminski dirigierte. Warum ließ ihn Kaminski dann nicht selber die Konzerte dirigieren? Weil damals Kaminski ein Name war, aber Horst Günther Schnell ein kleiner Unbekannter. Er stand ganz und gar im Schatten seines Lehrers, und das war ihm selbstverständlich.

Als Kaminski sich in Oberbayern, in Ried bei Benediktbeuern, niederließ, folgte ihm sein Schüler, wohnte aber nicht bei ihm, sondern in Ohlstadt. Von dort fuhr er mit dem Rad jede Woche nach Ried, um dem Meister seine Kompositionen vorzulegen. Er war sehr unsicher seinem eigenen Können gegenüber. Er sah noch nicht, wie er sich verwirklichen könne. Seine Abhängigkeit vom Meister ging so weit, daß er dessen Tochter Benita zu heiraten gedachte. Benita war damals vierzehn. Ein sehr schönes Mädchen, das trotz ihrer Jugend von allen Menschen respektiert, ja verehrt wurde. Sie erinnerte an eine griechische Statue, eine jugendliche Pallas Athene, so streng war ihre Anmut. Auch Horst Günther betete sie an. Verliebt in sie war er nicht, das verbot ihm die Tugend des Mädchens und die Ehrfurcht vor ihrem Vater. Aber in Ried galt es als ausgemacht, daß Benita Horst Günthers Frau würde. Sie wurde es nicht. Sie starb mit zweiundzwanzig Jahren. Aber da war längst ich die Frau Horst Günthers, vielmehr seine Witwe. Denn auch er starb jung. Heute meine ich, daß nicht ich die vom Schicksal erwählte heilige Braut war, sondern Benita. Aber nicht ich hatte die beiden getrennt. Horst Günther konnte, so meinte er, nicht warten, bis das Kind Benita heiratsfähig wurde. Zudem wollte er sich schließlich in allem aus der Abhängigkeit von seinem Meister lösen.

In jenem ersten Sommer wußten wir nicht, vielmehr: wir verdrängten den Gedanken, daß wir Benita verrieten, wir waren ja nur Freunde, und ich war Horst Günthers Musikschülerin. Er war ausgebildeter Pianist und gab mir Klavierstunden. Ich war keine Anfängerin, aber eine Stümperin. Der Lehrer erklärte mir nach einigen Wochen, daß es unsinnig sei, jetzt noch Klavierspielen zu lernen, ich solle bei der Geige bleiben. Aber auf die Zusammenkünfte wollten wir beide nicht verzichten. So bekam ich musiktheoretischen Unterricht. Nach und nach lernte ich den Aufbau von

Sonaten, dann von Quartetten und Symphonien. Ich lernte also Partituren lesen, natürlich nur leicht überschaubare. Ich lernte auch etwas verstehen von Kontrapunkt, und wir arbeiteten einen Teil von Bachs »Kunst der Fuge« durch. Ich bezahlte sogar für die Stunden, denn der Lehrer war sehr arm, er bekam von zu Hause nichts, und von seinen Bielefelder Mäzenen nur eben das, was er zum Leben brauchte. Daß ich selber als »Aushilfslehrerin« nur sehr wenig verdiente, sagte ich ihm nie. Ich lebte damals von Pfefferminztee, Bratkartoffeln und einem billigen unvergeßlichen grauen »Preßsack«. Großzügig zahlte ich meinem noch ärmeren Lehrer fünf Mark für die Stunde, das war viel für ihn, leider auch für mich, aber es ging. Nach jeder Stunde erlaubten wir uns ein Festmahl aus frischen Semmeln, »Gervais«-Käse und Kaffee, den bekam Horst Günther geschenkt von der Firma Schrader in Bremen, deren Besitzer der Bruder eines der Bielefelder Mäzene war.

Jahrzehnte später sagte mir mein Ältester, er beziehe seinen Tee von der Firma Schrader aus Bremen. Er konnte nicht ahnen, wie dieser simple Satz mich traf. Wie ein heißer Springquell schoß ein vergessener Schmerz in mir hoch. Meine alten Wunden sind verheilt, aber die Haut darüber ist dünn.

Plötzlich weiß ich auch wieder, daß jener Ohlstadter Sommer so ganz glücklich doch nicht war.

Einmal sagte mir Horst Günther, ich solle ihn nach Ried begleiten. Ich war töricht genug, dies für einen Glücksumstand und eine Ehre zu halten.

Meister und Schüler verschwanden sofort in der »Hütte«, dem Heiligtum, in dem der Meister arbeitete. Ich wurde von ihm nicht zur Kenntnis genommen, von niemand. So stand ich also herum. Einmal kam Gabriele, die älteste Tochter, siebzehnjährig, vorbei und sagte, ohne mich sonst zu begrüßen, so beiläufig: Sie sind Volksschullehrerin. Na ja.

Die fünf Kinder Kaminskis waren alle ausnehmend schön und wohlgestaltet, und ungeheuer selbstbewußt und hochmütig. Das Sendungsbewußtsein ihres Vaters übertrug sich auf sie.

Damals stand Kaminski auf einem Höhepunkt, der freilich so hoch nicht lag: seine Berühmtheit war begrenzt, aber immerhin hatte er seinen Platz im deutschen Musikleben. Viele Aufführungen hatte er nicht, aber er hatte auch nicht viel geschrieben. Eine Oper »Jürg Jenatsch«, ein »Concerto grosso« und ein schönes »Magnificat«. Alles vergessen. Er selbst: vergessen. Nach dem Krieg bemühte ich mich beim Bayerischen Rundfunk um Aufführungen. Eine kam zustande, dann wurde er wiederum vergessen, das hat er nicht verdient, und vielleicht wird er einmal neu entdeckt.

Kaminski hatte einen großen, einen reichen Mäzen: den Industriellen Reinhart aus Winterthur, der (oder dessen Bruder) einmal auch der Gönner Rilkes war. Man lebte fürstlich in Ried.

Irgend jemand rief oder gongte. Es war Essenszeit. Ich mußte ja wohl zu Tisch gehen. Tatsächlich war auch für mich ein Platz frei an der langen Tafel, an der aufgereiht eine Menge Leute saßen: die fünf Kinder, der Hauslehrer, die Meisterschüler Reinhard Schwarz-Schilling und seine Verlobte, die blonde polnische Pianistin Dusza von Hakrid, die Hausdame und, am untern Ende, die Mutter, so wurde sie von allen genannt, so wie Kaminski von allen »der Vater« genannt wurde. Es fehlten Horst Günther und der Vater.

Der Vater trat ein, vielmehr er trat auf, in eine weiße rohseidene Toga gehüllt, flache Sandalen an den Füßen: eine Guru-Erscheinung. Außer Hause trug er schwarze Bundhosen, Schuhe mit Silberschnallen (Spezial-Anfertigung) und eine eigens für ihn entworfene schwarze Jacke mit Halsbündchen und bisweilen einem Spitzen-Jabot. Eine Figur aus dem Mittelalter. Kein Zeitgenosse. Ein Irrläufer. Ein Johann Sebastian Bach, im 20. Jahrhundert fehl am Platze, in jeder Hinsicht.

In seinem Schatten kam Horst Günther, leicht trunken: der Vater, der Meister, hatte eine seiner kleinen Arbeiten für gut befunden. Man setzte sich. Man schwieg. Der Vater neigte sich über den Tisch, sammelte sich und sprach ein selbstgedichtetes Gebet.

Dann teilte die Mutter die Speisen aus, als spende sie ein Sakrament. Sie schöpfte die Teller voll, und diese wurden dann weitergereicht. Das ging schweigend vor sich. Eine Kulthandlung.

Ich war beeindruckt. Ich ahnte nicht, daß das Haus nicht Kaminski gehörte, sondern der Witwe des Malers Franz Marc, ich ahnte nicht, daß nichts im Hause den Kaminskis gehörte, daß die köstlichen Speisen auf dem Tisch unbezahlt waren, daß die Mutter mit dem Vater nicht über den Schuldenberg reden durfte, weil das unwürdig war und ihn bei der Arbeit störte, daß der Hauslehrer und die Hausdame lange schon keinen Lohn mehr bekamen (und dennoch blieben), kurzum: ich wußte nicht, daß ich für diesen Tag eine Komparsenrolle zugeteilt bekam bei einer Theaterszene auf einer abbruchreifen Bühne voller wurm- und mottenzerfressener Attrappen. Ich wußte auch noch nicht, wie der letzte, der allerletzte Akt des Stückes sein würde: das große Scheitern. Donatus, der Älteste, bei der Kriegsmarine, kehrte nicht zurück. Gabriele, junge Geigerin, starb an einem Blinddarmdurchbruch. Benita starb vor Erschöpfung nach ihrer Flucht aus Berlin. Vitalis, der Jüngste, dessen Schönheit einem den Atem benahm, wurde Stukaflieger, kehrte zerrüttet heim und fand erst auf gefährlichen Umwegen halbwegs ins Normale zurück. Nur Renate, die nie viel versprochen hatte, führte ein bürgerliches Leben. Der

Meister selbst: vergessen. Und von den Meisterschülern einer tot, gefallen, und die beiden andern nicht groß geworden entgegen den Erwartungen des Meisters. Das Theaterhaus, pompös aus Notenpapier und Rohseide auf Sand gebaut, war lautlos eingestürzt.

Damals aber: als der Vater das Gebet gesprochen hatte und nach dem Löffel griff, stürzten alle ganz und gar unfeierlich über ihre Teller her. Sie aßen unglaublich schnell. Ich starrte das Schauspiel an. Es schien ein Wettessen zu sein. Den ersten Preis gewann der Vater. Als er fertig war, blieb den andern nicht viel Zeit. Man schlang. Ich kam da nicht mit. Ich aß noch, als alle längst fertig waren, mir blieben die Bissen im Hals stecken, alle sahen geringschätzig und ungeduldig auf mich. Schließlich war mein Teller doch leer. Plötzlich ging eine Bewegung wie ein Windstoß rund um den Tisch: der Vater hatte sich steil aufrecht gesetzt und alle taten es ihm nach. Ich vermutete eine rituelle Handlung. Aber es war nichts weiter als die stumme Aufforderung des Vaters an seine Kinder und Gäste: Sitzt gerade! Eine Weile ereignete sich danach nichts. Plötzlich aber, vermutlich auf ein mir entgangenes Zeichen des Vaters hin, sprangen gleichzeitig fünf oder sechs Personen auf, stürzten zur Anrichte, griffen nach Gegenständen und eilten zur Tafel zurück. Sie umringten den Vater so, daß ich nicht sehen konnte, was da geschah. Ich vermutete Rituelles, eine Händewaschung oder Fußsalbung etwa. Aber es ging nur darum, daß der Vater seine Zigarette rauchen wollte. Dazu brachten ihm die dienstbaren Kinder und Gäste die Schachtel mit den Zigaretten, die Zündhölzer, den Aschenbecher, und wer nichts zum Apportieren fand, nahm das schon Angebrachte feierlich aus den Händen der andern und überreichte es dem Vater. Der lautlose Spuk war vorüber: der Vater rauchte und gab einige Sätze von sich. Nun durfte man reden. Aber niemand zeigte rechte Lust dazu. So hob der Vater die Tafel auf. Man ging in den Garten. Der Vater zog sich in die »Hütte« zurück, die Kinder gingen in den Wald. Ich war endlich mit Horst Günther allein.

Laß mich um Gottes willen heimfahren, das halte ich nicht aus. Aber was ist denn, was hältst du nicht aus? fragte er abwesend, im Banne des Vaters und Meisters. Ich war ganz unwesentlich für ihn geworden, ein Nichts, allenfalls eine Störung. Ich empfand mich ja selbst als ein Nichts angesichts dieser imponierenden, bedeutenden Gesellschaft, in die ich nicht paßte, und auch zu diesem veränderten Horst Günther gehörte ich nicht mehr.

Du kannst jetzt nicht wegfahren, sagte er.

Ich blieb. Ich kam sogar kurz darauf wieder, weil Horst Günther es wünschte. Er wollte, daß Kaminskis und ich uns lieben lernten. Wir lernten es nie. Die Kaminskis duldeten mich mit Gleichgültigkeit, und ich unterdrückte meine immer wacher werdende Kritik und räumte den schönen Selbstsicheren ein gewisses Recht ein, mich zu demütigen. Der Vater war ja wirklich imponierend: der mächtige Kopf, zu groß für den kleinen, kompakten, stämmigen Mann, die braune lockige Haarfülle, die großen dunklen Augen, die sinnlichen Lippen, die ganze selbstbewußte Männlichkeit, die hohepriesterliche Haltung.

Eines Tages erlaubte ich mir die unerhörte Kühnheit zu fragen, ob er mir etwas aus seiner neuen Arbeit vorspielen wolle.

Es schien, als habe er auf diese Stunde gewartet, er nahm mich mit in das Hütten-Heiligtum, er spielte mir kurz vor, dann sagte er ganz Erstaunliches: Weißt du, daß Horst Günther ein Genie ist, und daß du nicht die rechte Frau bist für ihn?

Aber wieso Frau?

Bist du ein Kind? Meinst du, ich spüre nicht, daß du eine Frau bist?

Er schaute mich an auf eine Art, die mich verwirrte. Aber es geschah nichts. Er stieß mich ein wenig zurück, dann sagte er: Hör mal, es gibt Menschen, die laufen ihr Leben lang um den Berg herum, der Eros heißt, und sie kommen nie frei. Man muß durchgehen, verstehst du, dann hat mans ein für alle Mal hinter sich. Aber merk dir: ein Genie heiratet man nicht.

Ich konnte mit dieser Rede rein gar nichts anfangen. Lange nicht. Erst als Horst Günther anfing, mir von Liebe zu sprechen, begriff ich: der Vater hatte alles kommen sehen, er warnte mich.

Plötzlich ging mir auf, daß er meinte, nicht ich passe für das junge Genie, sondern Benita, oder keine.

Ich verblüffte Horst Günther mit der kühlen Aufforderung, auf Benita zu warten und sie zu heiraten. Mir schien, ich könne nichts Richtigeres und Größeres tun, als auf Horst Günther zu verzichten. Das Motiv des Verzichts zieht sich durch alle meine späteren Bücher. Jener frühe Verzicht aber wurde nicht angenommen, im Gegenteil: meine Rede entflammte in Horst Günther die Liebe erst recht. Jedoch lehrte er mich damals sagen: Wir gehören zusammen, aber wir gehören uns nicht.

Nun waren wir uns einig: wir würden heiraten. Wann, das lag im dunkeln.

In Ried nahm man schweigend Kenntnis von unsrer Verlobung. Man war auch gegen die Heirat Reinhard Schwarz' mit Dusza. Man war gegen jede Heirat in Künstlerkreisen. Der Vater redete da pro domo. Er fühlte sich peinlich gebunden an seine Frau, er betrog sie, er sah nicht, wie sie still vor sich hin litt, er sah überhaupt nicht, daß sie Größe hatte, er sah nur sich. Einmal lud er Frau von Kaulbach zum Tee ein. Sie kam mit Auto und Chauffeur, eleganter noch als sonst, auf ihre unauffällige Weise elegant, große Dame, die sie war, der Vater ganz Kavalier, er spielte ihr ungebeten vor, sie nahm es wortlos hin, ihm imponierte sie mächtig, sie durchschaute ihn sofort.

Tags darauf ihr Kommentar: Seine Musik ist epigonisch, und er selber ist es auch.

Sie wischte ihn vom Tisch. Ich erzählte es Horst Günther nicht. Sie hatte schon recht: alles in Ried war epigonisch, auch »das Östliche«. Aber da ich Indien dort zum erstenmal begegnete, wußte ich nicht, daß ich aus einem Pappbecher trank und nicht aus der Quelle.

Immerhin: ich las, angeregt durch Kaminski, die Upanishaden, die Bagavadghita und die Reden Buddhas, diese in der Übertragung von Neumann in jenen drei Bänden, die meine Mutter (vier aus drei machend) in meinem Bücherregal fand 1936 und die ihr, laut Brief an jenen Halbmönch, als der strikte Beweis für meine Abtrünnigkeit vom rechten Glauben erschienen.

Damals, in der Kaminski-Zeit, kaufte ich für Horst Günther jene kleine Buddha-Statuette, die eine erdichtete Rolle spielt in den »Gläsernen Ringen«. Der reale Buddha stand so lange auf dem Schreibtisch meines Mannes, bis ihn die englischen Bomben trafen im April 1942 in Rostock, das als zweite deutsche Stadt nach Lübeck zerstört wurde. Da wurde der schöne, echte alte Buddha im Feuer eingeschmolzen, da liegt er nun, zusammen mit der übrigen Habe, in der Erde der DDR.

Kaminski verdanke ich, auf dem Weg über Horst Günther, meine frühe Kenntnis der alten Musik: Josquin des Prés, Machaud, Ockeghem, Monteverdi, Purcell, Vivaldi. Damals, in den dreißiger Jahren, hatte man begonnen, sich für diese frühen Meister intensiv zu interessieren. Es gab in München eine alte Musikwissenschaftlerin, Frau Mertens, die in den Musikbibliotheken nach Handschriften früher Meister suchte. Horst Günther half ihr dabei. Er hat viele dieser Handschriften kopiert, auch sie wurden im Rostocker

Bombenfeuer zu Asche. Mir blieb die inständige Liebe zur frühen Musik. Mein musikalischer Weg war etwas sonderbar: von der Erstlingsliebe zu Bach und Buxtehude zu den späten Quartetten Beethovens, dann zurück zu den ganz Frühen, dann vorwärts zu Hindemith und Bartok und Strawinsky und all den andern damals Modernen.

Kaminski verdanke ich auch die Begegnung mit Hermann Hesse.

Ich verwahre noch immer ein rotgebundenes Heft mit Texten, die ich auf Horst Günthers, das heißt Kaminskis, Anregung abschrieb. Unsre vom Meister kanonisierte Heilige Schrift. Der erste Text ist das Hesse-Gedicht »Besinnung«, schön auch heute noch: »Göttlich ist und ewig der Geist... aber sterblich und irden geschaffen...« Der Schluß:

Darum ist uns irrenden Brüdern
Liebe möglich in aller Entzweiung
Und nicht Richten und Haß
Sondern geduldige Liebe
Liebendes Dulden führt
Uns dem heiligen Ziele näher.

Die spätern Generationen, die heutigen Jungen, können nicht ahnen, daß dieses Gedicht eine bedeutende politische Wirkung hatte. Im Hitlerreich, in dem es nur mehr »Blut- und Boden-Literatur« gab, deftige dumme Bauernromane, geschrieben von Intellektuellen, die keine Ahnung hatten, was ein Bauer ist, und Kriegsbücher, Kampf und Tod preisend, und Hitlerjugend-Gedichte, in dieser Zeit so ein Bekenntnis zum Geist zu lesen, das war Trost und gab Hoffnung, das ermutigte zum Widerstand. Mochte manches Hesse-Gedicht Kitsch sein und allzu leicht hingesummt, so war doch in allem die Spur des *Geistes*. Kaminski hatte uns Hesse zu lesen gegeben. Er und Hesse hatten vieles gemeinsam: beide kamen aus dem Schwarzwald, beider Väter waren als christliche Missionare in Indien gewesen, beide kannten den Hinduismus und den Buddhismus.

Ich, vom Christentum nicht mehr berührt, griff mit Leidenschaft nach den östlichen Lehren. Verstanden habe ich sie nicht, aber sie sind in mich eingesickert und haben sich mit den Grundwassern meines Wesens vereinigt.

Damals machte ich den großen und allgemeinen Fehler, daß ich mit meinem westlich geschulten Intellekt an die östliche Philosophie heranging, statt mich ihr still zu überlassen im Lesen und Wiederlesen. Sie ihrerseits hat mich nie aus ihrem Bereich entlassen, bis heute nicht.

Eines Tages, 1935, schrieb ich meinen ersten Brief an Hesse, so wie es viele junge Deutsche taten, die sich einen geistigen Führer suchten. Wie viele andre, so bekam auch ich eine Antwort: ein Gedicht als Sonderdruck. Ich schrieb wieder, und bekam als Antwort ein Foto. Ich bedankte mich. Und so ergab sich ein Briefwechsel, der bis 1950 dauerte. Meine Briefe an Hesse aus den Jahren 1939 bis 50 liegen in der Berner Nationalbibliothek. Ich bekam sie kürzlich in Fotokopie. Meine früheren Briefe hat Hesse offenbar nicht aufbewahrt, die späteren erschienen ihm wichtig als Zeitdokument und auch als Zeichen für die Entfaltung einer schriftstellerischen Begabung, die ihn interessierte.

Hesses Briefe aus der Zeit bis 1944 habe ich, bis auf wenige Ausnahmen, nicht mehr: ich habe sie zusammen mit den Briefen Horst Günthers in großer Angst und Hast verbrannt, als ich Anfang Oktober 1944 verhaftet wurde und die braven Dorfgendarmen mich noch einmal nach Hause gehen ließen, das Nötigste fürs Gefängnis zu holen, und wegschauten, als ich Berge von Papier im Küchenherd verbrannte, bis er glühte. Die verkohlten Liebesbriefe meines Mannes und die schönen Freundschaftsbriefe Hesses flogen über die Sumpfwiese vor meinem Häuschen und legten sich sanft auf den Boden beim »Totenhölzl«, bis wohin der Herbstwind sie trug. Briefe voll politischer Kühnheiten, und unter Hesses Briefen seine Anti-Kriegsgedichte, die er mir auf Umwegen hatte zukommen lassen und von denen viele dennoch den rosa und himmelblauen Streifen trugen, der anzeigte, daß sie die Zensur passiert hatten und auf hochverräterische Geheimbotschaften, mit unsichtbarer Tinte geschrieben, untersucht worden waren. Ein Punkt meiner langen Anklage war dann: Korrespondenz mit einem Staatsfeind und Defaitisten. Das war Hesse.

Für mich war Hesse damals die Zuflucht vor dem Nationalsozialismus. Das vor allem. Wem sonst als ihm konnte man trauen? Er war scharfer Gegner Hitlers, und er lebte in der Schweiz, er konnte vieles, alles, wagen.

Aber er war noch anderes für mich: eine Art Guru. Eine Rolle, die seine jungen Leser ihm aufzwangen und die er stöhnend und doch mit Eifer spielte.

Was war es, das Hesse für unsre Generation so wichtig, so faszinierend machte? War es dasselbe, was die Jugend der siebziger Jahre bei ihm fand?

Wir, Horst Günther und ich, hatten damals, 1935, alles gelesen, was er bis dahin geschrieben hatte: von »Roßhalde« und »Gertrud« angefangen über »Peter Camenzind« und »Unterm Rad« und »Steppenwolf« und »Siddhartha« und »Morgenlandfahrt« bis zu »Narziß und Goldmund«, diesem mißglückten Versuch, Hesses Erfahrung mit der Psychoanalyse aufzuarbeiten: die künstlerische Darstellung einer Schizophrenie. Wir erlaubten uns, das Buch als Kitsch abzutun. Dennoch blieb Hesse für uns ein Meister.

Er war nicht mehr jung, aber er besaß Jugend, und als ein alter junger Weiser sprach er uns an. Seine Schriften trafen uns in den Lebenskern. Sie waren der eindringliche Aufruf zum Ausbruch aus dem Pferch und zur »Selbstfindung«, oder, wie C. G. Jung es nannte: zur Individuation. Hesse sprach vom »Weg nach Innen«. Wie er sich diesen Weg vorstellte, schrieb er in seiner langen Erzählung »Morgenlandfahrt«.

Als ich 1979 einen Vortrag halten mußte über »Hesse und Indien«, las ich sie wieder. Ich las sie kritisch, versteht sich, und einiges erschien mir als Kitsch. Aber Kitsch hin, Kitsch her: da wirkt ein Zauber, dem schwer zu widerstehen ist, wenn man nicht ganz fest entschlossen ist, eine Persönlichkeit wie Hesse abzulehnen.

Mögen »Siddhartha« und »Morgenlandfahrt« ihre Mängel haben: sie enthalten eine Botschaft, die noch nicht ganz entziffert ist. Hesse selbst ist es nicht gelungen. Er kam seinen eigenen Intuitionen nicht ganz nach.

Die Morgenlandfahrt ist der Bericht von einer imaginären Reise ins »Morgenland«, wobei das Wort Morgen mehrdeutig ist, wenngleich alle Deutungen auf dasselbe hinführen. Morgen, das ist der Orient, der Aufgang des Lichts, der Morgen des Tages, der Lebensanfang, der Ort der Ur-Anfänge, das Quellgebiet des Lebens, das Paradies der unverletzten Unschuld, die Kindheit, das Erwachen des geistigen Bewußtseins, Morgen, das ist aber auch die Zukunft, das Friedensreich, das Reich Gottes, in dem die Sonne nie untergeht.

Der Morgen, *das* Morgen: Zukunft und Vergangenheit in der Gegenwart, nämlich im Innern eines jeden Menschen. Der Weg dorthin: die Morgenlandfahrt, die Pilgerreise. Die Suche nach dem Schlüssel des Lebens, nach dem Stein der Weisen, nach dem Sonnengold der Alchimisten, nach dem Alphabet des Weltgeists. So verstehe ich die Geschichte heute, nachdem ich einen Teil meiner eigenen Morgenlandfahrt zurückgelegt habe, ohne umzukehren. Damals, 1935, meinte ich, genau wie die Jugend von 1970, das Morgenland sei auf der geographischen Weltkarte zu finden und heiße Indien, und dahin müsse man reisen, um das unnennbare Geheimnis des Selbst zu finden.

Daß man die Reise antreten müsse mit Hilfe der bewußtseinssprengenden Droge Meskalin, das kam uns damals nicht in den Sinn, davon wußten wir nichts, und Hesse meinte das auch nicht. Er meinte die »legalen« Wege: den der Meditation und den der Gnosis, der geistigen Erkenntnis auf dem Denkwege.

Die Teilnehmer der Hesseschen Morgenlandfahrt gehören einem Geheimbund an. Hesse nennt Namen: Platon, Pythagoras, Albertus Magnus, Lao Tse, Zoroaster, Parzival, Buddha-Siddhartha, aber auch Paul Klee, Don Quijote, Tristram Shandy: lauter »Glasperlenspieler«, wie er sie nannte im spätern Roman, den ich, broschiert, 1943 »Im Auftrag des Verfassers« aus Zürich bekam. In Deutschland durfte Hesse nicht mehr publizieren.

Ich habe das Buch damals verschlungen, es war Brot und Wein für mich. Seither habe ich mich gescheut, es wiederzulesen, ich hatte Angst, es könne sich als Kitsch erweisen. Als ich eben darin blätterte, beschloß ich, es jetzt wieder zu lesen. Ich meine, es erst jetzt begreifen zu können. Die Glasperlenspieler, das sind die Morgenlandfahrer: jene, die imstande sind, aus allen überlieferten geistigen Elementen eine neue Geistwelt aufzubauen, dabei spielend Zeit und Raum und Kausalität überspringend.

Die Spieler, die Pilger sind zwar ein Orden, ein Bund, jedoch muß jeder für sich sein Ziel suchen. Das *eine* Ziel erscheint jedem in andrer Gestalt. Aber nicht das Ziel ist wichtig, sondern der *Weg*. Dies ist die Lehre der chinesischen Philosophie des *Tao*, es ist auch die Lehre des Christus: *Ich* bin der *Weg*.

Hesse wußte das alles, wenn auch wie im Halbschlaf.

Er hatte Erfahrungen, die, als er sie mitteilte, wie ein erlösender Regen über die intellektuell verkarstete europäische Jugend kamen. Er sprach aus, wonach wir uns sehnten. Daß die Indien-Sehnsucht in der Luft lag, weiß ich: wie hätte ich sonst, lang ehe ich Hesse und den Buddhismus kannte, als Zwanzigjährige jene Erzählung schreiben können, in der ich junge Menschen nach Tibet auswandern und dort ein spirituelles Leben führen lasse. Allerdings habe ich selbst es in jener Geschichte nicht bei der meditativen Spiritualität bewenden lassen: meine Morgenlandfahrer haben ein Haus gebaut und die Erde gepflügt und Korn gesät, ganz konkret. Bei mir mußte die Kontemplation immer auch Aktion werden.

Was mich wundert, ist, daß ich damals Hesse und nicht Novalis als Psychagogen wählte. Ich kannte den »Heinrich von Ofterdingen«, der ein echter Eingeweihter war wie sein Dichter, und ich hatte doch schon versucht, mit ihm hinunterzusteigen in die schwarzglitzernden Bergwerke des Unbewußten und Archetypischen. Hesse ahmte Novalis nach. Hesse war ein Epigone. Novalis war der echte Morgenlandfahrer. Aber Novalis ist schwer zu verstehen. Hesse bietet das, was Novalis weiß, auf leichtere, auf eingängige Art an. So griff denn auch ich damals zum Leichteren. Und Hesse war zudem ein lebender Zeitgenosse, das zählte. Ob Hesse ein großer Dichter war oder ein romantischer Epigone, das war uns nicht so wichtig. Uns ging es damals in der Hitlerzeit ums geistige Überleben, und Hesse half uns dabei, das ist sein großes Verdienst.

Warum habe ich Hesse eigentlich nie persönlich, von Angesicht kennengelernt? 1939 lud er mich nach Montagnola ein. Peter Suhrkamp überbrachte mir die Einladung. Aber da war ich schon schwanger, und dann kam der Krieg, und nach dem Krieg hatten wir lange keine Pässe, und dann wurde Hesse so bitter, daß es mich nicht mehr lockte, ihn zu sehen. Seine Nachkriegsbriefe sind Briefe eines über die Deutschen jetzt erst so recht Erbosten, der selbst gegen mich scharf ungerecht wurde. Darüber später.

Das Jahr 1937 brachte Neues in mein Leben. Zunächst einmal die räumliche Trennung von Horst Günther. Er ging weit weg: nach Berlin. Das war für mich etwa so, als ginge er heute nach Amerika. Er tat es um unsrer konkreten Zukunft willen. Wir wollten ja heiraten. Aber ein armer junger Komponist und eine kleine Volksschullehrerin, wie konnten die eine Familie gründen? Unsre Bielefelder Freunde schlugen vor, Horst Günther sollte weiterstudieren, um Kapellmeister zu werden. Sie boten ihm an, das Studium zu bezahlen. Das sollte vier Jahre dauern. Nebenher sollte er weiter Komposition studieren, und zwar bei dem damals höchst modernen Paul Hindemith.

Vier Jahre Trennung, vier Jahre Warten. Aber es gab keinen anderen vernünftigen Weg. Horst Günther ging also nach Berlin. Es war übrigens das letzte Jahr, in dem Hindemith dort unterrichten durfte. Dann wurde er als politisch unerwünscht und künstlerisch entartet entlassen. Er ging in die Türkei und gründete die Musikhochschule Ankara. Ich habe bis heute nicht verstanden, was denn an ihm entartet, das heißt undeutsch war. Ich habe ihn immer für einen überaus deutschen Musiker gehalten. Was gibt es Deutscheres als seinen »Mathis der Maler«, seine Grünewald-Oper? Zugegeben: er brachte neue Klänge ein, die nicht eingängig waren. Mir selbst bereitete es anfangs Pein, seine Geigenduos zu spielen. Carl Orff sagte später, er habe Hindemith immer gesehen als braven deutschen Schulknaben mit dem Ränzel auf dem Rücken, und aus dem Ränzel rage das Lineal, mit dem er seine Kompositionen nach Maß arbeite.

Horst Günther lernte viel bei Hindemith, der mir nach dem

Krieg sagte, er sei sein begabtester Schüler gewesen. Er ließ ihn die Klavierauszüge einiger seiner Werke schreiben. Da steht also Horst Günther Schnells Name unter dem seines Lehrers.

Einmal besuchte ich Horst Günther in Berlin. Er wohnte in der Carmerstraße bei einer verarmten Baronin Griesheim. Das Zimmer war billig, die Wanzen mußte man mit in Kauf nehmen mitsamt den düstern weinroten Plüschmöbeln und dem Essensgeruch aus der Küche. Nebenan wohnte eine halbteure Prostituierte, die auf den Ku-Damm ging. Sie war nett und gutmütig und fand es eine Ehre, neben einem jungen Künstler zu wohnen, der so schön Klavier spielte, was sie bei ihrem Tagschlaf nicht störte, sondern beruhigte. In bezug auf sie war ich sorglos.

Damals lernte ich Emil Nolde kennen. Er hatte ein Haus an der dänischen Grenze und ein Atelier in der Bayernallee in Berlin. Wie kamen wir eigentlich dazu, ihn aufzusuchen? Vermutlich hatten unsre Bielefelder Freunde uns die Einladung verschafft. Diese Bielefelder besaßen ja viele herrliche Aquarelle und Ölbilder Noldes.

Was wollten wir bei Nolde? Ganz klar ist mir das nicht mehr. Ich vermute, es war ein Akt stellvertretender moralischer Wiedergutmachung. Wir waren in München in der Ausstellung »Entartete Kunst« gewesen. Dort war die Elite der deutschen Maler, Graphiker, Bildhauer an den Pranger gestellt zur Belustigung des Nazi-Kleinbürger-Mobs. Da hingen die Werke von Beckmann, Kokoschka, Marc, Marcks, Heckel, Feininger, Rohlfs, Schmidt-Rottluff, Paul Klee, Kandinsky, Hofer, Schlemmer, Lovis Corinth, George Grosz, Dix, Edgar Ende – lauter Kulturbolschewiken, Kommunisten, Verderber des gesunden deutschen Volksempfindens. »Was deutsch ist, bestimme ich«. Ungeheure Werte hingen da an den Wänden, dicht bei dicht, oberhalb und unterhalb der andern, und dazwischen rosa Papierstreifen: »Für diese Schmiererei bezahlte das schwer arbeitende deutsche Volk...« Es folgte eine enorme Summe, Milliarden, aber es stand nicht dabei, daß diese Summe Inflationsgeld war. Nichts reizt den Zorn des »schwer arbeitenden deutschen Volkes« mehr als der Hinweis auf Geld, das angeblich ihm aus der Tasche gezogen worden war.

Viele Bilder stammten aus Privatbesitz, und das deutsche Volk hatte keine Mark dafür bezahlt. Was aber Hitler und Göring dann ankauften an nationalsozialistischem Schund, und was dann im Haus der Kunst hing, das hatte allerdings das deutsche Volk bezahlt, aber das war eine andre Sache. Das war eben dann echte deutsche Kunst, wie der Führer es sagte. Daß Göring die »entartete Kunst« ins Ausland verkaufte, das wußte das Volk nicht. Und daß unsre deutschen Bilder heute der Stolz der besten Galerien und Museen der Welt sind, das bedenkt kaum einer aus dem deutschen Volk. Unter den diffamierten Bildern war das große Walchensee-Bild von Lovis Corinth. Darunter stand damals: »Für diese Sudelei eines alten Paranoikers...«

Heute, 1980, finden wir ebendieses Bild auf einer deutschen Briefmarke.

Was Hitler und Göring damals als Kunst ansahen, ist schlechterdings dummer Kitsch, schlimmer, viel schlimmer, weil nicht naiv, als das, was wir als »sozialistischen Realismus« in Moskau zum Beispiel sehen.

Damals, in der Münchner Ausstellung, brach ich in Tränen der Wut aus. Ich begann schluchzend zu schimpfen, laut genug, um Aufseher und Publikum zu alarmieren. Die Aufseher waren natürlich SA- oder SS-Leute, die hier Spitzeldienste taten. Hier konnte man die »Volksfeinde« in flagranti ertappen. Horst Günther, selbst blaß vor Zorn, aber vernünftiger als ich, zog mich rasch hinaus. Ich wundere mich, daß ich nicht vom Fleck weg verhaftet wurde.

Nolde also war einer der Entarteten. Er malte zwar schöne norddeutsche Landschaften, aber auch Juden, biblische Bilder, Kreuzabnahmen, Undeutsches also, und wie er das malte, war undeutsch, so sah kein deutsches Volksauge die Gegenstände und Menschen.

Nun saßen also Horst Günther und ich, Vertreter dieses Volkes, im Atelier des Entarteten. Ada, seine Frau, empfing uns. Nach einer Weile kam Nolde selbst. Er kam herein, als käme er von weither, von einer stürmischen Meerfahrt. Seine grauen Haare standen wie Eulenohren in verwehten Büscheln vom Kopf ab, und seine blauen Spökenkieker-Augen kehrten nur langsam an Land heim.

Er hörte eine Weile zu, dann stand er auf, verschwand, kehrte aber bald wieder und brachte aus einem Verschlag Bilder mit, eines nach dem andern brachte er an und stellte sie an die Wand und wartete darauf, was wir sagen würden. Als wären wir Kunstsachverständige oder Galeristen und Käufer. Wir waren nichts als zwei junge Deutsche, die sich nicht beeinflussen ließen von Hitlers dummem kleinbürgerlichen Kunstverstand, und die den Mut hatten, einen entarteten Maler zu besuchen, dessen Wohnung und Telefon überwacht waren: Frau Ada deckte das Telefon mit einer Wolldecke zu. Das sah ich damals zum ersten Mal. Wir lernten es bald selbst zu tun. Bei den primitiven Abhörmethoden von damals genügte die Wolldecke oder das Sofakissen. Daß Frau Nolde das Telefon abdeckte, läßt darauf schließen, daß wir gefährliche Reden führten.

Aber wie kompliziert waren damals die Verhältnisse! Wir hatten Noldes Autobiographie gelesen und fanden, er sei einer jener deutschen Künstler, die viel darum gegeben hätten, wenn Hitler sie hätte als »deutsch« gelten lassen. Nolde war kein Antifaschist, er war, wie er schrieb, »nur

Maler nur«, sich damit entschuldigend, daß er kein Antifaschist war, sondern unpolitisch. Uns, die das wußten, störte es bei ihm nicht, so wenig uns je Hamsuns »Kollaboration« mit den Nazis in Norwegen störte. Es gibt, so sagten wir uns, große Künstler, die keinen politischen Instinkt haben. Ich weiß nicht, ob wir damit recht hatten. Nun: auch der politische Thomas Mann ist ungern aus dem Naziland davongegangen, und, laut seinen Tagebüchern, hat ihn bisweilen der Verlust seines Münchner Hauses mehr beschäftigt als das Schicksal Deutschlands. Nicht einmal alle Juden verließen Deutschland schon 1933. Erst die Pogrome von 1938 störten sie wirklich auf. Zu Noldes 70. Geburtstag fuhr Horst Günther nach Seebüll und gab dort ein Klavierkonzert. Das war provozierend. Dafür schenkte uns Nolde zur Hochzeit eine sehr schöne handkolorierte Lithographie »Die Reisende«, signiert und mit einem besonderen Gruß versehen. Sie hängt jetzt bei mir. Ich konnte sie vor den Rostocker Bomben und durch alle Umzüge retten, ebenso das kleine Aquarell »Schwere Wolken«, das ich mir als Studentin bei Günther Franke in München kaufte und in allerkleinsten Raten bezahlte. Es kostete damals dreihundert Mark, das war ein Vermögen, und ich war sehr leichtsinnig, als ich es kaufte, aber ich konnte nicht widerstehen.

In jenem Jahr 1936 auf 37 zu Weihnachten brachte mich Horst Günther zum ersten Mal zu meinen künftigen Schwiegereltern nach Barmen. Er verbrachte Weihnachten ebenso ungern bei den Seinen wie ich bei den Meinen.

Ich habe den Barmer Empfang geschildert in meinem Roman »Mitte des Lebens«. So wenig autobiographisch das Buch ist: diese Szene hat sich ereignet, ungefähr wenigstens.

Meine künftige Schwiegermutter empfing mich in der

Küche, sie war mitten in den Vorbereitungen fürs Weih-
nachts- und Verlobungsessen. Sie schloß mich in ihre
Arme, die weich und warm waren und nach Braten und
Kuchen rochen. Das war eine Mutter! Sie schob mich
ein wenig von sich weg, schaute mich liebevoll an und
sagte: Du bist aber ein lecker Dötzke. Barmerdeutsch.
Übersetzt hieß es: Du bist ein appetitliches Persönchen.
Horst Günther fand dieses Urteil unpassend, ich war
auch etwas bestürzt, aber es klang lieb. Meine eigene
Mutter hat nie so etwas zu mir gesagt und mich nie so
umarmt.
Horst Günthers jüngste Schwester Isolde, das raben-
schwarzhaarige Rauhbein, im Weltkrieg dann tapfere
Operationsschwester an der Front, sagte wirklich, was
ich sie im Roman sagen lasse: »So, du willst also in
unsre Familie hereinheiraten. Na prost die Mahlzeit, du
wirst deine Wunder erleben, laß es lieber bleiben.«
Der Bruder Wolfgang Robert Schnell, das schwarze
Schaf der Familie, heute Schriftsteller und Maler und
in der Berliner linken Proletarier-Bohème, murmelte
Unflätiges, das zu verstehen sich mein bürgerliches
Ohr weigerte. Seine Mutter schob ihn aus der Küche.
Marianne, die schöne Älteste, war schon lange nicht
mehr zu Hause gewesen, sie genierte sich ihrer Familie.
Ich erlebte tatsächlich die von Isolde angekündigten
Wunder. Als das Essen auf dem Tisch stand, vermißte
man den Vater. Man machte sich ohne große Hast und
Sorge auf, ihn zu suchen. Man fand ihn bald auf dem
freien Feld liegen, unter dem kalten besternten Winter-
himmel. Stockbetrunken. Man führte ihn mit Gewalt
heim und wärmte und beschimpfte ihn. Er sagte lallend,
aber mit großer Würde: Niemand versteht mich hier,
meine eigene Familie behandelt mich schandbar, ich will

sterben, laßt mich sterben. Man ließ ihn nicht, man schickte ihn ins vorgewärmte Bett. Ich war schockiert.

Am nächsten Tag fand jenes Gespräch statt, das ich im Roman fast authentisch wiedergegeben habe. Ich mochte den Alten. Er war eine Figur, und er war ein Herr, Sohn aus wohlhabendem Haus, ein gutaussehender Mann trotz der blanken Glatze (sie zeigte einen wohlgeformten elfenbeinernen Schädel), er sprach immer nur leise und ein wenig durch die Nase, das gab ihm etwas Vornehmes, aber da er leicht taub war (wenn ers nicht nur zu sein vorgab), mußten alle andern laut reden, und so, zum Schreien gezwungen, bekamen sie etwas Vulgäres, das wußte er, und er zog also noch aus der Taubheit Vorteile. Er fühlte sich als Fremdling in seiner Familie, das war seine Rolle. Das Schicksal hatte sich geirrt, als es ihm diese Rolle zuwies, die eines mittleren Bankangestellten in einer pietistischen Stadt. Ein Lord, ein Pair hätte er werden müssen, ein Schloß in England hätte er besitzen müssen und nichts tun dürfen als eben Lord sein und allenfalls liebhaberisch wertvolle Bilder sammeln. Statt der Originale sammelte er Kunstpostkarten, viele Schachteln voll, ich habe ihm auch eine Menge geliefert im Lauf der Jahre, und er hat alle feierlich seinem ältesten Enkel, meinem Christoph, vererbt.

Als er pensioniert wurde, ging er in der Freizeit auf den Hügeln um den Tölleturm spazieren und machte sich eine Ehrenpflicht daraus, alle herumliegenden Papierfetzen mit der Eisenspitze seines Spazierstocks aufzuspießen und sie zu den Abfallkörben zu tragen. Er war sehr stolz, als ihn eine Barmer Zeitung dafür lobte. Seine Familie lachte ihn aus. Du hättest Straßenkehrer oder Gesundheitsminister werden müssen, Vater...

Während er ein englischer Gentleman sein konnte, schien

seine Frau eine biedere deutsche Kleinbürgerin. Aber er war ein Phantast und Egoist, sie jedoch eine große noble Seele. Sie umfaßte alles und alle mit ihrer mütterlichen Wärme und tätigen Fürsorge, auch ihren Mann, den sie belächelte und Quatschkopf nannte. Sie stammte aus gutem Stall halbfranzösischer Herkunft. Ihre Kusinen wurden die Frauen bekannter Schriftsteller: Frau Hans Brandenburg, Frau René Schickele, Frau Waldemar Bonsels. Ich verwahre noch ein Foto, auf dem der ganz junge Horst Günther Schnell mit seiner Tante und René Schickele und Annette Kolb zu sehen ist.

Nun sind sie alle tot. Die Eltern liegen in Wuppertal begraben, ihr ältester Sohn in Rußland. Ich möchte glauben, was man mir offiziell mitteilte: er sei sofort gestorben und in Ehren begraben worden. Ich glaube kein Wort davon. Aber ich kann mir heute noch nicht vorstellen, daß er, der Sanfte, Gewaltlose, so Junge noch, auf dem Schlachtfeld lag, mit einem Bauchschuß vielleicht, dürstend, verlassen. Nein, nein, so nicht. Wenn er schon »für Führer und Großdeutschland« sterben mußte, dann sollte er wenigstens ganz rasch, sofort gestorben sein. Ich will es so. Ich will auch, daß er in einem Sonnenblumenfeld liegt.

Als ich 1970 in Moskau war, kam ich im Gespräch mit Lew Kopelew, dem Germanisten (der mit Solschenizyn lange im Lager war), auf diesen Tod zu sprechen.

Wo ist dein Mann gefallen?

Bei Staraja Russa.

Da war ich auch, auf der andern Seite.

Wann?

Im Februar 1943.

Mein Mann auch.

Hast du ihn erschossen, Lew?

Nein, es ist unmöglich, ich schoß nicht, ich machte Propaganda, ich sprach durchs Megaphon, ich forderte die Deutschen zum Überlaufen auf.

Ich wünschte, Horst Günther wäre übergelaufen, hätte sich fangen und nach Sibirien bringen lassen und lebte dort, mit einer russischen Mama verheiratet, mit vielen gesunden dicken Kindern. Viele deutsche Gefangene blieben dort und gelten als verschollen, erzählte man mir. Als der Maler Fritz Winter nach Jahren zurückkehrte, blieb ihm unstillbares Heimweh nach Sibirien. Seine Bilder haben sibirische Farben: erdbraun, schneegrau, birkenweiß, nordhimmelblau, krähenschwarz.

Aber ich weiß: Horst Günther ist tot. Ich bekam seine Armbanduhr geschickt, jene, die meine Eltern ihm geschenkt hatten zu unserer Hochzeit. Das Glas war herausgebrochen. Einige Zeit nach dem offiziellen Todesdatum sah ich ihn im Traum: er war noch jünger, ein Knabe, er ging tanzend rückwärts, von mir fort, er winkte mir zu, er sah glücklich aus, wie ein Schmetterling flog er mir davon in einen Silbernebel hinein.

Er war ganz gewiß nicht das Modell für Ninas Ehemann Percy in »Mitte des Lebens«. Er war die Gegenfigur. Diesen Percy habe ich mir frei erfunden, so einen kannte ich nie näher, aber es gibt deren viele, wie mir Frauen klagen: erfolgreiche Draufgänger, supervital, simpel, ungeistig, unsensibel, voll räuberischer Besitzgier, mit der sie eine Frau überrumpeln. Horst Günther war und blieb knabenhaft, das war sein Zauber. Er war mir Ariel, der Luftgeist, der die Erde nur mit den Zehenspitzen streift. Ein Lebensflüchtiger. Auf den Fotos fallen seine Augen auf: die Augen eines Opfertieres, das sich immer schon ergeben hat. Ich glaube trotz allen Versicherungen seiner Lehrer, auch Hindemiths, nicht, daß er als Kapellmeister große Karriere gemacht hätte: er besaß keine Ellbogen. Einmal gastierte ein ausländischer Dirigent in Braunschweig, der nicht zurecht kam mit dem Orchester. Er bat Horst Günther, die Oper für ihn einzustudieren. Horst Günther tat es und nahm dem Orchester das Versprechen ab, niemand davon etwas zu sagen. Als er die Generalprobe dirigierte, erhob sich das Orchester. Der andre erntete dann bei der Aufführung die Lorbeeren. Selbst mir hatte Horst Günther davon nichts gesagt, ich erfuhr es viel später durch einen Brief, der aus einem Buch fiel, und in dem stand: Zum Dank für die selbstlose Hilfe bei der Einstudierung von . . .

Aber ich greife weit vor. Ich bin noch im Jahre 1936 auf 37. Das wichtigste Ereignis dieser Epoche war für mich die Anstellungsurkunde als Staatsbeamtin, als Lehrerin.

Ich las: Nicklheim, Bezirksamt Rosenheim. Nie gehört. Auf der Landkarte nicht eingezeichnet.

Nein, sagte mein Vater, das ist unmöglich, daß man dich dorthin versetzt, dich mit deinem hervorragenden Staatsexamen. Das ist ein Strafposten eher. Ein Torfstechernest. Lauter Kommunisten. Ein wüster Ort. Du fährst sofort zur Regierung und wehrst dich.

Der alte Regierungsschulrat Sailer sagte: Ja, es ist ein unguter Ort, aber gerade deshalb wollen wir Sie dort haben.

Nein, ich will nicht, ich will nach München, mit meiner Note hat man Anspruch auf eine Stelle in München oder Umgebung. Ins Aiblinger Moor gehe ich nicht.

Ich ging. Aber widerstrebend. Nicht aus einem freien heroischen Entschluß wie Daniela, die Heldin meines Romans »Daniela«, die ihre bürgerliche Existenz aufgibt, um zu den Armen zu gehen. So hätte ich mich gern gesehen. Aber so war ich nicht. Zähneknirschend ging ich, mit dem Entschluß, möglichst bald wegzugehen und mich nicht einzulassen mit diesen Wilden.

Als nach einem Jahr der Bezirksschulrat zur Visitation in meine Klasse gekommen war, schrieb er ein offizielles

Gutachten für die Regierung. Mein Vater kopierte es, so hat es sich bis heute erhalten.

21.9.1937

»Stand des Unterrichts und der Erziehung im allgemeinen.

Die Lehrerin ist den Schülern, welche aus den ärmsten Familien des Bezirks kommen, eine gütige Erzieherin. Die Kinder, welche im elterlichen Hause wenig Freude genießen, finden in der Schule eine Stätte liebevollen Verstehens. Sie begegnen ihrer Lehrerin mit vollstem Vertrauen und gehen auf deren Anweisungen willig ein. Der Lehrerpersönlichkeit und ihrer Erzieherarbeit sind hervorragende Erfolge zuzusprechen. Der Unterricht wird mit ruhiger Selbstverständlichkeit erteilt. Er ist im Ziel, im Aufbau und in der Durchführung klar. Die Schüler können den mit lobenswertem Geschick geleiteten Darbietungen ohne weiteres folgen und sich geistig betätigen. Gemessen an den gegebenen Voraussetzungen können die Unterrichtserfolge als des Lobes wert beurteilt werden. Da die Lehrerin über ihren Pflichtenkreis hinaus wirkt, ist ihr Fleiß zu beloben. Bezirksschulrat Krog von Rosenheim über Luise Rinser in Nicklheim.«

Gemessen an den gegebenen Voraussetzungen...

Die Klasse war verwahrlost. Seit Monaten war die Lehrerin krank, und der alte Schulleiter führte seine Oberklasse abwechselnd mit der verwaisten Unterklasse. Besser gesagt: er ließ beide verkommen. Er war Witwer, tief schwermütig, er trank. Vermutlich war er auch nicht freiwillig in dieses Moordorf gegangen, es wird wohl ein Strafposten gewesen sein, wenn er ihn nicht doch gesucht hat, was auch denkbar ist: hier verlangte niemand Leistung und Haltung von ihm, hier konnte er nach dem Tod seiner Frau und kinderlos sein Leben dahinleben und verdämmern. Als Schulleiter war er untragbar, als Lehrer auch, aber als

Mensch war etwas an ihm, was mich zu der Romanfigur inspirierte: seine schwarze Schwermut, seine stille Verzweiflung am Leben, an sich selber. Aber was ich sonst ihn tun, sagen, erleben ließ im Roman, das ist erfunden. Völlig erfunden ist die Gestalt des Pfarrers und die Liebesgeschichte. Die habe ich anderswoher: als etwa Zwölfjährige, noch zu Hause, fand ich eine Zeitschrift, die mein Vater abonniert hatte und bisweilen, aber nicht immer, las. Hätte er sie immer gelesen, hätte er sie wohl nicht frei herumliegen lassen. Da gab es nämlich einen Fortsetzungsroman, verfaßt von einem Lehrerschriftsteller namens Feldigl (so einen Namen vergißt man nicht). Der Titel hieß: Der Weg übers Moor. Darin ist die Rede von einer jungen Lehrerin, die sich in den Pfarrer verliebt. Ob sie ein Kind von ihm bekommt wie meine Daniela, weiß ich nicht. Mir genügte für meinen Roman der Titel und die vage Erinnerung an jene Liebesgeschichte. Der Pfarrer von Nicklheim war mir kein Modell, ihn habe ich kaum je gesehen, nur zwischen Tür und Angel, wenn er ein- oder zweimal in der Woche kam, um meinen Kindern Religionsunterricht zu geben, erfolglos, wie ich merkte. Sie mußten genauso wie viele Jahre zuvor auch ich die Fragen und Antworten im »Katechismus« auswendig lernen, eine Sache, die mir als Kind höchst zuwider war, ich lernte sie nie und mußte dafür oft »Scheitlknien«, das heißt: ein sehr nervöser Kaplan Mörner oder Wörner ließ den, der nicht gelernt hatte, auf die scharfe Kante eines der großen Holzscheite knien, wie sie zum Heizen der Schulöfen benutzt wurden. Das tat weh, von ihm wars sadistisch, und es war nicht geeignet, in uns die Liebe zu religiös-kirchlichen Aussagen zu fördern. Ich kann aber heute noch Antworten hersagen, so jene auf die Frage: Wozu sind wir auf Erden? »Wir sind auf Erden, um Gott zu lieben, ihm zu dienen und dadurch in den Himmel zu kommen.« Sehr tief, mystisch verstanden, stimmt das sogar. Aber damals schien mir das recht sonderbar, daß man nur deshalb auf Erden sei, und darum sagte ichs nicht auf, wenn der Kaplan es von mir hören wollte, lieber kniete ich zehn Minuten oder auch eine halbe Stunde auf dem Holzscheit. Kein Mensch erfuhr, so scheint mir, von den Folter-Methoden jenes Kaplans, oder wenn es jemand erfuhr, wird man ihm recht gegeben haben: die Kinder *müssen* den Katechismus lernen.

Der Nicklheimer Pfarrer war kein Sadist, aber die Kinder lernten so oder so nichts bei ihm. Es war ja auch gar kein Boden da, in dem der Same der Theologie hätte aufgehen können: die Eltern waren Kommunisten, antiklerikal, absolut uninteressiert an Kirche und Religion. Was der Pfarrer nicht konnte, holte ich ein, wenn ich den Kindern Geschichten aus der Bibelwelt erzählte, frei erfundene oder nach den »Christuslegenden« der Lagerlöf, Geschichten apokrypher Herkunft, die unmittelbar zu den Herzen der Kinder sprachen.

Ich habe also in Nicklheim ungleich meiner Daniela keine Liebesgeschichte mit dem Pfarrer erlebt und auch kein uneheliches Kind bekommen. Das alles ist erfunden, wie leider auch Daniela nicht ich bin, sondern wie ich mir zu sein wünschte. Allerdings muß ich sagen, daß ich dort wirklich mein Bestes gab, und tatsächlich eineinhalb Jahre standhielt, obgleich ich mir dazwischen in dem feuchten Zimmer einen schweren Anfall von Rheumatismus holte, den ich im Hause von »Mami«, der Frau von Kaulbach, in einem kurzen Urlaub auskurierte.

Als ich zum erstenmal von der Bahnstation Raubling auf der Strecke Rosenheim nach Kufstein mich auf den Weg nach Nicklheim machte, den Koffer auf dem Fahrrad festgebunden, einen Rucksack umgehängt, den Geigenkasten an der Lenkstange befestigt, da war mir, als ginge ich in die Verbannung. Wo war Nicklheim? Ich fuhr und fuhr, und es kam und kam kein Dorf. Die Straße führte zwischen einem Entwässerungsgraben und einem schmalspurigen Güterbahngeleise entlang, auf dem Loren mit Torfstücken fuhren. Endlich tauchte hinter einem Birken- und Kiefern-gehölz ein Kirchturm auf, daneben ein paar Häuser, das Schulhaus und ein neues Haus, das der Wirt sich gebaut hatte, um es zu vermieten an den Förster, an den Verwalter des Torfwerks und an die neue Lehrerin.

Ich las eben die Schilderung des Zimmers in »Daniela«. Sie stimmt mit der Wirklichkeit überein: das Haus, ein Neu-bau, noch nicht trocken, das Zimmer feucht, zwischen Wand und Bett grauer Schimmel, ein Eisenöfchen, ein Tisch, ein Stuhl, alles billig, und auf einem Eisengestell eine blecherne Waschschüssel, jene, in der im Winter das Wasser gefror nachtsüber.

Durch das einzige Fenster der Blick am Bahngeleis entlang ins Moor, weithin, mit einigen Baracken hinterm Schilf und hinter den nassen Wiesen, auf denen der braunschwarze Torf zu Türmchen aufgeschichtet trocknete. Und dazu das ewige Sausen des Windes in den Föhren hinterm Haus.

Daniela im Roman setzt sich auf ihren unausgepackten Koffer, den Mantelkragen hochgeschlagen, die Hände in die Ärmel geschoben. Eine Reisende, die den Anschlußzug erwartete.

Dieses Sitzen auf dem Koffer, diese Durchgangssituation, diese Unbehaustheit kommt öfter vor in meinen Arbeiten. So sitzt auch Nina in ihrem schon ausgeräumten Zimmer auf der Kiste. Dieses Warten im Leeren muß zur Grund-figur meines Lebensschicksals gehören. Als Nolde uns seine Lithographie »Die Reisende« schenkte, wußte er nicht, wie sehr er damit ins Schwarze traf. Horst Günther, ein flüchtiger Gast auf dieser Erde, ein paar Jahre später hatte er sie schon verlassen, und ich: nirgendwo wirklich Wurzeln schlagend außer in mir selber.

Meine Daniela bleibt nicht lange auf ihrem Koffer sitzen. Sie tut das Naheliegende: sie geht hinüber ins Schulhaus und sucht den Schulleiter. Sie findet den schwermütigen Trinker, der sie begrüßt mit den Worten: »Ich weiß, die Regierung hat Sie geschickt, damit Sie hier Ordnung machen. Aber hier macht keiner Ordnung, Sie nicht und der Pfarrer auch nicht, der glaubt, er kann es. Die andern, die verfluchten Hunde, sind stärker.«

»Die verfluchten Hunde«, das sind die Torfstecher. Sie waren um 1900 hier angesiedelt worden, sie kamen aus dem Balkan, Analphabeten, einige waren es noch zu meiner Zeit.

Ich lasse im Roman den Schulleiter sagen:

»Wozu denen überhaupt etwas beibringen? Rechnen? Die haben nichts zu rechnen. Was sie verdienen, rechnet die Buchhalterin vom Torfwerk aus. Was sie ausgeben, rechnet der Kantinenwirt und der Doktor. Und lesen? Lesen die? Was sie wissen wollen, hören sie in der Kantine und im Radio. Und sonst brauchen die nichts zu wissen, die nicht, die Schweine.«

Ich lasse den Pfarrer erwidern: »Und Religion?«

Sein Feind lacht. Wäre es nicht so müde und verzweifelt, es könnte das Gelächter des Teufels sein.

»Religion? Von der Religion haben sie nichts. Hilft ihnen die Kirche beim Torfstechen? Die Kirche, die hat feine Hände, die hats mit Papier und Seide zu tun und nicht mit Torfschaufeln. Hilft ihnen die Kirche, diesem verfluchten Leben irgendeinen Sinn abzugewinnen? ... Hat sie je einen von denen hier vom Saufen und vom Ehebruch abgehalten? Seit einem Jahr predigen Sie hier. Vor Ihnen waren vier, fünf Pfarrer da, zwanzig Jahre ist hier jeden Sonntag gepredigt worden, zwanzig Jahre lang sind hier in diesem Schulzimmer wöchentlich drei Religionsstunden gegeben worden ... und was ist aus den Kindern geworden? Das

Leben lebt sich ohne Sie, Herr Pfarrer. Sehen Sie nicht, wie überflüssig Sie hier sind? Aber halten Sie sie nur fest, Ihre Illusionen, Sie müssen ja, nicht wahr, sonst, was bliebe Ihnen sonst als sich aufzuhängen dort am Birnbaum.«

Der Pfarrer erwidert schließlich: »Sie haben recht. Aber Sie sprechen von dem, was *ist* und ich spreche von dem, was *sein soll.* Das ist der ganze Unterschied.«

Der Schulleiter deutet dann auf Daniela und sagt, sie sei auch so eine Idealistin, ein Wort, gegen das Daniela sich heftig wehrt, worauf der Schulleiter lautlos lacht, aber plötzlich innehält, die beiden ansieht und sagt: Ich bin auch einmal so gewesen.

Dieses Gespräch ist erdichtet. Aber in der Wirklichkeit erfahren ist die Szene am ersten Morgen im Schulzimmer: der Schulleiter hat mich hineingeführt. Die Kinder, sechs- bis neunjährig, hocken um den Eisenofen, sie haben die Klappe geöffnet, damit mehr Wärme herauskommt, aber mit der Wärme kommt der beißende Torfrauch heraus, der Schulleiter schreit: Macht die Klappe zu, wollt ihr ersticken? Und zu mir sagt er: Das wäre das Beste für die.

Die Kinder, so schreibe ich auch im Roman, drängen sich in einer Ecke zusammen, unruhig und mißtrauisch, »ganz und gar ähnlich einem Rudel kleiner grauer Hunde, die die Peitsche in der Hand ihres Herrn erblicken«.

Der Schulrat hat in jenem Gutachten geschrieben: »Die Kinder, welche im elterlichen Hause wenig Freude genießen...«

Wenig Freude?

Gar keine Freude. Nur Geschimpfe und Schläge.

Und auch in der Schule: als sie dann in ihren Bänken saßen und ich zum ersten Mal durch die Reihen ging, duckten sie sich: sie waren daran gewöhnt, vom Schulleiter und von der Lehrerin auf den Kopf geschlagen zu werden, wenn sie nicht still genug saßen oder nicht schön genug schrieben.

Ich hätte gern über diese geduckten Köpfe gestrichen, aber sie waren voller Läuse. Unvergeßlich diese weißen Ungeziefer, wie Würmchen, und die vielen Nissen, die Eier, und das verfilzte Haar und die schmutzig vergrindeten Hälse und die schrundigen Hände, und der Gestank der Kleider. Armut, *das* war Armut: das Häßliche, die Entwürdigung, die Verwahrlosung, das Vergessensein.

Ich kaufte am selben Tag noch im Nachbarort Raubling Läusepulver und Seife und Waschlappen und Handtücher, und ich begann die Kinder, vierzig waren es, zu waschen und die Köpfe mit Pulver zu bestreuen. Die Kinder wehrten sich erst gegen das Ungewohnte, aber dann ließen sie es über sich ergehen. Die am meisten Verlausten schickte ich nach Hause, daß man ihnen die Haare abschere. Am Tag darauf kam eine Horde der Eltern: das gehe mich gar nichts an, wie ihre Kinder seien, ob dreckig oder nicht, ich solle mich nicht einmischen, ich, die aus der Stadt da so neu Hereingeschneite, ohne eine Ahnung vom Leben hier, auf mich haben sie schon gar nicht gewartet...

Das war eine Absage und eine Drohung. Diese Leute machten mir angst.

Aber ich war immer geneigt, die Flucht nach vorn anzutreten: ich machte »Gegenbesuche«, ganz unbefangen, so schien es, während mir das Herz klopfte vor Angst.

Ich sah die Baracken von innen: zwei Räume für sechs bis zwölf Menschen, außer den ganz jungen Familien hatte keine weniger als fünf Kinder, jedes Jahr kam eines, meist im Sommer oder Herbst geboren: was sollten die Männer tun im Winter, wenn sie arbeitslos waren, weil man nicht Torf stechen konnte im gefrornen Moor, man hatte keine Maschinen, man stach mit Hand und Spaten, was also tat man im Winter? Man machte Kinder, unwillentlich natürlich, sie kamen eben, wie sie kamen. Dann waren sie da, und irgendwie fütterte man sie durch.

Die größeren Kinder wurden aus dem Haus gejagt, wenn die Eltern sich begatteten, oder auch: sie schauten unter den Bettdecken hervor zu, bis es sie langweilte und sie es selber konnten.

Eine Szene aus »Daniela« ist ganz und gar nicht erfunden: Ich sah im Birkenwäldchen drei Kinder, zwei kleine Mädchen und einen achtjährigen Schüler. Sie waren nackt und der Bub probierte mit den Kleinen den Beischlaf, vergeblich, versteht sich, aber mit einer wüsten Energie. Ich war unfähig, mich strafend einzumischen, oder klug genug, es nicht zu tun, ich weiß es nicht mehr. Ich ging weg. Ich bestellte mir die Mutter des Buben in die Schule. Sie kam, neugierig, was das Fräulein von ihr wolle. Eine große vierschrötige Person, hochschwanger, mit dem achten oder neunten Kind. Ich nahm meinen Mut zusammen und erzählte ihr, was ich im Wäldchen gesehen hatte. Sie hörte sich das an, die Hände in die Hüften gestemmt, und dann lachte sie los, sie schrie vor Lachen. Hatte sie mich denn nicht verstanden? O doch, aber was ist denn dabei, daß ich sie deshalb rufen ließ, der Bub sei halt ein kleines Mannsbild und, was wolle ich denn, in ein paar Jahren müsse ers können und tun.

Ich hatte auch die Berufsfortbildungsschule, die dreizehn- bis sechzehnjährigen Mädchen. Sie waren aufgeweckter als die Kleinen, wir arbeiteten gar nicht schlecht miteinander. Am Montag nach dem letzten Faschingssonntag kamen sie mit Schatten unter den Augen und schliefen im Unterricht ein. Und sicher war wieder eine geschwängert. So war eben das Leben. Und sie löffelten ja dann selber tapfer die Suppe aus, die sie sich eingebrockt hatten.

Einmal war eine Hochzeit: die Braut in Weiß, mit Myrthenkranz und Schleier, geliehen alles, das machte so die Runde unter den Bräuten. Aber diese Braut war hochschwanger, und den Schleier trugen ihre beiden vorehelichen Kinder, jedes von einem anderen Mann, und das, was sie im Bauch hatte, war nicht von dem, den sie heiratete, das munkelte man. Aber Kranz und Schleier. Und niemand nahm daran Anstoß. Sie würde weitere sieben, acht Kinder bekommen, gleich von wem, es war dann doch meist der Ehemann, die Ähnlichkeit im Gesichtsschnitt bezeugte es.

Aber wir sind doch im Jahr 1936 und 37. Wieso gab es da Arbeitslose, wieso diese Armut, wieso die verfallenen Baracken? Hat Hitler nicht wenigstens solche Nöte abgeschafft?

Nicht überall. Eines Tages kam einer von den »Braunen« und hielt eine Versammlung im Wirtshaus. Die Torfstecher kamen, weil sie ohnehin gern ins Wirtshaus gingen, und man hatte ihnen Freibier versprochen. Der Mensch von der Partei hielt eine schwungvolle Rede über die Größe und Güte des Führers, und darüber, daß er jedem Torfstecher ein Stück Land überlassen wolle und ein Anfangsdarlehen, damit er sich eine Kuh und einige Schafe und Ziegen kaufen könne, der deutsche Mensch müsse mit der Erde wieder verwurzeln, er müsse eigenen Boden haben, dann erst könne er deutsch denken.

Ich hörte das und dachte, daß das ein gutes Angebot sei. Die Männer tranken ihr Bier und schwiegen. Dann gingen sie heim. Sie lachten über das Angebot. Da wären sie schön dumm, sich abzuschuften das ganze Jahr, und dann müßten sie Steuern zahlen und in die Partei eintreten, sie, die Kommunisten auch ohne die längst verbotene Partei, sie, vom Wesen her Antifaschisten, antideutsch auch, sie waren nichts als Torfstecher, die leben wollten.

In der Partei sprach man dann von den Nicklheimer Untermenschen, und wie recht der Führer wieder einmal hatte: die Leute waren keine Deutschblütigen, sie kamen aus dem Balkan, da hausten die Untermenschen, wie in

Polen und Rußland. Das sagte klipp und klar auch der Führer: Polen und Russen sind Untermenschen, die man ausrotten müsse wie die Juden und die Zigeuner. (Ach, und die Zigeuner: reinste arische Rasse.)

Alles blieb also beim alten.

Nein, nicht alles. In meiner Klasse änderte sich vieles. Tag um Tag änderte sich etwas und wuchs etwas. Den verprügelten, abgestumpften Kindern war vieles zu entlocken, sie waren schöpferisch wie alle Kinder, die man nicht ganz verdorben hat.

Ich hatte aber auch einiges verändert: wie schon an andern Orten hatte ich das Lehrerpult, diese Kanzel, diesen Richterstuhl, diesen Beobachterposten, diesen Sitz für »das Auge Gottes, das alles sieht«, an die Wand geschoben, eine bunte Decke darübergelegt, eine Vase oder einen Blumenstock darauf gestellt und zum Familientisch gemacht. Auch hatte ich für die kahlen Fenster Vorhänge nähen lassen. An den Wänden ließ ich Holzleisten befestigen, an welche die Kinder ihre bunten Zeichnungen heften konnten. Farbstifte und Papier bekam ich geschenkt, auch meine Eltern halfen. Einmal schickte mir meine Mutter ein großes Paket mit Lebkuchenmännern, für meine vierzig Kinder zum Nikolaustag. Das war schön von ihr, und ich habe darüber eine lange Zeit unsre Divergenzen vergessen. Sie konnte sehr vernünftig gut sein.

In »Daniela« finde ich ein Gespräch, das in Wirklichkeit geführt zu haben ich mich nur dunkel erinnere, aber es kann wahr sein, dem Sinne nach ist es gewiß wahr. Derlei Gespräche habe ich oft führen müssen im Leben. Daniela spricht mit dem Bäcker-Bürgermeister, sie will von ihm Geld für Malerfarben und Pinsel, sie will ihr Schulzimmer renovieren. Der Bäcker-Bürgermeister will nicht hören, er knetet Teig. Er will nichts geben, in der Gemeindekasse ist kein Geld, das ist wohl wahr. Daniela aber läßt nicht locker.

Schließlich fragt der Bäcker: Warum tun Sie das: daß Sie zu den Leuten gehen und das mit dem Läusepulver und solche Sachen?

Daniela weicht mit einer Gegenfrage aus: Gehört das nicht zu den Pflichten einer Lehrerin?

So, sagt er schließlich, also. Da tun Sie also Ihre Pflicht.

Daniela fühlt sich seltsam verwirrt durch diese Frage. Leider nein, sagt sie, ich hätte viel mehr zu tun, aber alles auf einmal kann ich nicht tun, wenn mir niemand hilft.

Der Bäcker denkt hartnäckig weiter. Steht das in Ihrer Dienstvorschrift?

Nein, sagt Daniela, in meiner Dienstvorschrift steht davon nichts.

Na also, sagt er, warum tun Sies dann?

Ach Gott, ruft Daniela, wenn man immer nur die vorgeschriebenen Pflichten tun würde, das wäre zu wenig.

So, sagt er, und zuerst haben Sie gesagt, Sie tun nur Ihre Pflicht.

Was für eine aufreibende und unsinnige Art von Unterhaltung. Sie wächst sich zu einem Verhör aus. Daniela, obgleich sie ungeduldig wird, antwortet ruhig: Ich habe gesagt, vorgeschriebene Pflichten. Es gibt auch andere.

Ja, aber was nicht vorgeschrieben ist, das muß man nicht tun. Der Lehrer tut auch nichts. Der weiß warum.

Warum?

Warum: weil er lange genug hier ist... Und so ein versoffenes Schwein ist uns gerade recht, verstehen Sie?

Ja, sagt Daniela, ich verstehe. Sie wollen mir sagen, daß ich hier nicht gern gesehen bin.

Genau das, genau wie der Pfarrer, das ist auch so einer wie Sie. Neue Besen...

Daniela verliert die Geduld, sie ist dicht vor den Backtrog getreten, sie schleudert ihm ihre Worte direkt ins Gesicht: Was Sie auch sagen mögen, und wenn Sie hundertmal recht haben, ich werde hier tun, was ich tun muß, und ich muß das tun, was mir mein Gewissen vorschreibt, und mein Gewissen sagt mir, daß ich diesen Kindern hier helfen muß. Sehen Sie denn nicht, wie arm sie sind? Nicht nur, daß die Eltern kein Geld haben oder das Geld, das sie verdienen, gleich wieder vertrinken, sie kümmern sich nicht um die Kinder, und die Kinder wissen von klein auf, daß sie eine Last sind und daß es besser wäre, sie wären nicht geboren, und sie wissen, daß auf sie nichts Besseres wartet als Torfstechen und Armut und Kinder, und so immer weiter und weiter, ist das nicht trostlos genug? Und dazu noch Krankheit und Ausschlag und Läuse und Fetzen am Leib! – Glauben Sie denn wirklich, daß man das straflos darf: einfach zusehen, wie die andern zugrunde gehen?

Er schaut sie ungerührt an.

Sie predigen wie der Pfarrer, Respekt.

Ach, sagt Daniela erschöpft, es ist so leicht zu spotten, dazu gehört nicht viel. Aber was wollen wir uns weiter unterhalten. Sie helfen mir nicht, und ich hab noch so viel zu tun.

Dann geschieht das Wunder, der Bäcker ruft ihr nach: Gehen Sie zu meiner Tochter in den Laden, sie soll Ihnen die Ölfarben und die Pinsel geben, die im Schuppen hinten sind, die können Sie alle haben. Und sie soll Ihnen drei Mark aus der Ladenkasse geben, dann kaufen Sie dafür Kreiden oder was Sie wollen.

Es *ist* ein Wunder, seine eigene Tochter glaubt es nicht, zumindest die Sache mit den drei Mark glaubt sie nicht, sie versucht so zu tun, als habe sie das vergessen. Es ist an Daniela, sie zu erinnern, und es kostet sie, das Mädchen aus reichem Haus, eine tiefe Überwindung, darum zu bitten. Bettlerin, Närrin, so hört sie ihre Eltern und ihren verlassenen Verlobten sagen. Aber man hat ihr drei Mark geschenkt für die Schule, also wird sie die drei Mark nehmen.

Erreicht Daniela also viel in diesem Dorf?

»Ein mächtiges, uraltes Wissen aus einem unermeßlichen dunklen Abgrund sagt ihr, daß die Niederlage das dem Menschen bestimmte Los ist. Endlose Niederlagen... In dieser Endlosigkeit könnte ein seltsamer Trost liegen. Die Süßigkeit des Verzichts, das müde Einverständnis mit der Schwäche und Verlassenheit, die Schwermut... Danielas Verzweiflung ist der Biß einer Schlange, der man das Gift genommen hat. Schon kurze Zeit später könnte ein aufmerksamer Beobachter auf diesem blassen, gespannten Gesicht ein triumphierendes Lächeln sehen, wie man es zeigt, wenn man jemand mit großer Schlauheit überlistet hat. Die Versuchung bleibt hinter ihr wie ein baufälliges Haus, das man achselzuckend verläßt.«

So war es damals. Der Ort war gefährlich für mich, dieser trügerische schwankende Moorboden, dieses giftige Licht, der Nebel, die Geleise, die ins Moor führten und irgendwo weit draußen aufhörten...

Aber ich arbeitete für die Kinder. Der Schulrat hatte in jenem Gutachten geschrieben, daß die Lehrerin über ihren Pflichtenkreis hinaus arbeitet.

Das stimmt: an den schulfreien Nachmittagen kamen die Kinder zum Spielen und Singen. Von Hitlerjugend keine Spur. So etwas zu gründen, wäre, wenn jemand derlei im Sinne gehabt hätte, sabotiert worden. Ich hatte es nicht im Sinne.

Der eigentliche Inhalt, die Idee, die Intention meines Romans »Daniela« ist aber nicht die Schilderung des Lebens einer jungen Lehrerin in einem Moordorf und auch nicht die des Lebens der Torfstecher, es ist kein sozialkritischer Roman, es geht vielmehr um ein theologisches Problem, um die felix culpa, die »glückliche Schuld«. Alle Menschen in diesem Buch werden in irgendeiner Weise schuldig. Aber in der Grabrede für den alten Trunkenbold von Schulleiter werden durch den Mund des Pfarrers alle gerechtfertigt.

Der Schulleiter steht stellvertretend für den scheiternden Menschen schlechthin.

Der Pfarrer sagt: »Ihr seid alle gekommen, meine Pfarrkinder... Warum? Euch treibt das Gefühl Eurer Schuld. Der Tod dieses Mannes ist Euer Werk... Ihr wißt nicht, wer er war. Ein Säufer, sagt Ihr, und ein schlechter Lehrer, der unsre Kinder noch mehr schlug, als wir selber es tun in unsrer Wut. Ich sage Euch: er war ein großer Mensch. Als er vor zwanzig Jahren zu Euch kam, war er voller Liebe zu Euch. Er kam, weil er sich getrieben fühlte, Euer Elend und Eure Verlassenheit zu teilen... Er ist an Euern Tischen gesessen und hat mit Euch geredet und getrunken, er hat seine Vergangenheit vergessen und seine Zukunft fahren lassen, um Euer Gefährte zu sein. Er wollte Euch zeigen, daß Ihr es wert seid, geliebt zu werden. Er wollte Euch zeigen, daß man mitten in der Armut ein gutes Leben führen kann. Ihr aber wolltet keine Rettung. Euch war wohl in Eurer Verkommenheit. Ihr haßt jeden, der Euch die schmutzige Gewohnheit Eures Lebens vergällen will, damit Ihr frei davon würdet... Ihr habt sein Geld genommen, Ihr habt ihn angebettelt und ihn schamlos ausgenützt, und als er nichts mehr hatte, habt Ihr gelacht. Sagt, daß es nicht wahr ist!... Ihr schweigt. Da hat er es schließlich aufgegeben, und wer mags ihm zum Vorwurf machen. Aber er ist bei Euch geblieben. Und dies, Pfarrkinder, dies war das größte Zeichen seiner Liebe. Da er Euch nicht hatte retten können, wollte er mit Euch zugrunde gehen. Er hat sich auf die Waagschale geworfen, auf der Ihr liegt, freiwillig hat er sich zu Euch geschlagen, denn er hat eine Rettung verschmäht, die nicht zugleich die Eure war. Er hat sich zerstört mit Vorbedacht, um ganz einer der Euren zu sein. Er hat sich vor sich selber erniedrigt und vor uns allen, denn was lag ihm noch an sich selber, da er gescheitert war an Euch! Er glaubte sich von Gott verlassen, und in seiner

Verzweiflung hat er versucht, böse zu werden ... Er liegt nicht mehr auf der Waage. Gott hat ihn aufgehoben, denn er hat sein Opfer angenommen. Und nun geht hin, Ihr, die Ihr diesen Menschen verachtet habt in Eurer Blindheit, geht hin und wagt es, sein Opfer zu schänden ...«

Nichts dergleichen ist geschehen in Nicklheim. Kein Pfarrer hat so gepredigt, und es ist ja auch kein Schulleiter so gestorben. Aber ich glaube, ich habe den alten Trunkenbold, der mein Vorgesetzter hätte sein sollen, sehr gern gehabt, und ich habe ihm nach seinem Tode (oder wars noch zu seinen Lebzeiten?) ein Denkmal gesetzt, ich habe ihn verstanden, wie ich immer alle verstanden habe, die auf dem hohen Seil gehen und abstürzen.

Als ich von Nicklheim abberufen wurde und die so sehr gewünschte Stelle in Lochhausen bekam, das damals noch ein Vorort von München war, fand ich mich zwischen Lachen und Weinen. Ich war also erlöst von diesem Moordorf, aber ich hatte dort Wurzel geschlagen, und als ich mich herausreißen sollte, tat es weh.

Aber dann ereignete sich etwas, das mich die Torfstich-Vergangenheit vergessen ließ und mich ganz auf die Zukunft hin spannte. Horst Günther kehrte aus Berlin zurück. Er hatte das Studium statt in vier Jahren in einem Jahr gemacht. Er war also Kapellmeister, freilich ohne Stelle noch. Aber das Schicksal war ihm günstig. Als wir eines Tages bei Frau von Kaulbach waren, sagte sie, zum Tee komme Richard Strauss.

War Richard Strauss ein Nazi, wie Klaus Mann, der Sohn Thomas Manns schrieb, nachdem er als Kriegsberichterstatter der USA Strauss inkognito interviewt hatte und feststellte, daß der Alte durchaus nicht glücklich war über das Ende des Dritten, ihm so günstigen Reiches?

Strauss war weder Nazi noch Nicht-Nazi: er wollte in Ruhe gelassen werden und viel Geld verdienen, alles andre war ihm wurst. So also war das. Und Strauss ist nicht der einzige derartige Fall. Zudem mußte er gewisse Rücksichten nehmen. Er hatte eine jüdische Schwiegertochter. Das warf ein schlimmes Licht auf die ganze Familie. Aber Hitler brauchte Strauss. Deshalb tolerierte er die Angelegenheit. Einmal soll Hitler sogar der Jüdin während des Besuchs einer Aufführung in der Wiener Staatsoper vor aller Augen herzlich die Hand geschüttelt haben. Etwa nach dem Motto: Wer Jude ist, bestimme ich.

Damals, als Strauss bei Frau von Kaulbach zum Tee war und wir dabei sein durften, saß er mitten im Erfolg und allseitigem Wohlwollen. Außer einem leichten Schlaganfall, den er hinter sich hatte, plagte ihn nichts.

Wir beiden jungen Leute saßen still da, verehrungsvoll und schweigend kritisch zugleich. Im Lauf des Gesprächs war die Rede von Strauss' Oper »Die schweigsame Frau«. Strauss lamentierte, daß die Kapellmeister allesamt nicht imstande seien, die Partitur vom Blatt zu spielen.

Frau von Kaulbach besaß, von Strauss geschenkt, die Studienpartituren aller seiner Werke. Horst Günther ging an den Schrank, holte »Die schweigsame Frau« heraus, setzte sich an den Flügel und begann leise zu spielen. Strauss, etwas schwerhörig, achtete zunächst nicht darauf, aber schließlich hörte er doch etwas, das ihn verblüffte: der junge Mann spielte vom Blatt. Strauss stand schwerfällig auf, ein rotgesichtiger Bär, trabte zum Flügel, hörte eine Weile zu, schlug dann dem jungen Mann auf die Schulter und sagte: Ja Sie, wer sind denn Sie, daß Sie das können?

Horst Günther stand auf, machte eine Knaben-Verbeugung und sagte, er sei Kapellmeister, freilich eben erst von der Akademie kommend. Strauss sagte: Und Sie ham das nie vorher g'spielt?

Nie.

Also des werd i' dem Clemens sag'n.

Der Clemens war Clemens Krauss, Intendant der Münchner Staatsoper. Wirklich telefonierte Strauss mit ihm, und wirklich wurde Horst Günther umgehend zum Vorspielen aufgefordert, und wirklich wurde er vom Fleck weg engagiert, vorerst als Korepetitor, aber bald studierte er die Solopartien ein und war praktisch Solorepetitor.

In dieser Zeit nun waren wir nahe beisammen: er in München, ich im Vorort Lochhausen. Wir sahen uns oft. Ich nahm meine Opern- und Konzertbesuche wieder auf, mit Freikarten meist, und mit Klavierauszügen. Ich spielte auch wieder viel Geige, und nebenbei schrieb ich einiges, so jene Geschichte »Die Lilie«, die mich für immer zur Schriftstellerin machte.

Auch die Schule machte mir Freude. Die Kinder waren lebhaft und wach, und ich konnte mit ihnen auf meine moderne Art arbeiten: in Gruppen, mit möglichst wenig Eingriffen meinerseits, straflos auch und mit Betonung der Erziehung und nicht des Unterrichts. Ich schrieb damals auch einen Aufsatz für die pädagogische Zeitschrift »Die Scholle«, es ging dabei um die Behandlung Schwererziehbarer in einer normalen Klasse. So lief denn alles gut, bis zu jenem Tag, da der Bezirksschulrat zu Besuch kam und herausfand, daß die so lobenswerte Lehrerin weder in der Partei war noch in der Hitlerjugend noch in einer andern Naziformation. Von diesem Tage an schwebte die Entlassung über mir. Es war nicht so, daß jeder Lehrer entlassen wurde, wenn er nicht in der Partei war. Mein Freund Karl Pflanz, damals mein Schulleiter, war auch nicht in der Partei, aber er galt als Sonderling, ihm gab man Narrenfreiheit. Mir nicht. Ich war schon auf einer schwarzen Liste. Die Drohungen des Schulrats waren deutlich. Ich kam der Entlassung zuvor, indem ich im Frühling 1939 freiwillig aus dem Lehrdienst schied.

Gerade da bekam Horst Günther die Stelle des Dritten Kapellmeisters ans Staatstheater Braunschweig. Ich erhielt als Staatsbeamtin ein paar Tausend Mark Abfindung, und ich verkaufte alles, was ich verkaufen konnte: die wertvollen alten Bücher, die mir in meiner Kindheit der Herr Griesbach geschenkt hatte (ausgenommen die rehbraune Sanskritgrammatik, die kein Antiquar wollte), ich verkaufte auch das Klavier, das mir meine Eltern überlassen hatten, und mein Vater war darüber sehr böse, weil er sich selbst schwer davon getrennt hatte. Aber wir brauchten das Geld so notwendig, um ein paar Möbel kaufen zu können. Und dann gaben uns auch meine Eltern einiges Geld, sie hatten sich mit dem Schwiegersohn befreundet, er war ja kein armer Musikstudent mehr, wiewohl Preuße und Protestant weiterhin, aber immerhin mit aller sanften Selbstverständlichkeit zur katholischen Trauung und Kindererziehung bereit. Sie kamen auch zur Hochzeit.

Die standesamtliche Trauung fand in Lochhausen statt, und wir verursachten dabei einen kleinen Skandal, als der Nazi-Bürgermeister uns Hitlers »Mein Kampf« überreichte, das Buch, das jedes Brautpaar vom Führer bekam, und als er dabei sagte: »Nun gehen Sie hin und schenken Sie dem Führer möglichst viele Kinder«, da trat mich mein Ehemann gegen das Schienbein, und er trat auch gegen das Schienbein des Trauzeugen Egon Schwarz, des Bruders von Reinhard Schwarz-Schilling, und wir schrien vor Schmerz *au*! und dann lachten wir hemmungslos und hysterisch und konnten uns nicht mehr beruhigen. Die Zeremonie endete damit, daß der Bürgermeister uns hinauswies. Draußen wurden wir still: es kam uns wieder einmal zu Bewußtsein, daß wir Unangepaßte waren, »Staatsfeinde«, also Bedrohte. Aber wir schoben den Gedanken wieder einmal beiseite.

Am nächsten Tag war die kirchliche Trauung in der kleinen

gotischen »Gasteigkapelle« an der Isar. Als wir aus der Kirche kamen, sagte eine fremde Frau:
Daß man solche Kinder schon heiraten läßt! Wir sahen aus wie achtzehn.
Und dann zogen wir nach Braunschweig um. Einige Monate des ungetrübten Glücks. Dann der riesige schwarze Schatten: der Krieg. Unheil um Unheil. Nach dem Überfall Hitlers auf Polen die Kriegserklärung Frankreichs und Englands an Hitlerdeutschland, das mißglückte Bombenattentat auf Hitler in München im Bürgerbräukeller, der Einmarsch der deutschen Armee in Dänemark und Norwegen, der schwere Luftangriff auf Rotterdam und auf London, der Einmarsch der Deutschen in Frankreich, dann in Griechenland, dann in Rußland...
Und die vielen Einflüge der englischen Bomber über Norddeutschland, die Braunschweiger Bombennacht, in der es mir nicht mehr gelang, mit dem Kind in den Luftschutzkeller zu flüchten, so schnell waren die Bomber über uns, Horst Günther war zur Feuerwacht im Theater, ich blieb sitzen mit dem Kind auf dem Schoß, und die Bomben fielen, die Fenster splitterten, die Dachziegel rutschten ab und zerbarsten vor dem Haus, ich beugte mich über das Kind und war bereit zu sterben. Aber schon war der Spuk vorüber. Vor und hinter dem Haus waren Bombentrichter. Das nächste Mal und von da an ging ich überhaupt nicht mehr in den Keller, der Luftschutzwart war ein Gestapospitzel, das wurde uns allen klar, als wir ihn dabei ertappten, wie er unsre aufsässigen Reden niederschrieb.
Unter uns wohnte eine Frau mit ihrer erwachsenen Tochter, die mit einem Offizier verlobt war. Wenn er in Urlaub kam, hörten wir die Sektkorken knallen, und wir rochen den Gänsebraten aus Polen, und an der Wäscheleine auf dem Balkon hingen Seidenstrümpfe und Seidenblusen aus Frankreich, und die Damen dufteten nach Pariser Parfum.

Alle Offiziere und auch die »Gemeinen« brachten Beuteware mit. So war das eben. So gehts eben zu im Krieg,
solange man zum Siegervolk gehört.

Wir litten noch keinen Hunger, denn wir hatten einen
holländischen Freund, einen Pianisten, der uns Pakete mit
Käse schickte. Aber wir erlitten anderes: Horst Günther
hatte einen Vertrag, der ihm zwölf Opernaufführungen
garantierte. Er bekam keine. Als er sich beim Intendanten
Alexander Schum beschwerte auf seine leise Art, sagte der
ihm: Was wollen Sie? Seien Sie froh, daß wir Sie überhaupt
noch beschäftigen!

Wir waren schon bekannt als Antifaschisten. Ganz zuletzt
bekam Horst Günther doch noch eine Oper: »Rigoletto«.
Das war die letzte Aufführung, die ich ihn dirigieren sah.
Dann, im Herbst 1941, zogen wir nach Rostock, wo er
Erster Kapellmeister wurde.

Der Rostocker Herbst und Winter: mein zweiter Sohn,
Stephan, wurde geboren. Die Bomben fielen auf die
Heinkel-Flugzeugwerke. Unsere Wohnung in der Kölner
Straße, ebenerdig, mit dem Blick auf einen Hof mit Aschen-
tonnen und Teppichstangen, war kahl und kalt, Stephan
weinte viel, das Mädchen, das mir das Arbeitsamt zuwies,
bestahl uns, und mir war nach dem Erfolg der »Gläsernen
Ringe« jede Publikation verboten. Und dann kam die
»Evakuierung« nach Schlesien, nach Steinseiffen bei
Krummhübel, wo man mich nicht und auch sonst keine
Fremden wollte und mich bald herausekelte. So kehrte ich
denn nach Oberbayern zurück. Im Herbst 1942 wurde
Horst Günther zum Militär eingezogen, und an Weihnachten bekam ich eine offene Postkarte: Mir gehts gut, leider
kann ich mit niemandem deutsch sprechen.

Was für eine seltsame Botschaft! Erfahrene erklärten mir,
das bedeute, er sei mit Ausländern zusammen, also mit
Leuten aus dem Balkan, die als Kanonenfutter an die

vorderste Front geschickt würden. Es war eine Strafkompanie für Horst Günther. Er fiel bald.

Ich war mit meinen kleinen Kindern von Schlesien nach Oberbayern gefahren, im verdunkelten Zug, in der Holzklasse, mit vielen Aufenthalten auf freier Strecke, Bomben fielen, Sirenen heulten und Nürnberg brannte lichterloh, es war ungewiß, ob der Zug noch passieren könne. Neue Angriffe waren zu erwarten. Schließlich kamen wir doch in München an. Meine Mutter erwartete mich seit vielen Stunden, ihr nüchtern praktischer Verstand bewährte sich schön: sie nahm mir die müden Kinder ab, wusch sie mit dem mitgebrachten Schwamm, gab ihnen Milch und war selig, ihre Enkel bei sich zu haben.

In ihrem Haus in Rosenheim war nur ein kleines Dachstübchen frei, das Haus war zwangsvermietet an andre Bombengeschädigte. Ich konnte dort nicht bleiben. So fuhr ich denn mit geliehenem Fahrrad Tag für Tag im Chiemgau herum auf Suche nach einer Wohnung, aber jedes Zimmer, jedes noch so baufällige Häuschen, jede Hütte war besetzt. Schließlich fand meine Tante Marie, jene, die einst die böse Kommunistenbraut war, in der Nähe von Salzburg ein lang verlassenes Haus. An den Wänden wuchs Schimmel, die Mäuse hatten die Türen angenagt, es gab kein elektrisches Licht, kein fließendes Wasser, und das Klo war außerhalb. Aber es hatte einen Garten, und hinter dem Haus war der Wald mit Tannenzapfen zum Anfeuern und mit Staatsholz, in große Scheite geschnitten, zum Stehlen bereit.

Und die Tante Marie brachte uns immer wieder etwas zum Essen, sie tauschte Butter und Eier ein für ihre »Kracherl«, die sie, Krieg hin, Krieg her, in ihrer kleinen Fabrik herstellte, diese kohlensäureperlenden Limonaden, giftgrün und himbeerrot und zitronengelb, alles billige Chemie, aber von den Bauern sehr begehrt, es gab ja sonst nichts mehr zu trinken. Aus Tante Maries armseligen

Anfängen war ein gutgehendes Unternehmen geworden.

Obwohl sie mich nicht leiden konnte, weiß Gott warum, waren wir in jener Zeit Verschworene: wir waren Antifaschisten. Sie hörte mitten im Dorf Nacht für Nacht den englischen Sender BBC. Darauf stand KZ. Sie hörte dennoch. Die Nachrichten steckte ihre Tochter, meine junge Kusine Fanny, in die Spitze ihrer Strümpfe und überbrachte sie mir. Ich hatte kein Radio. Ich meinerseits gab dann die neuesten Nachrichten reihum weiter, was keineswegs unbeobachtet blieb, wie sich bei meiner Verhaftung zeigte.

Alles in allem: diese Monate waren relativ friedlich. Ich schrieb damals an Hesse: Es scheint, daß die Tränen nun für einige Zeit ausgeweint sind.

Irrtum. Mein liebster Vetter fiel im Krieg, ich durfte nichts mehr publizieren, mein Mann war tot, ich saß allein in meinem Waldhaus, weitab vom Dorf, weitab von Nachbarn, hinterm »Totenhölzl«, jeder konnte mich überfallen, jeder mich bespitzeln. Ich war arm, meine Eltern schickten den Kindern Wäsche und Wolljacken, mit Geld konnten sie mir kaum helfen, es gab ja auch nichts zu kaufen, aber der gute Peter Suhrkamp schickte mir monatlich hundert Mark, bis er ins KZ Sachsenhausen kam. Ich baute Kartoffeln und Bohnen im Garten an, ich sammelte Wildkräuter, ich ging hamstern, um wenigstens ein paar Löffel Mehl und ein Ei heimzubringen.

Arm, arbeitslos, hungrig, einsam, schutzlos, von der Gestapo überwacht, und dennoch nicht unglücklich, denn ich hatte mich selber wiedergefunden. Ich lernte begreifen, daß man mitten im Feuerofen auf seltsame Weise unversehrt bleiben kann.

Aber so bliebs nicht lange. Ein neues Unheil tauchte auf, das sich zunächst als solches nicht erkennen ließ. Klaus tauchte auf. Wer war dieser Klaus? Er war ganz unwichtig für mein

Leben, aber er liefert Stoff für ein kleines Kapitel Zeitgeschichte. Er ist tot, seine Familie ist tot, alle Freunde sind
tot. So kann ich über ihn reden.

Er war Schriftsteller, ziemlich unbekannt, er lebte in Berlin,
war Kommunist, »Edelkommunist«, wie man solche Linke
nannte, die keine Beziehung zur Welt der Arbeit hatten und
nur theoretisierten, und zudem war er ein bekannter
Päderast, und, als genügte das noch nicht zu seiner Verfe-
mung: er war Pazifist, und dies so nachdrücklich, daß er,
um nicht Soldat werden zu müssen, sich selbst verstümmel-
te, er ließ sich durch einen Arzt Gerhart Hauptmanns die
Sehnen zweier Finger der linken Hand durchtrennen, in der
Annahme, das könne nach dem Krieg repariert werden. Es
erwies sich als irreparabel.

Diesen Klaus hatte ich in Schlesien kennengelernt. Wir
trafen uns in unserm Antifaschismus. Im Sommer 1943
flüchtete er sich zu mir: die Gestapo suchte ihn in Berlin.
Bei mir schien er für eine Weile sicher. Kurz darauf wurde
seine Berliner Wohnung zerbombt, so kam auch seine alte
Mutter zu mir. Es wurde eng in meinem sehr kleinen Haus,
die Kinder verloren ihr Zimmer, sie verloren ihr friedliches
Zusammenleben mit mir, der Unfriede zog ein, die Neuen
waren Störer. Aber sie waren Gesinnungsgenossen, ihnen
gegenüber war das Gastrecht heilig. Ich duldete sie.

Klaus blieb gefährdet: eines Tages wurde ihm von Berlin
aus der Gestellungsbefehl nachgeschickt.

Ich mußte den Brief nach Berlin zurückschicken: Absender
abgereist. Klaus fuhr nach Berlin und tauchte unter. Aber
man war ihm auf der Spur. So fuhr er zu mir zurück. Das
Spiel trieb er mehrmals, dann wurde er es leid. Er bat mich
rundheraus, ihn zu heiraten, denn einmal verheiratet,
gehörte er nach Oberbayern und war vorerst aus der
Schußlinie. Zudem: das Odium des Homosexuellen war
von ihm genommen, wenn er verheiratet war.

Aber...

Nichts aber, du mußt mich retten, wir müssen eine sehr öffentliche Hochzeit machen, im Salzburger Dom.

Aber...

Und im Hotel Österreichischer Hof, wo die Nazibonzen und hohen Militärs sitzen, müssen wir das Hochzeitsmahl...

Aber Klaus!

Du mußt mich retten, du kannst es nicht verantworten, daß ich ins KZ komme.

Das war ein Argument, das bei mir ankam, das wußte Klaus. Ich dachte: nun, der Krieg dauert nicht mehr lange, dann lassen wir uns sofort scheiden, und was die katholische Trauung angeht, so heirate ich mit der reservatio mentalis, unter dem Vorbehalt, daß die Ehe unter dem Druck der politischen Verhältnisse zustande komme und nicht »vollzogen« würde. Ich weihte einen Salzburger Geistlichen ein. Er war Antifaschist und übersprang alle Bedenken.

Die Hochzeit: ein verschlungener, mich verschlingender Alptraum. Der rote Teppich, auf dem das falsche Brautpaar die ganze Länge des Doms durchschritt, Arm in Arm, das feierliche Orgelspiel, meine nichtsahnenden Eltern, die froh waren, ihre junge Tochter-Witwe wieder verheiratet zu sehen, und der Trau-Akt selbst, bei dem ich das Ja nicht herausbringen konnte, und das unverschämt laute Ja des Klaus, das man bis Berlin hören sollte, und dann das Essen im Hotel bei offener Tür, so daß die braunen und feldgrauen, ordengeschmückten Uniformen hereinschauen konnten, und dann die falsche Hochzeitsnacht in getrennten Zimmern natürlich, und meine Tränen über den doch zu hohen Preis, den ich für die Rettung des mir nicht einmal sympathischen Klaus brachte. Ich fühlte mich überrumpelt, vergewaltigt, gedemütigt. Aber geschehen war geschehen. Ich mußte das Spiel weiterspielen. Der Krieg dauerte an. Klaus' Mutter, insgeheim hoffend, Klaus normalisiere sich, machte mehr und mehr anzügliche Bemerkungen. Ich wurde allmählich aggressiv in dieser Enge, ich wünschte die Eindringlinge zum Teufel, ich provozierte Klaus, indem ich ihm unfairerweise sein geringes Talent vorhielt und sein albernes Schielen nach den Bauernbuben. Er gab einem Dorf-Adonis Lateinunterricht, und ich wich dabei, zu seiner stillen Wut, nicht aus dem Zimmer. Einmal schleuderte er mir einen schweren eisernen Leuchter nach, der, hätte er getroffen, mich töten konnte.

Die Alte nahm meinen Kindern die Milch- und Zuckerration weg, um sie ihrem Klaus zuzustecken. Die Liste ihrer Unverschämtheiten ist lang. Warum warf ich die Leute nicht einfach hinaus? Weil sie Gesinnungsgenossen waren. Wohin sollten sie gehen? Ich hielt durch. Es waren harte Zeiten. Ich lebte mit zusammengebissenen Zähnen.

Einig waren wir uns nur, wenn meine Kusine Fanny die BBC-Nachrichten brachte: die Japaner, Deutschlands Verbündete, verlieren eine Seeschlacht, Gandhi ist verhaftet, bei der Casablanca-Konferenz fordern Roosevelt und Churchill die bedingungslose Kapitulation Deutschlands, in Griechenland gibt es eine starke Widerstandsbewegung, die Engländer machen eine Probelandung in Dieppe, Mussolini wird abgesetzt, Badoglio erklärt den Deutschen den Krieg, Hamburg ist bombardiert und brennt, Stalingrad geht verloren, General Rommel soll sich umgebracht haben, ihm folgen andre Generäle...

Wie lange kann der Krieg noch dauern? Das Leben bestand im Warten auf das Kriegsende. Absurder Zustand: Deutsche mußten wünschen, daß Deutschland ganz und gar geschlagen werde. Wir waren sicher, daß es geschlagen wird. Aber wann... Die Deutschen waren dieses Krieges müde. Sie gaben auf, auch wenn sie noch weiterkämpften. In dieses Warten hinein kam mir eine Nachricht aus Berlin zu: Peter Suhrkamp schrieb mir, es gebe eine Filmarbeit dort, ich solle sofort kommen, Reise wird bezahlt. Was für eine Arbeit? Und wieso mir, der »Verbotenen«?

Peter sagte: Das Ding kommt nicht zustande, und du verdienst Geld, du kannst deine Kinder nicht verhungern lassen.

Ja, und was für ein Film...?

Ein Auslands-Propaganda-Film über den deutschen weiblichen Arbeitsdienst.

Peter!!

Harmloser Kitsch: eine Arbeitsdienstführerin bekommt die Nachricht, daß ihr Verlobter gefallen ist.

Nun, und? Das gibt keinen Film!

Es ist der Aufhänger. Du sollst zeigen, wie schön es ist in einem Arbeitslager, wie gesund die deutschen Mädchen sind, wie sittenstreng...

Peter! Ich...

Geh mal zu Felix Lützkendorf, Hausautor der UFA, red mit ihm. Los, geh jetzt. Zweitausend Mark Vorschuß. Die hast du dann auf jeden Fall.

Ich bin nicht käuflich, mein Lieber!

So geh schon.

Wer war Lützkendorf? Was wußte er von mir? Damals war es ein aufregendes Spiel, herauszufinden, mit wem man es zu tun hatte: war der andre ein echter, überzeugter, aber menschlich anständiger Nazi, oder ein fanatischer, gefährlicher, oder ein Nazi, der nicht bis in die Knochen überzeugt war, aber mitlief aus Karrieregründen oder weil er sich nicht als erklärter Gegner verstehen konnte, oder ein Nazi, der etwas auf dem Kerbholz hatte und darum ängstlich war und aus Angst zum Denunzianten wurde, oder ein Nazi, der lieber keiner mehr wäre, aber den Hals nicht aus der Schlinge ziehen konnte, oder ein Nazi-Gegner, der sich vorsichtig tarnte, oder ein Nazi, der sich heimtückisch provokant als Gegner ausgab, oder ein Nazi, der das Spiel schon verloren sah und sich Freunde suchte unter den Gegnern fürs Nachher, oder ein echter Antifaschist, der verbissen schwieg, oder einer, der sich heraushielt und unpolitisch war, weil er ungestört arbeiten wollte und deshalb willig oder halb unwillig Zugeständnisse machte. Und all diese Typen hatten ihre Spielarten, ihre Schattierungen, ihre Anfälligkeiten nach der einen oder der andern Seite hin, und sie hatten ihre Gezeiten, in denen sie einmal mehr, einmal weniger dafür oder dagegen waren. Es war gut, keinem zu trauen. Jeder konnte Spitzel sein und einen ans Messer liefern. Wer jene Zeit erlebt hat, der ist seismographisch empfindlich für jedes Anzeichen einer Wiederkehr, einer Etappe heimtückischer Freiheitsberaubungen.

Jener Felix Lützkendorf, zu dem mich Peter Suhrkamp geschickt hatte, war kein Nazi, das merkte ich bald, ohne daß er sich erklärte. Er gab mir filmische Ratschläge und reichte mich freundlich weiter nach oben, das heißt zur UFA nach Babelsberg und dort zu dem Regisseur Karl Ritter. Der trug das goldene Partei-Abzeichen, er war Offizier, er machte Kriegsfilme. Er war sympathisch. War er ein Nazi?

Jener Film kam nicht zustande. Die Geschichte konnte nicht gut ausgehen. Ich schrieb eine alberne Story und machte ein Drehbuch daraus, so gut ichs konnte, und lieferte es ab. Das Buch mußte die Zensur durch den Leiter des Reichs-Arbeitsdienstes passieren.

Eines Tages wurde ich mit Ritter zusammen ins Arbeitsdienst-Ministerium zitiert. Ritter flehte mich an: Was immer Sie hören – schweigen Sie, lassen Sie mich reden!

Der Vertreter des Arbeitsdienstführers kam sporenklirrend und zornblitzend herein, schmiß das Buch auf den Tisch und schrie: Was für ein Scheißdreck ist denn das? Sie haben ja keine Ahnung vom Nationalsozialismus. Quatsch ist das, und kein Propagandafilm!

Aber, so wagte ich einzuwenden, man hat mir gesagt, es

sei ein Film fürs Ausland und ich solle so wenig wie möglich ... Welches Arschloch hat Ihnen das gesagt?

Ich erinnere mich natürlich des Wortlauts des weiteren
Geschreis nicht mehr. Ich weiß aber, daß ich mehrmals
aufsprang und Ritter mich jedesmal auf den Stuhl zurück-
zog. Schließlich ergriff ich das Buch, warf es auf den Tisch
und schrie. Ritter sagte mir später, ich habe gesagt: Machen
Sie Ihren Nazidreck alleine!

Der also Angeredete klirrte hinaus, er fand keine Worte mehr.
Ritter war blaß. Er sagte: Das ist verhaftungsreif. Ich mußte
beim Hinausgehen meinen Rock mit den Händen festhalten,
Ritter hatte mir den Reißverschluß aus dem Stoff gerissen bei
seinem Versuch, mich auf dem Stuhl festzuhalten.

Die Verhaftung kam nicht, das heißt nicht sogleich. Aber
ich hatte *denen* wieder einmal Material geliefert. Vergessen
wurde nichts. Ich selbst vergaß auch nicht: als ich im
Gefängnis saß, fielen mir die zweitausend Mark ein, die ich
von den Nazis genommen hatte. Ich hätte sie *denen* vor die
Füße werfen sollen. Aber ... Kein Aber. Auch andre hatten
aus Not so oder so ähnlich gehandelt. Wäre es aber nicht
auch ohne dieses Geld gegangen? Ich nahm die Gefängniszeit auch als Buße für diesen Verrat an mir selbst.

Warum hatte man mich damals nicht gleich verhaftet?
Warum wartete man so lang darauf? Genügte das Material
gegen mich nicht? Zwei Jahre lang wurde ich von einem
Spitzel der Gestapo überwacht.

Im Dorf war man sich klar darüber, daß dieser lange Kerl, der
nichts arbeitete und nur so herumlungerte, mit Schlitzohren
überall zuhörte, im Wirtshaus und in den Läden, und immer
gut angezogen war und von dem niemand wußte, woher er
kam, wohin er gehörte, ein Gestapomann war. Einmal
ertappte ich ihn dabei, wie er in der Dämmerung sich an mein
Haus heranpirschte und horchte. Ich schrie ihm meine
Meinung nach. Das verbesserte meine Lage nicht.

Meine Kusine Fanny brachte dennoch weiter BBC-Nachrichten in den Spitzen der Strümpfe. Die Geschwister Hans und Sophie Scholl in der Universität München verhaftet, als sie Flugblätter gegen Hitler verteilten, das Widerstandsnest um Kurt Huber ausgehoben, alle in Stadelheim hingerichtet. Die 6. Deutsche Armee bei Stalingrad vernichtet oder gefangen: der Krieg wendet sich gegen Deutschland, die Sowjets erobern die Ukraine zurück. Landung der Alliierten in Sizilien und bei Anzio-Nettuno. Österreich wird befreit. Japan wird total besiegt. Rom wird zur »offenen Stadt« erklärt, die Alliierten stoßen gegen Norditalien vor. Die Deutschen schießen mit ihren »Wunderwaffen« V1 und V2 Raketen auf England. Und am 20. Juli der Aufstand deutscher hoher Offiziere und Politiker vornehmlich aus der Aristokratie, das Attentat auf Hitler, das mißglückt war, die Anstifter hingerichtet: Stauffenberg, Goerdeler, Witzleben, Yorck.

In unserm Waldhaus ging das Leben mühsam weiter. Ich arbeitete im Garten, hamsterte, kochte aus Nichts etwas, und abends saß ich beim Schein einer kleinen Petroleumlampe und schrieb ein Kinderbuch, »Martins Reise«, und den Roman »Hochebene« und die Erzählung »Elisabeth«, und nichts davon durfte gedruckt werden, aber ich schrieb, ich mußte mich retten.

Eines Tages stand jemand vor meiner Tür: eine verhärmte, verängstigte Frau: jene Lisl, die Ehefrau des Halbmönchs, die ehemalige Mitschülerin. Was wollte sie von mir? Wir hatten uns viele Jahre nicht gesehen. Sie war verzweifelt. Warum? Jetzt kams heraus: Ihr Mann war bei der Partei, schon seit 1937, und er war Wehrmachtsoffizier.

Nun, und? Was kann ich tun?

Nichts. Ich nehme mir das Leben, mir und den Kindern.

Aber warum denn?

Der Krieg ist verloren, dann kommen die Russen und

bringen alle Parteimitglieder um, und die Frontoffiziere auf besonders grausame Weise.

Unsinn. Deswegen bringen die doch deinen Mann nicht um.

Sie bestand darauf, und mir mußte scheinen, sie habe einen besonderen Grund, für ihren Mann zu fürchten. Hatte er eine besonders belastende Funktion? Wie auch immer: ich war bereit, den beiden zu helfen, obgleich sie meine politischen Gegner waren (wie sehr und mit welchen Folgen, das wußte ich noch nicht).

Dumme Kuh, sagte ich. Du schreibst jetzt sofort deinem Mann, er soll sich verdrücken, absetzen, heimkommen, untertauchen. Und du schaust, daß du mit deinen Kindern durchkommst und nicht verhungerst. Ich helf dir nachher schon. Der Krieg dauert nicht mehr lange, also Mut!

Sie ging. Die dumme Kuh. Sie schrieb, was ich gesagt hatte, ihrem Mann an die Front bei Allenstein in Ostpreußen. Er zeigte mich umgehend an. Mich, nicht seine Frau, die Defaitistin. Beim Schreiben dieser Zeilen fällt mir ein, jetzt erst, nach rund fünfunddreißig Jahren, daß, als er mich angezeigt hatte, ich vielmehr seine Frau hätte anzeigen können, denn sie war es, die vom verlorenen Krieg sprach, vom Einmarsch der Russen, und sie hatte Wehrkraftzersetzung getrieben, als sie ihren Mann aufforderte, zu desertieren. Aber mir fiel es einfach nicht ein, das zu tun, nicht einmal beim letzten Verhör im Februar 1945 vor dem Reichssicherheitsdienst, als ich um eine Gegenüberstellung mit ihr gebeten hatte, glaubend, sie würde sich schämen, vor mir ihre Anklage aufrecht zu halten. Sie schämte sich nicht, sie schrie vielmehr: Du lügst! als ich ihr eine Brücke baute und sagte, sie sei an jenem Tag überreizt und unzurechnungsfähig gewesen. Man glaubte ihr, der Frau eines Parteimitglieds und Wehrmachtsoffiziers, und nicht mir, der so schwer Beschuldigten.

Aber ich greife vor. Kurze Zeit nach der Denunziation hatte die Gestapo das Material zusammengestellt, das für meine Verhaftung ausreichte. Dann kam der Morgen des 12. Oktober 1944.

Zwei Dorfgendarmen standen vor meinem Haus. Ich war eben dabei, Hausputz zu machen, zusammen mit Lisi, einem fünfzehnjährigen Dorfmädchen. Die Gendarmen gaben sich Mühe, mich nicht zu erschrecken. Sie sagten, es handle sich vermutlich um eine Zeugenaussage, und ich könne bald wieder heimgehen, ich brauchte mich also nicht einmal umzuziehen. Mir war nicht wohl dabei, aber ich dachte nicht ans Schlimmste. Ich brachte jedoch die Sache in Zusammenhang mit jener Lisl, deren Schwester sich umgebracht hatte, es war durchaus möglich, daß man mich als Zeugin brauchte.

Ich wurde ins Dorfwirtshaus geführt. Gefrühstückt hatte ich noch nicht. Es war früh morgens. Klaus und seine Mutter waren nach Salzburg gefahren.

Dann las mir der eine der bekümmerten Gendarmen etwas vor, was zu verstehen, das heißt in Zusammenhang mit mir zu bringen, mir schwer fiel. Dennoch konnte ich nicht umhin, allmählich zu begreifen, daß ich verhört wurde.

Sie haben zu Angehörigen der deutschen Wehrmacht im Heimaturlaub defaitistische Reden geführt und ihnen geraten zu desertieren. (Stimmt)

Sie haben mit Staatsfeinden im Ausland korrespondiert. (Stimmt, wenn man Hesse als Staatsfeind sah.)

Sie haben verbotenen Umgang gehabt mit polnischen kriegsgefangenen Frauen im Lager Laufen und ihnen Schuhe und Seife gebracht. (Stimmt)

Sie haben kriegsgefangenen russischen Straßenarbeitern in Salzburg regelmäßig Zigaretten zugeworfen. (Stimmt)

Sie haben sich geweigert, Geld fürs Winterhilfswerk zu spenden mit der Begründung, Sie wollten nicht den schmutzigen Krieg verlängern. (Stimmt)

Sie haben sich geweigert, der Partei oder einer ihrer Formationen beizutreten. (Stimmt)

Sie haben defaitistische Nachrichten aus Feindsendern verbreitet und dadurch den Wehrwillen des deutschen Volks geschwächt. (Stimmt)

Sie haben mehrmals Besucher bei sich empfangen, die mit Ihnen staatsfeindliche Gespräche führten. (Stimmt. Sie waren zu Klaus gekommen. Stellen aus unsern Gesprächen wurden wörtlich zitiert: der Gestapo-Spitzel hatte uns am Fenster abgehört.)

Sie haben einem hohen Würdenträger der Partei gegenüber von Nazischeißdreck gesprochen und sich geweigert, eine Erklärung darüber abzugeben. (Stimmt zum Teil. Niemand hat je eine Erklärung dieser Art von mir erwartet.)

Sie haben sich geweigert, ihre Kraft in den Dienst des Volks zu stellen und in der Fabrik bei Seebruck zu arbeiten. (Stimmt, diese Fabrik war eine unterirdische Munitionsfabrik, und ich hatte mich tatsächlich geweigert, dort zu arbeiten.)

Sie haben... Sie haben... Sie haben... Vier Seiten Anklage.

Ich leugnete alles. Aber dann kam erst die Bombe: Sie haben der Frau eines Offiziers gegenüber sich scharf abträglich über den Führer geäußert, vom verlorenen Krieg gesprochen und die Frau aufgefordert, ihren Mann zum Desertieren zu bewegen. (Stimmt) Jetzt erst ging mir ein Licht auf: *Daher* also kam die Denunziation. Die dumme Kuh hatte mir das eingebrockt. Ich leugnete, ich sagte: Diese Frau kam in einem Zustand der Verzweiflung zu mir, weil sich ihre Schwester das Leben genommen hatte und weil sie ohnehin nervlich belastet ist, und sie fürchtete für das Leben ihres Mannes an der Front, das ist natürlich, und sie redete wirr, sie hörte überhaupt nicht richtig zu, sie ist nicht zurechnungsfähig gewesen bei ihrem Besuch. Um sie zu trösten, habe ich vermutlich gesagt, der Krieg dauere nicht mehr lange, daraus hat sie also ein Märchen gesponnen.

Die Gendarmen nahmen das zu Protokoll. Wie lang das alles dauerte. Der eine Polizist schrieb mit zwei Fingern auf der Maschine. Ich hätte mich gern angeboten, die Arbeit für ihn zu tun, damit ich überhaupt etwas hätte tun können. Mir wurde allmählich übel, mir wurde schwarz vor den Augen, ich bat um etwas zu essen, das wurde mir verweigert, das war verboten, aber die mitleidige Wirtin brachte mir einen Teller Suppe mit einem Leberknödel drin, das vergesse ich nie. Das Verhör dauerte bis zwei Uhr nachmittags, also etwa sieben Stunden. Ich erinnere mich nicht mehr, wessen ich noch beschuldigt wurde. Zuletzt stand der eine der Gendarmen auf und ging telefonieren. Er kam bekümmert zurück: Im Namen des Führers (oder wie er sagte), Sie sind verhaftet wegen Wehrkraftzersetzung und Widerstands gegen den Staat. (Ich weiß nicht mehr genau, ob auch das Wort Hochverrat schon in dieser Beschuldigung vorkam, oder erst bei einem späteren Verhör vor dem Reichssicherheitsdienst.)

Jetzt zitterten mir die Knie. So also war das. Verhaftet war ich. Die Gendarmen begleiteten mich nach Hause und ließen mich eine Weile allein. Ich schickte Lisi mit dem Rad zu meiner Tante Marie ins Dorf, sie kam sogleich. Sie half mir die belastenden Papiere zu verbrennen und versprach mir, sich um die Kinder zu kümmern, falls ich lebend nicht mehr zurückkäme. Als alles getan war, nahm ich meinen kleinen Christoph auf den Schoß (Stephan war damals gerade in einem kleinen Kinderheim, wo es gut zu essen gab) und malte ein Bild für ihn und dachte dabei: Kind, du wirst deine Mutter vielleicht nie wiedersehen, Gott schütze dich und dein Brüderchen.

Dann war es Zeit zu gehen. Ich weinte nicht, ich schaute mich nicht um. Die Polizisten brachten mich ins Nachbardorf Fridolfing und sperrten mich in eine kleine Zelle ein mit Eisentür und Riegel. Auf dem Pflasterboden war eine Schütte Stroh, darauf legte ich mich, aß den mitgebrachten Apfel und das Stück Brot, das mir einer der Gendarmen zugesteckt hatte, und dann schlief ich ein, friedlich, als läge ich daheim im Bett und alles sei in Ordnung. Am Morgen weckten mich die Polizisten, brachten mir eine Schüssel mit Wasser zum Waschen, kein Handtuch, und auch nichts zu essen, und dann gingen wir zum Bahnhof. Dort stand Klaus, wir konnten in aller Eile uns einigen, was wir leugneten, denn, das war sicher, auch er würde verhört werden, und er hatte allen Grund, sich höchst gefährdet zu fühlen. Es wurde ihm erlaubt, mich im Zug bis Traunstein zu begleiten, die Gendarmen setzten sich nicht einmal zu uns, sie ließen uns als normale Reisende fahren. Wir waren zu früh in Traunstein, ich sollte erst mittags im Gefängnis eintreffen. Wir frühstückten im Bahnhof. Aber dann verlangte ich, sogleich eingeliefert zu werden. Das war leichter als das Warten in der gestundeten Freiheit. Ich ging, ich ließ Klaus stehen und schaute mich nicht um, als das Tor zufiel.

Nun war ich also Häftling, wurde nackt ausgekleidet und abgetastet. Als die Aufseherin, den Revolver am Gürtel, mich zwischen den Beinen abtasten wollte, schaute ich sie an auf eine Weise, daß es ihr geraten schien, davon abzusehen, bei den andern griff sie hinein, so weit sie konnte. Wenn ich heute an den Flughäfen auf ähnliche Weise abgetastet werde, steigt kalte Wut in mir auf.

Dann bekam ich die Gefängniskleidung zugeworfen: einen viel zu weiten Rock und eine viel zu lange und weite Jacke, alles aus graugrünem Uniformstoff, hart und oft geflickt und dennoch an vielen Stellen zerlöchert.

Und dann wurde ich unter ganz unmotiviertem Geschimpfe der Aufseherin (»dich wern ma scho klein kriegn, du Kommunistensau«) in die Zelle gebracht. Tür zu, Riegel vor.

Ich habe meine Gefängniszeit beschrieben in meinem »Gefängnistagebuch«, das als eines der allerersten Bücher nach dem Krieg erschien. Es ist ein echtes Tagebuch insofern, als ich alles, was ich in den ersten Monaten erlebte, in Stichworten aufschrieb, mit einem Bleistiftstummel, den ich in der Zelle versteckt fand (Schreibzeug war verboten). Als Papier hatte ich den unbedruckten Rand alter Zeitungen, die uns als Klopapier zugestanden wurden.

Wenn ich heute bei Diskussionen von den Menschenrechten und der Reform des Strafvollzugs reden höre und selbst rede, sehe ich mich in meiner Einzelzelle. Isolierhaft.

Was tut man, wenn man plötzlich ganz und gar allein ist, ohne Buch, ohne Radio, ohne Möglichkeit mit andern zu reden, ohne Aussicht auf Befreiung?

Man wirft sich erschöpft auf die harte Pritsche und sehnt den Schlaf herbei, das Vergessen. Aber die Tür springt auf und man wird angeschrien: Es ist verboten, sich tagsüber hinzulegen. Man fragt harmlos: Warum? Aber das fragt man nur einmal, man wird wiederum angeschrien. Das Hinlegen ist verboten, damit basta, Fragen gibts nicht. Man steigt auf den Hocker, stellt sich auf die Zehenspitzen und schaut durchs vergitterte Fenster, man sieht das Dach gegenüber und ein bißchen Himmel darüber, das tut weh, das gibt man bald auf. Als ich voriges Jahr mit einem Fernsehteam in Traunstein war und wir eine Aufnahme vom Gefängnis machten, dabei riskierend, vom Verfassungsschutz aufgegriffen zu werden, sah ich an einem der Fenster einen jungen Mann genauso ans Eisengitter geklammert und herausschauend, wie man mich hätte sehen können damals 1944. Ich konnte den Anblick nicht ertragen.

Was tut man sonst in Einzelhaft? Man wartet auf das Räderrollen und das Blechgeklapper, mit dem sich das Essen ankündigt. Man ißt gierig, aber lustlos und mit Ekel vor dem zerbeulten, nie sauber gespülten Blechgeschirr. Man spült den Löffel ab in der Waschschüssel mit kaltem Wasser, warmes gibt es nie. Messer hat man nicht, damit könnte man sich die Pulsadern aufschneiden. Man wartet, bis das Geschirr wieder abgeholt wird und man ein paar Worte reden kann mit den Häftlingen, die Essensdienst haben. Man wird von der allgegenwärtigen Aufseherin angeschrien: Das tät dir so passen, du Luder, du Kommunistensau, mit den andern was anzetteln! Tür zu, Riegel zu. Der lange Nachmittag beginnt. Man legt sich auf die Pritsche. Kaum liegt man, hört man, wie der Schieber vom Guckfenster weggezogen wird. Die Aufseherin: Aufstehn, faules Luder, untertags schlafen ist verboten. Warum? Wer weiß das. Was sonst soll man tun? Man bekommt keine Arbeit.

Man wird zermürbt. Das ist der Sinn. Man geht auf den Eimer, der nach Chlor stinkt. Man geht in der Zelle auf und ab wie ein Tier im Zoo. Man singt, aber schon hört es die Aufseherin: Was hast du zu plärren? Man wartet auf die Medizin gegen den Husten, der einen plagt, die Zellen sind auch im Winter nicht geheizt, die Medizin kommt nie. Man wartet auf den Anwalt, der seinen Besuch versprochen hat. Man wartet auf das nächste Verhör vor dem Untersuchungsrichter, das wenigstens eine Abwechslung ist. Man versucht sich an auswendig gelernte Gedichte zu erinnern und sagt sie auf. Man sehnt sich nach einem Buch aus der Gefängnisbibliothek, man erbittet es, man bekommt es nicht, oder wenn man schließlich für den Sonntag eins bekommt, ist es ein Kriegsbuch. Man liest die verzweifelten und die obszönen Inschriften, die Vorgänger in die Kalkwand gekratzt haben. Man wartet aufs Abendessen. Man legt sich hin. Das Licht ist aus. Man liegt im Dunkeln von acht Uhr ab. Man liegt wach. Manchmal bekommt eine in einer andern Zelle einen Weinkrampf, dann weint man mit. Oder eine andre trommelt an die Zellentür und schreit: Ich bin unschuldig, laßt mich heim – hinaus! Aber die Aufseherin kommt und droht mit Dunkelhaft, und daraufhin wirds totenstill, und die Angst geht um bis zum Morgengrauen. Man befriedigt sich selbst, lustlos und gequält, um sich einzuschläfern, und dann schämt man sich und fühlt sich elend. Oder man denkt sich abenteuerliche Arten der Flucht aus, zum Beispiel, man stellt sich krank, windet sich vor Schmerzen, kommt ins Krankenhaus, vertraut sich dort einem Arzt an, der einem den Schlüssel gibt zum Keller und zur Hintertür, oder der einem eine Spritze gibt, die einen scheintot macht, man kommt ins Leichenschauhaus und entflieht, oder einer der Freunde kommt in der Uniform eines hohen SS-Offiziers, angebend, er müsse einen zur Gestapo nach München oder zum Volksgerichtshof nach Berlin bringen, und läßt einen unterwegs frei, und man bettelt sich durch bis zu den Russen, oder einer kommt mit einem Hubschrauber und läßt eine Strickleiter herunter, wenn man Hofgang hat, man klettert blitzschnell hinauf ... Man hört die Bomber einfliegen und wünscht sich, das Gefängnis werde getroffen und man wäre tot, auf der Stelle, oder eine Mauer stürzte ein und man könne im Durcheinander entfliehen.

Habe ich in diesen Monaten an Gott gedacht? Habe ich ihn um Befreiung gebeten oder Trost bei ihm gesucht? Habe ich gebetet, er möge meine Kinder beschützen? Keineswegs. Gott war nicht anwesend in meinem Bewußtsein. Ich machte die Erfahrung, daß man ohne Gott, ohne metaphysische Kräfte und Hilfe, leben können muß. Ich war ganz auf mich selbst geworfen. Jetzt hol raus aus dir, was du hast! Jetzt zeig, wer du bist ohne alle Zuwendung von außen und oben!

Ich haderte nicht mit meinem Geschick und also nicht mit Gott. Ich war nur voller Wut auf die Nazis, die mir und Millionen andrer dieses Schicksal zugeworfen hatten, sinnloserweise. Ich war zur perfekten Marxistin geworden, die nichts von einem Gott, aber alles vom Menschen erwartet und die alles auf die eine Karte setzt: Veränderung der politischen Lage, Veränderung der Gesellschaft, Veränderung des Bewußtseins. Ich war reduziert auf einen Teil meiner selbst, auf den politischen Menschen.

Was war eigentlich geschehen mit meiner Religiosität? War sie einfach lautlos abgebröckelt in der Gefahr? War sie doch nur ein Überbau gewesen, der nicht standhielt im Notfall? War ich vielleicht gar kein religiöser Mensch, sondern ein politischer?

Gott tat von sich aus rein gar nichts, sich mir bemerkbar zu machen. Gab es ihn überhaupt? Brauchte ich ihn? Ich war stark genug, allein zu stehen. Es geht also ohne Gott. Man kann in der Wüste leben. Nur: als ich hernach erfuhr, wie es ist, *mit* Gott zu leben, erkannte ich, wie es ist, *ohne* ihn zu sein. Damals im Gefängnis hat Gott mich erprobt. Er schaute von ferne zu, wie ich mich hielt. Mir geschah nicht, was Sadat geschah, als er, Widerstandskämpfer gegen die englischen Kolonialherrn in Ägypten, eingesperrt war: da wurde ihm die Zelle plötzlich weit, und ein Licht war da und ließ ihn die Mauern vergessen: er erfuhr die geistige Befreiung. Und auch der indische Partisan Aurobindo, nachmals einer der großen religiösen Führer, erlebte seinen Gott Vishnu im englischen Kerker: eine Stimme sagte ihm, er sei frei, denn nichts könne ihm widerfahren, was nicht er, Gott, zulasse.

Mir kam nichts zu Hilfe. Nichts, außer meiner vitalen Kraft. Ich wurde zu einem kompakten Bündel Überlebenswillen.

Habe ich eigentlich mit meinem Tod gerechnet, als mir der

Anwalt (oder wars der Untersuchungsrichter?) mitteilte, meine Sache sei zum Volksgerichtshof nach Berlin gegangen, zu jenem berüchtigten Freisler, und das bedeute, daß mir keine Hoffnung blieb? Tod, oder was damals dasselbe war, KZ war mir sicher.

Ich glaubte nicht wirklich an meinen Tod. Ich rechnete mit der Zeit: wer würde das Rennen gewinnen, die Russen, die Amerikaner? Wer würde mich befreien? Aber natürlich, es konnte auch sein, daß der Volksgerichtshof gewann...

Wir waren ohne Nachrichten. Erst als ich im Außendienst arbeiten durfte, in jener verdammten Leimers Semmelbrösel-Fabrik, der ich im Gefängnistagebuch das verdiente schwarze Denkmal gesetzt habe, erfuhr ich einiges, wenn auch Verworrenes. Die Engländer sind gelandet an der Nordseeküste. Nein, man hat sie zurückgeworfen. Frankreich ist befreit. Nein, die Deutschen haben eine Gegenoffensive gemacht in den Ardennen, die Alliierten sind besiegt. Nein, sie sind schon wieder den Deutschen über. Die Türken fallen den Deutschen auch noch in den Rücken. Dresden ist total bombardiert. Die Russen marschieren auf Berlin zu. Nein, die liefern den Amerikanern eine Schlacht an der Elbe, die kämpfen um die Vormacht in Europa. Unsinn: die treffen sich, um dann gemeinsam Deutschland zu zerstören. In München gibt es eine große Widerstandsgruppe, die »Aktion Freiheit« heißt und den Amis hilft...

Bei Bombenalarm saßen wir im Korridor des Gefängnisses, hinter abgesperrten Gittern. Wäre eine Bombe gefallen, wären die Aufseher entflohen, wir wären hilflos verendet. Ich dachte an meine Kinder: die Bomber flogen über Rosenheim, da war mein Christoph, dann flogen sie weiter zum Eisenbahnknotenpunkt Freilassing, da war mein Stephan. Ich konnte die Amerikaner nicht verfluchen: nur ihrer Hilfe werde ich es zu danken haben, wenn ich befreit werde. Und wenn sie Bomben auf uns werfen, tun sie, was wir andern getan haben. Aug um Auge, Zahn um Zahn. Aber ich kann nicht vergessen, wie ein amerikanischer Tiefflieger auf die Wiese schoß, auf der mein Christoph spielte im Frühsommer 1944.

Eines Tages, noch im November, hatte mein Anwalt einen Einfall: Kennen Sie keinen einflußreichen Nazi?

Ich? Halt, doch, aber der weiß, daß ich dagegen bin: Karl Ritter.

Schreiben wir ihm, Sie haben nichts zu verlieren.

Der Anwalt schrieb, dann hörte ich nichts mehr von der Sache, denn der Anwalt kam nie mehr.

Jedoch: während ich also im Gefängnis saß und während in Berlin am Volksgerichtshof mein Prozeß lief, arbeitete Ritter für mich. Das erfuhr ich erst nach dem Krieg, von ihm selbst und auch von meinem ehemaligen Untersuchungsrichter, der die Sache von einem Berliner Kollegen erfahren hatte. Ritter, alarmiert, hilfsbereit auch mit einer Lüge und ohne Rücksicht auf politische Gesinnung, ging zu Goebbels: es ist etwas recht Unangenehmes passiert, man hat meine kleine Freundin verhaftet, eine blöde Denunziation, du mußt helfen.

Goebbels, für amouröse Geschichten sensibel, ließ bei der Gestapo nach meinen Akten suchen, die waren aber wieder nach München zurückgegangen. Er forderte sie zurück, aber die Anklage war zu schwer, als daß man die Sache fallen lassen konnte, und zudem stellte sich heraus, die Akten waren direkt zum Volksgerichtshof gegangen. Ritter drängte, und Goebbels intervenierte bei Freisler. Doch die Akten waren inzwischen an den Reichssicherheitsdienst in Berchtesgaden geschickt worden. Da lagen sie nun, und dort wurde ich auch verhört im Februar 1945. Dann gingen sie nach Berlin zurück, und da sind sie wohl verbrannt. Ritter sagte mir später, er habe damit gerechnet, daß der Krieg früher zu Ende sei als mein Prozeß. So war es. Es hätte anders kommen können, denn in den letzten Kriegsmonaten machte man keine langen Prozesse mehr, da wurde sofort gehenkt, erschossen, geköpft.

Als ich, vor dem Einmarsch der Amerikaner, aus dem Gefängnis kam, war der Krieg noch nicht zu Ende. Ich holte meine Kinder heim, und als mir meine Kusine Fanny die Nachricht brachte, Hitler sei tot, errichteten wir im Garten einen kleinen Galgen und hängten den Spiel-Hitler auf, den Bleisoldaten, der den rechten Arm zum Gruß heben konnte, und machten ein Holzfeuerchen darunter und tanzten und sangen: Der Hitler ist tot, der Hitler ist tot. So wie die Geißlein um den Wolf tanzten: der Wolf ist tot, der böse Wolf ist tot.

Da fuhr ein Radfahrer vom Totenhölzl her, stieg ab und schrie: Freut euch nicht zu früh, noch kann ich euch einsperren und erschießen lassen!

Es war der Ortsgruppenführer. Ich lachte ihm ins Gesicht, da zog er ab. Er sah nicht, daß ich zitterte. Er hätte mich wirklich noch standrechtlich erschießen lassen können. Der Krieg war noch immer nicht zu Ende.

Um den Obersalzberg kämpften Resttruppen der SS, unsre Nächte waren noch voll fernen Geschützdonners. Eines Nachts rollte ein Lastwagen vorbei und man schoß auf mein Waldhaus. Am Morgen sah ich die Einschußlöcher im weißen Bettuch, das ich als Zeichen der Kapitulation für die Amerikaner vom Balkon hängen hatte.

Die Nachrichten überstürzten und widersprachen sich. München hatte nun einen eigenen Radiosender »Freies Bayern«. Wir warteten auf die Amerikaner, unsre Befreier. Wir hörten, Hitler habe Göring in Süddeutschland verhaften lassen als Verräter, da er Verbindung zu den Amerikanern suchte. Wir hörten, Goebbels habe mitsamt Frau und sechs Kindern Selbstmord begangen durch Gift im Bunker der Reichskanzlei. Wir hörten, Himmler habe sich auch umgebracht und der Arbeitsdienstführer Ley. Wir hörten, Hitler habe seine langjährige Geliebte Eva Braun geheiratet im Bunker der Reichskanzlei und dann sie und sich getötet. Man habe auf seinen letzten Befehl Benzin über die Leichen gegossen und sie so verbrannt. Spurenlos wollte er dahingehen, inmitten des zerbombten Berlin, in das die Russen einmarschierten. Wir wußten nicht, ob das alles stimmte.

Tagsüber zogen die versprengten Resttruppen der deutschen Wehrmacht vom Südosten her an meinem Haus vorbei: waffenlos, die Rangabzeichen abgerissen, erschöpft. Sie flohen vor den Russen und liefen den Amerikanern in die Hände. Die zogen sie vor. Die Amis hatten damals einen guten Ruf.

Sie kämpften noch in den Bergen. Wir erwarteten sie. Und dann kamen sie: eines Abends rollte ein Panzer vorbei, mit stark aufgeblendeten Scheinwerfern, ich sah den weißen Stern. Nun war der Krieg wirklich zu Ende. Ich war frei, Deutschland war frei von Hitler, der Alptraum war ausgeträumt.

Wir vergruben den feuerfesten Asbest-Hitler im Mist hinterm Haus. Da liegt er noch, unverweslich.

Damit könnte ich den ersten Teil meiner Autobiographie schließen. Es wäre ein natürlicher Abschluß: eine Epoche der Zeitgeschichte ist zugleich mit einer Phase meiner privaten Geschichte zu Ende gegangen.

Während ich diesen ersten Teil meiner Geschichte niederschrieb, schien es mir selbstverständlich, daß ich später einmal den zweiten Teil beginnen würde mit meiner, mit unsrer Befreiung vom Hitlerreich. Die letzten Takte des Walkürenritts würde ich kurz noch einmal ertönen lassen, dann, nach einer Pause, käme ein Paukenschlag, und dann der Freudenschrei und der Triumphmarsch, die Freiheits-Hymne, der Menschheits-Chor: Brüder, zur Sonne, zur

Freiheit. Oder doch wenigstens so: nach der Katastrophe senkt sich der Vorhang über der Bühne voller Leichen, und wenn er wieder hochgezogen wird, sieht man eine Maienwiese mit spielenden Kindern, die ein fröhlich zuversichtliches Lied singen: Alles neu macht der Mai.

Jedoch: so geht es nicht. Denn so war es nicht.

Ich ließ mich lange willig täuschen von meiner Erinnerung an die ersten Nachkriegsjahre. Ich sagte mir vor, daß mit dem 8. Mai 1945, dem Tag der deutschen Kapitulation, die neue Zeit anbrach. Ich dachte auch, wir seien anders geworden, wir Deutschen. Ich wollte glauben, daß, wie es in Goethes »Hermann und Dorothea« steht, wir uns auf den Trümmern der Zeit wiederfanden als Gewandelte, Bessere. Ich hielt mich an meiner eigenen Wandlung fest.

Hatte ich mich denn gewandelt? Was hat die Gefängniszeit an mir bewirkt? Was habe ich im Gefängnis gelernt? Den Kampf um kleine Vorteile, das Lügen, das Stehlen (das Brotklauen in der Leimer-Semmelbrösel-Fabrik), den Haß auf die Aufseher und auf alle Unterdrücker, die brütende Rachsucht: Wartet nur, ihr Nazis, wenn wir frei sind, dann...

Ich schrieb damals auf einen der grauen Streifen Zeitungspapier, die mein Tagebuch waren: »Man wird im Gefängnis zum Gegenteil dessen, was man werden soll. Man wird asozial. Ist man erst ausgeschlossen aus der Gesellschaft, beginnt man sich selbst auszuschließen. Man verlernt Verantwortung, man hat hier ja keine. Man will auch keine mehr. Man lernt hundert kleine Racheakte, man verliert allmählich das Bewußtsein der Menschenwürde, man wird zum geprügelten, bösartigen, kriecherischen oder stumpfen Tier... Wäre es nicht tausendmal besser, man schaffte die Gefängnisse ab? Wäre es nicht tausendmal besser, es gäbe anstelle von Gefängnissen Arbeitslager, in denen die Häftlinge relative Freiheit hätten, menschlich und niemals demütigend behandelt würden, und das Bewußtsein bekämen, wichtige und wiedergutmachende Arbeit für die Gesellschaft zu tun? Man bessert die Menschen niemals durch Demütigung und Unterdrückung, sondern nur durch Hebung des Selbstbewußtseins und richtige Lenkung der Kräfte. Wenn man das doch einmal begreifen wollte.«

Man hat es bis heute nicht begriffen, weil man es nicht begreifen will. Die Gesellschaft braucht ihre Sündenböcke, in denen sie sich selbst bestraft und bei deren Anblick man sich sagen kann: wie sind wir doch ehrenwert wir hier heraußen. Gott, ich danke dir, daß ich nicht so bin wie jener Mörder und Autoknacker und Terrorist.

Meine eigene Gefängnis-Erfahrung hat mich gelehrt, wie eine Reform der Strafjustiz aussehen müßte. Wie wäre es, wenn einmal alle Theoretiker, alle Juristen, alle Richter ein halbes Jahr unter normalen Bedingungen im Gefängnis verbrächten?

Ich bin froh, daß ich das Gefängnis von innen kenne. Ich schrieb damals: »Manchmal stehe ich mir hier selbst gegenüber wie nie zuvor. Ich sehe mich mit meinen niederen Instinkten, mit den falschen, verlogenen Ansichten von Ehre, Moral, Standesbewußtsein und all diesen schönen, angelernten, konventionellen Ideen. Zum Schluß bleibt nichts von einem, als ein Tier, das fressen und schlafen will, sich vor Schlägen fürchtet und in die Freiheit ausbrechen will. Draußen tarnen wir das bloß mit vielen Worten.«

Aber sehe ich mich selber nicht zu schwarz? Habe ich mich wirklich im Gefängnis zu einem aggressiven, rachsüchtigen Tier verwandelt?

Nein. Der Beweis liegt vor.

Am 12. Oktober 1945, also gerade am Jahrestag meiner Verhaftung, bekam ich einen Brief von meiner Denunziantin.

»Du rächst Dich bitterlich. S. ist seit neun Wochen verhaftet. Er wird wohl nicht wiederkommen. Ich selbst bin nach anfänglicher Einstellung in den Schuldienst wieder entlassen, mit drei Kindern heimatlos. Ich komme, Dir abzubitten... Ich habe schmerzlich genug erfahren, daß Du recht hattest. Damals konnte ich das Ungeheuerliche nicht glauben... In einer Stunde zerbrachst Du mir ein Weltbild, das ich seit über zehn Jahren für gut und richtig gehalten hatte. In meiner innern Not mußte ich mein Versprechen zu schweigen, brechen. Ich schrieb. S. zeigte an. Ich mußte aussagen. Es war mir hart genug und ich habe oft bereut...«

Aus meiner Antwort:

»Ich habe Euch nicht angezeigt. Kennst Du mich so schlecht, daß Du glauben kannst, ich wollte mich rächen? Ich habe Eure Begeisterung für Krieg und NS bekämpft. Ich habe es getan, weil ich beides verabscheue, wie ich alles verabscheue, was aus Gewalt und Haß geboren ist. Wie könnte ich jetzt das selbst tun, was ich an Euch bekämpfte?... Deine Entschuldigung ist sinnlos, denn sie kommt aus einer unsaubern Quelle. Dein Glaube an Hitler ist zusammengebrochen genau in dem Augenblick, in dem der Nationalsozialismus zusammenbrach. Deiner Wandlung liegt nicht die Erkenntnis der Unwahrhaftigkeit, der Bosheit, Dummheit und Unmenschlichkeit jenes Regimes zugrunde, sondern lediglich die bittere Erfahrung seiner Unhaltbarkeit. Es gehört nicht viel dazu, nach einem solchen Zusammenbruch zu sehen, daß da etwas falsch gewesen ist... Aber nun laß uns Schluß machen mit Haß, Blut und Tod. Was wir wollen (wir, die Überlebenden, die wirklich etwas gelernt haben in diesen schrecklichen Jahren), das ist Friede und Menschlichkeit.«

Diese Briefe gab ich meinem »Gefängnistagebuch« bei.

Wie war denn wirklich der Sommer 1945? Da kann keine

Rede sein von einem Triumphmarsch. Die neue Zeit, die schlich heran bei Nacht und Nebel im Gefolge eines Zuges schweigender Hungerskelette in grauschwarz gestreifter Häftlingskleidung, die noch Anfang Mai an meinem Haus vorübergetrieben wurden bei der Verlegung eines KZs aus dem Nordosten nach Tirol.

Ich wachte nachts auf von einem kurzen Scharfschießen, sah aber nichts. Am nächsten Tag erzählten die Bauern, daß ein »Kazettler« auf der Flucht erschossen worden war, vielleicht waren es mehrere, man fand aber keine Leichen, man suchte auch nicht danach. Mich hat das Erlebnis inspiriert zu meiner Erzählung »Jan Lobel aus Warschau«, die dann, in viele Sprachen übersetzt, bekannt wurde.

Die neue Zeit, die brachte den Siegern eine fadenscheinige weiße Fahne entgegen, die nichts anderes war als das herausgeschnittene weiße Stück aus der Hakenkreuzfahne. Man konnte damals viele Fetzen Fahnentuch im Wald herumliegen sehen, und auf den Misthaufen Bilder von Hitler und Göring, und Blechschilder mit der Aufschrift Adolf Hitlerstraße, und Achselstücke von Offizieren und Hakenkreuz-Abzeichen und HJ-Armbinden. Die Amis sammelten das als Souvenir. Später, als die Ware rar wurde, kauften sie derlei zu hohen Preisen, auch die »Eisernen Kreuze« und andere Orden aus dem Krieg fanden ihre Liebhaber in den USA.

Der Krieg war aus, Hitler war tot, die Misere dauerte an, sie verschärfte sich. Wir waren über die Brücke gegangen, jenseits derer das Friedensland liegen sollte. Aber da war *nichts*. Mit der Vergangenheit war auch die Zukunft dahingegangen. Es gab nur Gegenwart: den punktuellen schäbigen Kleinkampf ums tägliche Brot, um die auf den Lebensmittelmarken verzeichnete winzige Menge an Mehl und Fett und Fleisch, aber selbst die gab es oft nicht. Ich ging hamstern. Jede Woche einen ganzen Tag lief ich in der

Gegend umher und kam heim mit einem Ei, einem Stück Brot, einem Tütchen Mehl, und das war schon reiche Ernte. Ich sehe mich sitzen am Straßenrand, müdegelaufen, mit Blasen an den Füßen, betäubt vom Hunger und vom Zorn auf die Bauern, die alles, was sie hatten, vor uns versteckten und nur den DP's etwas gaben, den »displaced persons«, den einst von uns aus ihrer Heimat verjagten Polen, Ukrainern, Jugoslawen; die trieben jetzt Schwarzhandel und boten den Bauern Seidenwäsche an und Silber und Radios und Foto-Apparate, und einmal brachten sie einem unsrer Nachbarn ein Klavier, der nahm es, obwohl er nichts damit anfangen konnte, aber es sah nach was aus, es war ein realer Gegenwert für Butter und Geräuchertes. Ich hatte nichts derlei anzubieten. Also bekam ich nichts.

Einmal im Juni oder Juli 1945 wagte ich mich ins Dorf, wo die Amis ihr Lager hatten. Da kochten sie. Da rochs nach Bohnenkaffee. Ich blieb vor der Umzäunung stehen. Ich wünschte nichts auf der Welt so heftig wie eine Tasse Kaffee. Jahrelang hatten wir keinen Bohnenkaffee bekommen. Da kam ein langer Ami auf mich zu und wollte mich verjagen. Aber er sah meine Magerkeit, und er hörte an, was ich sagte in meinem schönsten Schul-Englisch: daß ich eine Verfolgte des Nazi-Regimes sei und aus dem Gefängnis komme. Er brauchte keinen Beweis dafür. Der Gute, er stammte aus Boston, und ich sagte ihm, ich habe dort einen Freund, der Musikprofessor sei. Ich meinte den emigrierten Paul Hindemith. Das machte Eindruck. Ich bekam ein Leiterwägelchen voller Lebensmittel: Reis und Tee und Kaffee, und Blechdosen mit der Aufschrift: Wurstfabrik Zimmermann, Thannhausen. Ich bekam einen hysterischen Lachanfall: die Amis schenkten mir Wurst aus der Fabrik, die Verwandten meiner Mutter gehörte. Die Dosen waren Beuteware aus dem Lager der SS im Obersalzberg. Der Kaffee brachte mich schier ins Grab: es war ein zu kleinen Stücken gepreßtes Pulver, das, wie ich dann hörte, Pervitin enthielt und für die Stuka-Flieger gedacht war, die damit zu augenblicklichen Höchstleistungen angetrieben wurden. Eine Droge also.

Die Amis waren unsre, meine Befreier, aber als ich bei der entsprechenden Stelle anfragte, ob ich zu meinen Eltern nach Rosenheim fahren dürfe, sagte mir ein Ami mit jüdischem Gesicht und deutschem Akzent sehr gehässig, das dürfe ich nicht. Auch mein Hinweis auf meine Gefängniszeit half da nicht. Die »echten« Amis waren ganz umgänglich, die »neuen«, die Emigranten, ließen ihren Haß gegen Hitler unterschiedlos an uns Deutschen aus. Es gab freilich Ausnahmen, aber eben: Ausnahmen. Jedoch: Konnten wir erwarten, daß sie uns liebten? Millionen vertriebener, vergaster, verbrannter Juden gegen einige Unfreundlichkeiten und Verweigerungen. Konnten wir fordern, daß sie feine Unterschiede machten zwischen Nazis und Mitläufern und halbherzigen Antifaschisten? Wie konnten sie uns trauen? Jeder wollte jetzt heimlich Gegner Hitlers gewesen sein, nur mitgelaufen sein, nur Befehle ausgeführt haben, widerwillig, jeder hatte einem Juden geholfen, einen Kommunisten versteckt... Viel wurde gelogen damals in den Fragebögen. Viele Schuldige rutschten wie geölt durch die Maschinerie der »Entnazifizierungsverfahren«, gedeckt durch die »Persilscheine«, die teuer bezahlten meineidigen Bestätigungen ehemaliger KZ-Häftlinge oder bekannter Nicht-Nazis: »Der Herr Soundso war kein Nationalsozialist...« Und viele flohen nach Südamerika und wurden dort nie aufgefunden, denn faschistische Regierungen deckten sie. Und andre wurden dann hohe Juristen, Minister, Ministerpräsidenten, Bundeskanzler und Bundespräsidenten. Sie alle: reingewaschen vom Makel der politischen Dummheit und Feigheit, wir andern aber hatten Mühe, unsre versprochene Wiedergutmachung zu bekommen. Sie bestand in Geld. Ich bekam viertausend Mark, aber erst 1957, und als ich sagte, das sei denn doch kein angemessener Schadensersatz, sagte mir der zuständige Beamte, daß ich, nähme ichs nicht, warten könne, bis ich schwarz würde, ehe ich mehr bekäme.

So also war das. Und daran hat sich nicht mehr viel geändert. Wir ehemaligen Gefangenen Hitlers gründeten die VVN, die Vereinigung der Verfolgten des Nazifaschismus. Ich bin im Ehrenpräsidium. Die VVN besteht bis heute. Man mißtraut uns: Das sind doch die ehemaligen Kommunisten, das ist eine kommunistische Tarnorganisation ...

1946 wurde für uns im halb zerbombten Prinzregententheater die Oper »Fidelio« gegeben. Beim Chor der Gefangenen auf der Bühne ging eine Bewegung durchs Theater: wir brachen in Tränen aus. Das waren ja wir, die da oben aus den Kerkern der Tyrannen kamen und das liebe Sonnenlicht wiedersahen ... Das war kaum zu ertragen. Das vergißt keiner, der das miterlebt hat. Das beschwor alle unsere Ängste, unsre Todesahnungen, unsre Demütigungen und Sehnsüchte neu herauf. Es waren erlösende Tränen. Aber viele, die zu lang im KZ gewesen waren, haben sich nie wieder erholt, sie blieben gebrochen. Auch ich, wiewohl kurz nur gefangen, behielt für viele Jahre meine hündische Angst vor der Polizei, und wenn sich ein Herr mit einer Ledermappe auf mein Haus zu bewegte, zitterten mir die Knie. So schnell wird ein Gefangener nicht frei.

Meine Erinnerungen an jene Zeit könnten mich täuschen, sie könnten zu schwarz oder zu weiß sein. Die Wahrheit lese ich aus meinem Briefwechsel mit Hermann Hesse.

Am 3. April 1946 schrieb ich ihm nach langer erzwungener Unterbrechung den ersten Nachkriegsbrief. Endlich erlaubten uns die Amerikaner, Briefe ins Ausland zu schicken. Aber sie waren dann sehr lange unterwegs.

»Ich bin selig darüber, daß keine Gestapo unsre Schritte belauert und abends vor den Fenstern steht.«

Mehr Schönes und Gutes fiel mir nicht ein, aber das war viel, das war schon Freiheit. Ich schrieb weiter: »Bisweilen ärgern wir uns über die Dummheit der Menschen, die glauben, sich ihre alte muffige Welt wieder aufbauen zu können... Ich habe durch das Gefängnis viel gelernt und bürgerliche Kümmernisse bedrücken mich nicht mehr.«

Die alte muffige Welt, die Vorkriegsbürgerwelt, die wurde still und unaufhaltsam wieder aufgebaut, als sei nichts gewesen. Und das blieb auch bis heute so. Nichts hatte sich ereignet... Man konnte weitermachen.

Mein zweiter Nachkriegsbrief an Hesse ist die Antwort auf seinen »Brief an eine junge Deutsche«, den er der »Neuen Zeitung« zum Abdruck gegeben hatte. Diese junge Deutsche war ich.

Meine Antwort vom 25. Mai 1946:

»...Was Sie in dem gedruckten Brief an mich schreiben, ist nicht erfreulich... Sie sind verzweifelt über uns und über Deutschland, das Sie lieben. Es ist alles wahr, was Sie schreiben. Keiner will es gewesen sein... Besonders abscheulich finde ich, wenn diese Leute nun sagen: ›Ich bin doch nur ein Mitläufer gewesen!‹ Oh, ich würde mich zu Tode schämen, das zu sagen. Lieber noch ein böser, echter Nazi, vom Teufel getrieben, als ›bloß ein Mitläufer‹... Ja, das alles ist scheußlich. Aber so sind die Menschen eben! *Wer* sieht denn ein, wenn er etwas Dummes oder Böses getan hat? Einsicht bedeutet Wandlung, und Wandlung ist schmerzhaft und anstrengend, und die Menschen sind träge. Es gibt noch viel Schlimmeres bei uns... Da ist beispielsweise die Reaktion: jene, die Angst haben vor dem Sozialismus, eben weil er die Wandlung im Großen und im Kleinen verlangt. Die *triefen* von schönen Worten: Freiheit, Ehrfurcht, Schönheit, deutsche Kultur, Humanität,

und die nicht gesonnen sind, die reale Welt zu sehen. Ich war kürzlich eingeladen zu einem Kongreß der Jugend in Frankfurt. Man sprach zu dieser armen, verwirrten, zu Krüppeln geschlagenen Jugend, die keine Zukunftshoffnung hat, kein Geld, nur Schwierigkeiten aller Art, von Gotter- fülltheit und ähnlichen Dingen – und die Jugend saß da und schwieg. Man will einen zweiten Hohen Meißner machen, künstlich von den Universitätsprofessoren arrangiert. Man will die Jugend damit abziehen vom wirklichen politischen Leben. Und heute ist *alles* Politik, denn alles, was wir tun, jedes Wort, das wir sprechen, hat politische Wirkung. Man macht wieder einmal in Romantik und deutschem Idealis- mus... Wenn es darum geht, etwas Realpolitisches zu tun, schreckt man zurück. So habe ich kürzlich in einer Rede in München von der Not der Jugend gesprochen und verlangt, daß man Heime für die gefährdeten ›Besprisornyj‹ (die im Krieg elternlos gewordenen herumstreunenden Jugendli- chen) schafft. Man sagte mir, man müsse erst die Lösung des Währungsproblems abwarten!!!...«
Der Antwortbrief Hesses fehlt mir, er ging mir verloren. Er muß bitter resigniert gewesen sein. Meine Antwort zeigt es.

7. Oktober 1946:
»... Ihr Brief hat mich nicht erstaunt, aber doch ein wenig bestürzt. Ich verstehe, daß Sie müde sind. Bin ich es doch auch oft... Vor einigen Tagen war ich in München bei einem deutsch-amerikanischen Diskussionsabend. Ein klu- ger Amerikaner sprach. Die Zuhörer waren Mitglieder der bayrischen Regierung und andre mehr oder weniger wich- tige Leute. Der Amerikaner war sehr deutschfreundlich. Er baute sachlich und höflich Brücken. Was tut das deutsche Publikum? Es greift ihn an. Einer wirft ihm vor, daß er (der Amerikaner, ein Emigrant) als Amerikaner zurückkam, während er, der Sprecher, *bewußt* als Deutscher zurückkam

(allerdings nur aus jugoslawischer Kriegsgefangenschaft...). Ein andrer, der Polizeipräsident von München,
sagte: ›Wer die Magenfrage löst, löst auch das Problem
Demokratie‹... Ich habe mich geschämt. Man erwartet die
Hilfe wieder einmal von außen, von Amerika oder vom lieben Gott... Wer jetzt bei uns die Magenfrage lösen würde,
würde nichts bringen als ein stickiges Bürgertum. Muß uns
denn das Schicksal *noch* mehr strafen, bis wir *sehen*, worauf
es ankommt?... Und die Amerikaner fingen mit so großem
Elan und so gutem Willen an mit uns zu arbeiten, und wie
wenige Mitarbeiter finden sie! Aber ich weiß, daß es immer
nur auf ein paar tausend Menschen ankommt... Wir
werden arbeiten, vielleicht auf verlorenem Posten... Sie
fragen, was ich arbeite: ich fing an, mich in die Arbeit der
›Internationalen Frauenliga für Frieden und Freiheit‹ einzu-
schalten. Ich ›kämpfe‹, das heißt, ich rede und schreibe
gegen den Glauben an einen neuen Krieg, gegen den
Patriotismus, ich glaube an Pan-Europa... verschaffe mir
durch viel Zeitungslesen und Lektüre volkswirtschaftlicher
und politischer Bücher eine Grundlage für die Weiterarbeit.
Ich schreibe für die Neue Zeitung pädagogische Aufsätze
mit politischer Tendenz... Jetzt bin ich dabei, einen Aufsatz über die Strafe zu schreiben, weil man sich herumstrei-
tet, ob die Prügelstrafe in den Schulen abgeschafft werden
soll oder nicht... Ferner schrieb ich einen Aufsatz über ein
Jugendgefängnis hier, und ich will erreichen, daß die
Strafen Jugendlicher nicht ins Strafregister eingetragen
werden...«
»Übrigens gibt es in Deutschland sehr kluge Frauen. Ob wir
Frauen vielleicht etwas Neues zu sagen haben?«
Wir Frauen hatten damals Chancen wie noch nie, uns in die
Politik zu mischen, auch an führenden Stellen. Was wurde
mir damals alles angeboten: die Leitung des Frauenfunks
am Bayrischen Sender; das Cheflektorat des Feuilletons an

einer neugegründeten Zeitung »Echo des Tages« oder »Echo der Woche«, die dann doch nicht zustande kam; ein Führungsposten in der neuen SPD; eine Stelle im »Sonderministerium für Entnazifizierungsfragen«. Ich habe alles abgelehnt. Warum eigentlich? Später hat es mich oft gereut. Hatte ich nicht immer nach einer Möglichkeit gesucht, sozialistische Ideen zu verwirklichen? Nun hatte ich die Gelegenheit, und ich ergriff sie nicht. Ich wollte schreiben, sonst nichts. Aber immerhin zog ich mich in keinen Turm zurück. Ich gründete zusammen mit dem Regisseur der Münchner Kammerspiele, Hans Schweikart, die »Lessinggesellschaft für Frieden und Toleranz« und arbeitete im »Süddeutschen Frauenring«. Ich hielt Vorträge. Einen dieser Vorträge besitze ich noch. Der Titel: »Hitler in uns selbst. Versuch einer Analyse des Nachkriegsdeutschen«.

Den Titel hatte ich entlehnt von dem Schweizer Philosophen Max Picard, mit dem mich dann eine lange Freundschaft verband. Diesen Vortrag sollte ich auch, nach dem Wunsch des Württembergischen Sonderministeriums für »Re-education« (das Wort und die Aufgabe überließen uns die Amerikaner) im Lager Ludwigsburg bei Stuttgart halten. Da waren einige hundert Intellektuelle interniert: Universitätsprofessoren, Journalisten, Wissenschaftler aller Art, die Ideologen und Propagandisten Hitlers. Die Elite. Lauter SS-Männer.

Ich wurde mit einem Mercedes der Regierung dorthin gebracht und am Lagereingang abgesetzt. Ich sah mich allein mit zwei Herren in Zivil. SS-Männer waren das. Ich begriff das nicht sogleich. Ich hielt sie für die Lagerleiter, für Angehörige der Regierung. Da saß ich also wieder hinter Gefängnismauern und Stacheldraht, und ich fühlte kalte Angst über meinem Rücken rieseln. Vierhundert Feinde saßen vor mir. Vierhundert leidenschaftliche

Anhänger Hitlers. Ihnen sollte, wollte ich ihre Lage klar-
machen, ihr Gewissen schärfen für das, was sie getan,
gewünscht, unterlassen hatten.

Vor mir saß eine Herde Enttäuschter, Geschlagener, Zorni-
ger auch. Begriffen sie denn, was sie getan hatten? Begriffen sie, was sie jetzt tun sollten? Nach einer halben Stunde
etwa stand eine Gruppe auf und verließ den Saal im
Marschtritt. Ich verstand sie. Sie krochen nicht zu Kreuz,
das erlaubte ihnen ihre Männlichkeit nicht und ihr Treueschwur. Fast imponierten sie mir. Ich hatte es aber mit den
andern zu tun, den Einsichtigen und Umkehrwilligen. Viele
von denen weinten. Auch sie verstand ich. Wie gut ich alle
Gefangenen verstand, seit ich selber eine Gefangene gewesen war.

Mit denen, die mir bis zuletzt zuhörten, blieb ich beisammen bis in die Nacht hinein. Mit einigen hatte ich noch ein
paar Jahre lang einen Briefwechsel.

Dem Ludwigsburger Treffen mit der SS war 1945 ein
andres vorausgegangen. Ich habe es in meinem Roman
»Mitte des Lebens« berichtet. Tatsächlich war es so: eines
Abends kamen zwei Soldaten an mein Waldhaus und baten
um Einlaß. Ich war allein mit den Kindern. Ich hatte Angst.
Aber der Jüngere sagte mir, der andre sei krank, er habe
Blutvergiftung und hohes Fieber. Da ließ ich sie ein. Der
Ältere wurde ohnmächtig. Ich fragte nach der Wunde. Der
Jüngere zögerte auf sonderbare Art, aber ich schrie ihn an:
Wenn Sie wollen, daß ich helfe, dann zeigen Sie mir die
Sache. Ich sah: es war eine viereckige Wunde am Oberarm,
vereitert. Da hatte einer das Blutgruppenzeichen der SS
herausgeschnitten und die Wunde verschmutzt. Ich sagte,
das sei mir zu gefährlich, die beiden sollten zu einem der
deutschen Lagerärzte der Amis im Dorf gehen. Der Jüngere
wehrte sich voller Angst. Was tun. Ich kochte Messer und
Verbandzeug aus und schnitt die Wunde auf. Dann brach-

ten wir den Mann in meinen Holzschuppen und versteckten ihn dort. Der Jüngere, ein Kind fast noch, gestand mir, daß der Ältere ihn gezwungen habe, das Zeichen zu entfernen. Er selber, der Junge, hatte keines. Ich behielt die beiden SS-Männer drei Tage bei mir, obgleich es sehr gefährlich war. Käme eine der üblichen Kontrollen der Amis... Am vierten Tag waren die beiden fort. Sie hinterließen einen Zettel: »Herzlichen Dank. Merck, SS...« Ich weiß nicht mehr, welchen Grad er angab, es war ein hoher. Dem Jungen hatte ich gesagt, daß ich Antifaschistin sei und im Gefängnis war. Er schämte sich. Was hat den andern bewogen, mir seine Vergangenheit aufzudecken? Zynismus, Hochmut, Gedankenlosigkeit?

Ich wohnte weiter im Waldhaus, und Klaus mit seiner Mutter wohnte auch dort, daran änderte sich nichts. Aber ich fuhr jede Woche nach München, mit Sondergenehmigung der Militärregierung, im Zug mit zersprungenen und herausgebrochenen Fenstern, geheizt war nie, man fror elend, denn auch warme Kleidung hatte man nicht mehr, die Reisenden rückten eng aneinander, um sich gegenseitig ein bißchen zu wärmen. Hunger hatte man auch, aber immer war da jemand, der einen Apfel oder ein Brot mit den andern teilte. Wer fast nichts besaß, der teilte. Wer viel besaß, gab nichts her. Die Guten wurden noch besser, die Schlechten wurden noch schlechter. Wer Geld hatte, ging in München in die Möhlstraße, da gabs alles zu kaufen, da war das Hauptquartier der Schwarzhändler, die alle »displaced persons« waren und als solche alle Vorteile der Nazi-Geschädigten genossen.

Die Stimmung in München war gereizt. Ein Wort genügte, daß man verprügelt wurde. Ich schrieb einmal an Hesse, daß ich in der Straßenbahn mit einer Jüdin geredet habe und den Umsitzenden erklärte, woher sie kam: aus Theresienstadt, und ich sagte, es sei unser aller Schuld, daß Konzentrationslager möglich waren. Da fielen die andern über mich her: ob ich denn nicht wisse, welche Greuel »die andern« begingen, die Russen vor allem...

In München ging ich zur »Neuen Zeitung«, das war die Zeitung der amerikanischen Besatzung, und dort hatte sich eine stattliche Zahl guter Autoren und Publizisten versammelt, die alle wirklich eine politisch weiße Weste hatten. Erich Kästner war mein Feuilletonchef, er gab mir Aufträge. Ich schrieb Aufsätze und viele Rezensionen. Ich verdiente gut. Aber zu kaufen bekam ich für Geld schier nichts. Der Schwarzmarkt war unerschwinglich für mich, und die Bauern wollten kein Geld, sondern Gold und Silber und Brillanten. Wir hungerten. Mir ging es schlecht. Tagsüber machte ich den Haushalt, nachts schrieb ich beim trüben Schein einer kleinen Petroleumlampe und neben dem erkaltenden Küchenherd. Einmal kniete ich neben unserm Klo, das außerhalb des Hauses war, und versuchte, den angefrorenen Dreck aus der Schüssel zu kratzen. Plötzlich sah ich mich selber so knien und scharren, ich sah mich mit meinen rotgefrorenen Händen, mit den Schrunden und abgebrochenen Fingernägeln, und ich dachte: Eines Tages werde ich beschreiben, wie ich da kniete und den angefrorenen Dreck wegkratze, und dann wird alles hinter mir liegen... Es vergingen vierunddreißig Jahre, bis ich die Szene niederschrieb, jetzt nämlich, diese und die andre: als die Tante Marie mitten im schlimmsten Hungerherbst 46 mir ein großes Stück Ochsenfleisch brachte, schwarz geschlachtet. Ich war verrückt vor Freude. Als ich das Fleisch aus dem Papier wickelte, sah ich, daß es voller Würmer war. Ich zeigte es niemand, ich ging heimlich an den Bach, der hinterm Haus vorbeifloß, und versuchte, die Würmer herauszuwaschen. Es gelang nicht. Ich mußte das große Stück Fleisch wegwerfen... Ich heulte vor Zorn und Unglück. Trotz aller Mühsal schrieb ich damals eine Menge. Die erste

Arbeit war die Zusammenstellung der Notizen aus meiner Gefängniszeit. Der Verlag Desch war der einzige, der Papier besaß, er also brachte das Buch heraus. Die zweite Arbeit war eine heute verschollene: eine Zusammenstellung aus den Schriften Heinrich Pestalozzis, mit einem langen Einführungs-Essay, der sich als Sonderdruck erhalten hat. Das Buch erschien in dem ebenfalls verschollenen Stuttgarter Verlag Günther. Dann schrieb ich endlich Erzählerisches. Drei Kurzgeschichten, die alle drei sich in den Anthologien aller Länder und Sprachen finden: »Die rote Katze«, »Ein alter Mann stirbt« und »Die kleine Frau Marbel«. Ich schrieb sie kurz hintereinander, in wenigen Tagen. Der verschüttete Quell sprang auf. Wer den Felsen mit dem Zauberstab berührt hatte, das war Ernest Hemingway, den wir damals, nach der langen Zeit des Verbots ausländischer Autoren, zu lesen bekamen. Wir ahmten ihn nach, wir lernten an ihm. Und dann schrieb ich »Jan Lobel aus Warschau«. Damit war ich nun auf festem Platz in der Nachkriegsliteratur. Der »Jan Lobel« brachte mir auch die Freundschaft Hesses zurück, die er mir aufgekündigt hatte. Eine Geschichte, die mich unglücklich machte: Hesse bekam 1947 den Goethepreis der Stadt Frankfurt. Er konnte oder wollte nicht kommen. Eine deutsche Zeitschrift, »Der Regenbogen«, bat mich, zu diesem Ereignis rasch einen Aufsatz über Hesse zu schreiben. Ich tat es mit Freude. In diesem Aufsatz wollte ich eines jener Gedichte aufnehmen, die Hesse mir während des Kriegs auf Geheimwegen hatte zukommen lassen und das nur als Privatdruck existierte. Es war »Leb wohl, Frau Welt«. Es schien mir sehr schön. Um es zitieren zu dürfen, brauchte ich Hesses Erlaubnis, das war klar. Wie aber sollte ich sie bekommen, da es kein Telefon ins Ausland gab und keine Telegramme, und die Briefpost Wochen brauchte. Die Sache eilte. Bei meiner langen freundschaftlichen Beziehung zu Hesse glaubte ich sicher zu sein, daß er seine Erlaubnis nachträglich gäbe. Ich schrieb ihm also, bat ihn um Verständnis und fragte ihn, wohin das Honorar überwiesen werden sollte. Hesses Reaktion war ungeheuerlich: ich sei, so schrieb er, also auch nicht besser als alle Deutschen, die ihn ausnützten und Raubdrucke machten und Honorare nicht zahlten, und außerdem für alles und für die ganze Nazivergangenheit von ihm Verständnis forderten. Er wünsche von mir keinen Brief mehr, und von Deutschland hoffe er nach dieser Erfahrung mit mir gar nichts mehr.

Meine Antwort vom 11. April 1947:

»...Ich kann Ihren Brief nicht ganz ernst nehmen. Nähme ich ihn ernst, dann wäre ich furchtbar enttäuscht von Ihnen... Ich nähme Ihren Brief als den eines völlig verbitterten mürrischen Mannes, der gekränkt ist... Vergessen Sie doch nicht, daß wir hier manche Fehler begehen, weil es uns schlecht geht, und –›wir wären gern gut anstatt so roh, doch die Verhältnisse, die sind nicht so.‹ ...Und sagen Sie nie mehr: Ihr Deutschen. Daß wir hier mitten in der Hölle (die eigenen Kinder hungern sehn, *ist* Hölle, und keine Schuhe haben und tausend nötigste Dinge entbehren, gehört auch dazu) daß wir trotz allem noch um Geist bemüht sind, das allein sollte genügen, uns noch für Menschen zu halten. Es gehört eine ganze Menge Geist dazu, um noch zu arbeiten, um noch an irgend etwas zu glauben, um intensiv an *Zukunft* zu glauben. Ein leerer Magen und ein vernachlässigtes Äußeres ist dem nur bis zu einem gewissen Grad dienlich. Viele von uns klagen nicht. Aber daß man uns eine Entgleisung wie die meine genauso schwer anrechnet als wären wir in ruhigen, geordneten Verhältnissen, das ist nicht gerecht. Seien Sie nicht so verbittert. Daß wir leben, arbeiten, glauben, um Völkerverständigung und Frieden uns bemühen trotz allen Schwierigkeiten (sollten Sie nicht wissen, wie schwer es uns unsre eigenen Regierungen machen, und wie schwer es ist, unter einer Militärregierung zu leben?), das alles sollte uns Ihre Anteilnahme sichern.«

So also war das damals. Wir hungerten, die Kleider schlotterten uns über den Knochen (ein Foto von mir zeigt es), wir froren (Oberschlesien gehörte uns nicht mehr und die Ruhrkohle ging nach Frankreich), wir stahlen Kohlen von den Güterzügen (das ist keine Sünde, sagte der Erzbischof Frings von Köln, und wir nannten stehlen von da ab fringsen), wir wohnten in Ruinen, an denen stand: »Vorsicht, Einsturzgefahr«, wir stahlen aus Militärlagern Decken und nähten uns Wintermäntel daraus, wir standen stundenlang Schlange um ein paar Lebensmittel, und ein Münchner Polizist sagte zu den schimpfenden Frauen: »Was wollts denn, Ihr habts es ja selber so wollen. Habts doch den Hitler gewollt und den totalen Krieg.«

Wir sammelten die von den Amis weggeworfenen Kippen, und die Amis machten sich einen kindisch bösen Spaß daraus, die Zigaretten nur anzurauchen, sie uns vor die Füße zu werfen und zuzuschauen, wie wir uns darum prügelten; wir bettelten vor den »PX-Läden« der Amis, wir schrieben ins Ausland demütige Bittbriefe um Care-Pakete und waren selig über ein bißchen billige Margarine aus der Schweiz und abgelegte Kleider aus den USA, wir wurden Ami-Huren um Dollars und Nylonstrümpfe, und Amiliebchen um Sirup und Schokolade für die Kinder, wir warteten auf kalten Bahnhöfen, wenn es hieß, Kriegsgefangene kämen zurück, und wir weinten miteinander, wenn die Erwarteten wieder nicht dabei waren, wir machten Kabarett in eisigen Kellern und Zimmertheater auf Dachböden, wir hielten Lesungen vor dreißig Leuten und zitternd vor Kälte und Hunger (Ilse Aichinger und ich waren unter den ersten, die das taten), wir warteten alle auf die Dollars aus den USA, und dann hatten wir sie, Adenauer bekam sie, und dann begann der Wiederaufbau Deutschlands, der ging schnell vor sich, bewundernswert und erschreckend schnell. »Wer die Magenfrage löst, der hat das Problem der Demokratie gelöst«, so hatte der Münchner Polizeipräsident gesagt. War er ein Zyniker oder nur einfach ein Realist oder ein Pessimist durch Berufserfahrung? Auf jeden Fall: er hat recht behalten. Und Adenauer, der erste Bundeskanzler, dachte nicht anders. So begann dann das neue alte Leben. Das Kriegsende war ein Graben, der ganz rasch zugeschaufelt, glattgewalzt und überbaut wurde mit Kasernen, Warenhäusern, Fabriken, Banken, Kirchen und Reihenhäuschen für zufriedene mürrische Bürger. Die vertane Chance. Die nicht-gelernte Schicksalsaufgabe. Kein radikaler Neubeginn, sondern nur ein weiterer Akt im bürgerlichen Trauer-Lustspiel.

Für Menschen meiner Generation und Artung, die gelitten hatten, blieb eine sonderbar zwiespältige Erinnerung an jene ersten Nachkriegsjahre. Eigentlich waren es unsre glücklichen Jahre. Wir besaßen nichts, wir hingen an nichts (als an unsrer neuen Freiheit), wir schätzten das Geld nicht, wir lebten (wie wirs unter Hitler gelernt hatten) von der Hand in den Mund, wir liebten den Augenblick, wir waren glücklich bei unsern vielen Zusammenkünften und Diskussionen, bei denen wir das Telefon nicht mehr mit Kissen zudecken mußten, damit die Gestapo nicht mithörte, wir brachten jeder ein Stück Holz oder Brickett mit und harte Kekse, ein paar Ami-Zigaretten, ein bißchen Bohnenkaffee aus Care-Paketen. Was zählte, das war das Frei-sein, das Miteinander, das gemeinsame Hoffen und Planen. Wirklich: eine glückliche Zeit, auch wenn unsre Haare vom Waschen mit der schlechten Seife verfärbt und strähnig, unsre Mäntel abgetragen, unsre Schuhsohlen durchgelaufen, unsre Wollstrümpfe durchlöchert waren und an den Fersen die rotgefrorne Haut durchscheinen ließen. Wir *lebten.* Wir lebten ein bißchen hektisch. Ich erinnere mich jenes Faschingsballes, den die »Süddeutsche Zeitung« damals gab. Der spanische Philosoph Ortega y Gasset war da und einige aus der sehr jungen Gruppe 47, der Günther Eich und der Walter Kolbenhoff und der Hans Werner Richter, und wir waren betrunken von Wein und Übermut und Verliebtheiten reihum. Auch ich habe meine Zurückhaltung aufgegeben, ich lag damals nicht nur in einem Paar Männerarmen. Einmal, wenn auch nur für Monate, mußte auch ich auf diese Art leben dürfen.

Damals waren wir auch auf dem ersten deutschen Schriftstellerkongreß in Frankfurt und redeten uns heiser und hitzig über die Frage, ob man nun »littérature pure« oder »littérature engagée« machen müsse, und mir schien das eine absurde Frage, denn sich der Literatur verschreiben, das hieß doch allemal: engagiert sein, so oder so.

Wir waren auch beim ersten internationalen Jugendtreffen in München, da kam André Gide und sprach als erster Franzose von Frieden und Freundschaft zwischen Frankreich und Deutschland, das tat gut, denn noch waren wir Deutschen verhaßt und verabscheut in der Welt, so schnell vergaß man uns den Krieg nicht und die Konzentrationslager und die vergasten Juden und Homosexuellen, und daß André Gide, zu eben jenen gehörend, uns die Hand zur Versöhnung reichte, das war schön. Ja, wir *lebten.*

Dann kam 1948: die Währungsreform. Da änderte sich alles. Da kehrte das Goldene Kalb zurück auf den Altar der Nation, und der alte Götzendienst wurde mit neuer Leidenschaft zelebriert. Bis heute. Bis auf weiteres.

Gerade damals aber besaß ich nichts. Ich hatte endlich in München eine Wohnung bekommen, das war ein Glück und stand mir auch rechtlich zu, weil ich eine »politisch Verfolgte« gewesen war. Aber die Wohnung, genau gesagt:

der erste Stock eines Zweifamilienhauses in der Flotow-
straße in Laim war von Bomben getroffen. Die Zimmerdek-
ken hingen durch, das Rohrmattengeflecht war zerrissen
und verfault, es regnete herein, die Mauern bröckelten ab,
das Bad war kaputt, das hatten die Vormieter getan,
»displaced persons«, Polen und Ukrainer, und weil das Klo
kaputt war, benutzten sie den Dachboden, da mußten wir
erst ihre vertrockneten Dreckhaufen wegschaufeln. Die
Treppe zu unsrer Wohnung lag im Freien, das Treppenhaus
war weggebombt. Das alles sah recht abschreckend aus.
Aber: es war eine Wohnung in München, der Alptraum des
Waldhauses mit Klaus und seiner Mutter war vorbei (die
gingen in die DDR), ich war frei so und so, ich konnte
friedlich mit meinen Kindern zusammenleben, die Fürsten-
rieder Volksschule lag nahe, im Garten wuchsen Obstbäume, ein hoher Kirschbaum blühte schier in unsre Fenster
hinein, und im Juni pflückten wir die Kirschen, indem wir
uns ein bißchen hinauslehnten, aber dabei durften wir uns
nicht erwischen lassen, denn der Hausbesitzer, wiewohl als
alter Nazi, als SA-Führer mittleren Grades »enteignet«,
vorübergehend, sehr vorübergehend, paßte von seiner Not-
wohnung in einem andern Block scharf auf, daß wir kein
Gemüse und kein Obst aus seinem Garten nahmen, der
einstweilen niemandem gehörte, uns schon gar nicht. Der
Herr Kodisch war das Schreckgespenst meiner und andrer
Kinder unsrer Straße.
Damals kam Dolli Wiederhold zu uns, Flüchtling aus der
»Ostzone«, und wurde meine Haushaltsekretärin, wie wir
das nannten.
Aber ich übersprang eine Zwischenzeit, eben jene, in der ich
rein gar nichts besaß. Meine Wohnung im Waldhaus hatte
ich aufgegeben, meine Möbel waren dort gestapelt, die
Münchner Wohnung war noch im zerbombten Zustand, die
Kinder vorübergehend in einem Heim, und ich erkrankte.

All das erlittene Ungemach kam heraus als »Spät-Reaktion«: ich bekam eine sehr schwere Gelbsucht. Ich lag bei Bekannten, Professor Gramm, in der Nibelungenstraße, sie nahmen sich rührend meiner an. Ich hatte keinen Pfennig Geld, denn damals besaß niemand mehr als vierzig Mark »Kopfgeld«, wie man das nannte, als sei man unter Kopfjägern.

Mein Kopfgeld lag in Kirchanschöring, und Klaus machte sich nicht die Mühe, mir das Geld zu schicken. So lebte ich denn wahrhaft besitzlos. Damals ereignete sich etwas, das mich lange quälte. Bei den ehemaligen Deutschen, die als Amerikaner mit in der Militärregierung in unser Land kamen, war ein Berliner Jude, ehemals Jurist, ein entfernt Bekannter. Er hatte mich mehrmals besucht. Ein gebrochener Mann, der 1937 mit seiner Frau im KZ war, sich durch viel Geld bei der SS freikaufen konnte (das gab es), und dessen Frau sich, kaum in New York gerettet angekommen, umbrachte. Er hätte mich gern zur Frau gehabt und setzte seine ganze Zukunft auf diese Karte. Aber ich wollte ihn nicht. Ich sagte ihm das ganz klar, als er mich am Krankenbett besuchte. Da ging er hin und brachte sich um mit Schlaftabletten. Es ist nicht so, daß er sich meinetwegen das Leben nahm. Ich war nur der allerletzte Tropfen im übervollen Eimer seiner Lebensenttäuschung. Ich erfuhr von seinem Tod zwei Tage später, sozusagen zufällig: ich öffnete meine Nachttisch-Schublade und fand darin seinen alten Familienring, seine Uhr, den Verlobungsring seiner Mutter mit einem schönen Brillanten, und einen Umschlag mit dreihundert Dollar. Ich war alarmiert. Die Militärpolizei fand ihn tot in seiner Wohnung. Im Abschiedsbrief schrieb er an seine einzige, in den USA lebende Tochter, daß er weder Amerikaner noch Deutscher sei, ein Verlorener, ein Überzähliger, einer, den das Leben selbst aufgegeben hatte. Er gehe müde und gern hinweg. Ich weinte lang. Ich habe dieses Weinen über einen Juden in meiner Erzählung »Jan Lobel aus Warschau« eingebracht, wo ich am Schluß schrieb: »Ich weine über alle Heimatlosen.« Das Buch ist jenem Juden gewidmet, er hieß Fritz Fernbach, als Amerikaner Frederick Fernbrook. Ich habe aus ihm später noch eine dichterische Gestalt gemacht in der Erzählung »Eine dunkle Geschichte«. Aber in keiner der beiden Geschichten, zu denen er mich inspirierte, ist er Modell, nur Gefühls-Anstoß. Die dreihundert Dollar aber, die waren meine Rettung. Sie waren, auf dem Schwarzmarkt gewechselt, ein kleines Vermögen.

Kaum genesen, ging ich an den Ausbau meiner Wohnung. Aber siehe da, während meiner Krankheit hatten zwei Kommunisten, die wie ich zu den »Verfolgten des Naziregimes« gehörten, sich dieser Arbeit angenommen und sie kostenlos ausgeführt, zumindest im gröbsten. Jetzt wollte und konnte ich sie bezahlen, aber sie nahmen nur das, was das Material gekostet hatte, für ihre Arbeit wollten sie nichts. Das waren Zeiten! Das waren Menschen!

Und nun also, im September 1948, begann mein neues Leben. Ich schrieb für die »Neue Zeitung«, für den Rundfunk, hielt Vorträge, empfing Besucher aus aller Welt, und dann, 1949, begann ich meinen ersten Roman »Mitte des Lebens«. Er ging mir nicht recht von der Hand, irgend etwas fehlte, aber was. Das Fehlende kam. Es brach über mich herein, als ich am Sonnwendtag in Frankfurt war, im S. Fischer Verlag in der Falkensteiner Staße, um mit Peter Suhrkamp, den sie im KZ halb zum Krüppel geschlagen hatten, den Vertrag für meinen neuen, erst zu schreibenden Roman zu machen. Ich trat aus dem Haus und stand eben unter dem Kletterrosenbogen am Törchen, als da ein Herr herein wollte, ein großer Schwarzhaariger, der mich ansah, als gehörte ich schon ihm und nur ihm allein. Mich hatte noch nie einer so angesehen, so dicht und zugleich so abwesend, so fremd, so exotisch. Ich war behext. Anders kann ich mir nicht erklären, daß ich noch in derselben Nacht mit ihm schlief, von ihm kaum mehr als den Namen wissend, und daß er ein ausländischer Verleger und ein Jude war, einer aus der schönen schwermütigen Rasse der Sepharden. Nun, er wurde für drei Jahre mein dunkles Schicksal. Er war verheiratet, das erfuhr ich erst am zweiten Tag, und hätte ichs vorher gewußt, so hätte es nichts geändert. Der Mann stand außerhalb jeder Moral, er hatte seine eigenen wilden Gesetze, und er riß mich mit.

Nach diesen Junitagen, diesem Sommernachtstraum, fuhr ich heim und setzte mich an meinen Roman. Nun waren alle Schleusen geöffnet. Dieser Mann in »Mitte des Lebens« und jener Maurice im zweiten Band, in »Abenteuer der Tugend«, das ist *er*, und er inspirierte mich mächtig.

Daß er Morphinist war, ein schwer Depressiver, das erfuhr und begriff ich erst allmählich, und mich wundert, daß es ihm nicht gelang, mich zur Droge zu verführen. Aber ich greife vor: jener Sommer 1948 war unerhört intensiv. »Dieser Mann« war weit weg, aber sein Zauber war gegenwärtig. Meine Kinder schickte ich mit Dolli in die Ferien an die Nordsee, und ich schrieb und schrieb. Mich störte nichts, weder die unglaubliche Hitze dieses Juli und August noch der Lärm, den der Herr Kodisch samt Sohn machte beim nun erlaubten Wiederaufbau seines Hauses. Vom ersten Morgengrauen bis zum letzten Tagesschein wurde da über meinem Kopf gehämmert und gesägt, und die beiden Männer liefen ungeniert auf dem Gerüst vor meinen Fenstern hin und her und bespritzten sie mit Kalk. Ich schrieb.

In sechs Wochen war der Roman im Rohbau geschrieben. Ich nannte das Buch »Mitte des Lebens«. Hatte ich denn gemeint damals, ich habe die Hälfte des Lebens, meines Lebens, abgelebt? Gab ich mir, siebenunddreißig Jahre alt, nur vierundsiebzig insgesamt? Oder ging es um etwas anderes? Ich weiß es nicht. Aber später verstand ich, daß ich mit »Mitte« keine Zeit meinte, auch keinen Raum, sondern das Zentrum, den glühenden Kern, das Eigentliche des Lebens, das mit Worten wie »Liebe« oder »Leidenschaft« nicht zu erfassen ist.

Ich habe das Buch mehrmals korrigiert und gekürzt. Es erschien 1950. Es war mein großer Erfolg. Es wird heute wie damals gelesen, in zwanzig Sprachen. Heute lesen es die Enkelinnen und auch die Enkel derer, die damals jung waren. Nina, die Hauptfigur, ist die Frau, die sich das Recht erkämpft, sie selber sein zu dürfen. Daß das Buch von 1950 immer noch aktuell ist, beweist, daß die Frau von heute keineswegs durchgängig das geworden ist, was Nina ist: die emanzipierte Frau. Daß auch der zweite Teil, »Abenteuer der Tugend«, in dem Nina ihre so teuer erkaufte Freiheit dahingibt, aus Liebe zu einem Mann, noch immer »aktuell« ist, was beweist das? Mir scheint, es beweist, daß nur eine ganz frei gewordene Frau lieben kann. Als ich die beiden Romane schrieb im Abstand von sieben Jahren, dachte ich nicht an Allgemeines und Grundsätzliches. Mich interessierte einfach, das Schicksal einer Frau auszuspinnen, die zwar nicht ich bin, aber einige Züge meines Wesens trägt, autobiographisch sind beide Romane nicht. Keineswegs. Dennoch beharren einige Leser darauf, mich Nina zu nennen. Irrtum. Das Autobiographische liegt, nur mir erkennbar, von mir erst viel später erkannt, einzig im Titel. Jene Jahre machten mich, die bis dahin immer noch ein Mädchen war, zu einer erwachsenen Frau. Die aufregende, gefahrvolle Begegnung mit »diesem Mann« und mein entschiedener, unwiderruflicher Eintritt in die Welt der Literatur schlossen mir die Pforte der ersten Lebenshälfte. Damit kann ich den ersten Teil meiner Autobiographie beenden. Zu denken, daß ich je einen zweiten Teil schreiben müsse, macht mir Unbehagen, ja Qual. Über meine Kindheit und Jugend durfte ich reden. Da meinte ich noch *wir*, wenn ich *ich* sagte. Da gelang es mir noch, im Flug Fetzen von Feenschleiern und Schwungfedern vom Feuervogel zu erhaschen, da hörte ich noch das Echo orphischer Urworte, da kannte ich noch Bruchstücke großer Geheimnisse. Das Mädchen von damals, das war weit weg von mir, das sah ich im Spiegel, das zeigte sich mir in zauberischen Verkleidungen. Je näher ich meinem jetzigen Alter komme, desto fremder wird mir im Rückblick die Person, über die ich schreiben soll. Wer ist das: *ich*? Und kann ich gerade jetzt, in der letzten Lebensphase, in welcher jenes *Ich* überwunden wird, dieses schemenhaft werdende *Ich* wieder beschwören, als sei es wichtig? Und all die schönen Anonymen aus meiner Jugendzeit, die Archetypen, die längst Hinweggegangenen oder Uralten, die durch ihr Alter schon wieder Geheimnisrang haben, wie soll ich denn statt über sie über noch Lebende reden, über solche, die, so gut ich sie auch tarnen könnte, dennoch erkannt werden als Agierende auf der Weltbühne? Welche Verarmung, welche Indiskretion, oder auch: welch rücksichtsvolle Lügen.

Und doch kann es sein, daß ich aus einer Art Verantwortungs- und Vollendungssucht weiterschreibe, eines Tages. Denn es scheint mir fast unfair, den zweiten Akt des Stückes zu unterschlagen. Muß ich nicht, auch wenn es mir widerstrebt, zeigen, wie ein Mensch sich nach und nach aus den lebens-bedrohenden Verstrickungen äußerer und innerer Gegebenheiten löst und die geistige Freiheit gewinnt?

Als im Krieg der Turm der Münchner Peterskirche zerbombt war, brachte der Bayerische Rundfunk als Trauer-Pausenzeichen die Melodie des Liedes »Solang der alte Peter«. Aber die Melodie blieb unvollendet, die Schlußterz fehlte, die zweite Silbe des Pe-ter blieb ungespielt, das war quälend, die Melodie verlangte diese Terz. Es war aber auch gut so: es entsprach der Unvollständigkeit jeder Lebensmelodie.

Luise Rinser

Abaelards Liebe
Roman. Band 11803

Mitte des Lebens
Roman. Band 256

Die gläsernen Ringe
Erzählungen
Band 393

Der Sündenbock
Roman. Band 469

Hochebene
Roman. Band 532

Abenteuer der Tugend
Roman. Band 1027

Daniela
Roman. Band 1116

Die vollkommene Freude
Roman. Band 1235

Ich bin Tobias
Roman. Band 1551

Ein Bündel weißer Narzissen
Erzählungen
Band 1612

Septembertag
Erzählungen
Band 1695

Der schwarze Esel
Roman. Band 1741

Bruder Feuer
Roman. Band 2124

Jan Lobel aus Warschau
Erzählung. Bd. 5134

Mirjam
Roman. Band 5180

Gefängnistagebuch
Band 1327

Geschichten aus der Löwengrube
Erzählungen
Band 11256

Silberschuld
Roman. Band 11171

Saturn auf der Sonne
Band 13166

Grenzübergänge
Tagebuch-Notizen
Band 2043

Kriegsspielzeug
Tagebuch
1972-1978
Band 2247

Wachsender Mond
Aufzeichnungen
1985-1988
Band 11650

Im Dunkeln singen
1982-1985
Band 9251

Den Wolf umarmen
Band 5866

Wir Heimatlosen
1989 bis 1992
Band 12437

Mit wem reden
Band 5379

Fischer Taschenbuch Verlag